Dirk Nabers (Hrsg.)

Multilaterale Institutionen in Ostasien-Pazifik

Ostasien im 21. Jahrhundert.
Politik – Gesellschaft – Sicherheit – Regionale Integration

Herausgegeben von

Vera Blechinger-Talcott
Thomas Heberer
Sebastian Heilmann
Patrick Köllner
Hanns W. Maull
Gunter Schubert

Dirk Nabers (Hrsg.)

Multilaterale Institutionen in Ostasien-Pazifik

Genese – Strukturen – Substanz – Perspektive

VS VERLAG FÜR SOZIALWISSENSCHAFTEN

Bibliografische Information der Deutschen Nationalbibliothek
Die Deutsche Nationalbibliothek verzeichnet diese Publikation in der
Deutschen Nationalbibliografie; detaillierte bibliografische Daten sind im Internet über
<http://dnb.d-nb.de> abrufbar.

1. Auflage 2010

Alle Rechte vorbehalten
© VS Verlag für Sozialwissenschaften | GWV Fachverlage GmbH, Wiesbaden 2010

Lektorat: Frank Schindler

VS Verlag für Sozialwissenschaften ist Teil der Fachverlagsgruppe Springer Science+Business Media.
www.vs-verlag.de

Das Werk einschließlich aller seiner Teile ist urheberrechtlich geschützt. Jede Verwertung außerhalb der engen Grenzen des Urheberrechtsgesetzes ist ohne Zustimmung des Verlags unzulässig und strafbar. Das gilt insbesondere für Vervielfältigungen, Übersetzungen, Mikroverfilmungen und die Einspeicherung und Verarbeitung in elektronischen Systemen.

Die Wiedergabe von Gebrauchsnamen, Handelsnamen, Warenbezeichnungen usw. in diesem Werk berechtigt auch ohne besondere Kennzeichnung nicht zu der Annahme, dass solche Namen im Sinne der Warenzeichen- und Markenschutz-Gesetzgebung als frei zu betrachten wären und daher von jedermann benutzt werden dürften.

Umschlaggestaltung: KünkelLopka Medienentwicklung, Heidelberg
Druck und buchbinderische Verarbeitung: Rosch-Buch, Scheßlitz
Gedruckt auf säurefreiem und chlorfrei gebleichtem Papier
Printed in Germany

ISBN 978-3-531-17060-2

Inhalt

Vorwort 7

Dirk Nabers
Einleitung 9

Bernhard Stahl
Die Gemeinschaft südostasiatischer Staaten (ASEAN):
Erfolg und Probleme einer überforderten Institution 17

Lisa Srikiow
Regionale Kooperation in Südostasien:
Eine Regimeanalyse der ASEAN *plus Three* 55

Ryôma Sakaeda
Das ASEAN Regional Forum (ARF): Konsultativplattform ohne
Konfliktlösungskompetenz? 91

Sebastian Harnisch und Martin Wagener
Die Sechsparteiengespräche auf der koreanischen Halbinsel:
Hintergründe – Ergebnisse – Perspektiven 133

Hanns W. Maull
Das Asia-Europe Meeting (ASEM): Baustein effektiverer globaler
Ordnungsstrukturen? 181

Hanns W. Maull
Die Asia-Pacific Economic Co-operation (APEC):
Institutionelle Kontinuität trotz relativer Bedeutungslosigkeit 207

Dirk Nabers und Philipp Forstner
Synopse 233

Autorenverzeichnis 243

Vorwort

Der vorliegende Band ist das Ergebnis eines Jahrzehnts der Forschung zu Fragen der internationalen Politik in Ostasien, in dessen Verlauf eine Gruppe von etablierten Wissenschaftlern und viel versprechenden Nachwuchskräften an unterschiedlichen Orten immer wieder zusammen gekommen ist. Vor zehn Jahren wurde dabei ein erstes Buch zum „Multilateralismus in Ostasien-Pazifik" auf den Weg gebracht, in der als Kernaussage zu lesen war, dass die Region institutionell noch immer vergleichsweise unterentwickelt sei. Dieser Befund muss heute revidiert werden. Insbesondere die Asienkrise des Jahres 1997 hat eine multilaterale institutionelle Dynamik ausgelöst, die dazu geführt hat, dass heute so etwas wie ein „politischer Komplex Ostasien" an Konturen gewinnt.

Diese dynamische Entwicklung wird in diesem Band zusammengefasst, und wir glauben, damit sowohl für Studierende des Faches wie für fortgeschrittene Akademiker ein lesenswertes Werk geschaffen zu haben. Es ist gute Tradition, an dieser Stelle all jenen zu danken, die dazu beigetragen haben, das Buch handwerklich zu gestalten und intellektuell zu inspirieren. Zu nennen wären hier vor allem Kerstin Labusga, Philipp Forstner, Juliane Stierle und Thorsten Wojczewski, die das Manuskript sorgfältig gelesen und redigiert haben. Den Herausgebern der Reihe „Ostasien im 21. Jahrhundert" sei für die wohlwollende Begleitung während des Produktionsprozesses gedankt. Alle Beiträge haben durch die sehr positiven Gutachten zu dem Manuskript nochmals an Qualität gewonnen. Erst durch die vielen konstruktiven Kommentare ist der Band zu einer runden Sache geworden.

Drei Personen soll besonders gedankt werden. Es war mein guter Freund und Kollege Sebastian Heilmann, der bei einem Mittagessen auf einer gemeinsamen Konferenz die Idee zu diesem Band hatte und mich zu deren Umsetzung ermutigte. Thomas Heberer als einer der Herausgeber gebührt ebenfalls besonderer Dank. Ohne ihn wäre die zügige Begutachtung und Publikation des Bandes nicht möglich gewesen. Schließlich möchte ich Hanns Maull danken, der hier mit zwei wichtigen Beiträgen vertreten ist, mir stets ein anregender Gesprächspartner war und ohne den das letzte Jahrzehnt deutscher IB-Forschung mit Ostasien-Bezug einfach undenkbar gewesen wäre.

Dirk Nabers, Hamburg im Juli 2009

Dirk Nabers

Einleitung

Der geographische Raum, in dem sich gesellschaftliche Austauschbeziehungen und Handlungszusammenhänge verdichten, überschreitet sukzessive die Grenzen des Gebietes, das durch politische Regelungen erfasst wird.[1] Dabei ist es nicht lediglich die durch die im wissenschaftlichen Diskurs überstrapazierte Etikette der Globalisierung suggerierte globale Sphäre, in die sich soziale und politische Interaktionen verlagern, sondern gleichzeitig die *Region*, in der sich Globalisierungstendenzen quasi verdichtet zeigen. Wichtiges Kennzeichen von Regionalisierungsprozessen ist ebenso wie beim Konzept der Globalisierung das Ende der Territorialität;[2] d.h., sie stellen die Souveränität des Nationalstaats nach innen und seine Autonomie nach außen zunehmend in Frage. Dies impliziert die Schwächung des inneren Gewaltmonopols und die Erosion der staatlichen Schutzfunktion nach außen. Die Grenzen sozialer, ökonomischer und ökologischer Handlungszusammenhänge liegen in vielen Bereichen jenseits der politischen Grenzen des Nationalstaats. Diesen Entwicklungen versucht der Nationalstaat durch die Kooperation mit anderen Staaten zu begegnen. Er verzichtet auf Teile seiner Souveränität, um Handlungsmöglichkeiten zurückzugewinnen.[3] Die Notwendigkeit zwischenstaatlicher Kooperation ergibt sich aus dem Anstieg komplexer Interdependenzen zwischen Staaten und Gesellschaften und dem gemeinsamen Ziel der Realisierung nicht ausgeschöpfter Wohlfahrtspotenziale sowie der Erhöhung der Erwartungssicherheit in Situationen komplexer politischer Interaktion. Ergebnis ist dann idealtypisch die Entstehung internationaler Institutionen überall dort, wo nationalstaatliche Politiken allein nicht mehr in der Lage sind, nationale Interessen zu realisieren.

Empirisch lässt sich dieser Zusammenhang an der Entwicklung in Ostasien seit dem Ende des Kalten Krieges nachvollziehen. In der Region (hier definiert als der geographische Raum von den Kurileninseln im Norden bis zum indonesischen Archipel im Süden, der die Westküste des Pazifikbeckens bildet) zeigt sich seit Beginn der 1990er Jahre eine Proliferation von internationalen Institutionen. Fokussierte sich die institutionalisierte Zusammenarbeit bis dahin mit der Association of Southeast Asian Nations (ASEAN) vor allem auf die südostasiatische Subregion, so erstreckt sich die multilaterale Kooperation heute über den gesamten regionalen Kontext und schließt eine Reihe von neuen Politikfeldern mit ein. Vor allem im Vergleich zu Europa, aber auch zu Lateinamerika, verzeichnet die Region Ostasien zwar immer noch eine vor allem qualitativ eher geringe Dichte regionaler Institutionen und Kooperationsforen.[4] Zugleich zeichnen sich aber auch in diesem

---

[1] Vgl. Zürn, Michael 1998: Regieren jenseits des Nationalstaats. Edition Zweite Moderne, hrsg. von Ulrich Beck. Frankfurt a.M., S. 17.
[2] Vgl. Beck, Ulrich 1997: Was ist Globalisierung? Frankfurt a.M., S. 18.
[3] Vgl. Maull, Hanns W. 1995: „Welche Akteure beeinflussen die Weltpolitik", in: Kaiser, Karl/Schwarz, Hans-Peter (Hrsg.): Die neue Weltpolitik. Bonn, S. 301-315, hier: S. 305.
[4] Vgl. Buzan, Barry/Segal, Gerald 1994: „Rethinking East Asian Security", in: Survival, 36,2, S. 3-21.

Bereich dynamische Prozesse der „nachholenden Entwicklung" ab, die dazu tendieren, sich formal um die ASEAN als Kern zu kristallisieren.

Die ASEAN selbst war im Zusammenhang einer ersten Welle des „Dritte-Welt-Regionalismus" entstanden. Mit ihrer Gründung im August 1967 schufen fünf Staaten in Südostasien – Indonesien, Malaysia, die Philippinen, Singapur und Thailand – eine subregionale Kooperationsgemeinschaft, die ausschließlich aus „Entwicklungsländern" bestand. „Süd-Süd-Kooperation" hieß damals die Zauberformel, die zum Aufbrechen des asymmetrischen Nord-Süd-Entwicklungsgefälles führen sollte und die Schaffung der vielbeschworenen „Neuen Weltwirtschaftsordnung" im Auge hatte.

Initiativen eines „Dritte-Welt-Syndikalismus"[5] wie die „Blockfreienbewegung" oder die „Gruppe der 77" erwiesen sich jedoch aufgrund ihrer Heterogenität insgesamt als wenig effektiv. Die ASEAN schlug bald einen eigenen Weg ein, der vor allem durch eindrucksvolle wirtschaftliche Wachstumsraten gekennzeichnet war. Grundlage dieser Entwicklung waren die erfolgreichen Bemühungen der ASEAN um eine Befriedung der anfangs zum Teil äußerst angespannten Beziehungen der Mitgliedsstaaten untereinander (dies galt insbesondere für das Verhältnis zwischen Malaysia und seinen beiden Nachbarstaaten Indonesien und die Philippinen, die zeitweilig bis hin zur direkten militärischen Konfrontation belastet waren). In den nunmehr über 40 Jahren ihres Bestehens liegen die Erfolge der ASEAN zweifellos eher im sicherheitspolitischen denn im wirtschaftspolitischen Bereich. Mit der Befriedung weiter Teile der Region Südostasien wurden aber wichtige Voraussetzungen für den Wirtschaftsaufschwung der ASEAN gelegt, die so auch außenpolitisch günstige Rahmenbedingungen für ausländisches Kapital schaffen konnte. Mit der Initiierung der ASEAN Free Trade Area (AFTA) auf dem Gipfel in Singapur im Jahre 1992 konnte hier eine multilaterale Struktur zur Unterstützung der weiteren wirtschaftlichen Entwicklung der Region in den Folgejahren geschaffen werden.

Wichtige Impulse für die günstige Wirtschaftsentwicklung der ASEAN lieferte dabei zunächst vor allem Japan, das schon seit den 1950er Jahren durch seinen dynamischen Aufstieg zur zweitgrößten Industrienation der Welt die Möglichkeiten nachholender Industrialisierung in und für Ostasien eindrucksvoll belegt hatte. Aber auch die beiden schon in den früh zu Schwellenländern aufgestiegenen „Tigerstaaten" Südkorea und Taiwan, die sich in den sechziger Jahren an die Fersen der Wirtschaftsdynamik Japans hefteten, sowie schließlich der Wirtschaftsaufschwung in China seit der Einleitung der Reformen von 1978 unterstrichen die enorme wirtschaftliche Dynamik der Region. Es war diese Wirtschaftsdynamik, die in den neunziger Jahren eine neue Phase der regionalen Wirtschaftskooperation einleitete.

Wenngleich diese neue Welle des Regionalismus in Ostasien in den neunziger Jahren hinter den Kulissen stark von Japan und Australien eingeleitet und vorangetrieben wurde, spielte die ASEAN auch hier formal wiederum eine Schlüsselrolle. Aus der Sicht der ASEAN waren es vor allem zwei strukturelle Veränderungen des internationalen Systems zu Beginn der neunziger Jahre, die den Bemühungen um multilaterale Kooperationsarrangements neue Dringlichkeit gaben. Erstens hinterließ der weitgehende Rückzug der USA aus Südostasien aus der Sicht der südostasiatischen Staaten ein regionales Machtvakuum, das alte und neue Ängste vor möglichen Hegemonialambitionen Chinas oder Japans weckte. Zum zweiten verstärkten sich aus der Sicht Südostasiens Anfang der neunziger Jahre die Tendenzen zu handelspolitischer Blockbildung und damit die Gefahr, dass Südostasiens

---

[5] Rüland, Jürgen 1995: „Die Gemeinschaft Südostasiatischer Staaten (ASEAN): Vom Antikommunismus zum regionalen Ordnungsfaktor", in: ApuZ 13-14, S. 3-14, hier: S. 3.

Exportmärkte in Europa und Nordamerika ihre Funktion als Entwicklungsmotoren einbüßen könnten. Symptome dieser Blockbildungstendenzen waren aus der Sicht Südostasiens die – in Asien und Nordamerika oft mit dem Stichwort „Festung Europa" belegten – Bemühungen der Europäischen Gemeinschaft um die Realisierung des einheitlichen Binnenmarktes wie auch die Bildung der Nordamerikanischen Freihandelszone (NAFTA) und die stagnierenden GATT-Verhandlungen. All dies nährte in der ASEAN den Eindruck eines stärker werdenden Protektionismus der Industriestaaten in Europa und Nordamerika.

Die ASEAN reagierte auf diese beiden weltpolitischen Entwicklungen – die erste sicherheitspolitischer, die zweite wirtschaftspolitischer Natur – mit einer Reihe neuer Initiativen. Zunächst gab die Gemeinschaft ihre Vorbehalte gegenüber der Idee einer ostasiatisch-pazifischen Wirtschaftskooperation auf und stimmte 1989 der Gründung der Asia Pacific Economic Cooperation (APEC) zu. Auf Initiative Australiens, Japans und der USA mit zwölf Mitgliedern von beiden Seiten des Pazifiks gegründet, war das Forum zunächst lediglich informeller Natur. Seine Reichweite war interregional und sein Portfolio allein auf die Liberalisierung des Handels im Pazifik gerichtet.[6] Angesichts eines Anwachsens der Institution auf 21 Mitglieder, einer Ausweitung der Agenda von zunächst rein handelspolitischen Aspekten auf sicherheitspolitische, der Freiwilligkeit der Kooperationszusagen und einer gewollt flexiblen Gestaltung der Arrangements fällt das Urteil in der Literatur zur APEC indes recht negativ aus.[7]

Das gleiche gilt für eine zweite Initiative der ASEAN: 1992 nutzte die Gemeinschaft ihr viertes Gipfeltreffen in Singapur, um die Ausweitung des sicherheitspolitischen Diskurses im Rahmen des ASEAN Regional Forums (ARF) voranzutreiben.[8] Die institutionelle Struktur des ARF spiegelt dabei die Probleme des Politikfeldes wider: Es handelt sich weder um interregionale noch um transregionale Zusammenarbeit, sondern um die pragmatische Einbindung der global wichtigsten sicherheitspolitischen Akteure in ein regionales Kooperationsgeflecht. Die USA sitzen hier ebenso mit am Tisch wie die Europäische Union, Russland und Indien.[9] Zwar ist das ARF der ASEAN institutionell angegliedert, indem es im Anschluss an das jährliche Außenministertreffen der Gemeinschaft stattfindet. Doch führt der Einfluss der ASEAN-Normen, hier vor allem die Forderung nach einem schrittweisen, evolutionären Prozess,[10] zu einer faktischen Lähmung des Forums. Starke Vorbehalte gegen jede weitergehende Verpflichtung insbesondere von Seiten Chinas können als Grund für diese Entwicklung angesehen werden.

Die Institutionalisierung des Asia-Europe Meeting (ASEM) seit seinem ersten Treffen im März 1996 fand schließlich unter ähnlichen strukturellen Bedingungen statt wie die der APEC. Von Anfang an hatte das Forum mit einer hohen Mitgliederzahl, einer steigenden

---

[6] Vgl. zum terminologischen Unterschied Jürgen Rüland, Cornelia Storz, Introduction, in: Jürgen Rüland, Cornelia Storz (Hrsg.): Co-Operation and Regional Integration: The case of Asia-Europe Relations, London – New York (i.E.). Julie Gilson, New Interregionalism? The EU and East Asia, in: Journal of European Integration, Nr. 3, September 2005, S. 307-326.
[7] Vgl. dazu exemplarisch Ian Taylor, APEC, Globalization, and 9/11, in: Critical Asian Studies, Nr. 3, September 2004, S. 463-478. Vinod K. Aggarwal, Myin Gyo Koo, The Evolution of APEC and ASEM: Implications of the New East Asian Bilateralism, in: European Journal of East Asian Studies, Nr. 2, 2005, S. 233-261.
[8] Zum Singapur-Gipfel vgl. ausführlich Antolik, Michael 1992: „ASEAN's Singapore Rendezvous: Just Another Summit?", in: Contemporary Southeast Asia 14,2, S. 142-153.
[9] Vgl. zur institutionellen Struktur ausführlich bereits Dirk Nabers 2001: Das ASEAN Regional Forum (ARF), in: Maull/Nabers, S. 87-117.
[10] Vgl. Nikolas Busse, Die Entstehung kollektiver Identitäten: Das Beispiel der ASEAN-Staaten, Baden-Baden 2000, S. 161.

Anzahl von Themen und beteiligten Akteuren und einer geringen Kontrolle über Kooperationsarrangements zu kämpfen.[11] Gleichwohl erhoffte man sich vom ASEM die Ausfüllung der fehlenden Achse in der aus Nordamerika, Europa und Asien bestehenden Triade der *Global Governance*. Die asiatisch-europäische Achse in diesem Geflecht war kaum institutionalisiert, und so wurde sie – so könnte man lapidar formulieren – notwendigerweise erfunden.[12] Indem mit der Europäischen Union in Europa eine internationale Organisation existiert, die in vielen Bereichen nach dem Mehrheitsprinzip entscheidet, in Asien eine einheitliche Linie im Vorfeld der ASEM-Gipfel jedoch kaum zu finden ist, mündet das Problem der unterschiedlichen Kooperationskulturen allzu oft in eine institutionelle Blockade des ASEM.[13]

Erst mit der Asienkrise, die mit der Abwertung des thailändischen Baht im Juli 1997 begann und schnell auf die meisten Ökonomien Ostasiens übergriff, hat in Ostasien über die zuvor bestehenden Foren hinaus eine dynamische Entwicklung multilateraler Institutionenbildung eingesetzt, die vor allem mit dem 1997 initiierten Forum der ASEAN+3 in Zusammenhang gebracht wird. Das Forum konnte sich in den Folgejahren deutlich profilieren. Erstmals deutet sich in der Region zwischen Japan, China und Südkorea im Norden sowie der südostasiatischen Staatengemeinschaft ASEAN im Süden die Herausbildung eines gemeinsamen politischen Komplexes „Ostasien" an. Wie die Konturen dieses politischen Komplexes künftig aussehen werden, ist eine der spannendsten Fragen der Regionalismusforschung. Seit 2005 existiert in der Region mit dem East Asia Summit (EAS) ein Forum, das die Grenzen der politischen Kooperation über Ostasien hinaus auf Australien, Indien und Neuseeland ausdehnt. Einige Beobachter argumentieren, dass damit bereits eine neue Dimension des asiatisch-pazifischen Multilateralismus erreicht ist.[14]

Der vorliegende Band hat sich die Aufgabe gesetzt, die hier andeutungsweise skizzierten Entwicklungen des Multilateralismus in Ostasien umfassend zu analysieren. Dabei verfolgen wir über den empirischen Befund hinaus auch ein theoretisches Interesse: Wir wollen am Ende versuchen, die Ergebnisse in den Zusammenhang der theoretischen Auseinandersetzungen über den Stellenwert des Regionalismus in Ostasien einzuordnen. Neben grundlegenden Abhandlungen über Regionalisierungs- und Integrationsprozesse im asiatisch-pazifischen Raum[15] existieren insbesondere zahlreiche Arbeiten, die sich der Analyse der südostasiatischen Staatengemeinschaft ASEAN[16] oder deren Beziehungen zu den nord-

---

[11] Vgl. z.B. Hanns W. Maull, Das Asia-Europe Meeting (ASEM), in: Maull/Nabers (2001): S. 185-205.

[12] Vgl. z.B. Victor Pou Serradell, The Asia-Europe Meeting: A Historical Turning Point in Relations Between the Two Regions, in: European Foreign Affairs Review, Nr. 2, 1996, S. 185-210.

[13] Vgl. Loewen, Howard/Nabers, Dirk 2006: „Global Governance and the Asia-Europe Meeting (ASEM) – Any Surplus Value?" in: Rüland, Jürgen et al. (eds.): *Asian-European Relations: Building Blocks for Global Governance?*. London/New York 2008: Routledge, S. 95-113.

[14] Vgl. als Überblick Nabers, Dirk 2008: „China, Japan and the Quest for Leadership in East Asia", GIGA Working Papers, No. 67, February 2008.

[15] Mack, Andrew/Ravenhill, John (Hrsg.) 1994: Building Economic and Security Regimes in the Asia-Pacific, Canberra; Eilenberger, Guido/Mols, Manfred/Rüland, Jürgen (Hrsg.) 1996: Kooperation, Regionalismus und Integration im asiatisch-pazifischen Raum, Hamburg (Mitteilungen des Instituts für Asienkunde Nr. 226); McGrew, Anthony/Brook, Christopher 1998 (Hrsg.), Asia-Pacific in the New World Order. London/New York; Dosch, Jörn/Mols, Manfred (Hrsg.) 2000: International Relations in the Asia-Pacific. New Patterns of Power, Interest and Cooperation, Hamburg/New York: Lit-Verlag; Ravenhill, John 2001: APEC and the Construction of Pacific Rim Regionalism. Cambridge: Cambridge University Press; Okamoto, Jiro (Hrsg.) 2004: Trade Liberalization and Apec. London/New York: Routledge; Morrison, Charles E./Pedrosa, Eduardo (Hrsg.) 2007: An Apec Trade Agenda? The Political Economy of a Free Trade Area of the Asia-Pacific. Singapore: ISEAS.

[16] Feske, Susanne 1991: ASEAN: Ein Modell für regionale Sicherheit. Ursprung, Entwicklung und Bilanz sicherheitspolitischer Zusammenarbeit in Südostasien, Baden-Baden: Nomos; Dosch, Jörn 1997: Die ASEAN: Bilanz

ostasiatischen Staaten China, Japan und Südkorea angenommen haben.[17] Während hier bis vor einigen Jahren rationalistische (neoinstitutionalistische und realistische) Ansätze dominierten,[18] hat es in der ostasiatischen Regionalismus-Forschung der vergangenen Jahre eine „konstruktivistische Wende" gegeben, in der regionale Kooperation auf der Grundlage von Ideen und Identitäten erklärt wird.[19] Daneben existieren eine Reihe von Abhandlungen, die den ostasiatischen Multilateralismus als konkurrierende regionale Konzeption gegenüber anderen Kooperationsformen (z.B. der EU bzw. der NAFTA) oder den ostasiatischen Regionalinitiativen (wie z.B. Ostasiatische Gemeinschaft oder EAEC) darstellen und dabei auch die Bildung von Wirtschaftsblöcken antizipieren.[20] Eine letzte Gruppe von Autoren, die hier kurz erwähnt werden soll, konzentriert sich auf die Beschreibung von subregionalen Strukturen, wie zum Beispiel die Wachstumsregionen am Gelben Meer oder am Japanischen Meer (Hook 1999; Brook 1998).

Was all den hier genannten Forschungssträngen fehlt, ist ein theoretisch geleitetes und empirisch dicht vergleichendes Werk, das ein Gesamtbild des ostasiatischen Regionalismus zeichnet. So wird in jedem Kapitel jeweils eine ostasiatische Institution dargestellt, wobei zunächst Genese und Struktur der Institution beleuchtet werden, um auf dieser Grundlage theoriegeleitet die inhaltliche Substanz der jeweiligen Institution zu analysieren. In einem Abschlusskapitel wird eine theoretische Synopse erstellt, um so die wichtigsten Gemein-

---

eines Erfolges, Hamburg; Narine, Shaun 1999: „ASEAN into the twenty-first century: problems and prospects", in: The Pacific Review 12, 3, S. 357-380; David, Harald 2003: Die ASEAN zwischen Konflikt, Kooperation und Integration. Hamburg; Emmers, Ralf 2003: Cooperative Security and the Balance of Power in ASEAN and ARF. London; Haacke, Jürgen 2003: ASEAN's diplomatic and security culture: Origins, Development and Prospects. London; Hund, Markus 2003b: „ASEAN Plus Three: towards a new age of pan-East Asian regionalism? A skeptic's appraisal", in: The Pacific Review 16,3, S. 383-417; Asian Studies Centre 2008: ASEAN Community: Unblocking the Roadblocks. Singapore: ISEAS.

[17] Singh, Daljit (Hrsg.) 1997: *ASEAN and Korea. Trends in Economic and Labour Relations*, Singapur; Rüland, Jürgen 1998: „China und ASEAN", in: Becker, Bert (Hrsg.): *Hongkong und China auf dem Weg in das pazifische Jahrhundert*, Hamburg, S. 145-172; Nabers, Dirk 2003: „The Social Construction of International Institutions: The Case of ASEAN+3", in: *International Relations of the Asia-Pacific*, 1/2003, S. 111-134; Nabers, Dirk 2004: „ASEAN+3: The Failure of Global Governance and the Construction of Regional Institutions", Schirm, Stefan A. (ed.): *New Rules for Global Markets. Public and Private Governance in the World Economy*. New York, S. 215-234; Wong, John 2006: *China-ASEAN relations: Economic and legal dimensions*. Hackensack (N.J.).

[18] Yamazawa, Ippei 2000: „Ajia Taiheiyô no chiiki shugi to Nihon no senryaku" (Regionalismus in Asien-Pazifik und Japans Strategie), in: *Kokusai Mondai* 494, S. 2-15; Kikuchi, Tsutomu 2005: „‚Chiiki' wo mosakusuru ajia – Higashi ajia kyôdôtai-ron no haikei to tenbô [Das die „Region" suchende Asien – Hintergründe und Ausblick zur Diskussion einer Ostasiatischen Gemeinschaft]", in: *Kokusai Mondai* (International Affairs), Januar 2005, No. 538, Tôkyô, S. 42-55; He, Baogang 2004: „East Asian Ideas of Regionalism: A Normative Critique", in: *Australian Journal of International Affairs,* 58, 1, S. 105-125.

[19] Acharya, Amitav 1997: „Ideas, identity and institution-building: from the ‚ASEAN-way' to the ‚Asia-Pacific way'", in: *The Pacific Review* 10, 3, S. 319-346; Acharya, Amitav 2005: „Do norms and identity matter? Community and power in Southeast Asia's regional order", in: *The Pacific Review*, Vol. 18 No. 1, S. 95-118; Korhonen, Pekka 1998: *Japan and Asia Pacific Integration – Pacific Romances 1968-1996*, London/New York; Busse, Nikolas 2000: *Die Entstehung von kollektiven Identitäten. Das Beispiel der ASEAN-Staaten*, Baden-Baden; Ravenhill, John 2001: *APEC and the Construction of Pacific Rim Regionalism*. Cambridge: Cambridge University Press; Rother, Stefan 2004: *Normen, Identitäten und die Logik der Anarchie: die ASEAN aus konstruktivistischer Perspektive*. Freiburger Beiträge zu Entwicklung und Politik. Freiburg; Martin Jones, David/Smith, Michael L.R. 2007: „Constructing communities: the curious case of East Asian regionalism", in: *Review of International Studies,* 33, S. 165-186.

[20] So z.B. Strange, Roger/Slater, Jim/Molteni, Corrado (Hrsg.) 2000: The European Union and ASEAN: Trade and Investment Issues. London/New York; Kwan, C.H. 2001: *Yen Bloc. Toward Economic Integration in Asia.* Washington D.C.; Beeson, Mark 2005: Rethinking regionalism: Europe and East Asia in comparative historical perspective, in: Journal of European Public Policy 12,6, S. 969-985.

samkeiten und Unterschiede der multilateralen Kooperationsarrangements in Ostasien zusammenführen zu können. Dabei wird sich zeigen, dass hinter unterschiedlichen Einschätzungen der Empirie regionaler Kooperation und Integration in Ostasien nicht zuletzt grundlegend unterschiedliche theoretische Annahmen der an diesen Untersuchungen beteiligten Disziplinen (vornehmlich Wirtschaftswissenschaft/*International Economics* und Internationale Beziehungen/*International Relations* als Teildisziplin der Politikwissenschaft) stehen. Diese unterschiedlichen Theorieansätze lassen sich grob skizzieren als a) „realistisch" oder „neorealistisch", b) „neoliberal" bzw. „neoliberal institutionalistisch" und c) „konstruktivistisch" bzw. in einer etwas radikaleren Form „poststrukturalistisch". Charakteristisch für die Theoriendiskussion in diesem Band ist vor allem der Gegensatz zwischen Theorien, die (staatliches) Handeln als interessenorientiert verstehen, versus Theorien, die (staatliches) Handeln in erster Linie als an Normen, Identitäten und kulturellen Bedeutungssystemen orientiert auffassen. Implizit erstreckt sich dieser Gegensatz auf die Begriffspaare *Rationalität* versus *Reflexivität*, *Staat* versus *Gesellschaft* und schließlich *Individualismus* versus *Strukturalismus*.[21] Es handelt sich bei dieser Debatte auch um eine Auseinandersetzung mit dem Realismus als der in den vergangenen Jahrzehnten dominanten Theorie in der Disziplin Internationale Beziehungen. Die Kritik kommt hier ebenfalls von konstruktivistischen[22], aber häufig auch von normativ inspirierten institutionalistischen Theoretikern.[23] Konstruktivistische Theorien unterstellen Staaten die Eigenschaften eines sozialen Akteurs – in Abgrenzung zum rationalen Akteur des Realismus –, dessen Handlungsrahmen durch internationale und nationale Regeln vorgegeben wird. In dieser Perspektive wird außenpolitisches Handeln durch Normen, Institutionen und Identitäten geleitet.[24] Anders ausgedrückt: Der Konstruktivismus bestreitet die ausschließlich materielle Handlungsorientierung des Rea-

---

[21] Dazu Zangl, Bernhard/Zürn, Michael 1999: „Interessen in der internationalen Politik: Der akteursorientierte Institutionalismus als Brücke zwischen interessenorientierten und normorientierten Handlungstheorien", in: Zeitschrift für Politikwissenschaft 9,3, S. 923-950.

[22] Vgl. zu einer konstruktivistischen Analyse der Sicherheitsbeziehungen in Südostasien Busse, Nikolas 1999: „Constructivism and Southeast Asian security", in: The Pacific Review 12,1, S. 39-60; zu einer Kennzeichnung des konstruktivistischen Erkenntnisinteresses Simon, Sheldon W. 1998: „Security prospects in Southeast Asia: collaborative efforts and the ASEAN Regional Forum", in: The Pacific Review 11,2, S. 195-212, hier: S. 197: „A constructivist interpretation of ASEAN holds that over the past thirty years its members have redefined acceptable interaction away from mutual fear and hostility and toward an emphasis on economic modernization and cooperation as the way to achieve both national and regional stability."

[23] Stark policy-orientiert, jedoch durchaus beispielhaft für die Umorientierung vom Primat der Sicherheit zum Primat der Wohlfahrt: Kreft, Heinrich 1995: Japan-USA: The Primacy of Trade Relations? In: Außenpolitik II/1995, S. 176-186, hier: S. 176: „Now that the Cold War is over, the significance of security policy in international relations has declined in comparison with other, ecpecially economic, aspects"; zur neo-institutionalistischen Sichtweise siehe Acharya, Amitav 1997: „Ideas, identy and institution-building: from the ‚ASEAN way' to the ‚Asia-Pacific way'", in: The Pacific Review 10,3, S. 319-346.

[24] Während Identität als „relatively stable, role-specific understanding about self" (Wendt, Alexander 1992: „Collective identity formation and the international state", in: American Political Science Review 88,2, S. 384-396, hier: S. 397) verstanden wird, sind Normen als „collective expectations about proper behaviour for a given identity" (Jepperson, Ron/Wendt, Alexander/Katzenstein, Peter J. 1996: „Norms, identity and culture in national security", in: Katzenstein, Peter J. (Hrsg.): The Culture of National Security: Norms and Identity in World Politics. New York, S. 38-78, hier: S. 54) definiert. Institutionen sind – soziologisch gesehen – ein universelles Merkmal menschlichen Zusammenlebens, i.e. „Manifestationen oder Symbolnetze von Handlungsregelmäßigkeiten oder -gewohnheiten", die im öffentlichen Gebrauch und sozialgeschichtlich auf „relative Dauer" angelegt sind (Waschkuhn 1992, S. 376). Zur Argumentation auch Busse 1999. Der Rekurs verläuft hier auf Andrews, Bruce 1975: „Social rules and the state as social actor", in: World Politics 27,4, S. 521-541; einführend zum Konstruktivismus außerdem der Band von Reckwitz, Andreas/Sievert, Holger 1999 (Hrsg.): Interpretation, Konstruktion, Kultur. Ein Paradigmenwechsel in den Sozialwissenschaften. Opladen/Wiesbaden.

lismus; Rationalität – so die konstruktivistische Annahme – basiere auf einer spezifischen Identität.[25] Neoliberale Institutionalisten hingegen grenzen sich durch eine Art „skeptischen Optimismus"[26] von traditionellen realistischen Ansätzen ab. Sie leugnen weder das egoistische Verhalten von Staaten noch das dem internationalen System innewohnende Gewaltpotential. Der dramatische Anstieg problemfeldbezogener kooperativer Übereinkünfte in der internationalen Politik scheint jedoch den realistischen Pessimismus hinsichtlich der Chancen für internationale Kooperation zu widerlegen. Die paradigmatische Frage des Neoinstitutionalismus lautet deshalb: Unter welchen Bedingungen entsteht Kooperation in einer Welt von Egoisten ohne eine zentrale Herrschaftsinstanz?[27]

Die Beantwortung der Frage, warum staatliche Akteure in der Region sich so verhalten, wie sie sich verhalten, kann – so werden die einzelnen Beiträge in diesem Sammelband zeigen – nur auf der Grundlage eines Theorienpluralismus geleistet werden. Im einzelnen stellen sich folgende theoretische Leitfragen, zu deren Beantwortung die hier vorgelegten, empirischen Analysen des Regionalismus und Inter-Regionalismus in Ostasien im Zeichen der Asienkrise Indizien sammeln wollen:

1. Welche Einflussfaktoren prägen die Motive und außenpolitischen Handlungsmuster der Staaten der Region? Welche Rolle spielt dabei die Strukturbeschaffenheit des internationalen Systems?
2. In welcher Weise sind internationale Institutionen in der Lage, die Aussichten auf Kooperation positiv zu beeinflussen? und schließlich
3. Was sind die prioritären Orientierungskategorien staatlicher Außenpolitik (Sicherheit, Wohlfahrt, internationale Normen, kollektive Identitäten)?

Das Buch gliedert sich neben Einführung und theoretischer Schlusssynopse in drei Hauptkapitel, in denen jeweils zwei Kooperationsforen vorgestellt werden. Im ersten Kapitel werden die ASEAN (Bernhard Stahl) und ASEAN+3 (Lisa Srikiow) als *regionale Institutionen* analysiert. Das zweite Kapitel bietet mit der Diskussion des ARF (Ryôma Sakaeda) und der Sechsparteien-Gespräche mit Nordkorea (Sebastian Harnisch und Martin Wagener) eine Einführung in *sicherheitspolitische Institutionen*. Schließlich erörtert das dritte Kapitel die APEC und das ASEM (Hanns W. Maull), zwei neuere *Initiativen transregionaler Kooperation*.

---

[25] So etwa Busse 2000, S. 19.
[26] Müller, Harald 1993: Die Chance der Kooperation. Regime in den Internationalen Beziehungen. Darmstadt, S. 1.
[27] Diese Frage hat die Menschen über viele Jahrhunderte hinweg beschäftigt. Das bekannteste Diktum stammt wohl von Thomas Hobbes, der die Möglichkeit von Kooperation ohne zentralen Herrschaftsstab ausschloss und daraus die Notwendigkeit einer starken Regierung ableitete. Vgl. Hobbes, Thomas 1984: Leviathan. Frankfurt, S. 96; vgl. auch die Analyse von: Axelrod, Robert 1988: Die Evolution der Kooperation. München.

Bernhard Stahl

Die Gemeinschaft südostasiatischer Staaten (ASEAN): Erfolg und Probleme einer überforderten Institution

1 Einleitung

Die *Association of Southeast Asian Nations* genießt aus dreierlei Gründen das Interesse sowohl der Forscher als auch der Weltöffentlichkeit. Erstens gelten ihre Mitglieder – zusammen mit anderen fernöstlichen Wirtschaften – auch nach der Asienkrise Ende der 1990er Jahre als die Musterbeispiele wirtschaftlichen Aufstiegs. Zweitens haben es die Staaten seit mehr als 40 Jahren verstanden, bewaffnete Auseinandersetzungen untereinander zu vermeiden.[1] Drittens eröffnet die Tatsache, dass die meisten Staaten beides mit Regierungsformen erreicht haben, die nur eingeschränkt westlich-demokratischen Vorstellungen entsprechen, Diskussionen über die universelle Gültigkeit des westlich-europäischen Entwicklungsmodells im Allgemeinen sowie über die Geltung westlicher Normen im Besonderen.

Im folgenden Beitrag wird versucht, eine Beschreibung der Organisation mit bewertenden Aussagen zu verknüpfen. Die in einem ersten Teil vorgenommene deskriptiv-analytische Bestimmung der Institutionalisierung der ASEAN wird hier mithilfe eines Kriterienrasters vorgenommen, das an anderer Stelle zum Zweck des Institutionenvergleichs eingeführt worden ist.[2] Anschließend erfolgt im zweiten Hauptteil eine Bewertung der ASEAN. Jede Bewertung hängt zugegebenermaßen von den angelegten Bewertungskriterien ab. Als ein erstes gängiges Kriterium gilt dabei der Eigenanspruch, m.a.W. welche Ziele hat sich die Organisation selbst gegeben und inwieweit konnten sie erreicht werden? Zum zweiten wird gefragt, welchen Beitrag die ASEAN im Hinblick auf die drei klassischen Sachbereiche der Politikwissenschaft (Sicherheit, Wohlstand und Herrschaft – hier: Demokratie) leistet. Schließlich soll drittens ein Vergleich mit der erfolgreichsten Institutionalisierung weltweit – der Europäischen Union (EU) – helfen, die Spezifika der ASEAN herauszustellen. In beiden Großkapiteln werden kleine Fallbeispiele eingestreut, was einen doppelten Zweck erfüllen soll. Zum einen decken die Fälle eine empirische Lücke ab, denn zum Verständnis einer Institution gehört es, sie ‚im Einsatz' zu sehen. Zum zweiten bereiten die Fallbeispiele den Boden für die Bewertung der ASEAN, geben sie doch typische Konflikte und Probleme der Institutionalisierung wieder. Der Schluss fasst die Ergebnisse der Bewertung zusammen und nimmt den Titel des Beitrags auf. Der Beitrag generiert die

---

[1] Aus diesem Grund wird die ASEAN auch als „Security Community" bezeichnet. Vgl. Acharya, Amitav 1998: Collective identity and conflict management in Southeast Asia, in: Adler, Emanuel/Barnett, Michael (Hrsg.): Security Communities, Cambridge, S. 198-227.
[2] Stahl, Bernhard 1998: Warum gibt es die EU und die ASEAN? Institutionalisierungsfaktoren in vergleichender Analyse. Baden-Baden.

These, dass sowohl Erfolg wie auch Misserfolg der ASEAN einer systematischen Überforderung der Institution geschuldet sind. Die Mitgliedstaaten befrachten sie mit überhöhten Zielen und Ambitionen, betrachten die Institution aber letztlich nur als Status quo Organisation für nationalstaatliche Interessen. Dies ist insofern erfolgreich, als dass es die Aufmerksamkeit für die Region erhöht und eine gewisse Hebelfunktion gegenüber den extraregionalen Großmächten mit sich bringt. Von Nachteil ist allerdings, dass die ASEAN in konkreten Konfliktfällen versagen muss und nur deklatorische Konfliktlösungen für sich reklamieren kann.

2 Zur Institutionalisierung der ASEAN

Als Gliederungskriterien zur Charakterisierung der ASEAN dienen Interaktionsraum, Ziele und Handlungsfelder der Organisation, Interaktionsgrad und Organbildung, Entscheidungsfindung und Verbindlichkeit sowie Außenwirkung.[3]

2.1 Interaktionsraum

Mit antikommunistischer Motivation kam es 1961 zur Gründung der ASA (Association of Southeast Asia) durch Malaya, die Philippinen und Thailand. Auf die philippinische Initiative folgte 1963 die Maphilindo mit dem Versuch, Indonesien, das bis dahin eine führende Rolle in der Blockfreien-Bewegung gespielt hatte, zu integrieren. Beide Projekte kamen zwar aufgrund von Konflikten unter den Mitgliedstaaten über das Anfangsstadium nicht hinaus, gleichwohl fungierten sie als wichtige Vorläufer der ASEAN-Gründung.[4] Die ASEAN übernahm nicht nur die Organisationsstruktur und einige Projekte, sondern auch Textpassagen der Gründungserklärung von der ASA.[5] Ohne die Erfahrung eines gemeinsamen Umgangs miteinander in Form von – auch teilweise gescheiterten – vorherigen Institutionalisierungen wie ASA, SEATO oder Maphilindo hätten es die Außenminister nicht geschafft, die Interessengegensätze zu überwinden.[6] Nach Beratungen über den asiatisch-pazifischen Raum (ASPAC – Asian-Pacific Council, 1966) und einer Außenministerkonferenz gelang im August 1967 die Gründung der Association of Southeast Asian Nations (ASEAN) durch Thailand, die Philippinen, Indonesien, Singapur und Malaysia in Form der *Declaration of Bangkok*[7]. Nach Erlangung der Unabhängigkeit traten das Sultanat Brunei 1984 und im Juli 1995 Vietnam der ASEAN bei. Zwei Jahre später erfolgte dann der Beitritt von zwei der drei übrigen Staaten Indochinas – Laos und Myanmar (Burma). Kambodscha, dessen Mitgliedschaft zunächst vereinbart, aber nach bürgerkriegsähnlichen Unruhen

---

[3] Stahl 1998, S. 110ff.
[4] Für manchen Beobachter stellt die ASEAN deshalb nicht mehr dar, als eine „extension and amalgamation of prior attempts to create regional institutions." Crone, Donald K. 1983: The ASEAN States. Coping with Dependence. New York, S. 36; Zu den historischen Wurzeln der ASEAN: Narine, Shaun 2002: Explaining ASEAN: Regionalism in Southeast Asia. Boulder (Co), S. 9ff.
[5] Haas, Michael 1989: The Asian Way to Peace. A Story of Regional Cooperation. New York, S. 127; Frost, Frank 1990: Introduction: ASEAN since 1967 – Origins, Evolution and Recent Devolopments, in: Broinowski, Alison (Hrsg.): ASEAN into the 90s. London, S. 1-31, hier: S. 5.
[6] Suh, Mark B. M. 1990: Außen- und Sicherheitspolitische Zusammenarbeit zwischen den ASEAN-Staaten. Berlin, S. 26.
[7] Bspw. abgedruckt auf der ASEAN Website unter http://www.asean.or.id/ („basic documents") [4.9.2008].

suspendiert worden war, wurde erst im April 1999 das zehnte und wohl vorläufig letzte Mitglied der ASEAN.[8] Beitrittsgesuche von Papua-Neuguinea und Sri Lanka wurden abgelehnt. Bereits in der Gründungserklärung – bestätigt in der ASEAN-Charter 2007 – wurde der regionale Bezug in der Form betont, dass die Gemeinschaft „*is open for participation to all states in the South-East Asian Region*".[9] Die Gemeinschaft tut sich bis heute schwer mit Ost-Timor, gestattete indes seine Teilnahme am ASEAN Regional Forum (ARF). Aufgrund der Unruhen 2006 und 2008 in Dili ist das Thema jedoch von der Tagesordnung verschwunden.[10]

Faktisch wurde im Laufe der Zeit durch diverse Institutionalisierungsformen in Südostasien ein Interaktionsraum abgestufter Dichte geschaffen. Pointiert könnte man die verschiedenen Ebenen aus ASEAN-Perspektive mit den Schlagworten ‚gemeinsames Handeln', ‚Wohlverhalten', ‚Mitreden' charakterisieren. Die Ebene des ‚gemeinsamen Handelns' bildet dabei die ASEAN-Mitgliedschaft. Eine zweiter Raum des ‚Wohlverhaltens' wurde durch den *Treaty of Amity and Cooperation* (TAC, 1976) geschaffen. Unterzeichnerländer außerhalb des ursprünglichen ASEAN-Kontextes – Papua-Neuguinea, Vietnam, Laos, Kambodscha (1995), Indien und China (2003), Australien, Japan, Frankreich, Russland, Neu-Seeland, Südkorea – verpflichten sich dem Wertekodex der Gemeinschaft, ohne sie allerdings mitgestalten zu können. Unter Umständen wird ihnen zudem ein Beobachterstatus bei den Außenministertreffen eingeräumt. Der dritte Interaktionsraum des Informationsaustausches (‚Mitreden') umfasst die im Anschluss an die ASEAN-Treffen stattfindenden Post-Ministerial Conferences (PMC), die sich seit 1994 im Rahmen des ASEAN Regional Forums bis hin zum ersten East Asian Summit (2005) weiter entwickelt haben (siehe hierzu den Beitrag von Lisa Srikiow in diesem Band).

Fallbeispiel: Der problematische Beitritt Myanmars

Insbesondere der Beitritt Myanmars hat der Gemeinschaft Konflikte mit dem Westen beschert.[11] Die grausamen Repressionen des Militärregimes in Naypyidaw – exemplarisch abzulesen am Schicksal der dauerhaft arretierten Friedensnobelpreisträgerin Aung San Suu Kyi – haben zur internationalen Isolation des Regimes und zu einem Ansehensverlust der ASEAN geführt. Im Oktober 1996 verabschiedete die EU Sanktionsmaßnahmen gegen Myanmar. Die Europäer lehnten eine diplomatische Aufwertung des diktatorischen Militärregimes ab: Weder sollte das Land am ASEM-Prozess teilnehmen (siehe hierzu den Beitrag von Hanns W. Maull in diesem Band), noch würde die EU seinem Beitritt zum biregionalen Dialog zustimmen. Regierungsvertreter Myanmars erhielten zudem keine Visa für EU-Mitgliedstaaten. Bis zum Jahr 2000 blieb man bei einer unnachgiebigen Haltung, so dass verschiedene biregionale Treffen abgesagt wurden. Erst die Osterweiterung 2004 brachte eine Veränderung der EU-Position, da die ASEAN nunmehr die Akzeptanz der neuen Mitgliedstaaten von der Tolerierung Myanmars abhängig machen konnte. Doch hat die EU weiter-

---

[8] Zur Problematik der Indochina-Erweiterung: Takeshi, Takano 1999: The ASEAN-10 and Regional Political Relations, in: Sekiguchi, Sueo/Noda, Makito (Hrsg.): Road to ASEAN-10. Japanese Perspectives on Economic Integration. Tokyo/New York, S. 16-36, hier: S. 21ff; Kraft, Herman Joseph S. 2000: „ASEAN and Intra-ASEAN relations: weathering the storm?", in: The Pacific Review 13,3, S. 453-472.
[9] Declaration of Bangkok, vierter Punkt.
[10] Vgl. zur Diskussion einer Mitgliedschaft Ost-Timors: Severino, Rodolfo C. 2006: Southeastern Asia in search of an ASEAN Community. Insights from the former ASEAN Secretary-General. Singapur, S. 75-82.
[11] Vgl. allgemein zum Beitritt: Than, Mya 2005: Myanmar in ASEAN. Regional cooperation experience. Singapur.

hin darauf bestanden, dass Myanmar nur durch unterrangige politische Vertreter auf den gemeinsamen Treffen repräsentiert wird. Auch innerhalb der ASEAN nahm die Kritik an Myanmar zu, was an der offenen Aussprache auf dem 11. ASEAN-Gipfel in Kuala Lumpur abzulesen war.[12] Im September 2007 eskalierte die politsche Lage im früheren Burma erneut, als es zu Massenprotesten gegen die Diktatur kam, doch konnte sich das Regime trotz heftiger internationaler Kritik an der Macht halten. In der Folge kam es auch zu erregten Debatten innerhalb der ASEAN: So kritisierte die philippinische Präsidentin Arroyo im Vorfeld des Singapur-Gipfels im November 2007 die burmesische Regierung in deutlichen Worten und es kam zu Auseinandersetzungen um einen UN-Sondergesandten, der kurzfristig wieder ausgeladen wurde.[13] Weiteren Unmut zog sich das Regime zu, als es sich im Mai 2008 weigerte, internationale Hilfe anzunehmen, um den vielen Hunderttausend Menschen zu helfen, die durch einen Zyklon im Irrawaddy-Delta ins Elend gestürzt worden waren. Erst nach drei Wochen gelang es der ASEAN auf ihrem Treffen am 19. Mai, die Junta in Myanmar von der Notwendigkeit zu überzeugen, Hilfslieferungen aus den Nachbarstaaten ins Land zu lassen.[14] Der Generalsekretär der ASEAN, Surin Pitsuwan, initiierte in Abstimmung mit der UNO und der Weltbank die Entsendung eines 250köpfigen Teams, das die Schäden begutachtet hat. Surin bilanzierte:

> We have worked 24/7 to raise a level of trust and to allow our rapid assessment team in. We are trying to get around a lot of suspicion and sensitivities and mistrust.[15]

Myanmar wird weiter ein Problem für die ASEAN bleiben, denn weder die Mitgliedschaft in der ASEAN noch die internationalen Boykotte haben bislang nennenswerte Wirkung auf das Militärregime entfalten können.[16] Als die Junta im Februar 2008 ein Verfassungsreferendum sowie allgemeine Wahlen in Aussicht stellte, wurde dies allgemein als taktisches Manöver interpretiert. Das Beispiel Mynamar zeigt, dass ein Verzicht auf explizite Aufnahmekriterien sich negativ auf das Ansehen der Gemeinschaft ausgewirkt hat. Die Sozialisationswirkungen der Mitgliedschaft sind gering geblieben.

2.2 Ziele und Politikfelder

Die in der Bangkok-Declaration 1967 formulierten Ziele der ASEAN lassen den Schwerpunkt der gemeinsamen Politik im ökonomischen und kulturellen Bereich vermuten. Das Gründungsdokument der ASEAN nennt folgende Ziele:[17]

---

[12] Loewen, Howard 2006: „Die ASEAN als Impulsgeber ostasiatischer Integration", in: GIGA Focus, Nr. 2, Hamburg, S. 3.
[13] „ASEAN streitet über Burma", in: FAZ, 22.11.2007; Buchsteiner, Jochen 2007: „Zwist in der ASEAN-Familie", in: FAZ, 21.11.2007 und Emmerson, Donald K. 2008: ASEAN's ‚Black Swans', in: Journal of Democracy, Vol. 19, No. 3, S. 70-84, hier S. 71-76.
[14] „Forcing help on Myanmar", in: Economist, 24.5.2008, S. 20-21 und „A modest opening", in: Economist, 22.5.2008, S. 69.
[15] ASEAN Secretariat 2005: ASEAN to lead international Coalition of Mercy for Myanmar, Media Release (www.aseansec.org/21537.htm), [20.6.2008].
[16] Reger, Markus 2007: „Viel Sanktion, wenig Wirkung? Die Burmapolitik der Europäischen Union", in: Südostasien 1, S. 33-35; Buchsteiner, Jochen 2008: „Keine Lösung für Burma-Konflikt", in: FAZ, 1.2.2008.
[17] Gekürzte Fassung des Punktes 2, Unterpunkte 1.-7. der Bangkok Declaration.

- To accelerate the economic growth, social progress and cultural development [...],
- To promote regional peace and stability [...],
- To promote active collaboration and mutual assistance [...],
- To provide assistance [...] in form of training and research facilities in the educational, professional, technical and administrative spheres,
- To collaborate [...] for the greater utilization of their agriculture and industries, the expansion of their trade [...],
- To promote South East Asian studies,
- To maintain close and beneficial cooperation with existing international and regional organizations [...].

Neun Jahre nach der Bangkok-Deklaration, beim ersten gemeinsamen Treffen der Regierungschefs auf Bali, wurde ein *Treaty of Amity and Cooperation* (TAC) sowie eine *Declaration of ASEAN Concord* verabschiedet. Darin finden sich:[18]

- eine Vereinbarung über Mechanismen friedlicher Konfliktbeilegung,
- der explizite Verzicht auf Androhung oder Anwendung von Gewalt,
- die Errichtung eines „*High Council*" zur Konfliktbeilegung durch regionale Prozesse,
- die Absicht, gemeinsame Großprojekte durchzuführen,
- die gegenseitige Gewährung von Zollvergünstigungen durch die Schaffung eines Präferenzraumes (*Preferential Trading Arrangement* = PTA),
- die Einrichtung eines zentralen ASEAN-Sekretariats in Jakarta.

1971 wurde als sicherheitspolitisches Konzept der ASEAN die sogenannte „ZOPFAN" (*Zone of Peace, Freedom and Neutrality*) formuliert, in der Neutralität implizit als Abwesenheit einer Einmischung externer Mächte in der Region verstanden wird.[19] Auf der Gipfelkonferenz in Kuala Lumpur (1977) reagierte die ASEAN auf die weltwirtschaftlichen Schwierigkeiten mit dem Beschluss, eine Reisreserve, ein Erdölnotversorgungsprogramm sowie Swap-Arrangements für den Fall von Zahlungsbilanzproblemen einzurichten. Zudem wurde eine engere Zusammenarbeit mit den Anrainern und der EG vereinbart. Des Weiteren gibt es seitdem regelmäßige gemeinsame außenpolitische Erklärungen der ASEAN-Staaten. Die dritte Konferenz der Regierungschefs in Manila (1987) konnte in wesentlichen Punkten (Verteidigungskooperation, institutionelle Reformen, wirtschaftspolitische Integration) kaum Fortschritte erzielen. In der Abschlusserklärung der Regierungskonferenz stellten die Teilnehmerländer aber immerhin klar, dass die ASEAN kein Militärbündnis sei und eine kernwaffenfreie Zone in Südostasien angestrebt würde. Eine erfolgreiche Weiterentwicklung gelang 1995 auf der 5. Gipfelkonferenz in Bangkok durch die Implementierung einer atomwaffenfreien Zone in Südostasien (SEANWFZ). Die Staaten stimmten darin überein, dass sie darauf verzichten, Kernwaffen zu entwickeln, zu bauen oder zu erwerben.[20] Jedem Vertragsstaat blieb es jedoch überlassen, mit Kernwaffen bestückte Schiffe

---

[18] Feske, Susanne 1991: ASEAN – Ein Modell für regionale Sicherheit: Ursprung, Entwicklung und Bilanz sicherheitspolitischer Zusammenarbeit in Südostasien. Baden-Baden, S. 143f und Rust, Walter L. 1985: ASEAN – Regionale Zusammenarbeit im Schatten der Großmächte. Frankfurt/M. u.a., S. 20f.
[19] Feske 1991, S. 158f.
[20] Singh, Bilveer 2000: Asean, the Southeast Asia Nuclear-Weapon-Free-Zone and the challenge of denuclearisation in Southeast Asia: problems and prospects. Canberra Papers on Strategy and Defence, 138. Canberra; Mütze-

oder Flugzeuge von Drittstaaten im eigenen Hoheitsgebiet zu akzeptieren – mit diesem Passus sollte vor allem den USA entgegengekommen werden.

Die Vereinbarungen von Singapur 1992 brachten einen Institutionalisierungsschub:[21] Die verabschiedeten drei Dokumente zeugen von einer Ausweitung der Politikfelder sowie des Zielspektrums der Gemeinschaft:

1. die Singapore Declaration,
2. das Framework Agreement on Enhancing ASEAN Economic Cooperation,[22]
3. das Agreement on Common Effective Preferential Tariff (CEPT).

Darin kam man überein, die Kooperation in Sicherheitsfragen auszuweiten, die Institutionen der ASEAN zu stärken sowie eine Freihandelszone in Südostasien (AFTA) zu errichten. Im sicherheitspolitischen Bereich vereinbarten die Staatschefs, Gespräche mit den Dialogpartnern zu institutionalisieren. Zwei Jahre später gelang dies mit der Gründung des ASEAN Regional Forums[23]. Die Vision „ASEAN 2020", die auf dem informellen Gipfel von Kuala Lumpur im Dezember 1997 verabschiedet wurde, formuliert – ähnlich früherer *Declarations* – inhaltliche Absichtserklärungen und Ziele, stellt jedoch keine institutionellen Mittel zur Verfügung. Die Ziele umfassen u.a.:[24]

- ein friedliches und stabiles Südostasien, in dem Konflikte friedlich beseitigt werden,
- die Entwicklung einer „Partnerschaft für dynamische Entwicklung",
- den Abbau der wirtschaftlichen Unterschiede zwischen den Staaten,
- die Errichtung einer „Gemeinschaft humaner Gesellschaften", die sich an eine gemeinsame regionale Identität gebunden fühlt, sich jedoch aus Gesellschaften mit eigener nationaler Identität zusammensetzt.

Der „*Hanoi Action Plan*" und die „*bold measures*", die auf der Gipfelkonferenz in Vietnam 1998 verabschiedet wurden, zielen auf eine wirtschaftliche Gesundung der Region angesichts der Asienkrise. In den folgenden Jahren begnügten sich die Gipfelerklärungen vorwiegend mit einer Würdigung des bisher Erreichten. Eine weitere ‚Vertiefung' der Institutionalisierung konnte auf dem neunten ASEAN Gipfel auf Bali im Oktober 2003 vereinbart werden.[25] Die ins Leben gerufene ‚*ASEAN Community*' ruht nunmehr auf drei Pfeilern:

---

nich, Rolf 1997: „Kernwaffenfreiheit in Südostasien", in: Zeitschrift für internationale Fragen 4/97, 48.Jg., S. 390-400, S. 391f.

[21] Vgl. Stahl 1998, 209ff.

[22] Der genaue Inhalt der AFTA ist abgedruckt in: Nasution, Anwar 1993: Open Regionalism: The Case of ASEAN Free Trade Area, in: Moellers, Wolfgang./Mahmood, Rohana (Hrsg.) 1992: ASEAN: Future Economic and Political Cooperation; Proceedings of the Conference on ASEAN: Kuala Lumpur, November 13-15, 1992, Institute of Strategic and International Studies. Malaysia, S. 11-23, hier: S. 18-23.

[23] Vgl. den den Beitrag von Ryôma Sakaeda in diesem Band.

[24] Hernandez, Carolina 1998: „Die zukünftige Rolle der ASEAN", in: KAS-Auslandsinformationen 12/98, S. 22-43, hier S. 36ff.

[25] Vgl. ASEAN Sekretatiat 2006a: Declaration of ASEAN Concord II (Bali Concord II) (http://www.aseansec.org/15159.htm), 4.9.2009. Zur Analyse vgl.: Smith, Anthony L. 2004: „ASEAN's Ninth Summit: Solidifying Regional Cohesion, Advancing External Linkages", in: Contemporary Southeast Asia 26,3, S. 416-433.

Abbildung 1: Die Pfeilerstruktur der ASEAN

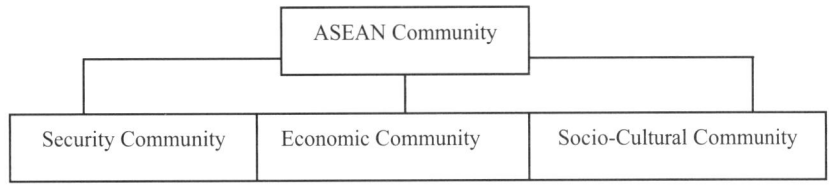

Quelle: Eigene Darstellung

Dabei fasst die *ASEAN Security Community* die bis dato verabschiedeten Ziele und Institutionen (TAC, ZOPFAN, SEANWFZ, ARF) zusammen. Besonders betont wurden darüber hinaus die friedliche Konfliktregulierung mit dem expliziten Verzicht auf Gewaltanwendung und -androhung, der Respekt vor der Souveränität der Einzelstaaten, das Prinzip der Nicht-Einmischung in die inneren Angelegenheiten eines anderen ASEAN Mitgliedstaats und das Konsensprinzip bei der Entscheidungsfindung. Beeinflusst durch 9/11 und die Anschläge terroristischer Gruppen in Südostasien betonten die Staats- und Regierungschefs die folgenden Handlungsfelder:[26]

- die Entwicklung von gemeinsamen Normen und Werten,
- die Sicherheit der Seewege,
- die Verbreitung von Massenvernichtungswaffen,
- Terrorismus und transnationale Verbrechen,
- Verteidigungskooperation,
- die Kooperation mit den Vereinten Nationen.

Der zweite Pfeiler der *ASEAN Community* enthält die Bestimmungen zur wirtschaftlichen Kooperation. Ähnlich der Integration im sicherheitspolitischen Bereich rahmt die avisierte *ASEAN Economic Community* die bestehenden Vereinbarungen ein. Die *ASEAN Economic Community* ist

> the realization of the endgoal of economic integration as outlined in the ASEAN Vision 2020, to create a stable, prosperous and highly competitive ASEAN economic region in which there is a free flow goods, services, investment and a freer flow of capital, equitable economic development and reduced poverty and socio-economic disparities in year 2020.[27]

Während die Ziele und Politikfelder der ersten und zweiten Säule ausformuliert und in den folgenden Jahren durch spezifische „*plans of action*" unterfüttert wurden, blieben die Inhalte der dritten – der ‚*Socio-Cultural Community*' – vage. Die Idee einer sozio-kulturellen Gemeinschaft war erst spät in die Verhandlungen eingebracht worden und sollte den Eindruck vermeiden, in der ASEAN gehe es nur um Sicherheit und Wirtschaft. Erwähnt werden wiederum bestehende Vereinbarungen sowie Herausforderungen in den Bereichen Erziehung, Gesundheit, Kultur und Umwelt.[28] Die Einschätzung des früheren ASEAN-

---

[26] Severino 2006, S. 356.
[27] ASEAN 2006a: Declaration of ASEAN Concord II, Punkt B., Unterpunkt 1.
[28] ASEAN 2006a: Declaration of ASEAN Concord II, Punkt C.

Generalsekretärs Severino ist deutlich: „It is a hodge-podge of generalities, suffers from a dearth of specifics, has no timelines, and lacks focus."[29]

Vier Jahre später sollte die Kooperation in diesen Bereichen eine Verstärkung erfahren mit der Verabschiedung einer ASEAN Charter, die bereits im Vientane Action Plan (2004) angedacht worden war. Eine Arbeitsgruppe von ‚*Elder statesmen*' hatte einen Entwurf erarbeitet, der zum 40. Jahrestag der ASEAN-Gründung verabschiedet werden konnte. Die Zehn kamen auf dem 13. Gipfel in Singapur im November 2007 überein, „to establish (...) the legal and institutional framework for ASEAN."[30] Die Charta, die nach Maßgabe der nationalen Ratifizierungen in Kraft treten wird, fasst den bisherigen Institutionalisierungsstand in übersichtlicher Weise zusammen. Die Geltung früherer Dokumente wird nicht aufgehoben, doch hat im Falle von Inkohärenzen die Charta Vorrang (Art. 52). Bemerkenswerterweise findet sich in Artikel 1 (7) die explizite Selbstverpflichtung auf Demokratie, *Good governance*, *Rule of law* und Menschenrechte, wenn auch „with due regard to the rights and responsibilities of the Member States." Zudem werden in die ‚vier Freiheiten' der ASEAN Economic Community (Güter, Dienstleistungen, Investitionen, Kapital) nunmehr auch „business persons, professionals, talents and labour" aufgenommen (Art. 1, Punkt 5). Desgleichen wird die Einhaltung multinationaler Handelsbestimmungen festgeschrieben (Art. 2, Punkt 2n). Darüber hinaus stärkt die Charta die ASEAN Identität: Die Organisation erhält Rechtspersönlichkeit, eine Flagge, ein Motto („One vision, one identity, one community"), ein Emblem, eine Hymne und sogar einen ASEAN-Tag (8. August).

2.3 Interaktionsgrad und Organbildung

Zum Zeitpunkt der Gründung der ASEAN unterhielten drei von fünf Gründungsmitgliedern keine diplomatischen Beziehungen zueinander, obwohl dies doch als eine Art ‚Mindestvertrauensstandard' für ein *institution-building* angesehen werden kann.[31] Auch die ersten Jahre der ASEAN waren so sehr von Misstrauen und gegenseitigen Verdächtigungen geprägt, dass ihr institutionelles Überleben bereits als große Leistung gelten kann:[32] Die Gründung der ASEAN war in der Tat ein „*act of faith*"[33]. Vereinbart wurde nach der Gründung 1967 deshalb zunächst eine relativ einfache Struktur:

---

[29] Severino 2006, S. 368.
[30] The ASEAN Charter, ASEAN Secretariat, Jakarta 2007, Preamble, S. 3.
[31] Anand, Ram Prakash 1981: Introduction, in: ders./Quisumbing, Purificacion. V. (Hrsg.): Asean. Identity, Development and Culture. Quezon City, S. xxii- xxvii; hier: S. xii.
[32] Leifer, Michael 1989: Asean and the Security of Southeast Asia. London/New York, S. 52.
[33] Kumerloeve, Arnd D. 1986: Ansätze ausserökonomischer Kooperation der Asean-Staaten. Manuskript. Bochum, S. 76.

Abbildung 2: ASEAN-Organisationsstruktur nach der Gründung

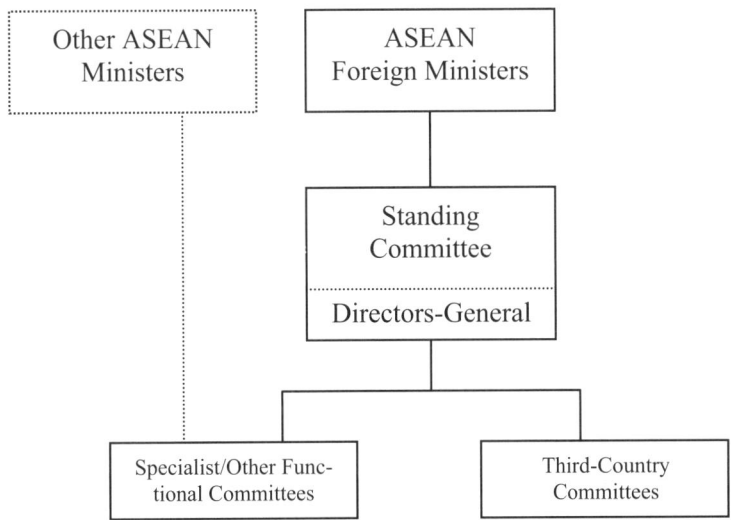

Quelle: Chang, Meng K. 1990: „ASEAN's Institutional Structure and Economic Co-operation", in: ASEAN Economic Bulletin, S. 268-282, S. 269.

Die Außenminister der ASEAN trafen sich zunächst regelmäßig einmal im Jahr an wechselnden Tagungsorten – nach alphabetischer Reihenfolge der Mitgliedstaaten – und entschieden über politische oder wirtschaftliche Maßnahmen. Die ASEAN Charter (2007) sieht nunmehr mindestens zwei Treffen der Außenminister pro Jahr vor (als *ASEAN Coordinating Council*). Oberstes Organ der ASEAN hatte zunächst die Ministertagung gebildet, ein Treffen der Staatschefs war ursprünglich nicht vorgesehen. Sie trafen sich erst neun Jahre nach der Gründung auf Bali zum ersten Mal. Von den Konferenzen der Regierungschefs, die zunächst in unregelmäßiger Reihenfolge und in den 1990er Jahren im Dreijahresrhythmus stattfanden (1976, 1977, 1987, 1992, 1995, 1998, 2001), gingen in der Folge Weichenstellungen für das *institution-building* aus. Zwischenzeitlich kamen die Staatschefs auch zu informellen Gipfeln zusammen (1996, 1997, 1999, 2000), so dass man seit 2001 dazu übergegangen ist, sich jährlich zu treffen. Im Laufe der Zeit kamen zunehmend auch die Minister einzelner Fachressorts zusammen, deren Tagungshäufigkeit und funktionale Differenzierung immer weiter zugenommen haben. Bis 2005 schwankte die Häufigkeit zwischen einmal jährlich für die etablierten *Councils* wie Wirtschaft und Auswärtiges, während die meisten übrigen sich lediglich jedes zweite Jahr getroffen haben oder nur im Bedarfsfalle zusammengekommen sind.[34] Als ein institutionelles Ereignis wurde das erste formale Treffen der Verteidigungsminister 2006 gefeiert, in dem ein *ASEAN Defence Sectoral body* vereinbart wurde, der direkt den Staats- und Regierungschefs untersteht. In der Logik der Dreigliederung der ASEAN Community ist vereinbart, dass sich der *Political-Security Community Council, Economic Community Council* und *Socio-Cultural Community Council* desgleichen mindestens zweimal im Jahr treffen. Anstehende Ministerentscheidungen werden von einem ‚*Committee of Permanent Representatives*' vorbereitet, das sich

---

[34] ASEAN Annual Report 2004/2005, S. 10.

aus dauerhaft nach Jakarta entsandten Botschaftern bei der ASEAN zusammensetzt. In „Ständigen" und wahlweise einberufenen „Ad-hoc-Komitees" bereiten Ministerialbeamte der ASEAN-Staaten gemeinsame Aktionen und Projekte vor und überwachen diese. Der Vorsitz dieser Organe rotiert von Land zu Land. Es wurden zunächst vier ständige Komitees ins Leben gerufen, die funktionale Aufgaben (Schiffbau, Luftfahrt, Kommunikation, Lebensmittelversorgung) übernehmen sollten. Im Zeitablauf ist eine Zunahme der Institutionalisierungsdichte zu verzeichnen. Die mittlerweile elf „Permanent Committees", mit verschiedenen funktionalen Aufgaben betraut, tagen seit 1976 regelmäßig und ihre Aktivitäten im Zeitablauf nahmen beständig zu.[35] Im Schnitt kommen sie auf zwei bis vier Sitzungen pro Jahr, wobei allerdings die Treffen der verschiedenen im Zeitablauf gebildeten Unterkomitees nicht mitgezählt sind.[36] Zur effektiveren Außenvertretung wurden ebenfalls diverse Ad-hoc Committees ins Leben gerufen, um die Interessen der Mitgliedstaaten besser in Brüssel oder Genf vertreten zu können.

Die Jahre nach Gründung der ASEAN zeigten, dass die Staaten zunächst Mühe hatten, den verabredeten Institutionalisierungsstand zu halten. Die Institutionalisierungserfolge wurden zunächst sehr skeptisch bewertet:[37] „ASEAN verzettelte sich in zahllosen Komitees und endlosen Diskussionen über Prioritäten und kleinlichen Streitereien über nationale Paritäten."[38] So fanden bis 1973 lediglich acht Ministerial Meetings statt. Weitere acht Jahre vergingen, bevor sich die Wirtschaftsminister der Staaten zum ersten Mal trafen. In den 1990er Jahren kamen weitere Fachministertreffen hinzu, wie die der Umweltminister angesichts der „Haze-Crisis" oder die der Finanzminister aufgrund der Währungskrise (vgl. Fallbeispiele). Als wichtigstes Arbeitsorgan hinter den Kulissen hat sich das so genannte *Senior Officials Meeting* erwiesen, in dem hohe Beamte der Außenministerien Konsensmöglichkeiten ausloten und möglicherweise strittige Fragen im Vorfeld öffentlicher Kenntnisnahme beraten werden können.[39]

Die ASEAN entwickelte in verschiedenen Politikfeldern[40] Initiativen, wobei jedoch die schwache Zentralorganisation dazu führte, dass bis heute lediglich 30 Prozent der Vorschläge die Implementierungsphase erreichen.[41] Die dezentrale, rotierende Organisation wirkte sich hemmend aus. In jedem Mitgliedstaat gibt es ein ‚Nationales ASEAN-Sekretariat', dessen Direktoren sich zur Koordination von beschlossenen Maßnahmen im Zweimonatsrhythmus treffen. 1976 wurde die Einführung eines ASEAN-Sekretariats in Jakarta beschlossen. Ihm steht der „Secretary-General" (z.Zt. Surin Pitsuwan, ehemaliger

---

[35] Leifer 1989, S. 27.
[36] Suh 1990, S. 39.
[37] So der Tenor bspw. bei: Choy, Li Chong 1981: Open Self-Reliant Regionalism: Power for ASEAN's Development. Occasional Paper No.65 of the Institute of Southeast Asian Studies, Singapore; Jorgensen-Dahl, Arnfinn 1976: „ASEAN 1967-1976. Development or Stagnation?", in: Pacific Community 7, S. 519-535, S. 519. Differenzierter äußert sich Crone 1983, S. 40, der die Zeit 1967-75 mit „not wasted but unpolitical unsuspicious work" charakterisiert.
[38] Dauth, Jürgen 1979: „ASEAN – die Gemeinschaft der südostasiatischen Nationen", in: Aus Politik und Zeitgeschichte 8, S. 31-45, S. 32.
[39] Parreñas, Caesar 1989: Im Kraftfeld der Großmächte: Großmachtpolitik und regionale Zusammenarbeit in Südostasien seit 1975. Frankfurt/M. u.a., S. 123.
[40] Einen Überblick über die diversen Einzelpolitiken bis in die 1980er Jahre bieten: Sopiee, Noordin/Chew, Lay See/Lim, SiangJin 1987 (Hrsg.): ASEAN at the Crossroads. Obstacles, Options and Opportunities in Economic Cooperation. Kuala Lumpur. Für eine aktuellere Bestandsaufnahme: Siddique, Sharon/Kumar, Sree (Hrsg.) 2003: The 2nd ASEAN Reader. Singapore.
[41] Pushpanathan, Sundram 2007: Option: Growing Stronger and Maybe Wiser After 40, for NST Online 10.8.2007 (www.aseansec.org/20831.htm), [13.3.2008].

thailändischer Außenminister) vor, den jedes Mitgliedsland abwechselnd für fünf Jahre stellt und der von der Außenministerkonferenz ernannt wird. Dominierten zunächst die Nationalen Sekretariate mit den ihnen vorstehenden „Director Generals of the ASEAN Office" das Zentralsekretariat sowohl in Bezug auf Mittelausstattung und Informationsfluss,[42] so hat sich dieser Trend aufgrund der formalen Aufwertung und Ressourcenausstattung umgekehrt. Die Uruguay-Runde des GATT (1986-94) hatte gezeigt, dass es seitens der ASEAN Mängel hinsichtlich einer geschlossenen, nach außen vorgetragenen Außenwirtschaftspolitik gab. So wurde eine Stärkung des zentralen ASEAN-Sekretariats vereinbart. Zum einen geschah dies durch die formale Aufwertung des Generalsekretärs zum Ministerrang, zum anderen durch eine erhöhte Ressourcenausstattung.[43] Des Weiteren wurde dem Zentralsekretariat ermöglicht, zukünftig eigene Mitarbeiter zu rekrutieren, umso weniger von nationalen Diplomaten abhängig zu sein. Bis 2008 ist die Anzahl der Mitarbeiter bis auf knapp 100 angestiegen.[44]

In den Jahrzehnten nach der Gründung hat sich ein Netzwerk von informellen, halbstaatlichen und expertokratischen Task Forces, Studiengruppen, Research Centers u.ä. um die zentralen Institutionen herum entwickelt.[45] Die informellen Kontakte dieser zweiten Ebene (‚track two') mit Vertretern der Entscheidungsebenen sind zu einer Quelle für Informationsaustausch, Reformvorschläge, Abstimmungs- und Konsensfindungsprozesse geworden. Zusätzlich bildeten sich private Institutionen wie die ASEAN Chambers of Commerce and Industry (ASEAN CCI), die gerade in Bezug auf wirtschaftliche Kooperationsprojekte unterstützend tätig geworden sind. Eine institutionelle Vertiefung bedeuteten die Beschlüsse des 4. Gipfels von Singapur.

Die Quantität der Treffen zwischen Regierungsvertretern hat durch die Vereinbarungen einen Schub bekommen. Zählt man untergeordnete Ebenen hinzu, so wurden in den 1990ern über 400 offizielle Treffen, Sitzungen und Konferenzen p.a. gezählt.[46] Bis 2007 hat sich ihre Anzahl nochmals verdoppelt.[47] Auch in der Außenvertretung gab es eine institutionelle Dynamik: In Manila im November 2007 einigte man sich auf die Einführung einer ASEAN-Troika im Ministerrang – wohl nach europäischem Vorbild – mit dem Ziel, die Außendarstellung der ASEAN zu effektivieren.

---

[42] Suh 1990, S. 40.
[43] So wird darauf hingewiesen, dass das Sekretariat bis dahin ganze sieben Mitarbeiter hatte, die sich um ökonomische Belange kümmerten. Ravenhill, John 1995: „Economic Cooperation in Southeast Asia: Changing Incentives", in: Asian Survey XXXV, 9, S. 850-866, S. 861.
[44] ASEAN Sekratariat 2008: The ASEAN Secretariat: Basic Mandate, Functions and Composition (www.aseansec.org/11856.htm), [20.6.2008].
[45] Siehe u.a.: Noda, Makito 1999: The Role of Non-State Actors in Building an ASEAN Community, in: Sekiguchi /ders. (Hrsg.), S. 167-194.
[46] Dosch, Joern 1996: Die Asean – Kooperations- und Integrationsleistungen, Perspektiven, in: Eilenberger, Guido/Mols, Manfred/Rüland, Jürgen (Hrsg.): Kooperation, Regionalismus und Integration im asiatisch-pazifischen Raum. Hamburg, S. 103-120, S. 108.
[47] ASEAN Sekretariat 2003: Meetings and Events (www.aseansec.org/meetings_events.htm), [20.6.2008].

Abbildung 3: Die Organisationsstruktur der ASEAN nach dem 4. Gipfel in Singapur

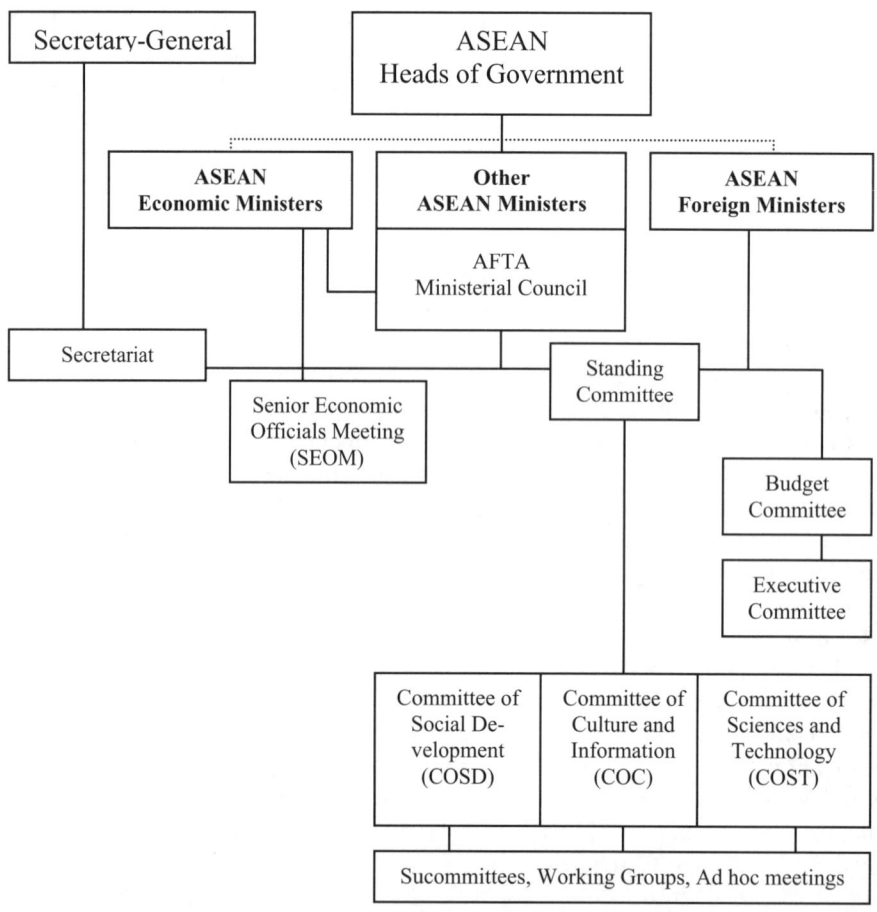

Quelle: Wichmann, Peter 1996: Die Perspektiven der ASEAN. Subregionale Integration oder supraregionale Kooperation, Mitteilungen des Instituts für Asienkunde Nr. 262. Hamburg, S. 23

2.4 Entscheidungsfindung und Verbindlichkeit

Auch nach 40 Jahren Institutionalisierungsgeschichte bleibt es bei Einstimmigkeit als Grundprinzip der Entscheidungsfindung. Die ASEAN Charter definiert die Gemeinschaft explizit als „intergouvernementale Organisation" (Art. 3), angewiesen auf den gemeinsamen Willen der Regierungen. Ein in der Bangkok-Erklärung vorgesehenes Schiedsgericht (*High Council*), dessen Procedere erst 34(!) Jahre später festgelegt wurde, ist nie angerufen worden. Bei Streitfällen wandten sich die Mitgliedstaaten lieber an den Internationalen Gerichtshof in Den Haag.[48] Das Einstimmigkeitsgebot erfordert eine vermehrte Kompromissbereitschaft der Staatschefs oder Minister. Jenseits des formalen Prinzips der Einstim-

---

[48] So entschied der ICJ beispielsweise 2002 im Streit zwischen Indonesien und Malaysia um die Inseln Sipadan und Ligitan zugunsten Kuala Lumpurs, vgl. Severino 2006, S. 14.

migkeit gilt es, informelle Entscheidungsprozesse zu beachten, die sich an kulturellen Praktiken der Region orientieren:[49]

- Kompromisssuche,
- Konsensprinzip,
- Nachbarschaftshilfe[50],
- Vier-Augengespräche,
- feeler technique,
- nobody leads principle,
- agreeing first, details later.

Diese Prinzipien – wohl arabischen Ursprungs – stammen größtenteils aus der malaiischen Dorfgemeinschaft.[51] Dort bedeutet bspw. „Kompromisssuche"

> that a leader should not act arbitrarily or impose his will, but rather make gentle suggestions of the path a community should follow, being careful always to consult all other participants fully and to take her views and feelings into consideration before delivering his synthesis-conclusion.[52]

Diese Art der Entscheidungsfindung führt zu einem Konsensbeschluss. Auf dem Weg dorthin ist das „Vorfühlen" („*feeler technique*") und dezentes Auftreten („*nobody leads principle*") von großer Bedeutung. Innerhalb der ASEAN-Struktur hat sich dergestalt eine gewisse Eigendynamik der Verhandlungsführung etabliert: „Bei jeder Entscheidung würde jedes Land durch informelle Kontakte die Positionen der anderen Mitglieder sondieren und nach dem Prinzip des gemeinsamen Nenners a priori in die interne nationale Meinungsbildung einbeziehen."[53]

Dabei findet eine Diskussion auf höherer Ebene nur dann statt, wenn eine Übereinkunft möglich erscheint. Offensichtlich strittige Fragen werden hingegen an die Komitees delegiert und dort konserviert, bis ein Meinungswandel stattgefunden hat. Das Konsensprinzip bedeutet, dass Beschlüsse nur einstimmig getroffen werden können. Um das Gesicht zu wahren, kommt jedoch kein Vorschlag zur Abstimmung, bei dem ein Staat sein Veto einlegen müsste. Besonders wichtig für die erfolgreiche Beschlussfassung ist dabei die „*feeler technique*", nach der zunächst einmal die Initiativseite lange informelle Sondierungen bei den Partnern vornimmt, bevor ein Vorschlag offiziell lanciert wird.[54] Jeglicher Ausdruck einer Uneinigkeit wird auf diese Weise vermieden. Diese Entscheidungsprinzipien bezeichnen das, was häufig unter den Begriff „ASEAN way" gefasst wird.

---

[49] Thambipilai, Pushpa 1985: Asean Negotiation Styles: Asset or Hindrance?, in: ders./Saravanamuttu, Jayaratnam (Hrsg.): ASEAN Negotiations: Two Insights. Singapore, S. 3-28, S. 11; Haas 1989, S. 6-9.
[50] Hier werden auch die englischen Begriffe „neighbourliness", „kinship" und „brotherhood" genannt. Solidum, Estrella 1981: The Role of Certain Sectors in Shaping and Articulating the Asian Way, in: Anand/Quisumbing (Hrsg.), S. 130-148, S. 137f.
[51] Obwohl überwiegend auf die indonesischen Ausprägungen Bezug genommen wird, sei angemerkt, dass sie ihre Entsprechungen in Malaysia und den Philippinen finden. Solidum 1974, S. 83 Fn. 83.
[52] Feith, Herbert 1962: The Decline of Constitutional Democracy in Indonesia. Ithaka, S. 40, zitiert nach Jorgensen-Dahl 1976, S. 529.
[53] Kumerloeve 1986, S. 42 mit Bezug auf die Titelgeschichte in der FEER, 18.4.1984, S. 23ff.
[54] Thambipilai 1985, S. 14.

1980 wurde eine leichte Modifikation des Wahlmodus beschlossen: Damit nicht jedes Land in Punkten mit „Ja" stimmen muss, von denen es gar nicht betroffen ist, wurde das „*ASEAN-minus-One-Principle*" eingeführt: Wenn ein Staat keine expliziten Einwände geltend macht, sollten auch vier Stimmen ausreichen, um einen Beschluss zu fassen (de facto: Stimmenthaltungsrecht).

Auffällig ist, dass die formalen Dokumente der ASEAN i.d.R. die Form einer „*Declaration*" haben. Im Unterschied zu einem (völkerrechtlich bindenden) Vertrag gilt sie als unverbindlich, wodurch den Signatarstaaten keinerlei einklagbare Pflichten aus der Erklärung erwachsen.[55] Demzufolge können einzig aus einem gewissen Gruppendruck oder aus der kulturbedingten Gefahr des Gesichtsverlustes wirksame Verbindlichkeiten entstehen. Das Einstimmigkeitsprinzip und die fehlenden Sanktionsmöglichkeiten lassen der Rolle von Einzelpersönlichkeiten an der Staatsspitze erhöhte Bedeutung zukommen. Dies fügt sich ein in die für Südostasien diagnostizierte stärkere Personalisierung der Politik im Allgemeinen, die dazu führt, dass Außenpolitik mehr regierungsabhängig ist als bspw. in Europa oder den USA.[56] Die ASEAN lebte lange Zeit von den Persönlichkeiten an der Spitze der Mitgliedstaaten: Suharto, Lee Kuan Yew und Mahathir prägten die Politik der Gemeinschaft in den 1990er Jahren und in den ersten Jahren des 21. Jahrhunderts. Ihr Abtritt von der politischen Bühne könnte perspektivisch eine Schwächung der ASEAN bedeuten. Die Betonung von Einzelpersönlichkeiten bedeutet auch, dass die ASEAN zunächst eine reine „*élite affair*" war.[57] So konstatierte ein Kritiker in den 1980ern: „ [Die ASEAN ist] vor allem das Produkt weniger Eliten in den einzelnen Hauptstädten, die allesamt kosmopolitisch ausgerichtet sind, fast ausnahmslos englisch sprechen, sich westlich kleiden und weltweit von Konferenz zu Konferenz jetten, ohne gleichzeitig ähnlich intensive Kontakte zu ihrem Hinterhof zu besitzen [...]".[58] Allerdings ist die Homogenität der südostasiatischen Eliten – vor allem unter Berücksichtigung der Beitritte – nicht so groß, wie das Zitat suggeriert. Ihnen gemeinsam ist gleichwohl eine ambivalente Einstellung gegenüber dem Westen: asiatisch-nationalistisches Denken auf der einen, technokratisch-marktwirtschaftliches auf der anderen Seite. Letzteres rührt vor allem daher, dass sehr viele politische und wirtschaftliche Entscheidungsträger ihre Ausbildung in westlichen Ländern absolviert haben.[59]

Fallbeispiel zur Entscheidungsfindung und Verbindlichkeit: Die AFTA

Ein wichtiges Motiv für die wirtschaftliche Integration in Südostasien liegt in den weltwirtschaftlichen Entwicklungen. Einerseits waren auf wirtschaftspolitischem Gebiet zunehmend Regionalisierungserscheinungen zu beobachten (NAFTA, EG-Binnenmarkt und Währungsunion, Mercosur), andererseits stockte der weltweite Abbau von Handelshindernissen im Rahmen des GATT immer wieder. Die ASEAN musste befürchten, sowohl als Ziel für Direktinvestitionen als auch als exportorientierte Wirtschaftsregion, ins Hintertref-

---

[55] Feske 1991, S. 142.
[56] Feske 1991, S. 26.
[57] Parreñas 1989, S. 51.
[58] Weggel, Oskar 1984: „ASEAN: Regional- und Außenpolitik", in: Aus Politik und Zeitgeschichte, B33/84, S. 17-32, S. 30.
[59] Parreñas 1989, S. 52.

fen zu geraten.[60] Vor allem Osteuropa und China würden verstärkt amerikanische, japanische und vor allem europäische Investitionen zu Lasten Südostasiens anziehen.[61]

Die verschiedenen Versuche der wirtschaftlichen Kooperation in den 1970er und 80er Jahren waren nicht erfolgversprechend gewesen. Erst durch die Vereinbarungen von Singapur (1992) bekamen die wirtschaftlichen Integrationsbemühungen eine neue Dynamik. In Singapur kamen die Staaten überein, eine ASEAN Free Trade Area (AFTA) für Industrieprodukte, verarbeitete Agrarprodukte sowie Investitionsgüter innerhalb von 15 Jahren zu errichten, beginnend mit dem 1. Januar 1993. Das Projekt der wirtschaftlichen Integration hatte aus analytischer Sicht vor allem mit zwei Handycaps zu kämpfen: Den relativ bescheidenen zu erwartenden Wohlstandsgewinnen und der mangelnden Verbindlichkeit des Vorhabens. Der Anteil des Intra-ASEAN-Handels am gesamten Außenhandelsvolumen stagnierte bis Ende der 1990er Jahre bei knapp 20 Prozent, bis 2006 ist der Anteil maßvoll auf 25 Prozent angestiegen.[62] Dies bedeutet, dass die handelsschaffenden Effekte durch eine Freihandelszone absolut gering ausfallen. In der Vergangenheit überwog demzufolge die Skepsis, ob die Gewinne einer wirtschaftspolitischen Integration deren Kosten kompensieren würden.[63]

Die Singapur-Erklärung ist kurz: Kommt bspw. das NAFTA-Agreement auf ca. 1.000 Seiten, so begnügt sich die Abschlusserklärung von Singapur mit ganzen 12 Seiten.[64] Hintergrund dafür ist die bereits aus den vormaligen Institutionalisierungsformen bekannte Praxis, unverbindliche, nicht genau festgelegte Erklärungen justiziablen detaillierten Vertragswerken vorzuziehen.[65] Dies gilt demnach genauso für die Bestimmungen zur AFTA, die rechtlich nicht bindend sind, sondern auf freiwilliger Mitwirkung beruhen. Zunächst waren keinerlei Sanktionsmechanismen für den Fall vorgesehen, dass ASEAN-Entscheidungen ignoriert und missachtet werden. Das Abkommen wurde bewusst vage gehalten, um möglichst große Zustimmung möglich zu machen.[66] Auch bei Folgetreffen blieb zunächst unklar, wie die Realisation der Zollsenkungen in der Praxis erzwungen werden sollte.[67]

---

[60] Kwarteng, C. Owusu 1992: „Confronting the European Single Market of 1992: Challenges for the ACP and Asean Countries", in: Journal of Developing Societies VIII, S. 223-239, S. 233; Bowles, Paul 1997: „ASEAN, AFTA, and the 'New Regionalism'„, in: Pacific Affairs 70,2, S. 219-233, S. 224ff. So wird nach einer Studie der University of Hawaii bspw. die Etablierung der NAFTA die Region ca. 4%, die EU ca. 8% ihres Handels kosten. Kreinin, Mordechai E./Plummer, Michael G. 1992: „Effects of Economic Integration in Industrial Countries on ASEAN and the Asian NIEs", in: World Development 20,9, S. 1345-66.
[61] Ravenhill 1995, S. 855; Bowles 1997. So verfügt die EU-Kommission bspw. über die Waffe eines Dumping-Verfahrens gegenüber asiatischen Firmen, der man am ehesten mit vereinten Kräften beikommen kann. Kwarteng 1992, S. 231. Vielleicht bezieht sich hierauf auch das Bonmot eines ASEAN-Diplomaten, der mit den Worten zitiert wird: „If we don't hang together economically, we will all hang seperately."; „Fortress Asia?", in: The Economist, 24.10.1992, S. 61-62, hier: S. 61.
[62] Narine, Shaun 1999: „ASEAN into the Twenty-first Century: Problems and Prospects", in: The Pacific Review 12,3, S. 357-380, S. 367; Sekiguchi, Sueo 1999: Prospects for Intra- and Extraregional Relations, in: ders./Noda (Hrsg.), S. 195-217, hier: Chart S. 196; für 2006: ASEAN Trade Database (www.aseansec.org/18137.htm), [20.6.2008].
[63] Ravenhill 1995, S. 851.
[64] Ravenhill 1995, S. 859.
[65] Rüland, Jürgen 1995: „Der Stellenwert der ASEAN für die Außen-, Sicherheits-, und Wirtschaftspolitik der Mitglieds- und Beobachterstaaten", in: KAS-Auslandsinformationen 9/95, S. 49-65, S. 52.
[66] Naya, Seiji/Imada, Pearl 1992: „The Long and Winding Road Ahead for Afta", in: Imada, Pearl/Naya, Seiji (Hrsg.): Afta. The Way ahead. Singapore, S. 53-69, hier: S. 58ff.
[67] Als weiteres Beispiel für institutionelles Lernen ist immerhin die Tatsache zu werten, dass man von Positivlisten (PTA) zu Negativlisten (CEPT) übergegangen ist. Ravenhill 1995, S. 859. Erst 1995 einigte man sich auf einen

Das AFTA-Projekt lebte zu Beginn sehr stark von einer ausgeprägten Marketing-Rhetorik mit zwei auffälligen Merkmalen. Zum einen werden die eigenen Ziele rhetorisch ‚aufgehübscht': Obwohl es faktisch um die Schaffung eines gemeinsamen Präferenzraums (abgestufte Zollsenkungen, einheitliche Tarife) ging, wurde dies zur „Freihandelszone" (keine Zölle) erklärt.[68] Noch frappierender ist die Diskrepanz in Bezug auf die 2003 angekündigte „Wirtschaftsgemeinschaft", die faktisch lediglich ein „Freihandelsabkommen +" beinhaltet, nicht einmal eine Zollunion ist vorgesehen.[69] Zum anderen äußerte sich die Marketing-Rhetorik in der laufenden Anpassung von Laufzeiten und Zieldaten für die Harmonisierung der Zölle (Common Effective Preferential Tariff, CEPT). Dazu wurden bereits existierende Präferenzabkommen zunächst auf ganze Produktgruppen ausgedehnt, wobei die Zölle für 15 Produktgruppen bereits 1993 auf maximal 20 Prozent gesenkt werden sollten.[70] Vereinbart wurde, die Tarife für Industriegüter, verarbeitete Agrarprodukte und Investitionsgüter schrittweise bis 2008 auf maximal 5 Prozent herabzusetzen. Doch die Detailverhandlungen zogen sich jahrelang hin, so dass der eigentliche Start des Zollabbaus mehrmals verschoben werden musste. Der Vertrag bietet viele Schlupflöcher, so eine *Temporary Exclusion list*, eine *Sensitive list* und eine *General Exceptions List*, so dass sensible Produkte zumindest zeitweise von Zollsenkungen befreit werden können. Zudem ermöglicht Artikel 6 des Abkommens, produktbezogene Regelungen zu suspendieren, „*to the extent and for such time as may be necessary*".[71] Des Weiteren ist bei den Regierungen die Möglichkeit verblieben, zu nichttarifären Handelshemmnissen zu greifen. 1995 modifizierte man das Singapur-Abkommen, so dass für 90 Prozent der Produkte die Zollsenkungen bereits im Jahr 2000 abgeschlossen sein sollten, für so genannte *fast-track* Produkte bereits zum 1.1.1998. Jedoch machten einzelne Länder immer wieder Ausnahmen geltend, um nationale Industrien zu schützen. So beantragte Malaysia in der Folge der Asien-Krise, seine Autoindustrie von den Zollsenkungen auszunehmen. Die Philippinen folgten mit ihrer Petrochemie.[72]

Der nächste Impuls ging von der Gipfelkonferenz in Hanoi vom 14. Dezember 1998 aus.[73] Dort wurden „*bold measures*" verabschiedet, die darauf zielten, die AFTA zu stärken und auszubauen. Neben der Einrichtung einer ASEAN Investment Area (AIA) wurden Verhandlungen über die Liberalisierung des Dienstleistungsverkehrs bis Ende 2001 beschlossen und die *deadline* für die bisherigen Maßnahmen um ein weiteres Jahr verkürzt,

---

AFTA-Rat, bestehend aus den ASEAN-Finanzministern sowie hohen Beamten aus den Finanzministerien (AFTA-Units), die das Fortschreiten der CEPT kontrollieren sollen.

[68] Regionale Wirtschaftsintegration ist in verschiedenen Formen möglich. Die unverbindlichste Form stellt ein Präferenzraum dar – wie bspw. in den GATT oder APEC angestrebt – verbindlichere Formen sind Freihandelszone (keine Zölle zwischen den Mitgliedstaaten), Zollunion (gemeinsamer Außenzoll) und gemeinsamer Markt (keine nicht-tarifären Handelshemmnisse). Der Endpunkt einer solchen Entwicklung wäre eine Wirtschaftsunion (gemeinsame oder abgestimmte Wirtschaftspolitiken), wie sie die Europäische Union verwirklicht hat.

[69] Reyes, Romeo A. 2008: Forming a Single Market: Theory and Reality (www.aseansec.org/17097.htm), [13.3. 2008].

[70] Die 15 Produktgruppen finden sich im Einzelnen bei: Hernandez, Carolina G. 1993: The ASEAN Free Trade Area: A Step towards Economic Integration?, in: Moellers, Wolfgang/Mahmood, Rohana (Hrsg.), S. 25-29, hier: S. 27.

[71] Ravenhill 1995, S. 858. Im Dezember 1995 kündigte die indonesische Regierung an, einige wichtige Agrargüter von der Inclusion List wieder auf die Sensitive List zu setzen, was allgemeinen Unmut bei den Partnern hervorrief. Chia Siow Yue 1997: The AFTA. Paper for Presentation at the International Conference on 30 Years of ASEAN, University of Mainz, 10-12 Juli, S. 9.

[72] Yoshimatsu, Hidetake 2006: „Collective action problems and regional integration in ASEAN", in: Contemporary Southeast Asia, 28/1, S. 115-140, S. 123. Severino 2006, S. 227.

[73] Richardson, Michael 1998: „ASEAN sets its sights on trade boom", in: IHT, 15.12. 1998.

von 2003 auf 2002. Im Januar 2003 wurde die Abschaffung aller Tarife zwischen den ASEAN-6 bis 2020 beschlossen, die anderen vier sollen bis 2015 folgen. Die ehrgeizigen Ankündigungen brachten nun Erfolge: Für die ASEAN-6 konnte die vereinbarte Präferenzzone vier Jahre früher verwirklicht werden als erwartet.[74] Die AFTA gilt nun als funktionsfähig: 99,8 Prozent aller Güter zwischen den ASEAN-6 weisen nur noch einen Zollsatz von 0-5 Prozent auf.[75]

Zweifellos kann eine Beschleunigung der wirtschaftlichen Integration in den letzten 10 Jahren diagnostiziert werden. Wie konnte dies erreicht werden, wo doch verbindliche supranationale Instanzen fehlen, um Regelungen zu überwachen und durchzusetzen? Mehrere Faktoren haben hierbei eine Rolle gespielt. Dazu gehört erstens, dass eine gesteigerte Kompromissbereitschaft beobachtet werden konnte, was die Kompromisssuche in Streitfällen erleichterte.[76] Zweitens wurde das Prinzip der Reziprozität eingesetzt, das hilft, mögliches *free riding* zu identifizieren und zu sanktionieren.[77] Drittens einigten sich die Staaten 1996 auf einen *Dispute Settlement Mechanism (DSM)*, der zunächst gar vorgesehen hatte, nach dem Vorbild der WTO Streitfragen mit einfacher Mehrheit unter Fachexperten zu entscheiden.[78] Doch von dieser Möglichkeit wurde nie Gebrauch gemacht und so wurde 2004 der DSM dahingehend modifiziert, dass dem Senior Economic Officials Meeting die letzte Entscheidung obliegt.[79] Der Mechanismus wurde flankiert durch die Einrichtung einer Rechtsabteilung im ASEAN-Sekretariat, eines *ASEAN Compliance Body* und der Gründung eines *ASEAN Consultation to Solve Trade and Investment Issues* – eines Netzwerks von Regierungsstellen zur Bearbeitung von privatwirtschaftlichen Klagen über Handelshemmnisse. In der Summe haben diese institutionellen Stärkungen der AFTA dazu geführt, dass Konflikte versachlicht und pragmatisch gelöst werden konnten – wie etwa die Vereinheitlichung von Produktstandards.[80]

Die AFTA liefert so zugleich ein interessantes Beispiel für theoretische Betrachtungen: Gegründet als zweitbeste Alternative ohne hohe ökonomische Nutzenerwartung beflügelte sie vollmundige Ankündigungsrhetorik, die zusehends nach Taten verlangte (*rhetorical action*). Getreu dem intergouvernementalen Grundprinzip waren institutionelle Sprünge jedoch unmöglich, stattdessen stellten kleine, pragmatische Reformen den bescheidenen ökonomischen Erfolg sicher *(path dependency)* und lösten so den Anspruch einer weltwirtschaftlichen Boom-Region ein.

---

[74] Reyes, Romeo A. 2005: „Are jobs being created or lost in AFTA?", in: The Jakarta Post, 31.5.2005 und http://www.aseansec.org/17500.htm, [10.5.2008].
[75] Pushpanathan 2007.
[76] Dosch, Joern 1994: „Entscheidungsprozesse und Machtverteilung in der ASEAN am Beispiel der Außenministerkonferenz 1993", in: Asien 52, S. 7-22, S. 19.
[77] Imada, Pearl 1990: Evaluating Economic Integration in Developing Countries: An Application for the ASEAN Preferential Trading Arrangement; Dissertation an der University of Hawaii (USA), Honolulu (Hawaii), S. 53.
[78] Vgl. ASEAN Secretariat 2006b: Protocol on Dispute Settlement Mechanism (http://www.aseansec.org/16654.htm), [10.8.08].
[79] ASEAN Secretariat 2006c: Protocol on Enhanced Dispute Settlement Mechanism (http://www.aseansec.org/16754.htm), [6.5.2009]; Severino 2006, S. 354.
[80] Yoshimatsu 2006, S. 130ff.

2.5 Außenwirkung

Wurde die ASEAN zunächst kaum zur Kenntnis genommen,[81] galt sie bereits Mitte der 1990er Jahre als eine der „*most successful experiments in regionalism in the developing world*".[82] Sie konnte zunächst bedeutende Erfolge im Außenverhältnis vorweisen:[83] Die ASEAN

- initiierte eine UNO-Konferenz zur vietnamesischen Flüchtlingsproblematik (*Boat-People*) und internationalisierte das Thema erfolgreich,
- verurteilte einhellig den Einmarsch Vietnams in Kambodscha und
- erkannte die Widerstandskoalition in Kambodscha (bestehend aus den Gruppen der Roten Khmer, Anhängern von Prinz Sihanouk und Sonn San) als rechtmäßige Regierung an,
- erweckte internationales Interesse an Kambodscha und dem Flüchtlingsproblem und setzte die eigene Position als Weltmeinung durch.
- So wird ihr auch zugeschrieben, dazu beigetragen zu haben, dass der Kambodscha-Konflikt zu einem Ende gebracht werden konnte.[84]

Die ASEAN hat sich seit den 1980er Jahren erfolgreich als internationale Organisation etabliert.[85] Beispielhaft für den außenpolitischen Aufstieg sei auf das Verhalten der USA gegenüber der ASEAN verwiesen: Bis 1977 behandelten sie die Organisation mit wohlwollendem Desinteresse, seitdem entwickeln beide einen regelmäßigen Dialog, und die USA war im April 2008 die erste Großmacht, die einen eigenen Botschafter zur ASEAN entsandte. Dies gilt gleichfalls für die Beziehungen zur Europäischen Union, die 2007 mit der Vereinbarung einer „vertieften Partnerschaft" gekrönt wurden. Diese umfasst neben sicherheits- und wirtschaftspolitischer Zusammenarbeit auch Themen wie Energiesicherheit und Klimawandel.[86]

In der ASEAN Charter wurde der ASEAN Rechtspersönlichkeit zugeschrieben (Art. 3), ohne dass allerdings präzisiert würde, was dies – etwa im Außenverhältnis – bedeutet. Ergänzend ist festzustellen, dass der Begriff „ASEAN" positiv besetzt zu sein scheint. Ansonsten wäre die Popularität des Namens über den eigentlichen institutionellen Rahmen der ASEAN hinaus nicht zu erklären. Viele private oder offiziöse Vereinigungen, Initiativen oder Verbände haben sich der „magic of the ASEAN name"[87] bedient und ihn für ihre

---

[81] So wird sie in einem Standardwerk für Südostasien von 1981 nicht einmal erwähnt. Vgl. Hall, Daniel E. G. 1981: A History of Southeast Asia. New York.
[82] Acharya, Amitav 1993: A New Regional Order in Southeast Asia: ASEAN in the Post-Cold-War Era. The Factors and Policy Responses that Will Shape ASEAN's Contribution to Regional Security and Order. Adelphi Paper No.279. London, S. 3; ebenso: Dosch 1996, S. 119.
[83] Feske 1991, S. 147. Zur Rolle der ASEAN im Kambodscha-Konflikt, siehe: Haacke, Jürgen 2003: ASEAN's Diplomatic and Security Culture. Origins, Developments and Prospects. New York, S. 81-110; Alagappa, Muthiah 1993: „Regionalism and the Quest for Security: ASEAN and the Cambodian Conflict", in: Journal of International Affairs 46,2, S. 439-469.
[84] Acharya 1993, S. 14. Diese Ansicht ist nicht unumstritten. Vgl. Huxley, Tim 1990: „Asean Security Cooperation – Past, Present and Future", in: Broinowski (Hrsg), S. 83-111, S. 90; Suh 1990, S. 186f.
[85] Leifer 1989, S. 152.
[86] Vgl. die „Nürnberger Erklärung zur vertieften Partnerschaft zwischen EU und ASEAN" vom 15.3.2007, http://www.eu2007.de/de/News/download_docs/Maerz/0314-RAA2/0315NurembergDeclaration.pdf [17.5.2008].
[87] Haas 1989, S. 284.

Zwecke verwendet. Zwei interessante Beispiele seien genannt. So dient die ASEAN Inter-Parliamentary Organization (AIPO), in der Parlamentarier der nationalen Parlamente sitzen, seit 1977 dem Informationsaustausch. Entsprechend der vergleichsweise schwachen Stellung der nationalen Parlamente ist hierin allerdings keinesfalls eine Keimzelle regionaler Volksvertretung zu sehen, zumal sie eben nicht der offiziellen Struktur der ASEAN angehört.[88] Seit 1981 stattfindende Informationsgespräche zwischen Vertretern aus Polizeibehörden der Mitgliedstaaten, in denen über gemeinsame Probleme der Region gesprochen wird, können als zweite multilaterale Einrichtung gelten.[89]

Fallbeispiel zur Außenwirkung: Konflikte mit der EU um Menschenrechte und Ost-Timor

Der Erfolg der ASEAN hat einerseits die Hoffnung begründet, dass sie als Modell für andere Regionen der Erde dienen könnte. Die Organisation leidet allerdings andererseits zunehmend unter einer Imageverschlechterung, die vor allem auf zwei Vorwürfen beruht: Zum einen betrifft dies die Interpretation von Menschenrechtsfragen durch die ASEAN-Staaten, zum zweiten wird der ASEAN zunehmend mangelhafte Konfliktlösungsfähigkeit bescheinigt. Ersteres Problem der Menschenrechtsproblematik ist besonders in den Beziehungen der ASEAN zur Europäischen Union deutlich geworden.[90] Nach der Niederschlagung der Demokratiebewegung auf dem Tiananmen-Platz 1989 hatten die Frage der Menschenrechte und deren Auswirkungen auf die europäisch-asiatischen Beziehungen an Brisanz gewonnen. In Bezug auf Menschenrechte, aber auch in anderen Bereichen, wie der nachhaltigen Entwicklung von Schwellenländern, drifteten die Ansichten zunehmend auseinander. Schließlich holte die ASEAN selbst ein unbewältigter lokaler Konflikt der Kolonialzeit ein: Der Dissens über Ost-Timor eskalierte zu Beginn der 1990er Jahre. Ost-Timor war 1976 von Indonesien besetzt worden. Die vormalige Kolonialmacht Portugal, das 1986 der Europäischen Gemeinschaft beigetreten war, blockierte im Ministerrat der EG 1992 mit seinem Veto die Verabschiedung eines fertig ausgearbeiteten Kooperationsabkommens mit der ASEAN. Hintergrund waren Unruhen in der ost-timoresischen Hauptstadt Dili im November 1991 und Mai 1992, in deren Verlauf die indonesischen Polizeikräfte mit äußerster Härte vorgegangen waren. Auf dem EU-ASEAN-Treffen in Luxemburg 1991, vor allem aber in Manila im folgenden Jahr, kam es zu lautstarken Debatten um Menschenrechtsfragen zwischen den Außenministern beider Regionen.[91] Die konkreten Bedenken bezüglich der Entwicklung in Ost-Timor betteten sich in die allgemeine Diskussion um den universellen Anspruch des „westlichen" Menschenrechtsgedankens ein, die Anfang der 1990er Jahre vor allem von populären Repräsentanten Ostasiens vehement geführt wurde.[92] Noch 1996 auf ihrem informellen Gipfel in Jakarta stellten sich die ASEAN-Staaten eindeutig hinter die Position Indonesiens und verurteilten jede Einmischung seitens der EU. Ansonsten

---

[88] Haas 1989, S. 15 u. 141f.
[89] Haas 1989, S. 143f.
[90] Vgl. dazu: Møller, J. Østrøm 2007: „ASEAN's relations with the European Union. Obstacles and Opportunities", in: Contemporary Southeast Asia 29,3; Dreis-Lampen, Barbara 1998: ASEAN und die Europäischen Union. Bestandsaufnahme und Neubewertung der interregionalen Beziehungen. Hamburg; zu den Kontakten auf einzelnen Politikfeldern vgl.: Mahncke, Dieter 1999 (Hrsg.): ASEAN and the EU in the international environment. Baden-Baden.
[91] Stahl 2000, S. 157-172.
[92] Zu dieser Diskussion und weiteren Literaturhinweisen siehe das Heft 2 der Zeitschrift Survival 1996.

verlor die ASEAN kein Wort über die Situation in Ost-Timor.[93] Als die Situation auf der Halbinsel 1998/99 erneut eskalierte, erklärte sich Indonesien jedoch überraschend bereit, einer internationalen Konfliktlösung zuzustimmen.[94] Die ASEAN-Staaten – vor allem Thailand und die Philippinen – beteiligten sich in der Folge finanziell, personell und mit Truppen am Engagement der UNO in Ost-Timor.[95] Der Fall Ost-Timor zeigte einerseits die Unfähigkeit der Gemeinschaft, mit Konflikten kreativ umzugehen. Andererseits verdeutlicht er zugleich die Bereitschaft zu Wandel und Engagement, als die Vereinten Nationen sich einschalteten. Die Ereignisse in Dili hatten der europäischen Kritik Recht gegeben und ließen die Diskussion um ein differenziertes Menschenrechtsverständnis in Südostasien weitgehend verstummen.

3 Die Integrationsleistungen der ASEAN – eine Bewertung

Die Bewertung der ASEAN schwankt zwischen zwei Extremen: Auf der einen Seite neigen insbesondere Analytiker aus der Region dazu, der ASEAN vor allem Lob zuteil werden zu lassen – ist sie doch zweifellos die erfolgreichste Regionalorganisation außerhalb Europas. Auf der anderen Seite tun insbesondere Studien angelsächsischer Provenienz die Institution als bloße Quasselbude und Scheininstitution ab. Eine Beurteilung hängt immer davon ab, welche Kriterien man anlegt. Die hier vorgenommene Bewertung soll diesbezüglich transparent und differenziert ausfallen. Gängige Möglichkeiten umfassen erstens die Messung an selbstgesteckten Zielen, zweitens die Leistungen in den traditionellen Sachbereichen der Politiwissenschaften: Sicherheit, Wohlstand und Herrschaft (hier: Demokratie), und drittens den Vergleich zu anderen Regionalorganisationen, respektive der EU.

3.1 Der eigene Anspruch

Wie im Teil 2.2 ausgeführt, formulieren die verschiedenen Gipfelbeschlüsse eine Vielzahl von deklatorischen Zielen. Eine Messung der ASEAN an diesen vage und umfassend gehaltenen selbstgesteckten Zielen führt in die Irre, da die konkrete Politik nicht an diese Ziele anknüpft. Anlass an den deklatorischen Zielen zu zweifeln, gaben bereits kolportierte Äußerungen der an den Verhandlungen der Bangkok-Erklärung beteiligten Regierungsvertreter. So wird der Außenminister von Singapur mit der Äußerung zitiert, dass es 1967 sehr schwer gefallen sei, „auf zehn Seiten nichts zu sagen".[96] Plausibler erscheint es deshalb, Parreñas in seiner Unterscheidung in „deklatorische" und „reale" Ziele zu folgen.[97] Hinsichtlich der „realen Ziele" ist von einer gewissen Zielharmonie der Regierungen im Hinblick auf die Organisation auszugehen. Diese findet insbesondere in einem Begriff ihren Ausdruck, der im TAC von 1976 erwähnt und in der „Vision 2020" und der Charter 2007

---

[93] Severino 2006, S. 123.
[94] Zehn Jahre später hat die indonesische Regierung sogar offiziell eingeräumt, während der Unabhängigkeitsbestrebungen schwere Menschenrechtsverbrechen in Ost-Timor verübt zu haben. Vgl. „Indonesien bedauert Verbrechen an Osttimorern", in: FAZ, 16.7.2008.
[95] Haacke 2003, S. 199ff.
[96] Zitiert nach Leifer, Michael 1975: The Asean States and the Progress of Regional Cooperation, in: Dahm, Bernhard/Draguhn, Werner (Hrsg.): Politics, Society and Economy in the Asean States. Wiesbaden, S. 3-16, S. 4.
[97] Parreñas 1989.

später wieder auftaucht: „*Resilience*".[98] Der ehemalige indonesische Präsident Suharto definierte *resilience* als die „ability of a country to make the social and economic changes necessary for progress, and to meet all external threats while preserving the country's national identity"[99]. „Resilience" steht demnach für Unabhängigkeit, Souveränität, territoriale Integrität und nationale Identität.[100] Dabei besteht nach allgemeinem Verständnis ein enger Zusammenhang zwischen interner und externer Sicherheit: „Each member state resolves to eliminate threats posed by subversion to its stability, thus strengthening national and ASEAN resilience."[101] So drückt *resilience* folgende, von allen ASEAN-Staaten geteilte Überzeugungen aus:

- Hauptziel eines jeden Staates (und jeder Regierung) ist die innenpolitische und wirtschaftliche Stabilität.
- Hauptinstrument dazu ist der wirtschaftliche Erfolg (in Form von extern motiviertem Wachstum und gesteuerten, binnenwirtschaftlichen Umverteilungsmechanismen).

Essentielles weiteres Mittel, um wirtschaftlichen Erfolg und nationale Souveränität zu gewährleisten, ist eine flexible Außen- und Sicherheitspolitik, die die Freiheit der Meere aufrechterhält und die militärische Abwesenheit von Großmächten in der Region anstrebt (*regional resilience*).

In jüngster Zeit mehren sich auch die Anzeichen dafür, dass einige ASEAN-Regierungen für eine Aufweichung einer allzu strikten Auslegung des Souveränitätsprinzips plädieren. Insbesondere thailändische und philippinische Regierungsvertreter haben – vor dem Hintergrund der Haze-Crisis und der Asienkrise (s.u.) – Begriffe wie *flexible engagement* und *enhanced interaction* ins Spiel gebracht.[102] Insbesondere die Verhaftung des malaysischen Vize-Premiers Anwar Ibrahim 1998 und der folgende degoutante Schauprozess stellten das Prinzip der Nichteinmischung innerhalb der ASEAN auf eine schwere Probe. Die philippinische, thailändische und indonesische Regierung machten aus ihrer Empörung keinen Hehl, und die Beziehungen zu Malaysias Premier Mahathir waren seitdem gespannt.[103] Wie sich vor diesem Hintergrund und den oben skizzierten Problemen mit My-

---

[98] Die sinngemäße Übersetzung ins Deutsche fällt schwer, „nationale Spannkraft" ist nicht sehr aussagekräftig, in jedem Fall beinhaltet der Begriff Komponenten wie Stärkung der Handlungsfähigkeit, Stabilität, Sicherheit und Elastizität. Vgl. zum Begriff im Einzelnen: Dahm, Bernhard (1996): Nationale und regionale ‚Resilienz' in Südostasien. Ein kultureller Begriff im Sicherheitsdenken der Asean-Staaten; in: Eichenberger, Günther/Mols, Manfred/Rüland, Jürgen (Hg.): Kooperation, Regionalismus und Integration im asiatisch-pazifischen Raum, Mitteilungen des Instituts für Asienkunde Nr. 266, S. 93-102 und Acharya, Amitav 2003: Regional Institutions and Asian Security Order. Norms, Power an Prospects for Peaceful Change, in: Alagappa, Muthiah (Hrsg.): Asian Security Order. Instrumental and Normative Features. Stanford, S. 210-240.
[99] Feske 1991, S. 145.
[100] Feske 1991, S. 113f.; Hänggi, Heiner 1992: Neutralität in Südostasien. Das Projekt einer Zone des Friedens, der Freiheit und der Neutralität. St. Galler Studien zur Politikwissenschaft, Bd. 14. Bern u.a., S. 120f.
[101] Declaration of ASEAN Concord 1976, zitiert nach Feske 1991, S. 21.
[102] Vgl. Haacke, Jürgen 1999: „The concept of flexible engagement and the practice of enhanced interaction: intramural challenges to the ‚ASEAN way'", in: Pacific Review 12,4, S. 581-611.
[103] Nach einiger Zeit im Gefängnis sprach der oberste Gerichtshof Malaysias Anwar Ibrahim von allen Vorwürfen homosexueller Praktiken frei. Zehn Jahre später – Anwar ist nun Oppositionsführer – erlebten die Gerüchte ein unangenehmes Comeback und er sah sich gezwungen, zeitweise in der türkischen Botschaft Unterschlupf zu suchen. Bose, Romen 2008: Malaysia's Anwar seek refuge at embassy after sex allegations (www.yahoo.com/s/afp/20080629/wl_afp/malaysiaturkeypoliticsanwar_080629181229), [2.7.2008] und Meiler, Oliver 2008: „Schlüpfrige Machtspiele", in: SZ, 1.7.2008, http://www.sueddeutsche.de/politik/396/447131/text/ [12.2.2009].

anmar die Diskussion um *flexible engagement* innerhalb der ASEAN entwickeln wird, ist kaum abzusehen, gegen den Widerstand Malaysias, Myanmars und Indonesiens scheint es mittelfristig nicht durchsetzbar.

Mit *resilience* ist so ein Verständnis geschaffen worden, dass nationalstaatliche Interessen und regionale Ziele in Harmonie stehen.[104] Bereits die ASEAN-Gründung hatte aufgezeigt, dass kein Zielkonflikt zwischen nationalen und übernationalen Zielen bestand, im Gegenteil: Die ASEAN „[...] does not totally displace national considerations, it does [...] increase the range of options available to the national leaders".[105] Beispielhaft sei auf die außenpolitischen Ziele Singapurs verwiesen: Verhinderung der Isolation, Anerkennung und Akzeptanz durch Großmächte, Absicherung der sicherheitspolitischen Situation und wirtschaftlichen Entwicklung.[106] Die ASEAN dient all diesen Zielen.

3.2 Die Leistungen der ASEAN für Sicherheit, Wohlstand und Demokratie

In diesem Abschnitt soll evaluiert werden, was die ASEAN aus dem Blickwinkel der typischen Sachbereiche der Politikwissenschaften – Sicherheit, Wohlstand und Demokratie – leistet.

3.2.1 Sicherheit

Im Hinblick auf den Politikbereich ‚Sicherheit' stellt sich die Frage, ob die ASEAN die Sicherheit in der Region verbessert hat. Sicherlich ist dabei zunächst zu konstatieren, dass die ASEAN nur eingeschränkt Bedrohungen von außen beherrschen kann, denn sie ist nicht in der Lage, den regionalen Großmächten China und Indien oder gar der Supermacht USA ihren Willen aufzuzwingen. ‚Sicherheit' hängt jedoch nicht nur vom internationalen System ab, sondern auch von den Intra-ASEAN Beziehungen sowie von der Bedrohungslage in einzelnen Staaten.

Die geostrategisch exponierte Region ist reich an Rohstoffen (z.B. Erdöl, Zinn) und im Kriegsfalle ist die Kontrolle der verschiedenen Meerengen (u.a. Malakka-, Sundra-, Torres-, Karimatastraße) von großer strategischer Bedeutung. Da ein Großteil des Außenhandels der lokalen Staaten über See abgewickelt wird, sind die ASEAN-Staaten von der Sicherheit der Seewege abhängig. Die Insellage einiger Mitgliedstaaten erschwert die Kontrolle des eigenen Territoriums – die Schwierigkeiten der Staaten mit der grassierenden Piraterie in der Region zeigt dies deutlich – und erleichtert die Unterstützung von Guerillaverbänden von außen. Alle südostasiatischen Staaten haben die Erfahrung gemacht, dass diese Faktoren die Region für internationale Großmächte attraktiv machen (Kolonialismus, Besetzung durch Japan) und es deshalb unmöglich ist, sich von internationalen Entwicklungen dauerhaft abzukoppeln.

Die Bedrohungsperzeptionen in der Region werden einerseits durch diese geopolitischen Faktoren, andererseits durch historische Erfahrungen gespeist. In der Vergangenheit

---

[104] Weatherbee, Donald E. 2005: International Relations in Southeast Asia: The struggle for autonomy, Lanham; Parreñas 1989, S. 91; Feske 1991, S. 142.
[105] Meow, Seah Chee 1977: An introduction to ASEAN, in: Sandhu, Kernial S. (Hrsg.): A Decade of ASEAN. Singapore, S. 3-6, hier: S. 3.
[106] Haq, Obaid U. 1991: Singapore's Search for Security: A Selective Analysis, in: Chee, Stephen (Hrsg.): Leadership and Security in Southeast Asia: Institutional Aspects. Singapore, S. 114-140, hier: S. 120ff.

waren die Kolonialmächte Kristallisationspunkt gemeinsamer Bedrohungserfahrung gewesen.[107] Abgelöst wurden letztere durch die Großmächte des Mächtedreiecks USA-China-UdSSR. Nach der Auflösung der Sowjetunion spielt Russland für die Region indes kaum noch eine Rolle. Positiv für das Bild der USA in Südostasien schlug zunächst zu Buche, dass sie eine konsequente anti-kommunistische Außenpolitik verfolgt haben (zumindest gegenüber der UdSSR). Zudem hat die Region vom Schutz der Amerikaner und dem offenen amerikanischen Binnenmarkt in hohem Maße profitiert. Spätestens seit dem Vietnam-Debakel ist das Bild der USA in Südostasien jedoch ambivalent und hat sich nach dem Irak-Krieg noch verschlechtert. Nach dem konsequenten Abzug von den Philippinen ist das militärische Engagement der USA in der Region weiter rückläufig. Gleichwohl bleiben sie der Hegemon der Region. Bilaterale Bündnisse mit den USA behalten demzufolge ihre Attraktivität. Ähnlich gespalten ist das Image der Japaner, deren z.T. grausame Besatzungspolitik 1942-45 ihr Bild vom „hässlichen Mann Asiens" prägte. Auf der anderen Seite zerstörten die japanischen Invasionstruppen eindrucksvoll den Mythos von der Überlegenheit des weißen Mannes und nicht zuletzt ist Japan nach wie vor die dominierende Wirtschaftsmacht Asiens. Japan, das zumindest mittelfristig nicht in der Lage und nicht willens ist, Machtansprüche zu projizieren, stellt keine aktuelle Bedrohung für die Region dar.

Der Konflikt mit den ehemaligen Kolonialmächten wurde nach dem Zweiten Weltkrieg durch die innere (kommunistische Befreiungsbewegungen in Malaysia, Indonesien, den Philippinen) und äußere Bedrohung durch den Kommunismus (Nordvietnam, China) abgelöst.[108] Die wachsende Macht Chinas wird in unterschiedlicher Ausprägung als latente oder reale Bedrohung empfunden.[109] Mitte der 1960er Jahre hatte sich die Bedrohung durch China dadurch manifestiert, dass sie revolutionäre Guerillabewegungen aktiv unterstützte.[110] Für die malaiisch dominierten Staaten kommt die innenpolitische Bedrohungsperspektive durch die Auslandschinesen hinzu. Diese Bedrohungsperzeptionen werden dadurch verstärkt, dass in Bezug auf die internationale Politik *balance-of-power*-Konzepte kulturkonforme *belief systems* darstellen.[111] So beschreibt Rüland die „Denkfigur des Arthasastra"[112], um auf die verbreitete Sichtweise in Südostasien – „deine Nachbarn sind deine Feinde, deren Nachbarn deine Freunde" – aufmerksam zu machen. Das Image Chinas blieb auch in der Folge ambivalent. Einerseits wird die andauernde chinesische Aufrüstung im Offensivbereich als beunruhigend empfunden, sowie bedrohlich wirkende Militärmanö-

---

[107] Die USA gehörten zunächst nicht hierzu, obwohl sie Spanien 1898 als Kolonialmacht auf den Philippinen ablösten. Durch ihre opportunistische Haltung gegenüber Indonesien während der „Policy Actions" Ende der 1940er Jahre verloren sie jedoch viele Sympathien; Parreñas 1989, S. 199f.
[108] Rüland, Jürgen 1995b: „Die Gemeinschaft südostasiatischer Staaten (ASEAN): Vom Antikommunismus zum regionalen Ordnungsfaktor", in: ApuZ 13/14, S. 3-12, hier S. 4; Mondejar, Reuben T. 1989: Explaining the ASEAN Organizational Phenomenon, 1967-1987: Two Decades of Situational Opportunism. Dissertation an der Universität von Navarra (Spanien), S. 131f.
[109] Was die gemeinsamen und unterschiedlichen Perzeptionen der Bevölkerungen in den 1980er Jahren im Einzelnen angeht, vgl. die sehr ausführliche Darstellung bei Parabatra, Sukhumbhand/Samudavanija, Chai-Anan 1986: Internal Dimensions of Regional Security in Southeast Asia, in: Ayoob, Mohammed (Hg.): Regional Security in the Third World. Case Studies from Southeast Asia and the Middle East; London/Sydney, S. 58f.
[110] Sukrasep, Vinita 1989: ASEAN in International Relations. Bangkok, S. 4.
[111] Bellamy, A.J. 2004: The Pursuit of Security in Southeast Asia. Beyond Realism, in: Beeson, M. (Hrsg.): Contemporary Southeast Asia. Regional Dynamics, national Differences. London, S. 156-177, hier S. 157.
[112] Rüland, Jürgen 1992: „Asiens neue Ordnung. Von Entspannung zu neuem Konflikt?", in: Europa-Archiv 23/1992, S. 680-690, hier: S. 680.

ver wie bspw. im Frühjahr 1996 gegenüber Taiwan.[113] Andererseits haben die Wiederaufnahme der diplomatischen Beziehungen zu Indonesien (1990), Singapur und Brunei (1991/92) sowie die jüngst erklärte Bereitschaft, die strittige Spratly-Frage friedlich zu lösen, Hoffnungen auf eine friedliche Entwicklung der Region genährt.

Fallbeispiel klassische Sicherheitsbedrohung: Der Konflikt um die Spratly-Inseln

Als Beispiel für den Beitrag der ASEAN zur Sicherheit soll ein „Dauerbrenner" unter den Konflikten in Südostasien herangezogen werden: der Konflikt um die Spratlys. Unter den im Südchinesischen Meer liegenden Spratly-Inseln werden reiche Gas- und Ölvorkommen vermutet. Neben Taiwan, China und Vietnam haben die Philippinen, Malaysia und Brunei Ansprüche angemeldet und bis auf Brunei eine oder mehrere der Inseln besetzt. Die angespannte Lage wird durch die Tatsache verdeutlicht, dass es dort zwischen Vietnam und China bereits 1988 zu blutigen Scharmützeln gekommen war. Auch ein chinesisches Gesetz, das die Einverleibung des südchinesischen Meeres in chinesisches Hoheitsgebiet vorsieht, nährte Bedenken in der Region.[114] Die ASEAN-Mitglieder vereinbarten 1992 untereinander einen Verhaltenskodex (*Code of Conduct*), der vorsah, keine einseitigen Maßnahmen zu ergreifen. Ende 1994 verschärfte sich der Konflikt, nachdem China das Pananiban-Riff besetzt hat und in der Folge chinesische Fischerboote von der philippinischen Marine aufgebracht wurden. Die ASEAN reagierte mit einer Erklärung an China, die sich erstmals kritisch zur chinesischen Politik in Bezug auf die Spratlys äußerte.[115] Als sich die Situation um den Jahreswechsel 1998/99 durch Chinas weitergehende, kleinschrittige „*fait-accompli*-Politik" abermals zuspitzte, sahen sich die Philippinen zunächst allerdings von ihren ASEAN-Partnern im Stich gelassen.[116] Malaysia etwa tat es China nach und befestigte eigenmächtig eine weitere Spratly-Insel und verstieß damit eindeutig gegen den gemeinsamen Verhaltenskodex.[117] Als im Sommer 1999 ein philippinisches Schnellboot ein chinesisches Fischerboot versenkte, erreichten die Beziehungen zwischen Manila und Bejing einen Tiefpunkt. Doch China setzte in der Folge auf Deeskalation und die Beziehungen entspannten sich. Im Frühjahr 2000 ist es den ASEAN-Staaten gelungen, sich mit China über die Ausarbeitung eines gemeinsamen Verhaltenskodex im weiteren Verlauf des Jahres zu einigen.[118] Im Jahr 2002 trat China dem *Code of Conduct* bei und versprach insofern, den Konflikt mit friedlichen Mitteln zu lösen. Als ein weiteres Zeichen der Entspannung wurde gewertet, dass China, Vietnam und die Philippinen sich im März 2005 auf eine gemeinsame Erkundung der potenziellen Gas- und Ölvorkommen

---

[113] So erwarb China zu Beginn der 1990er Jahren einen Flugzeugträger aus der Ukraine und verfügt über eine Flotte von Langstreckenbombern. Möller, Kay 1995: „Das pazifische Asien nach dem Ost-West-Konflikt: Schauplatz oder Akteur internationaler Politik?", in: KAS-Informationen 7/95, S. 3-22, S. 13 u. 18. Chinas Verteidigungsbudget ist auch in der letzten Dekade mit zweistelligen jährlichen Zuwachsraten gewachsen. Vgl. Secretary of Defense 2008: Military Power of the People's Republic of China, Annual Report to Congress 2008 (http://www.defenselink.mil/pubs/pdfs/China_Military_Report_08.pdf), [6.8.2008] S. 31f.
[114] Buszynski, Leszek 1992: ASEAN Security Dilemmas; in: Survival, Vol. 34, Nr. 4, S. 90-107, S. 92.
[115] Abdullah Baginda, Abdul R. 1995: „Der Beitrag regionaler Organisationen zu Sicherheit und Frieden. Das Beispiel der ASEAN", in: KAS-Auslandsinformationen 9/95, S. 66-77, S. 75ff.
[116] Richardson, Michael 1999: „Philippines is stymied in dispute with China", in: IHT, 21.1.1999.
[117] Tiglao, Roberto 1999: „Seaside Boom", in: FEER, 8.7.1999, S. 14.
[118] „Entspannung im Spratly-Konflikt?", in: FAZ, 16.3.2000; vgl. auch: Press Release: ASEAN and China held a successful consultation on regional code of conduct in the South China Sea, (http://www.asean.or.id/news/rcc_scs.htm), [24.3.2000].

im Südchinesischen Meer einigen konnten.[119] Auch die Verbesserungen der Beziehungen Chinas zu Taiwan und Japan im Laufe des Jahres 2008 können als Indikatoren des guten Willen Chinas gewertet werden.

Neben der überregionalen Mächtekonstellation verdient die regionale Perspektive Beachtung. Obwohl die europäischen Mächte in der außenpolitischen Mächtekonstellation für Südostasien de facto keine nennenswerte Rolle mehr spielten,[120] wirkt die Kolonialzeit in vielerlei Hinsicht nach, etwa in Bezug auf die Grenzziehungen.[121] Generell ist zu konstatieren, dass im Gegensatz zur Situation in der Zeit der ASEAN-Gründung die Probleme der *counterinsurgency* sowie Intra-ASEAN-Konflikte hinter externen Bedrohungsperzeptionen zurückgetreten sind.[122] Der Einfluss kommunistischer Parteien oder bewaffneter Gruppen wird heute – vielleicht mit der Ausnahme der Philippinen – als gering eingeschätzt. Dass die Problematik innerer ethnischer Konflikte jedoch immer noch anhält, zeigen das anhaltende Drama um Osttimor, aber auch die Unruhen in Aceh und in Südthailand.

Ein klassischer Konfliktherd der Region war zunächst die Insel Borneo. Als Großbritannien Malaysia in die Unabhängigkeit entließ, erhob Indonesiens Staatschef Sukarno Anspruch auf die vormals britischen Territorien Sabah und Sarawak auf Borneo. Erst nach dem Machtwechsel in Jakarta konnten die teils gewalttätigen Auseinandersetzungen (*Konfrontasi*) 1966 unter Vermittlung Thailands zu einem gütlichen Ende gebracht werden.[123] In dieses Klima des Ausgleichs fiel auch die Gründung der ASEAN. Darüber hinaus hatten jedoch auch die Philippinen einen Anspruch auf Sabah angemeldet und der Konflikt zwischen Malaysia und den Philippinen drohte gleichfalls zu eskalieren. Doch in persönlichen Treffen der Außenminister im Rahmen der ASEAN gelang es, eine ‚Abkühlungsphase' zu vereinbaren. Wenig später erklärte der philippinische Präsident Marcos den Verzicht auf Sabah.[124]

Fast alle ASEAN-Staaten sahen sich in den ersten Jahren ihrer Unabhängigkeit mit dauerhaften internen Konflikten konfrontiert, die eher ethnisch-religiös, weniger – mit Ausnahme der Philippinen, Kambodschas und Vietnams – ideologisch motiviert waren. Die Transformation der vormals kolonial geprägten, pluralen Gesellschaften[125] in einen Industriestaat verursacht große innenpolitische Spannungen. Dabei sind ethnische Konflikte – vor allem zwischen Auslandschinesen und Malaien[126] – auch auf die Außenpolitik der jeweiligen Staaten durchgeschlagen: Singapur musste Malaysia 1965 einzig aufgrund der Tatsache

---

[119] South Centre 2007: The ASEAN Experience: Insights for Regional Political Cooperation, Analytical Note, February (www.southcentre.org), [3.2.2008], S. 23.
[120] Wenn man vom Five Power Defence Arrangement (FPDA) zwischen dem Vereinigten Königreich, Australien, Neuseeland, Malaysia und Singapur einmal absieht, das in der Region durchaus geschätzt wird.
[121] So beginnt Parreñas (1989, S. 17) seine Studie über sicherheitspolitische Aspekte in Südostasien mit dem Satz: „Die politische Landschaft des modernen Südostasiens ist ein Spiegel der kolonialen Vergangenheit."
[122] Rüland 1995, S. 6.
[123] Freistein, Katja 2006: „Die Praxis des ‚ASEAN Way'. Über den Umgang mit zwischenstaatlichen Konflikten in Südostasien", in: HSFK-Report 4/2006, Frankfurt/M, S. 4-10; Quah, Jon S. T. 1977: „Why ASEAN?", in: Sandhu, Kernial S. (Hrsg.), S. 14-18, hier S. 16.
[124] Severino 2006, S. 165.
[125] Nach einer nicht unumstrittenen These Furnivalls handelt es sich bei südostasiatischen Gesellschaften um plural societies, d.h. multi-ethnische Bevölkerungsgruppen, wobei häufig die ethnische Zugehörigkeit auch stratifikatorischen Charakter hat. Vgl. Somers Heidhues, Mary F. 1983: Politik in Südostasien. Grundlagen und Perspektiven. Mitteilungen des Instituts für Asienkunde. Hamburg, S. 35f.
[126] Zu der ethnischen Zusammensetzung der Gesellschaften in Südostasien, siehe: Paribatra/Samudavanija 1986, S. 63f.

verlassen, dass ein Verbleiben die Malaien zu einer Minderheit gemacht hätte. Es hatte in der Folge Mühe, sich vom Bild der „5. Kolonne der Volksrepublik"[127] zu distanzieren. Als einziger Staat mit einer mehrheitlich chinesischen Bevölkerung innerhalb der ASEAN ist die Regierung darauf bedacht, mit ihrer Politik die malaiisch dominierten Nachbarstaaten nicht zu verärgern.[128]

Wie die Spratly-Frage harren die meisten der schwelenden Intra-ASEAN-Territorialkonflikte zwar noch einer Lösung, abzulesen etwa an den Querelen zwischen Singapur und Malaysia um einen Grenzposten sowie die Wasserzufuhr für den Stadtstaat. Insgesamt aber haben sie sich seit den 1990er Jahren entspannt.[129] Der Konflikt zwischen Singapur und Malaysia um die Insel Pedra Branca wurde vom Internationalen Gerichtshof im Mai 2008 zugunsten Singapurs entschieden und die Auseinandersetzung um Sabah zwischen Malaysia und den Philippinen gelten als geklärt, nachdem die Philippinen seit längerem ihren Anspruch informell aufgegeben hatten und mit den Moros zwischenzeitlich zu einer Einigung gekommen waren.[130] Zwischen Malaysia und Thailand gibt es noch kleinere Dispute um Grenzfragen sowie die unruhige Südprovinz Thailands. Als die thailändische Regierung der muslimischen Widerstandsgruppen trotz brutaler Gewaltanwendung im Dezember 2004 nicht Herr zu werden vermochte, machte Premier Thaksin Shinawatra zunächst den Nachbarn Malaysia dafür mitverantwortlich. Die Unruhen hielten auch nach dem Sturz Thaksins an, weswegen sich die malaysische Regierung ein Jahr später bereit erklärte, im Konflikt zu vermitteln und mäßigend zu wirken.[131] Dass kleine Vorkommnisse genügen, die nationalen Gemüter zu erregen, zeigen zwei weitere Beispiele: So gibt es Streitigkeiten um die Insel Ambalat, unweit von Kalimantan gelegen. Als die malaysische Regierung Shell im Frühjahr 2005 eine Bohrkonzession für Ambalat ausstellte, führte dies zu heftigen Protesten in Jakarta, das die Insel und die umliegenden Riffe gleichfalls beansprucht. Die indonesischen Medien schürten eine ‚Konfrontasi-Stimmung' gegen Malaysia und der malaysische Außenminister Syed Hamid Albar hatte bei seinem Besuch in Jakarta größte Mühe, die Wogen zu glätten.[132] Das zweite Beispiel betrifft Thailand und Kambodscha um territoriale Ansprüche um den Preah Vihear Tempel. Ende Mai 2008 drohte der Konflikt zu eskalieren: Nachdem die UNESCO den Tempel auf Antrag Kambodschas zum Weltkulturerbe erklärt hatte, zogen Thailand und Kambodscha ca. 4000 Mann an der Grenze zusammen. Die übrigen ASEAN-Mitgliedstaaten wirkten mäßigend auf die Konfliktparteien ein,

---

[127] Ahmad, Zakaria H. 1986: Asean and the Great Powers; in: Jackson, Karl D. u.a. (Hg.): ASEAN in Regional and Global Context; Berkeley (Cal.), S. 347-357, S. 351.
[128] Vgl. zu dieser Problematik: Suryadinata, Leo 2004: China and the ASEAN States: The Ethnic Chinese Dimension. Singapur.
[129] Zu einer Aufstellung der Konflikte in Ostasien, siehe: Ball, Desmond 1994: A New Era in Confidence Building: the Second Track Process in the Asia Pacific Region; in: Security Dialogue, Vol. 25, No. 2, June, S. 157-176, S. 161 und Maull, Hanns W./Busse, Nikolas 1999: „Enhancing Security in the Asia-Pacific: European Lessons for the ASEAN Regional Forum", in: Internationale Politik und Gesellschaft 3/1999, S 227-236.
[130] Der Bürgerkrieg mit dem kommunistischen Untergrund auf den Philippinen war seit dem 2.9.1996 für beendet erklärt worden, mit den Moros besteht seit 2003 ein Waffenstillstand. Doch die Kämpfe mit der kommunistischen ‚Neuen Volksarmee' nahmen in den letzten Jahren wieder an Heftigkeit zu, weswegen Präsidentin Arroyo im Sommer 2006 zusätzliche Mittel für die Armee bereitstellte, um die Rebellen zu vernichten. Vgl. „Fighting rebellion the wrong way", in: The Economist, 1.7.2006, S. 55.
[131] Vgl. Jones, David M./Smith, Michael L.R. 2007: „Making Process, not Progress. ASEAN and the evolving East Asian Regional Order", in: International Security 32,1, S. 148-184, S. 172; Buchsteiner, Jochen 2007: „Hilflos die Toten zählen", in: Frankfurter Allgemeine Sonntagszeitung, 25.2.2007; „In need of help to douse the flames", in: Economist, 17.2.2007, S. 53.
[132] Seneviratne, Kalinga 2005: „Indonesia tests ties with ‚arrogant' neighbor", in: Asian Times, 9.3.2005.

und Phnom Penh hat die ASEAN gar aufgefordert, im Konflikt zu vermitteln.[133] Doch Bangkok bestand auf einer bilateralen Lösung des Problems. Im Juni konnten sich die Streitparteien auf einen Kompromiss in der Sache einigen und am 29. Juli 2008 vereinbarten sie einen beidseitigen Abzug der Truppen. Die Beispiele zeigen einerseits die Fragilität der wechselseitigen Beziehungen. Anderseits spricht die Tatsache, dass die ASEAN-Länder (ohne Vietnam) im Durchschnitt nur 2,36 Prozent ihres Inlandsprodukts für Verteidigung ausgeben – ein im weltweiten Vergleich sehr niedriger Wert – für ein sich abschwächendes regionales Konfliktpotenzial.[134] Inwieweit ursprünglich hausgemachte Probleme zu einer regionalen Bedrohung werden können, zeigt das Beispiel der Haze-crisis.

Fallbeispiel für neue Sicherheitsbedrohungen: Die Haze-Crisis

Die Haze-Crisis bezeichnet euphemistisch die Luftverschmutzung, die durch riesige Waldbrände – vor allem auf Sumatra und Borneo – verursacht worden ist.[135] Bereits seit den 1980er Jahren war dies immer wieder vorgekommen, erreichte seinen vorläufigen Höhepunkt jedoch 1997/98: Die Brände gerieten völlig außer Kontrolle und die Luftverschmutzung brachte ernsthafte gesundheitliche Probleme auch für die Menschen der Nachbarstaaten mit sich. Darüber hinaus waren die volkswirtschaftlichen Schäden enorm. Die ASEAN hatte bereits 1990 reagiert und „*zero-burning practices*" empfohlen, eine Arbeitsteilung zwischen verschiedenen ASEAN-Staaten vorgeschlagen und gar im Dezember 1997 einen „*Regional Haze Action Plan*" verabschiedet. Sie beteiligt sich seitdem aktiv an Maßnahmen zur Brandprävention und frühzeitigen Entdeckung von Feuern.[136] Doch faktisch konnten die Ursachen der Brandrodungen, die letztlich auf innenpolitische Machtstrukturen im Dunstkreis des Suharto-Regimes verwiesen, nicht wirklich angegangen werden: Die immer wiederkehrenden Meldungen über Brände auf Sumatra im Jahr 2000 führen dies vor Augen.[137] 2002 verabschiedeten die ASEAN-Staaten eine Vereinbarung über ‚*Transboundary Haze Pollution*', doch enthielten die Abmachungen keinerlei Sanktionsmechanismen oder ökonomische Anreize, um die einzelwirtschaftlichen Interessen in Indonesien aufzuwiegen.[138] Bis heute hat Indonesien die Vereinbarung nicht ratifiziert, der Erfolg der Maßnahmen muss insoweit bezweifelt werden.

Das Negativ-Beispiel der *Haze-crisis* zeigt, dass sich die Gemeinschaft schwer tut, auf innergesellschaftliche Missstände einzuwirken. Ungleich leichter fällt dies der ASEAN, wenn es eine äußere Bedrohung zu bekämpfen gilt und keine mächtigen nationalen Interessen dem entgegenstehen.[139] So reagierte die Gemeinschaft entschlossen auf die Ausbreitung des *Severe Acute Respiratory Syndrom* (SARS) im Frühjahr 2003, eine Epidemie, die zu diesem Zeitpunkt in Ostasien bereits über 300 Todesopfer gefordert und den Tourismussektor nachhaltig beschädigt hatte.[140] Die ASEAN berief ein Sondertreffen am 29. April 2003 in Bangkok ein, zu dem auch die Führer Chinas und Hongkongs eingeladen wurden. Sie

---

[133] Koh, Leslie „Border dispute: Cambodia turns to ASEAN", in: Straits Times, 23.7.2008.
[134] Bellamy 2004, S. 163.
[135] Vgl. hierzu: Cotton, James 1999: „The ‚haze' over Southeast Asia: Challenging the ASEAN Mode of Regional Engagement", in: Pacific Affairs 72,3, S. 331-352.
[136] Vgl. Press Release: ASEAN tackles Smoke Haze (http://www.asean.or.id/news/pr_atsh.htm), [24.3.00].
[137] „Insel Borneo unter gefährlicher Smogglocke", in: FAZ, 14. 3. 2000.
[138] Severino 2006, S. 114.
[139] Ich folge hier der Argumentation von Severino 2006, S. 116-119.
[140] Vgl. South Centre 2007, S. 36f.

beschlossen einen Aktionsplan für die Region, der in der Folge schnell umgesetzt wurde.[141] Auf dem Treffen der Gesundheitsminister am 10.-11. Juni 2003 konnte die Gemeinschaft erklären: *„ASEAN is a SARS-free region."* Im Gegensatz zur Haze-crisis war die Bekämpfung von SARS ein Positiv-Beispiel für den Umgang mit neuen Sicherheitsbedrohungen in der Region.

3.2.2 Wohlstand

Eine naheliegende Herangehensweise sieht die Existenz der ASEAN primär unter Kosten-Nutzen-Aspekten. Zweifellos verursacht die Kooperation in der ASEAN Kosten, etwa für die Organisation von Treffen, Abstimmungsprozesse, die Finanzierung der ASEAN-Institutionen und jegliche Opportunitätskosten der Kooperation.[142] Jedoch kann insgesamt davon ausgegangen werden, dass diese Kosten vergleichsweise gering ausfallen.[143] Den Kosten steht der Nutzen gegenüber, den eine Mitgliedschaft in der ASEAN bringt:

- Die Anerkennung der territorialen Integrität und des politischen Status quo.
- Internationale Aufwertung bringt Reputationsgewinn.[144] Dies führt unmittelbar zu einem Statusgewinn der Staatschefs und dient somit dem Real-Ziel der *„regime maintenance"*.
- Gemeinsames Verhandeln gegenüber Dritten vergrößert die *„bargaining power"* und verspricht bessere Verhandlungsergebnisse.[145]
- Die Minimierung von Transaktionskosten. Dies hat mehrere Facetten. Es wird erstens zu bedenken gegeben, dass vor der ASEAN-Gründung kein geeignetes Forum zu Verhandlungs- und Konsultationszwecken zur Verfügung gestanden hatte.[146] Durch ein solches Forum wird unkooperatives Verhalten teurer und deshalb unattraktiver, Vertragsdurchsetzungs-, Kontroll- und Sanktionierungskosten der Beteiligten sinken. Zweitens werden Informationskosten gesenkt, da der Informationszugang, bspw. zu diplomatischen Kanälen, erleichtert wird.[147] Diesbezüglich scheint der Bedarf in der Region groß gewesen zu sein, was an der Fülle von Seminaren, Konferenzen und Studien abzulesen ist, die seitdem ins Leben gerufen worden sind. Drittens reduziert die Existenz der ASEAN die Ungewissheit über das zukünftige Verhalten der Partner.

---

[141] Die Maßnahmen finden sich unter: www.aseansec.org/sars2_annexv.htm [20.4.2008].

[142] Hier handelt es sich um den Wegfall des Nutzens der Alternativen, der bspw. Singapur dadurch entsteht, dass aus Gründen der Rücksichtnahme gegenüber ASEAN-Zielen keine explizite Sicherheitskooperation mit den USA eingegangen wird.

[143] Dosch spricht von gar von einer „kostenfreien Verwirklichung spezifischer nationaler Interessen". Dosch, Joern 1997: Die ASEAN: Bilanz eines Erfolges. Akteure, Interessenlagen, Kooperationsbeziehungen. Hamburg, S. 23.

[144] Dieser Reputationsgewinn kann sich auch materialisieren. So weist Rust 1985, S. 45 auf verbilligte Kredite hin, die auf ein günstigeres Kreditrating zurückzuführen sind.

[145] Eine radikale Weiterführung dieses Arguments gipfelte in der Hypothese: „We have ASEAN only because you outside ASEAN take it seriously." So wird ein indonesischer Diplomat zitiert. Zitiert nach Morrison, Charles E. 1981: Progress and Prospects in Foreign Policy and Cooperation among the Asean Countries, in: Anand/Quisumbing (Hrsg.), ASEAN, identity, development and culture. Quezon City: University of the Philippines Law Center, S. 356-377, hier: S. 356.

[146] Antolik, Michael 1990: ASEAN and the Diplomacy of Accomodation. London/New York, S. 91.

[147] Parreñas 1989, S. 134.

- Das Risiko hoher Opportunitätskosten bei Nichtkooperation:[148] Nichtkooperation würde die Wahrscheinlichkeit für (teure) kriegerische Konflikte erhöhen. Zudem würde das militärische Vorgehen gegen Guerillabewegungen erschwert. Umgekehrt verbilligen akzeptierte Kommunikationsforen wie die ASEAN die friedliche Beilegung von Konflikten. Schließlich sahen die Regierungen von Singapur und den Philippinen die Gefahr einer zunehmenden Isolierung in der Region. Die Überwindung ihres Außenseitertums wurde als notwendige Bedingung für langfristige Wohlstandsgewinne gesehen.[149] In der Tat müssen die Kosten einer Nichtmitgliedschaft in der historischen Situation der 1960er Jahre als unkalkulierbar hoch erschienen sein. So behält die bereits 30 Jahre alte Einschätzung Bucklins ihre Gültigkeit:

> [...] even if the costs of cooperation were high the costs of isolation might be even higher. Even though economic benefits from regional economic integration may be slight for many years, the attendant improvement in political stability that might come about could make the whole effort worthwhile.[150]

Die flexible Organisation der ASEAN mit den zu vernachlässigenden laufenden Kosten und die unsichere Umwelt geben somit Anlass zu der Vermutung, dass der Nutzen der ASEAN deren Kosten bei weitem aufwiegt. Die ASEAN verspricht demnach für alle Mitglieder hohe absolute Gewinne. Dass die ASEAN gleichwohl Probleme hat, positiv auf die Produktion des Kollektivguts ‚Wohlstand' einzuwirken, hat die Asienkrise gezeigt.

Fallbeispiel Wohlstand: Die Asien-Krise

Als Fallbeispiel soll hier der Umgang mit der asiatischen Währungs- und Finanzkrise 1997/98 angeführt werden, die Wachstum und Attraktivität der Wirtschaften Südostasiens stark in Mitleidenschaft gezogen haben.[151] Nachdem Ostasien lange Zeit als weltweit führende Region in Bezug auf Wachstum, Direktinvestitionen und Exportorientierung gegolten hatte, brach die „Asien-Krise" im Sommer 1997 wie aus heiterem Himmel über die Staaten herein. In schneller Folge gerieten die Währungen von Thailand, Südkorea, Indonesien, den Philippinen und Malaysia unter großen Abwertungsdruck und verloren innerhalb von einigen Wochen 30-50 Prozent – die indonesische Rupie gar über 70 Prozent – ihres Wertes.[152] Simultan erfolgte ein massiver Abzug von Auslandskapital aus den Volkswirtschaften. Dies verschärfte die Liquiditätssituation der Schuldner, die sich durch die Abwertung ohnehin stark verschlechtert hatte, noch weiter. Die am meisten durch die Krise getroffenen ASEAN-Staaten sahen sich gezwungen, die Hilfe des Internationalen Währungsfonds (IWF) in Anspruch zu nehmen. Dieser schnürte jeweils auf die nationale Situation zugeschnittene ‚*rescue packages*', um die jeweiligen Währungen, Banken und Finanzsysteme zu stabilisieren. Die Reaktion der ASEAN auf die Krise fiel mager aus. Gemeinsame Maßnahmen wie

---

[148] Dies verdeutlicht Sopiee, Noordin 1986: ASEAN and Regional Security; in: Ayoob, Mohammed (Hg.): Regional Security in the Third World. Case Studies from Southeast Asia and the Middle East; London/Sydney, S. 221-234, S. 222f. anhand des Szenarios „Wenn es die ASEAN nicht gegeben hätte ...".
[149] Sukrasep 1989, S. 10f.
[150] Bucklin, William T. 1975: Regional Economic Cooperation in Southeast Asia. 1945-1969. Ann Arbor, S. 63f.
[151] Vgl. hierzu: Strange, Roger/Slater, Jim/Molteni, Corrado (Hrsg.) 2000: The European Union and ASEAN: Trade and Investment Issues. London/New York; Rüland, Jürgen 2000: „ASEAN and the Asian crisis: theoretical implications and practical consequences for Southeast Asian Regionalism", in: The Pacific Review 13, S. 421-451.
[152] Wagner, Helmut 1998: „Streitplatz: Asiens Finanzmisere", in: WeltTrends, 19, S. 83.

auch substanzielle bilaterale Finanzhilfen blieben aus.[153] Auf dem informellen Krisengipfel in Kuala Lumpur 1997 klagten die Regierungschefs einerseits über die Rezeptur des Internationalen Währungsfonds, kamen aber andererseits nicht umhin, noch mehr Mittel einzufordern. Dem malaysischen Vorschlag nach einem asiatischen Währungsfonds oder gar einer gemeinsamen asiatischen Währung wurde eine Absage erteilt. Zur Sondierung eines Planes zur Gründung eines regionalen Währungsfonds vereinbarten die Zentralbankchefs immerhin, eine „technische Kommission" einzurichten. Die Maßnahmen des Hanoi Action Plan, die ein Jahr später beschlossen wurden, zielen hingegen entweder auf die Gütermärkte ab, oder sollen nur allgemein signalisieren, dass sich die Bedingungen für Direktinvestitionen in der Region wieder verbesserten. Institutionelle gemeinschaftliche Regelungen wurden nicht vereinbart, lediglich bestehende Vereinbarungen über bilaterale Swap-Faszilitäten sollten ausgebaut und Studien über die Durchführbarkeit eines asiatischen Wechselkurssystems in Auftrag gegeben werden.[154] In der Folge griffen die Staaten zu nationalen Mitteln zur Bewältigung der Krise. Bezeichnenderweise erweisen sich diese als dermaßen heterogen, dass sie de facto die wirtschaftspolitische Konvergenz der südostasiatischen Staaten beendeten:[155] Während Malaysia auf währungsprotektionistische Maßnahmen wie Kapitalkontrollen setzte und die Neumitglieder Indochinas es vorzogen, eigene Firmen vor internationaler Konkurrenz zu schützen, forderten Singapur und die Philippinen eine weitere Deregulierung und institutionelle Stärkung der Finanzmärkte.

Demhingegen ging China gestärkt aus der Krise hervor. Denn weder wurde der Yuan vom Abwertungsdruck erfasst, noch gab die chinesische Regierung der Versuchung nach, ihre Währung einseitig gegenüber dem US-Dollar abzuwerten. Folgerichtig erfolgten die wirtschafts- und währungspolitischen Initiativen nicht innerhalb der ASEAN, sondern suchten die übrigen ‚Schwergewichte' Ostasiens mit zu integrieren. Im Zuge der Kooperation mit China, Japan und Süd-Korea (‚ASEAN+3') kam es im Gefolge der Chiang Mai-Initiative vom Mai 2000 zu vielfältigen Maßnahmen, die künftigen Finanzkrisen vorbeugen sollen.[156] Darüber hinaus gewannen Freihandelsabkommen in der erweiterten Region an Attraktivität: So vereinbarten die ASEAN und China 2001, bis zum Jahr 2010 zu einer Freihandelszone zu kommen.[157]

3.2.3 Demokratie

Welche Auswirkungen hatte die Gründung der ASEAN auf die Entwicklung der Demokratie in der Region? Sicherlich ist diese Frage nur schwer zu beantworten, zumal hierzu bislang keine Langzeitstudien vorliegen. Eine erste Antwort vermag ein Blick auf die Demokratie- bzw. Transormationsidices zu geben, die ja die langfristige Entwicklung von Trans-

---

[153] Haubold, Erhard 1998: „Viel Golf, wenig Politik", in: FAZ, 11.7.1998. Malaysia und Singapur hatten zwar Indonesien bilaterale Hilfen versprochen, diese gelangten jedoch nicht zur Auszahlung. Dolven, Ben/McBeth, John 1998: „Distant Neighbours", in: FEER, 9.7.1998; S. 14 u. 15; Vatikiotis, Michael 1997: „Pacific Divide", in: FEER, 6.11.1997, S. 14-16. Lediglich China und Singapur leisteten im Rahmen der IWF-Zahlungen einen gewissen Beitrag.
[154] „Kein eigener Währungsfond für Südostasien", in: FAZ, 27. 3. 2000, S. 18.
[155] Vgl. Richardson, Michael 1998: „Recession in Asia brings Resistance to Openness" in: IHT, 28.12.1998.
[156] Vgl. Henning, C. Randall 2002: East Asian Financial Cooperation, Washington D.C.: Institute for International Economics.
[157] Petersen, Dietmar 2001:"Asean und China planen eine Freihandelszone", in: Handelsblatt, 6.11.2001.

formationsstaaten im Blick haben. Konsultiert man den ältesten Index von Freedom House, dessen Daten bis 1973 zurück reichen, ergibt sich folgendes Bild:

Abbildung 4: Die Demokratisierungserfolge der ASEAN-Staaten

Kriterium Land	Pol. Rechte (1973)	Pol. Rechte (2006)	Veränderung pol. Rechte	Bürgerrechte (1973)	Bürgerrechte (2006)	Veränderung Bürgerrechte
Indonesien	5	2	stark verbessert	5	3	verbessert
Malaysia	2	4	verschlechtert	3	4	verschlechtert
Philippinen	4	3	leicht verbessert	6	3	stark verbessert
Singapur	5	5	Keine	5	4	leicht verbessert
Thailand	7	3	stark verbessert	5	3	verbessert
Brunei	6 (1984)	6	Keine	6 (1984)	5	leicht verbessert
Vietnam	7 (1995)	7	Keine	7 (1995)	5	verbessert
Myanmar	7 (1997)	7	Keine	7 (1997)	7	Keine
Laos	7 (1997)	7	Keine	6 (1997)	6	Keine
Kambodscha	6 (1999)	6	Keine	6 (1999)	5	leicht verbessert

Quelle: Freedom House: Freedom in the world country ratings 1992-2007, (www.freedomhouse.org/uploads/fiw/FIWA//Scores.xls), [15.4.2008]
Legende: Rating 1-7; 1 = frei, 7 = völlig unfrei

Die Entwicklung der politischen Rechte zeigt ein eher ernüchterndes Bild. Nur in Indonesien, den Philippinen und Thailand konnten substanzielle Fortschritte zwischen 1973 und 2006 erzielt werden. Stellt man die Angaben des Bertelsmann Transformationsindex für die letzten beiden Jahre zusätzlich in Rechnung, so relativieren sich sogar die langfristigen Erfolge der Philippinen wieder, da es zusammen mit Vietnam und Laos weiter abgerutscht ist. Ausgerechnet in dem Land, das den größten Fortschritt im Hinblick auf politische Rechte zu verzeichnen hatte – Thailand – kam es im September 2006 zu einem Militärputsch, der den demokratisch gewählten Premier Thaksin Shinavatra ins Exil zwang.[158] In allen anderen Ländern konnten die autokratischen Strukturen nicht aufgebrochen werden, in Malaysia wurde gar eine Verschlechterung diagnostiziert. Einzig Indonesien hat es vermocht – zur allgemeinen Überraschung vieler Analytiker – substanzielle Fortschritte auf dem Weg zur Demokratie zu machen.[159]

Besser sieht es bei den Bürgerrechten aus. Hier verzeichnen 7 von 10 Ländern nachhaltige Verbesserungen. Doch gleichwohl muss offen bleiben, ob diese Veränderungen nicht anderen Faktoren geschuldet sind (Globalisierung, Wirtschaftsentwicklung), erscheint der Weg von der ASEAN zu den Bürgerrechten eigentlich länger als der zu den politischen Rechten. Insgesamt muss der Einfluss der ASEAN auf die demokratische Entwicklung in

---

[158] Im Bertelsmann Transformationsidex rutschte Thailand von Platz 23 (2006) auf 55 (2008) ab. Vgl. Bertelsmann Stiftung 2008: Bertelsmann Transformations Index 2008 (http://www.bertelsmann-transformation-index.de/fileadmin/pdf/Anlagen_BTI_2008/BTI_2008_Rangliste_DE.pdf), [10.9.2008].
[159] Vgl. etwa „Not yet a dream, no longer a nightmare", in: Economist, 24.-30.5.2008, S. 72.

Südostasien eher skeptisch bewertet werden.[160] Die in der ASEAN Charter postulierten Ziele von Demokratie, *rule of law* und *good governance* konnten durch die ASEAN nicht spürbar verbessert werden.

3.3 Der Vergleich mit der Europäischen Union

Zweifellos hat die ASEAN einen weitaus höheren Institutionalisierungsstand erreicht als andere Regionalorganisationenen, etwa der Mercosur oder die Afrikanische Union. Die Bewertung der Institutionalisierungsleistung der ASEAN soll jedoch hier mit Hilfe eines Vergleichs zur erfolgreichsten regionalen Institutionalisierung erfolgen: der Europäischen Union. An dieser Stelle können die Einzelheiten der Institutionenbildung der EU nicht vorgestellt werden, eine summarische Übersicht entsprechend der eingeführten Institutionalisierungsmerkmale soll genügen.

Abbildung 5:   Vergleich zwischen der EU und der ASEAN

Regionalorganisation Merkmale (vgl. 2.)	ASEAN	Europäische Union
Interaktionsraum (Kriterien für Beitritt)	Geographie, Stabilität	Demokratie, Zivilisatorische Kriterien, Übernahme des Gemeinschaftsbestandes, Konditionalität, Geographie
Politikfelder	Sicherheit, wirtschaftliche Kooperation, sozio-kulturelle Gemeinschaft	Gemeinschaftspolitiken (Wirtschaft u.a.m.), Außen- und Sicherheitspolitik, Justiz und Inneres (wird in Gemeinschaftspolitiken integriert)
Interaktionsgrad/Organbildung	Intergouvernemental, Sekretariat zur Koordinierung, Trend zur Bürokratisierung auf niedrigem Niveau	Intergouvernemental und supranational (Kommission, EuGH, Parlament), starke Bürokratisierung auch in intergouvernementalen Politikbereichen
Entscheidungsfindung	Einstimmigkeitsgebot mit Enthaltungsoption	qualifizierte Mehrheit als Regel, Einstimmigkeit in sensiblen PF
Verbindlichkeit	Nur kultureller und sozialer Anreiz zur *Compliance*	EuGH und Kommission als Schiedsrichter und Wahrer der Gemeinschaftsinteressen
Außenwirkung	Institutionalisierte Gespräche mit Großmächten (ASEAN +3 u.a.), ansonsten eher gering	Erhöhte Sichtbarkeit durch Hohen Vertreter, ansonsten komplexe Außenvertretung mit großer Wirkung (z.B. Außenhandel)

Quelle: Eigene Darstellung

Der auffälligste Unterschied betrifft die institutionelle Ausgestaltung der Organisationen. Während die EU von Beginn an auf ein supranationales Element gesetzt hat – in Gestalt der Europäischen Kommission –, hat die ASEAN bis heute am integouvernementalen Prinzip festgehalten. Die organisatorische Ausgestaltung der ASEAN bleibt somit zu schwach, um

---

[160] So auch: Case, William 2004: „Democracy in Southeast Asia. What does it look like and what does it matter?", in: Beeson, Mark (Hrsg.) S. 75-97, hier S. 76 u. 97.

eine der EU-Kommission vergleichbare Eigeninitiative zu entwickeln. Sie bleibt ein Kooperationsforum der nationalen Entscheidungsträger und stellt mitnichten einen Vorboten supranationaler Strukturen dar. Dafür spricht auch, dass die ASEAN-Institutionen weiterhin mit nationalen Entscheidungsträgern besetzt werden, die von den Weisungen ihrer nationalen Regierungen abhängig sind. Impulse durch eine unabhängige Judikative mussten gleichfalls ausbleiben, da ein von allen Staaten anerkanntes Schiedsgericht nicht existiert; der 1976 verabschiedete *High Council* zur Konfliktbeilegung wurde nie eingerichtet. Es gibt in der ASEAN insofern keine ‚*integration by law*'. Dies hat zwei weitere Implikationen. Erstens beschert die institutionelle Stärke des Gemeinschaftsrechts und die Initiativfunktion der Kommission eine vergleichsweise dauerhaftere, konstantere Integrationsleistung. Die ASEAN ist demgegenüber eher ‚kopflastig' und bedarf der Impulse durch die ‚Spitze'. Der Abtritt der großen Führungspersönlichkeiten wie Suharto, Mahathirs und Lee Kuan Yew von der regionalen Bühne lassen insofern befürchten, dass auch diese Ressource für eine Weiterentwicklung der ASEAN fehlt. Zweitens bedeutet es auch, dass die Entwicklung der ASEAN auf die Konvergenz der nationalen Außenpolitiken angewiesen ist, wie es auch für die Effektivität anderer internationaler Organisationen gilt. Doch in diesem Punkt sieht es zur Zeit eher schlecht aus: Sowohl in der Wirtschaftspolitik als auch in Bezug auf das, was die Regierungen unter „*good governance*" verstehen mögen, driften die Staaten weiter auseinander. Die indochinesische Erweiterung der Gemeinschaft erweist sich unter diesen Bedingungen als Hemmfaktor, da aufgrund der uneinsichtigen Haltung Myanmars in Menschenrechtsfragen auch die internationale Reputation weiter Schaden nimmt. Myanmar und Malaysia bilden dabei gleichzeitig die offensichtlichsten Beispiele für das Ausbleiben von Lerneffekten, nicht nur, dass sie für die integrative Weiterentwicklung der Region ausfallen, ihr Negativbeispiel beschert den Anrainern zusätzlichen Reputationsverlust.

Ein weiterer essenzieller Unterschied betrifft die Kriterien für die Aufnahme neuer Mitglieder. Die EU verlegt die Anpassungsleistungen vor den Beginn der Mitgliedschaft und weitet den Katalog der erwarteten ‚Hausaufgaben' (den ‚*acquis communautaire*') durch Assoziierungsabkommen und „Heranführungsstrategien" beständig aus. Demgegenüber hofft die ASEAN auf Sozialisierungseffekte nach dem Beitritt und macht fast keine Auflagen für die Mitgliedschaft. Pointiert gesagt, die ASEAN ist eine Status quo-Gemeinschaft, die EU eine Leistungsgemeinschaft. Im Falle der EU hat dies den Nachteil, dass ein Beitritt erst nach ca. 10 Jahren Verhandlungen erfolgen kann. Die ASEAN erbt demhingegen die politischen und Entwicklungsdefizite eines jeden Neumitglieds – wie der Fall Myanmar eindrücklich zeigt.

4 Fazit

Die Institutionalisierung der ASEAN ist eigenwillig verlaufen und keinem Muster gefolgt: Weder ist sie mit der der EU zu vergleichen, noch teilt sie das Schicksal der dysfunktionalen Regionalorganisationen in Afrika oder Lateinamerika. Insofern ist sie eine Institutionalisierung *sui generis*. Im Unterschied zur EU findet eine Vertiefung der Gemeinschaft ausschließlich dadurch statt, dass im Zeitablauf immer mehr Politikfelder in den ASEAN-Prozess einbezogen werden. Zugleich gibt es eine behutsame Tendenz zur Stärkung des Generalsekretariats, doch wird am intergouvernementalen Entscheidungsmodus festgehalten. Gerade der Vergleich der Erweiterungspolitiken hat den Charakter der ASEAN als

‚Status quo Gemeinschaft' offenbart. Jeder Staat Südostasiens, der eine gewisse Stabilität aufzuweisen hatte, durfte der Gemeinschaft beitreten. Demokratische oder zivilisatorische Standards gibt es keine – im großen Unterschied zur EU, wo die Anpassungsleistungen eines beitrittswilligen Staates vor der eigentlichen Mitgliedschaft in einem langen Prozess erbracht werden müssen. Die in der ASEAN Charter formulierten Ziele des *rule of law* und der *good governance* sind deklatorische Ziele zur Behübschung der Außendarstellung – Absichtserklärungen ohne Verbindlichkeit. Man wird allerdings sehen, ob derartige Ankündigungen nicht *unanticipated consequences* nach sich ziehen werden, indem die Regierungen zunehmend von heimischen gesellschaftlichen Kräften hieran erinnert und gemessen werden – wie es im Rahmen des KSZE-Prozesses den osteuropäischen Regierungen widerfahren ist. Der weitgehend voraussetzungslose Beitritt zur ASEAN hat eine weitere Implikation: Mit jedem Beitritt erbt sie die nationalen Probleme des Beitrittslandes und kann hierfür von diesem als ‚Geisel genommen werden' – was seit 10 Jahren mit Myanmar immer wieder zu beobachten war. Sie ist deswegen auch nur bedingt in der Lage, eine kollektive Identität zu entwickeln, die über einen regelgeleiteten diplomatischen Habitus hinausgeht.[161] Allerdings ist im Falle der ASEAN die Unverblümtheit bemerkenswert, mit der kollektive Symbole gepflegt werden: Flagge, Hymne, ein ASEAN-Tag, Rechtspersönlichkeit – all dies findet sich widerspruchslos in der ASEAN Charter. Die europäischen Diskussionen um diese Elemente europäischer Identität im Disput um den Verfassungsvertrag und ihre Eliminierung aus dem Lissabonner Vertrag wirken im Vergleich überspannt.

Über den Vergleich mit anderen Institutionalisierungen gibt es weitere Kriterien, die zum Zwecke einer fundierten Bewertung einer Institutionalisierung angelegt werden können. Ein erstes Kriterium war ‚der eigene Anspruch', den die Mitgliedstaaten selbst mit der Gründung und Weiterentwicklung der Organisation verfolgt haben. Die ASEAN gilt den Regierungen als Instrument der *resilience*, die die ungestörte innenpolitische Entwicklung flankiert und die ‚nationale Spannkraft' erhöht. Sicherheitspolitisch bedeutet dies – eingedenk der Tatsache, dass alle Staaten aufgrund der geostrategischen Lage über die Macht verfügen, wechselseitig ihre Sicherheit negativ zu beeinflussen –, dass eine Art „Stand-still"-Institution plausibel ist. Sichtbarer Ausdruck dessen ist das *Treaty of Amity and Cooperation*, das die nationale Souveränität schützt und das Nicht-Einmischungsgebot festschreibt. Hiermit kommen wir zu einem weiteren Krierium der Beurteilung: Was leistet die Organisation zur Verbesserung der ‚Sicherheit'? In einem klassischen Verständnis von Sicherheit kann festgehalten werden, dass sich die ASEAN-Staaten diversen Dilemmata gegenüberstehen: Weder sind sie autonom in der Lage, ihre Sicherheit durch Allianzbildung spürbar zu verbessern, noch können sie durch Kooperation wirksam abschrecken. Dieses potentielle Ausgeliefertsein gegenüber externen Mächten ist den Mitgliedstaaten durchaus bewusst. Aufgrund ihrer militärischen Schwäche sowie der komplexen Großmächtelage (USA-China-Indien-Japan-Russland) erscheint weder eine Balancing- noch eine Bandwagoning-Strategie erfolgversprechend. Umgeben von größeren Mächten können die Staaten nur versuchen, ihren ‚Hebel' nach außen zu vergrößern, was sie mit der Gründung und Weiterentwicklung des ARF getan haben. Innerhalb der Region dient die ASEAN als *umbrella*[162], was eine intraregionale Konfliktlösung erleichtern hilft. Die ASEAN dient nach wie vor primär dazu, Vertrauen zu bilden, und nicht, Kon-

---

[161] Nischalke, Thomas 2002: „Does ASEAN measure up? Post-Cold war diplomacy and the idea of regional community", in: The Pacific Review 15,1, S. 89-117.
[162] Masters, Eric E. 1984: ASEAN: Area of Challenge and Opportunity, in: Jackson, Karl D./Soesastro, M. Hadi (Hrsg.): ASEAN Security and Economic Development. Berkeley, S. 3-9, S. 3, auch: Suh 1990, S. 65.

flikte effektiv zu lösen: „ASEAN is not direct on problem-solving, but about creating the milieu in which they either do not arise or can be readily managed."[163] Insofern ist es problematisch und etwas unfair, der ASEAN beständig Versagen bei Konfliktlösungen vorzuwerfen, denn dies war und ist nicht ihr Ziel.[164] So erscheint es übertrieben, von den mangelnden Konfliktlösungsfähigkeiten der ASEAN auf ihr mittelfristiges Ende zu schließen.[165] Obwohl die ASEAN bislang keinen einzigen Territorialkonflikt gelöst hat, trägt ihre Existenz zweifellos dazu bei, dass diese nicht eskaliert sind. Die ASEAN verfügt dazu über drei Instrumente: Einfrieren, Vertagen und/oder Auslagern des Konflikts. Aufkeimende Territorialkonflikte (Sabah, Spratlys) werden typischerweise über die Nutzung von ASEAN-Kanälen zunächst eingefroren und ihre Lösung auf unbestimmte Zeit verschoben. Manchmal ergibt sich ihre Lösung einfach durch einen nationalen Lernprozess, so dass der Konflikt sich durch eine einseitige Verzichtserklärung auflöst. Ansonsten gibt es die Möglichkeit der Auslagerung von Konflikten. Die Staaten haben es bislang vermieden, sich ihrem eigenen, immerhin vereinbarten Konfliktlösungsmechanismus anzuvertrauen, im Zweifel ziehen sie den Internationalen Gerichtshof in Den Haag vor. Sie haben selbst auf dem Höhepunkt der Asienkrise die Einrichtung eines „Asian Funds" abgelehnt, obwohl sie die Politik des IWF z.T. heftig kritisiert haben. In der Ost-Timorkrise haben sich ASEAN-Staaten an der Interfet-Truppe wohl beteiligt, die Mandatierung geschah gleichwohl durch die UNO und die Initiierung wie auch die praktische Leitung der Aktion oblag den Australiern. Der Grund für die Scheu, der ASEAN Konfliktlösungskompetenz zuzuschreiben, liegt wohl in der Befürchtung, dass *„flexible engagement"* immer auch Vertrauen zerstören und den ASEAN-Prozess insgesamt in Frage stellen würde. Probleme werden deshalb bevorzugt zugunsten anderer Organisationen ausgelagert. In diesem Zusammenhang wirkt sich die ausufernde Zielagenda der ASEAN in der Sicherheitspolitik schädlich aus, da sie für sich Ziele formuliert, die letztlich andere erreichen sollen – darauf wird unten noch zurückzukommen sein. Doch nicht nur, dass die ASEAN kaum konfliktlösend tätig geworden ist, umgekehrt haben die Konflikte auch keine wirklichen Auswirkungen auf die regionale Kooperation gehabt.[166]

Auch im wirtschaftlichen Bereich sieht die Bewertung zunächst positiv aus. Selbst wenn die ASEAN zuweilen Prestigeverluste erleiden muss (Asien-Krise, Anfangsschwierigkeiten AFTA), ihre Auflösung käme noch teurer. So sprechen Kosten-Nutzen-, Transaktionskosten- und Opportunitätskostenargumente auch in Zukunft für die ASEAN. Die Bedrohung für die Organisation kommt von einer anderen Seite: Andere Organisationen könnten gegründet oder ausgebaut werden, die die dringend benötigten Kollektivgüter „Sicherheit" und „Wohlstand" besser produzieren würden. Der AFTA etwa könnte eine Vitalisierung der APEC, bilaterale Handelsabkommen wie auch eine mögliche ostasiatische Freihandelszone stark zusetzen. Aus sicherheitspolitischem Blickwinkel droht der ASEAN durch die EAS ein Kannibalisierungseffekt und die Gefahr der Marginalisierung. Die Insti-

---

[163] Leifer, Michael 1995: „The Issue is ASEAN", in: Far Eastern Economic Review vom 20.11.1995, S. 34.
[164] Vgl. etwa: Hund, Markus 2002: „From ‚neighborhood watch group' to community?: the case of ASEAN institutions and the pooling of sovereignty", in: Australian Journal of International Affairs 56,1, S. 99-122 und Jones, David M./Smith, Mike L. 2001: „The changing security agenda in Southeast Asia: Globalization, New Terror, and the delusions of Regionalism", in: Studies in Conflict & Terrorism 24, 4, S. 271-288.
[165] Narine 1999, S. 375; Koh, Tommy 1999: „L'ASEAN a-t-elle encore un rôle?", in: Politique Etrangère 1/99, S. 127-132, S. 127ff; Leifer, Michael 1999: „The ASEAN peace process: a category mistake", in: Pacific Review. 12,1, S. 25-38.
[166] Rosenbusch, Bernd 2003: Die Bedeutung inner- und zwischenstaatlicher Konflikte für die Kooperation und Integration der ASEAN-Staaten. Münster, S. 258.

tutionenkonkurrenz senkt die Opportunitätskosten der ASEAN und damit entfällt eine wichtige Triebkraft für die Existenz der ASEAN. Umgekehrt entsteht durch die Institutionenkonkurrenz ein gewisser Integrationsdruck: Die ASEAN muss den anderen Institutionen etwas voraus haben, damit sie ihre Verhandlungsmacht behält.

Abbildung 6: Bewertung der Institutionalisierungsleistung

Bewertung in Bezug auf	Bewertung
Erreichung der eigenen Realziele	++
Vermehrung von Sicherheit	+
Einfluss auf extraregionale Mächte	0
Einfluss auf intraregionale Konflikte	+
Einfluss auf innerstaatliche Konflikte	0
Einfluss auf regionale, neue Bedrohungen	+
Vermehrung von Wohlstand	+
Kosten-Nutzen Bilanz	++
Vermehrung des Kollektivguts Wohlstand	0
Förderung von Demokratie	0

Quelle: Eigene Darstellung

Halten wir fest: Die ASEAN ist und bleibt ein kostengünstiges und somit effizientes (nicht unbedingt effektives!) Instrument der Mitgliedstaaten zur Verfolgung ihre nationalen Ziele, zur Mehrung von Wohlstand und der Aufrechterhaltung des Status Quo in Südostasien. Sie kann Sicherheitsprobleme nicht lösen, aber einfrieren und auslagern. Schließlich ist sie auch zeitweise in der Lage, für die Region zu werben und Direktinvestitionen anzuziehen.

Die ritualisierten Ankündigungen von Integrationsfortschritten und ehrgeizigen Zielen in Verbindung mit der faktischen Auslagerung von Konfliktlösungen birgt eine Gefahr. Das rhetorische Aufhübschen führt zu überhöhten Erwartungen an die Organisation: Die deklatorischen Ziele werden ‚real' interpretiert. Geschieht dies, werden die Widersprüche und die Überforderung der Institutionalisierung gnadenlos offen gelegt: Die *Economic Community* reagiert mit nationalen divergenten Alleingängen auf kollektive Wirtschaftskrisen, die Sicherheitsgemeinschaft verabschiedet belanglose Prozessrezepturen angesichts einer Umweltkatastrophe ungeahnten Ausmaßes wie der Haze-crisis- wohlwissend um die nationalen Ursachen Nepotismus und Korruption – und die Gemeinschaft der *Caring Societies* muss darum betteln, Beobachtungsteams in einen Mitgliedstaat schicken zu dürfen, während Zehntausende Menschen dort an den Folgen eines Taifuns elend zugrunde gehen. Diesen Widersprüchen kann die ASEAN nicht entgehen, im Gegenteil, sie befördert sie durch ihre kurzfristig orientierte Marketing-Rhetorik. Das ursprünglich für die europäische Außenpolitik formulierte „*capability-expectations gap*" trifft – so verstanden – auch auf die ASEAN zu.[167]

Die Überforderung wird durch eine weitere Entwicklung genährt. Die ASEAN ermöglicht zwar die Entwicklung nationaler Spannkraft, leider aber zunehmend unter national ausgelösten Spannungen. Die ASEAN und die Region insgesamt geraten durch die Innenpolitik einzelner Mitglieder unter Druck. Die Liste der Beispiele ist lang: die repressive Politik Myanmars, die Affäre um Anwar Ibrahim in Malaysia, das Ost-Timor-Drama oder

---

[167] Hill, Christopher 1993: The Capability-Expectations Gap, or Conceptualizing Europe's International Role, in: Journal of Common Market Studies 31:3, S. 305-328.

kleine Ereignisse, die sich bilateral ‚hochschaukeln' und nationale Kriegsrhetoriken auslösen. Solche Ereignisse beschädigen zusätzlich das Ansehen der ASEAN. Die Vorschläge zur Effektivierung der ASEAN im Hinblick auf die Möglichkeit, sich „flexibel zu engagieren" würden allerdings mit einem Grundprinzip der ASEAN – der Nichteinmischung in nationale Angelegenheiten – brechen. Ihre Realisierung ist darum mittelfristig unwahrscheinlich.

Aber trotz aller Kritik im Detail sollte das große Bild nicht aus dem Blick geraten: Seit 1967 gab es zwischen den ASEAN-Mitgliedern keinen Krieg mehr – trotz unvollkommener und teils gescheiterter Demokratisierung. Das kann sich die ASEAN als großen Erfolg zuschreiben und wird die Forschung weiter beschäftigen.

Lisa Srikiow

Regionale Kooperation in Südostasien: Eine Regimeanalyse der ASEAN *plus Three*

1 Einleitung

Regionale Zusammenschlüsse gehören nicht erst seit den letzten 15 Jahren zu den Akteuren der weltpolitischen Bühne. Doch während es sich in den 50er und 60er Jahren um Kooperationen handelte, die eher durch isolationistischen Charakter geprägt waren, manifestiert sich in dieser zweiten Welle zunehmend der Geist von Liberalisierung und freiem Handel.[1] Der „neue" oder auch „offene Regionalismus" konzentriert sich vor allem auf ökonomische Aspekte, jedoch waren und sind, verursacht durch die dynamische Interdependenz, auch politische und soziale Inhalte und Interessen in erheblichem Maße betroffen. Regionalismus ist daher nicht nur als Synonym für neue Handelsbündnisse wahrzunehmen.

Die stetig anwachsenden Strömungen des Regionalismus in Südostasien sind von besonderer Bedeutung im Kontext Internationaler Beziehungen. Sie haben allerdings auch bemerkenswerte Transformationen erlebt, die im Folgenden dargelegt werden. Der südostasiatische Regionalismus ist auch deshalb ein besonderes Phänomen, weil die dortigen Länder über ein starkes Nationalbewusstsein verfügen. Die Region ist in kultureller, wirtschaftlicher und politischer Hinsicht extrem heterogen und die komplizierte Vergangenheit hat komplexe Strukturen geschaffen, die weit entfernt von jeglicher Art von Kooperation waren.[2] Die Überwindung des Kolonialismus und das damit verbundene *nation-building*, der Koreakrieg, der Vietnamkrieg sowie die Diktatur in Kambodscha verhinderten die Entstehung solcher Prozesse.[3] Die Gründung der ASEAN war eine Ausnahmeerscheinung und mitgelenkt durch die Interessen Dritter. Hierbei ging es um die Koordination von Macht- und Gegenmachtstrukturen. Manche Stimmen sprechen gar von einer Expandierung amerikanischer Außenpolitik.[4] Die nationale Souveränität ist somit noch immer ein nicht zu un-

---

[1] Vgl. Spindler, Manuela 2004: New Regionalism and Global Economic Governance, in: Stefan A. Schirm (Hrsg.): New Rules for Global Markets. Public and Private Governance in the World Economy. Houndmills, S. 235.
[2] Fast alle großen Weltreligionen sind in Südostasien vertreten, mehrheitlich der Buddhismus und Islam, aber auch das Christentum und der Hinduismus. Ferner zeichnet sich die Bevölkerung durch eine Vielzahl von ethnischen Gruppierungen aus, die sich in kultureller und auch sprachlicher Hinsicht voneinander abgrenzen. Zusätzlich finden sich über Militärdiktatur (Myanmar), Demokratie (Indonesien), konstitutionelle Monarchie (Thailand) und absolute Monarchie (Brunei) diverse Regierungsformen wieder. Der schwierige Prozess der Dekolonisierung war eine zusätzliche Herausforderung für die Region, gefolgt von den Konflikten des Kalten Krieges. Vgl. hierzu auch Böttcher, Siegfried 1998: Andere Werte und Handlungsrahmen in Ostasien. Konsequenzen für Deutschland, in: Aus Politik und Zeitgeschichte Jg. 48, S. 47.
[3] Vgl. Severino, Rudolfo C. 2006: Southeast Asia in Search of an ASEAN Community. Insights from the former ASEAN Secretary-General, Singapur, S. 6f.
[4] Vgl. Liu, Fu-Kuo/Régnier, Philippe 2003: Prologue. Wither Regionalism in East Asia, in: Liu, Fu-Kuo/Régnier, Philippe (Hrsg.): Regionalism in East Asia. Paradigm shifting? London, S. XIII-IXXX, S. XIX; Dixon, Chris

terschätzendes Charakteristikum der dortigen Akteure.[5] Kurzum, Südostasien ist eine Region, die geprägt ist durch viele Gegensätzlichkeiten: Tradition und Moderne, Aufschwung und Unterentwicklung, sowie Instabilität und demokratische Strukturen.[6] Die geographische Präzisierung ist hierbei vergleichsweise unkompliziert. Zu den Kernstaaten gehören die Mitgliedsstaaten der ASEAN: Brunei Darussalam, Kambodscha, Indonesien, Laos, Malaysia, Myanmar (Burma), die Philippinen, Singapur, Thailand und Vietnam.[7] Die Abgrenzung vom indischen Subkontinent wurde deutlich, als der Antrag Sri Lankas auf Beitritt in die ASEAN abgelehnt wurde. Obwohl China und Japan geographisch von Südostasien weiter entfernt sind, darf ihr starker wirtschaftlicher und politischer Einfluss, der durch historische Wurzeln gefestigt ist, nicht vernachlässigt werden, um zu einem vollen Verständnis der Region zu gelangen.[8]

Die wirtschaftliche Entwicklung hatte nach dem Ende des Kalten Krieges den Boden für regionale Kooperation genährt. Aus entgegen gesetzter Perspektive wiederum wird Kooperation in ökonomischen und sicherheitspolitischen Gebieten als die maßgebliche Substanz des südostasiatischen Regionalismus betrachtet.[9] Ein Novum stellt die Unterteilung des „neuen Regionalismus" speziell in Südostasien dar, welche versucht, der besonders schnellen Transformation gerecht zu werden. Die Schwächung, welche sowohl die ASEAN als auch die APEC während der 90er Jahre durchlitten, ermöglichte andererseits auch erst die Entstehung anderer regionaler Kooperationen wie der ASEAN *plus Three* (APT). Diese machte erstmals eine umfassende Zusammenarbeit zwischen Südostasien und seinen nördlichen Nachbarn möglich.[10] Es scheint, als hätte man sich nach dem Projekt der Großkonferenz APEC auf die Region Südostasien zurückbesonnen.

Verursacht durch die Geschehnisse in Südostasien, insbesondere der asiatischen Finanzkrise, entstand ein „zweiter neuer Regionalismus". Zentral ist hierbei vor allem, dass sich eine zunehmende Institutionalisierung verbreitete, gekoppelt an den politischen Willen der Akteure. War der südostasiatische Regionalismus in der Tendenz eher marktorientiert, mischten sich nach der Asienkrise verstärkt politische Entscheidungsträger ein.[11] Die Unterteilung des Regionalismus in Südostasien in drei Entwicklungsstufen ist durchweg überzeugend: dem „alten Regionalismus" repräsentiert durch die ASEAN der 60er bis 80er Jahre mit all ihren Vorgängern, dem „neuen Regionalismus", welcher in erster Linie durch die APEC und ihre Handelsöffnung vertreten wurde und dem „zweiten neuen Regionalismus". Letzterer ist besonders charakteristisch für Südostasien als Region und noch ist un-

---

1999: Regional Integration in South East Asia, in: Grugel, Jean B./Hout, Will (Hrsg.): Regionalism across the North-South Divide. State Strategies in the Semi-Periphery, London, S. 115-133, S. 117.
[5] Vgl. Bersick, Sebastian 2004: Auf dem Weg in eine neue Weltordnung? Zur Politik der interregionalen Beziehungen am Beispiel des ASEM-Prozesses. Baden-Baden, S. 19.
[6] Vgl. Öjendahl, Joakim 2001: South East Asia at a Constant Crossroads. An Ambiguous ‚New Region', in: Schulz, Michael/Söderbaum, Fredrik/Öjendahl, Joakim (Hrsg.): Regionalization in a Globalizing World. A Comparative Perspective on Forms, Actors and Processes. London, S. 147-172, S. 147; Abb. 4.
[7] Die Reihenfolge ist der englischen Übersetzung in alphabetischer Reihenfolge entnommen, wie sie auf der Homepage der ASEAN wieder zu finden ist. Dieser entspringt auch die Bezeichnung „Myanmar", welche auch im Auswärtigen Amt gebräuchlich ist (http://www.aseansec.org/74.htm; http://www.auswaertiges-amt.de/diplo/de/Laender/Myanmar.html) [21.09.2007].
[8] Vgl. Öjendahl 2001: S. 148f.
[9] Vgl. Liu, Fu-Kuo 2003: East Asian Regionalism, in: Liu, Fu-Kuo/Régnier, Philippe (Hrsg.), S. 3-29, S. 4.
[10] Vgl. Ufen, Andreas 2002: Der 7. ASEAN-Gipfel und das Projekt einer ASEAN-China-Freihandelszone, in Südostasien aktuell, Januar, S. 72-78, S. 72.
[11] Vgl. Bowles, Paul 2002: „Asia's post-Crisis Regionalism: Bringing the State back in, Keeping the (United) States out", in: Review of International Political Economy Jg. 9 2, S. 230-256, S. 231f.

klar wie bezeichnend er innerhalb des Feldes internationaler Beziehungen zu bewerten ist. Im Mittelpunkt dieser Bewegung steht die APT, und weniger die ASEAN oder APEC, weshalb die APT Gegenstand der Analyse ist.[12] Sie gilt als Musterbeispiel der neuen Welle und markiert ihren Beginn.[13] Der APT gilt ganz besondere Aufmerksamkeit bei dem Versuch der Identifizierung asiatischer Zusammenarbeit, da sie zunehmend zu dem Verständnis südostasiatischer Kooperation beiträgt.[14] Sie stellt auch die jüngste regionale Kooperation innerhalb des Regionalismus in Südostasien dar und umfasst die Mitglieder der ASEAN sowie Japan, Südkorea und China.[15] Die APT hat besonders durch die Dynamik der zweiten Entwicklungsstufe des „neuen Regionalismus" viel Aufmerksamkeit erfahren.

Es zeigt sich, dass die Zahl und Natur der Kooperationen in den letzten Jahren nicht nur zugenommen hat, sondern auch differenzierter und komplizierter geworden ist. Es gibt somit einen klaren Untersuchungsbedarf dieses Phänomens Regionalismus, der auch eine weltweite Dimension einnimmt, indem er Einfluss auf globalisierende Tendenzen und Nationalstaatlichkeit ausübt. Dabei gilt es ebenfalls zwischen den regionalen Kooperationsprojekten zu unterscheiden; einige vermögen mehr Druck auszuüben als andere. Trotz des „offenen" Charakters des neu erstarkten Regionalismus ist eine Entwicklung von Abschottungstendenzen nie vollkommen auszuschließen.[16] Darüber hinaus können solche Verbünde jedoch auch als Stabilisatoren für unbeständige Regionen wirken.[17] Diese vielfältigen Facetten und Begleiterscheinungen des Regionalismus erschweren seine genauere Einordnung in das internationale Ordnungssystem.

„We study international regimes because we are interested in understanding order in world politics."[18] So äußerte sich bereits Robert O. Keohane über seinen Forschungsanspruch, herauszufinden, welche Rolle internationale Regime im globalen Gefüge einnehmen. Regime werden gebildet, um internationalen Problemen angemessen zu begegnen und stellen einen nützlichen Zugang zu dem Verständnis der Kooperationen dar.[19] In dieses Erkenntnisinteresse reiht sich ebenfalls die Diskussion über den „neuen Regionalismus" ein. Kooperation ist es, was ein internationales Regime ausmacht und hier die Schnittstelle zum Regionalismus bildet.[20] Sukzessive soll die APT daher auch unter diesem Aspekt betrachtet werden.[21]

---

[12] Vgl. Ufen 2002, S. 77f.

[13] Vgl. Liu 2003, S. 13f; Webber, Douglas 2003: Two Funerals and a Wedding? The Ups and Downs of Regionalism in East Asia and Asia Pacific after the Asian Crisis, in: Laursen, Finn (Hrsg.): Comparative Regional Integration. Theoretical Perspectives. Aldershot, S. 125-160, S. 126.

[14] Ping, Lee Poh /Yean, Tham Siew /Yu, George T. 2006: Introduction, in: Ping, Lee Poh /Yean, Tham Siew/Yu, George T. (Hrsg.): The Emerging East Asian Community. Security and Economic Issues, Bangi, S. 17-29, S. 17.

[15] Vgl. Ufen 2002, S. 74.

[16] Vgl. Bersick 2004, S. 22.

[17] Vgl. Hummel, Hartwig 2006: Bedeutungswandel des Multilateralismus, in: Debiel, Tobias /Messner, Dirk /Nuscheler, Franz (Hrsg.): Globale Trends 2007. Frieden, Entwicklung, Umwelt, Frankfurt am Main, S. 61-80, S. 69ff.

[18] Keohane, Robert O.1983: The Demand for International Regimes, in: Krasner, Stephen D. (Hrsg.): International Regimes, Ithaca, S. 141-171, S. 141.

[19] Vgl. Mayer, Peter /Rittberger, Volker /Zürn, Michael 1993: Regime Theory. State of the Art and Perspectives, in: Rittberger, Volker (Hrsg.): Regime Theory and International Relations, Oxford, S. 391-430, S. 427; Keohane, Robert O. 2005: After Hegemony. Cooperation and Discord in the World Political Economy, 2. Aufl., Princeton, S. 64.

[20] Vgl. Hout, Wil 1999: Theories of International Relations and the New Regionalism, in: Grugel, Jean B./Hout, Wil (Hrsg), S. 14-28, S. 17.

[21] Da die ASEAN plus Three ihre ersten kooperativen Schritte im Bereich der Finanzpolitik getätigt hat, wird ihre Charakterisierung als Regime durch Ruggies Feststellungen bestätigt. Vgl. hierzu Ruggie, John Gerald 1999: International Regimes, Transactions, and Change. Embedded Liberalism in the Postwar Economic Order, in:

Am empirischen Beispiel der APT wird eine Theorieprüfung vollzogen werden: das *corpus delicti* bildet hierbei die normativ-institutionelle Regimeanalyse. Auf diese Art und Weise wird zweierlei Aspekten gerecht. Zum einen stellt dieser Ansatz ein detailliertes Raster zur Verfügung, welches aussagekräftige Ergebnisse über diese ausgesuchte regionale Kooperation ermöglicht. Zum anderen soll das Konzept selbst anhand der sich transformierenden Weltordnung, insbesondere anhand des vielfältig angesprochenen Paradigmenwechsels in Südostasien und den angrenzenden Gebieten, erprobt werden.[22] Da diese Region auch aufgrund ihrer großen Spannungslage zwischen China, Japan, der koreanischen Halbinsel und Südostasien einen hohen Anspruch bietet, wird die Regimeanalyse besonders gefordert werden.[23]

Tatsächliches Interesse an einer regionalen Gemeinschaft ist in Asien schwierig nachzuweisen, da nationale Souveränität und die starke Heterogenität der dortigen Länder dem Vorhaben zu diesem Zeitpunkt noch entgegenstehen. Es ist außerdem wichtig zu berücksichtigen, dass das Konzept des Regionalismus viele Ausläufer hat. Die Regimeanalyse soll helfen, im Rahmen dieser Arbeit eine dieser Entwicklungen zu erfassen.[24] Sie stellt hier einen offeneren Ansatz dar und könnte somit einen viel versprechenden Zugang zu der APT bieten.[25] Die Regimeanalyse untersucht nicht Integration zwischen den einzelnen Mitgliedern, sondern Kooperation, was einen großen Vorteil bietet, um die Zusammenschlüsse in Südost- und Nordasien zu verstehen.[26] Ob diese Flexibilität der Regimeanalyse auch der Untersuchung der APT zugute kommen wird, ist ebenfalls ein erkenntnisleitender Aspekt dieser Arbeit.

Mit der Positionierung der Regimeanalyse im asiatischen Raum geht die Arbeit einen eigenständigen Schritt: es ist angezweifelt worden, ob Regime auch hier identifiziert werden können, da es bisher wenige Studien gibt, die das bewährte Prüfungsschema auf diese Region anwenden.[27] Tatsächlich rechtfertigt gerade dieser Mangel das Erkenntnisinteresse dieses Beitrages. Gerade der APT wird dabei ein besonderer Platz im wissenschaftlichen Diskurs eingeräumt, da sie sich im Zuge der jüngeren regionalistischen Prozesse entwickelt hat.[28] Ob das Prüfungsschema auch auf die APT als regionale Kooperation anwendbar ist und wie aussagekräftig es sein wird, ist somit Hauptgegenstand der Bearbeitung. Interes-

---

Lipson, Charles/Cohen, Benjamin J. (Hrsg.): Theory and Structure in International Political Economy, Ithaca, S. 245-282, S. 266ff, auch erschienen in: International Organization Jg. 36 (1982) 2, S. 379-415.

[22] Vgl. Liu 2003, S. 3ff; Gamble, Andrew 2005: Regional Blocs, World Order and the New Medievalism, in: Teló, Mario (Hrsg.): European Union and New Regionalism. Regional Actors and Global Governance in a posthegemonic Era, Aldershot, S. 21-37, S. 21; Odell, John S. 2001: „Case Study Methods in International Political Economy", in: International Studies Perspective Jg 2, S. 161-176, S. 163.

[23] Vgl. Hummel, Hartwig 2004: Ostasiens Weg in die Weltpolitik: Intra-regionale Konflikte und kompetitiver Nationalismus, in: Rittberger, Volker (Hrsg.): Weltpolitik heute, Baden-Baden, S. 123-144, S. 123f.

[24] Vgl. Hettne, Björn 2006: Beyond the ‚New' Regionalism, in: Payne, Anthony (Hrsg.): Key Debates in New Political Economy, London, S. 128-S. 160, S. 134.

[25] Vgl. Efinger, Manfred/Rittberger, Volker/Wolf, Dieter /Zürn, Michael 1990: Internationale Regime und internationale Politik, in: Rittberger, Volker (Hrsg.): Theorien der Internationalen Beziehungen. Opladen, S. 263-285, S. 279.

[26] Vgl. Abbott, Kenneth W./Snidal, Duncan 1998: „Why States Act through Formal International Organizations", in: Journal of Conflict Resolution, Jg. 42 1, S. 3-32, S. 6.

[27] Vgl. Otto, Carsten 2000: „International Regimes" in the Asia-Pacific? The Case of APEC, in: Dosch, Jörn/ Mols, Manfred (Hrsg.): International Regimes in the Asia-Pacific. New Patterns of Power, Interest, and Cooperation, New York, S. 39-66, S. 39.

[28] Vgl. Nabers Dirk 2005: Neuer Regionalismus in Ostasien – Das Forum der ASEAN+3, in: Ufen, Andreas/ Nabers, Dirk (Hrsg.): Regionale Kooperation im Vergleich: Afrika, Asien und Lateinamerika, Hamburg, S. 53-70, S. 53.

sant wird dabei auch das Moment des Regionalismus sein und inwieweit dieser sich in Form der APT in die Regimeanalyse einfügt.

2 Die Regimeanalyse in den Internationalen Beziehungen

Die Regimeanalyse hat sich in den frühen 80er Jahren fest in der Disziplin der Internationalen Beziehungen etabliert und nimmt seitdem eine wichtige Rolle in Diskussion und Lehre ein.[29] Sie wurde in den USA entwickelt, nachdem man sich von der Realistischen Schule abgewendet hatte, deren Erklärungspotenzial ungenügend erschien.[30] Denn Kooperationen, wie sie empirisch eindeutig nachweisbar waren, wurden durch den Realismus nicht genügend erfasst, so die Hauptkritik. Die Vorstellung eines Sicherheitsdilemmas sei nicht mehr zutreffend für die internationale Ordnung. Vielmehr wurde nach Ende des Zweiten Weltkrieges eine zunehmende Verflechtung im internationalen Gefüge festgestellt. Dadurch nahm das Interesse an theoretischen Grundlagen für solche Kooperationen, und warum sie zunehmend erstrebenswerter erschienen, zu. Eine inhaltliche Nähe besteht daher auch zur Interdependenztheorie.[31] Trotz dieser vermutbaren Konkurrenz zwischen den Denkschulen, wurde in der jüngeren Forschung eine Synthese angestrebt, denn auch wenn der Realismus Kooperationen anders bewertet, so ignoriert er sie nicht. Dem Interesse für Regime lagen politische Gründe zugrunde, da man versuchte, die Bedingungen für Kooperation in einer vernetzten Welt festzuschreiben und somit internationale Politik erfolgreich erklären zu können.[32]

Da aber auch Regime in der Realität suboptimale Resultate erzeugten, bezogen sich die ersten Untersuchungen infolge dieses Vakuums meist auf internationale Organisationen. Deren Beschaffenheit war aber wiederum zu formell, um andere Arten von Kooperationen treffend zu analysieren.[33] Es war daher nötig, über die bisherigen Strukturen hinaus zu gehen, und es entstand somit die Konzeption von internationalen Regimen. Der grundlegende Perspektivenwechsel markiert diesen Beginn. Regime wurden nicht länger als inter-

---

[29] Vgl. Wolf, Klaus Dieter/Zürn, Michael 1986: „'International Regimes' und Theorien der Internationalen Politik", in: Politische Vierteljahreszeitschrift Jg. 27, S. 201-221, S. 201ff.
[30] Vgl. Lehmkuhl, Ursula 1996: Theorien internationaler Politik. Einführung und Texte, Oldenbourg, S. 255; Arts, Bas 2000: „Regimes, Non-State Actors, and the State System: A ‚Structural' Regime Model", in: European Journal of International Relations, Jg. 6 4, S. 513-542, S. 515.
[31] Die Interdependenztheorie geht von einer starken gegenseitigen Abhängigkeit der internationalen Akteure aus. Dies beinhaltet nicht nur staatliche Akteure, sondern auch internationale Organisationen, Konzerne etc. Wesentliche Vertreter sind Robert O. Keohane und Joseph Nye; vgl. hierzu Kohler-Koch, Beate 1989: Zur Empirie und Theorie internationaler Regime, Baden-Baden, S. 22f.
[32] Zur Synthese der verschiedenen Theorien vgl. Hasenclever, Andreas/Mayer, Peter/Rittberger, Volker 1997: Theories of International Regimes, Cambridge, S. 211ff; Zum anwachsenden Interesse für Regime vgl. Kohler-Koch 1989, S. 17.
[33] Zur internationalen Kooperation vgl. Young, Oran R 1989: International Cooperation. Building Regimes for Natural Ressources and the Environment. Ithaca, S. 1ff; Rittberger, Volker 1989: Frieden durch Assoziation und Integration? Anmerkungen zum Stand der Forschung über Internationale Organisationen und Regime, in: Moltmann, Bernhard/Senghaas-Knobloch, Eva (Hrsg.): Konflikte in der Weltgesellschaft und Friedensstrategien. Baden-Baden, S. 183-205, S. 189; Zu Nullsummenspiel und inländischen Faktoren vgl. Haggard, Stephan/Simmons, Beth A. 1999: Theories of International Regimes, in: Lipson, Charles/Cohen, Benjamin J. (Hrsg.) S. 179-206, S. 179ff.

venierende Variable betrachtet, welche die maßgeblichen Akteure lediglich tangierten, sondern selbst als unabhängige Variable aufgefasst.[34]

Der Begriff Regimetheorie, der in der Literatur ebenfalls gebräuchlich ist, ist insofern trügerisch, da es keine eigenständige Theorie an sich ist. Der Präzision halber ist es somit wichtig, herauszustellen, dass die Idee eines Konzepts oder Forschungsprogramms treffender ist. Wesentlich ist außerdem, dass sich das Konzept durch seinen Untersuchungsgegenstand auszeichnet. Bedingt durch diese Perspektive richtet sich der jeweilige theoretische Ansatz nach dem zu analysierenden Objekt.[35] Daher bedient sich dieser Beitrag des Begriffs Regimeanalyse, nicht Regimetheorie.

Was kennzeichnet ein Regime? Regime werden als ein bestimmter Typus einer internationalen Institution kategorisiert. Sie werden unterschieden von anderen Vertretern dieser Gruppe, den internationalen Organisationen und internationalen Konventionen. Der Begriff des Regimes ist eine reine Konstruktion, die der Beschreibung real beobachtbarer Phänomene dient. Generell beschreibt es ein durch „Regelungsbedarf gekennzeichnetes Politikfeld" und fragt nach seiner Wesenheit und seinem Aufbau. Ferner markiert es ein dauerhaftes und zuverlässiges aufeinander Abstimmen von Aktionen und vollbringt somit eine erhebliche Koordinationsleistung.[36] Auch wenn sich Regime stets durch ein bestimmtes Schema und regelhaftes Verhalten auszeichnen und auf eine langfristige Dauer angelegt sind,[37] reicht ein solches regelbestimmtes Handeln nicht für eine umfassende Definition aus, da dieses auch durch andere Faktoren beeinflusst werden kann.[38] Die mittlerweile „obligatorische" Definition Krasners von 1983 ist es auch, welche den kleinsten gemeinsamen Nenner bildet, auf den sich die Wissenschaftler einigen konnten:

> Regimes can be defined as sets of implicit or explicit principles norms, rules, and decision-making procedures around which actors' expectations converge in a given area of international relations. Principles are beliefs of fact, causation, and rectitude. Norms are standards of behaviour defined in terms or rights and obligations. Rules are specific prescriptions or proscriptions for action. Decision-making procedures are prevailing practices for making and implementing collective choice.[39]

Prinzipien beschreiben die Ziele, die durch das Regime formuliert werden und sind von sehr abstrakter Natur, sie bilden den theoretischen Ausgangspunkt, auf dem das Regime fußen soll. Normen konstituieren informelle Verhaltensvorschriften. Die Abgrenzung zu Prinzipien ist nicht immer unproblematisch, vor allem sind Normen dadurch zu unterscheiden, dass sie spezifischer gestaltet sind, also auch Gebote oder Verbote darstellen können, während Prinzipien genereller sind. Sie zielen vor allem auf die Verwirklichung der Regimeziele ab. Noch detailreicher als Normen gestalten sich Regeln, anhand derer sich auch

---

[34] Vgl. Breitmeier, Helmut 2006: „Die Output-orientierte Legitimität des globalen Regierens. Empirische Befunde aus der quantitativen Erforschung internationaler Umweltregime", in: Zeitschrift für Internationale Beziehungen, Jg. 13 1, S. 39-74, S. 40.
[35] Vgl. Lehmkuhl 1996, S. 256ff.
[36] Vgl. Dies., S. 256.
[37] Vgl. Haggard/ Simmons 1999, S. 181; Krasner, Stephen D. 1983: Structural Causes and Regime Consequences: Regimes as Intervening Variables, in: Krasner, Stephen D. (Hrsg.), S. 1-2, S. 3; Wolf/Zürn 1986, S. 202.
[38] Vgl. Efinger/Rittberger/Wolf/Zürn 1990, S. 265.
[39] Krasner 1983, S. 1-21, S. 2.

Überschreitungen bzw. Nachlässigkeiten feststellen lassen.[40] Verfahren sind die konkreten Vorgehensweisen, die zur Entscheidungsfindung verfolgt werden.

Die breite Anlegung des Regimebegriffs war der Hauptgegenstand der Kritik, welche sich in der Folge auf die Regimeanalyse in ihrer Gesamtheit übertrug. Die Definition sei nicht präzise genug und beinhalte lediglich eine Aufzählung formaler Faktoren.[41] Die Dehnbarkeit des Konzepts könne somit zu Problemen bei der Anwendung auf reale Modelle führen. So argumentiert Susan Strange, dass die elastische Auffassung des Regimes zu Untersuchungen verschiedenster Anschauungsobjekte führe. Jeder verstehe demnach etwas anderes unter dem Begriff und mache eine fruchtbare Analyse unmöglich: die Schwammigkeit (*woolliness*) führe nur zu Fehlinterpretationen. Dieser Vorwurf bezüglich der Definition ist nicht der einzige Kritikpunkt. Auf die weiteren angeblichen Unzulänglichkeiten der Regimeanalyse wird die Arbeit in der Bewertung eingehen.[42] Bezogen auf das Argument, dass es sich mehr um ein Konzept denn um eine Theorie handelt, erscheint die Regimeanalyse und ihre Anwendung dennoch äußerst nutzbar. Denn da der Untersuchungsgegenstand und nicht die Theorie im Mittelpunkt der Regimeanalyse steht, ist gerade die angezweifelte Dehnbarkeit des Rasters ein wesentlicher Vorteil.[43]

Diese Arbeit stützt sich auf die Definition Krasners, die im Wesentlichen auch von der Tübinger Forschungsgruppe um Volker Rittberger, Manfred Efinger, Michael Zürn und Klaus Dieter Wolf mitgetragen wird.[44] Die deutschen Wissenschaftler erweiterten diese jedoch um die Elemente „Dauerhaftigkeit" und „Effektivität", die aus dem Verhalten der beteiligten Akteure hervorgehen, bzw. gezielt verfolgt werden und schaffen so die normativ-institutionelle Regimeanalyse in einem eigenständigen Ansatz.[45]

Das durch die Tübinger Forscher ergänzte Kriterium Effektivität ist dann erreicht, wenn die Konflikte innerhalb des betroffenen Politikfeldes geregelt werden und die beteiligen Akteure die Normen und Regeln befolgen, denn nur so kann von Wirksamkeit ausgegangen werden. Um nicht als Synonym eines bloßen *ad hoc* Abkommens[46] zu gelten, wurde zuletzt auch Dauerhaftigkeit als Regime-Kriterium postuliert. Auf diese Weise wird der Wille der Akteure belegt, ihre Interessen den gemeinsamen Prinzipien, Normen und Regeln unterzuordnen. Ferner wahren sie auf diese Weise eine gewisse Distanz zu den Interessen und Machtstrukturen der beteiligten Akteure.[47]

Diese Bedeutung der Effektivität einerseits, sowie der Dauerhaftigkeit andererseits stellt somit die Fortentwicklung der normativ-institutionellen Regimeanalyse dar. Die Regimestrukturen bilden folglich eine andere Perspektive auf Regime, die entgegengesetzt zu

---

[40] Vgl. Levy, Marc A./Young, Oran R./Zürn, Michael 1996: The Study of International Regimes, in: Young, Oran R. (Hrsg.): The International Political Economy and International Institutions Vol. 2, Cheltenham, S. 503-558, S. 506.
[41] Vgl. Stein, Arthur A. 1983: Coordination and Collaboration. Regimes in an Anarchic World, in: Krasner (Hrsg.), S. 115ff; Levy/Young/Zürn 1996, S. 505f.
[42] Vgl. Kohler-Koch 1989, S. 18f; Strange, Susan 1983: Cave! Hic Dragones: A Critique of Regime Analysis, in: Krasner (Hrsg.), S. 342ff.
[43] Vgl. Lehmkuhl 1996, S. 256.
[44] Vgl. Rittberger, Volker 1993: Research on International Regimes in Germany. The Adaptive Internalization of an American Social Science Concept, in: Volker Rittberger (Hrsg.), S. 3-22, S. 4; Beck Harald/Efinger, Manfred 1991: „Stand und Perspektiven der Regimeforschung in der Disziplin der Internationalen Beziehungen". Internationales Symposium in Tübingen vom 14. bis 18. Juli 1998, in: Politische Vierteljahreszeitschrift Jg. 12, S. 667-670, S. 667.
[45] Vgl. Kohler-Koch 1989, S. 18; Efinger/Rittberger/Wolf/Zürn 1990, S. 267.
[46] Vgl. Krasner 1983, S. 3.
[47] Vgl. Efinger, Manfred 1989: Vertrauens- und sicherheitsbildende Maßnahmen in und für Europa. Ein Schritt auf dem Wege zur Verreglung der Ost-West-Beziehungen, in: Kohler-Koch (Hrsg.), S. 346ff; Wolf/Zürn 1986, S. 204f.

funktionalen oder machtkonzentrierten Erklärungsansätzen steht. Bekannte Studien, wie von Beate Kohler-Koch sowie Volker Rittberger haben gezeigt, dass von drei positiven Wirkungsweisen dieser normativ-institutionellen Elemente ausgegangen werden kann. Dies ist erstens die Förderung der Regimeentstehung durch bereits etablierte Institutionen, besonders wenn ein Regeltransfer vonstatten geht. Zweitens haben Verhandlungsrahmen einen ebenfalls unterstützenden Einfluss auf das Entstehen von Regimen, da Transaktionskosten eingespart werden können – eine typische Erscheinung eines Regimes – und eine verbesserte Kommunikation stattfinden kann. Drittens wird von der Förderung bei Regimen ausgegangen, wenn ein bestimmtes Problem in einem Politikfeld identifiziert wird und es somit ins Augenmerk der internationalen Gemeinschaft fällt. Dieser Einfluss ist allerdings am schwächsten belegt worden.[48] Allein schon bei Betrachtung dieser drei Faktoren scheint der normativ-institutionelle Ansatz viel versprechend für eine Analyse der APT, da zumindest die ersten beiden Elemente empirisch nachgewiesen werden können. So ist eine wichtige Vorraussetzung, nämlich die Existenz der ASEAN, bereits stimmig. Inwiefern die tatsächliche Wirkung in diesem Fall belegbar ist, wird die Untersuchung zeigen.

Auf diese Weise ist die normativ-institutionelle Auslegung der Regimeanalyse ein wichtiger Garant dafür, dass nicht nur die bloße Existenz und Veränderungen von Regimen gewürdigt werden, sondern der Grundfrage, weshalb sich Kooperationen bilden und sich friedlich koordinieren, explizit nachgegangen wird. Hier zeigt sich wieder die Einprägung deutscher Friedensforschung.[49] Der normativ-institutionelle Ansatz geht über die funktionalen Erklärungen der Regimeanalyse hinaus, und verspricht weiter reichende Aussagen über die Kooperationen zu treffen als andere Konzepte. Dadurch, dass sie viele Faktoren berücksichtigt, unterscheidet sie sich von der „konfusen" Integrationsforschung.[50] Eine deskriptive Bearbeitung der APT wäre nicht besonders ertragreich, da sie somit wohl auch keine neuen Erkenntnisse über regionale Kooperationen und Regionalismus aufzeigen könnte. Außerdem könnte die Erprobung der Regimeanalyse anhand der APT nicht überzeugend genug sein, wenn lediglich externe Machtstrukturen untersucht würden, während die APT an sich und ihre Wirkungsweisen geringer eingeschätzt würden. Diese Versäumnisse können durch den normativ-institutionellen Ansatz eher ausgeschlossen werden.

Ein ebenfalls überzeugendes Argument für die Anwendung des normativ-institutionellen Ansatzes für diese Arbeit ist die Aufforderung seiner Vertreter, sich der aufgestellten konstituierenden Regimeelemente nicht dogmatisch sondern pragmatisch zu bedienen.[51] Dieser Appell an das Realisierbare kommt dem offenen Charakter der Regimeanalyse entgegen und ist einer fruchtbaren Bearbeitung äußerst förderlich. Auf diese Weise werden Perspektiven und Einsichten deutlich, die unter einem einseitigeren Verfahren eventuell vernachlässigt würden.

Die Befürworter der normativ-institutionellen Regimeanalyse argumentieren, dass durch realistische oder kognitive Methoden die Untersuchung jedoch nicht effektiv auf vorhandene Strukturen lenke. So stellt der systemische Ansatz einen Hegemon in den Mittelpunkt eines Regimes: ein solcher wäre aber gerade innerhalb der APT mit ihren 13, sehr heterogenen, Mitgliedern schwierig zu identifizieren. Auch die spieltheoretische Variante der Regimeanalyse führt eher zu einer Vereinfachung komplexer Strukturen unter Vernach-

---

[48] Vgl. Efinger/Rittberger/Wolf/Zürn 1990, S. 271.
[49] Vgl. Wolf/Zürn 1986, S. 203f.
[50] Vgl. Rittberger 1989, S. 199.
[51] Vgl. Efinger/Rittberger/Wolf/Zürn 1990, S. 266.

lässigung ökonomischer, technologischer und inländischer Faktoren. Vor dem Hintergrund der äußerst heterogenen Region Südostasiens ist eine solche Reduzierung der vorherrschenden Bedingungen nicht förderlich. Der kognitive Ansatz der Regimeanalyse untersucht die Wahrnehmung und die Lernprozesse der Akteure. Er bietet zwar eine interessante Neuausrichtung an, ist aber aufgrund der problematischen Belegbarkeit ungeeignet. Da die Vorteile der normativ-institutionellen Regimeanalyse zu überwiegen scheinen, ist die Erwartung an diese, dass sie die APT intern erklären kann und darüber hinaus vermag, ihr einen Platz im internationalen System zuzuordnen, kurzum eine angemessene Antwort auf die Forschungsfrage liefern kann.

3 Die Regimeanalyse der APT

Die Lage, in der sich die Akteure in Südostasien nach der Asienkrise befanden, konnte nicht länger in dieser Form fortbestehen. Eine Neuausrichtung regionaler Kooperation war unumgänglich und löste die nächste Welle des südostasiatischen Regionalismus aus. Nach dem Scheitern der ASEAN und der APEC während der Krisensituation standen die Entscheidungsträger nun vor einer neuen Ausgangslage, in deren Folge die APT entstand:

> The most powerful motor behind the rise of APT, however, has been the 1997-98 Asian financial crisis. Two repercussions of the crisis in particular have powered APT's take-off. The first is that the crisis, which exploded in Thailand and swept as far north as South Korea, has greatly strengthened perceptions of mutual economic interdependence and vulnerability between Southeast and Northeast Asia. [...] The second relevant percussion of the crisis, [...], is that it has created a powerful backlash of resentment against the US and its dominant role in international economic and financial affairs.[52]

3.1 Regimeformation

Die Regimeformation ist der erste Bestandteil der institutionellen Analyse und markiert die initiierende Stufe des Kooperationsprozesses. Regime entstehen nicht spontan. Die erste notwendige Voraussetzung ist, dass die politischen Entscheidungsträger Bedarf und Nutzen in einem Zusammenschluss sehen und diese gezielt suchen.[53] Die Tübinger Forschungsgruppe argumentiert über den Aspekt dieser Wünschbarkeit eines Regimes hinaus, dass sich die Konfliktbearbeitung, die sich durch ein Regime manifestiert, nach der Beschaffenheit des Konfliktgegenstandes richtet und hat sich dabei in der Vergangenheit auch problemstruktureller Elemente bedient.[54] Es muss allerdings konstatiert werden, dass das Verständnis von Konflikt im Vergleich zu anderen Fallstudien ein anderes ist, wie im Folgenden noch erläutert werden wird.

Demzufolge wäre ein konkretes Problemfeld zu identifizieren. Allerdings wird nicht nur dieser Reflex auf einen Konfliktgegenstand als Entstehungsmoment eines Regimes angeführt: Eine Kooperation kann ebenfalls Ergebnis einer bestimmten Situationsstruktur

---
[52] Webber 2003, S. 143f.
[53] Vgl. Keohane 1983, S. 141.
[54] Vgl. Efinger, Manfred/Rittberger, Volker/Zürn, Michael 1988: Internationale Regime in den Ost-West-Beziehungen. Frankfurt /Main, S. 86.

sein. So ergeben sich zunächst zwei Möglichkeiten, die Regimeformation der APT zu charakterisieren: entweder durch die Konzentration auf den Konfliktgegenstand oder die Situationsstruktur.[55] Allerdings sollen diese Ansätze nicht als sich ausschließende Wege interpretiert werden: es scheint durchaus wahrscheinlicher, dass durch gegenseitige Ergänzung Klarheit im Falle der APT geschaffen werden kann – ganz im Sinne der Flexibilität der Regimeanalyse.

3.1.1 Chronologischer Abriss der Entstehung der APT

Bevor auf die näheren Umstände der Regimeformation eingegangen wird, soll zunächst eine kurze Schilderung der Vorgeschichte der APT erfolgen. Anders als beispielsweise bei Umweltregimen, wo die Sachlage nicht direkt zur Institutionalisierung führt, ist der Initiationsmoment bei der APT klarer und einfacher nachzuweisen.[56] Unter der Schirmherrschaft der ASEAN traf sich bereits im Dezember 1997, als die Asienkrise noch akut war, der *East Asia Summit*. Dieser bereitete die Gründung der APT vor, indem die stetige Institutionalisierung angeregt wurde und drei gemeinsame Erklärungen der ASEAN mit jeweils China, Japan und Südkorea verfasst wurden.[57] Diese Idee war nicht neu, so lagen bereits Konzepte zur Gründung einer *East Asia Economic Group* und später eines *East Asia Economic Caucus* vor.[58] Tatsächlich ist die APT die Fortentwicklung dieser Konstrukte. Schließlich vereinbarten die Regierungschefs der zehn ASEAN-Staaten sowie der drei nördlichen Nachbarn 1998 in Hanoi regelmäßige Treffen. Zu diesem Zeitpunkt existierten bereits Ministerrunden und das Konzept einer *East Asia Vision Group*.[59] 1999 wurde schließlich in einem gemeinsamen Beschluss die Institutionalisierung der Kooperation beschlossen, die bis dahin informell zusammengetroffen war.[60] Dieses Dokument bildet somit den ersten institutionellen Schritt der Zusammenarbeit der APT, auch wenn die Treffen, die im Vorfeld stattfanden, grundlegend für die gesamte Analyse sind.

3.1.2 Interdependenz als Hauptbestandteil der Situationsstruktur

Eine wichtige Voraussetzung für eine regionale Kooperation ist die zunehmende globale Verflechtung. Die offizielle Anerkennung und Betonung der Interdependenz unterscheidet die APT von den bisherigen regionalen Kooperationen und stellt somit eine der wichtigsten Voraussetzungen für die Regimeformation dar. Bereits in dem Freundschafts- und Friedensvertrag der südostasiatischen Nationen, dem *Treaty of Amity and Cooperation in Southeast Asia*, wurde anerkannt, dass die Geschicke der südostasiatischen Staaten eng zusammenhängen. Unter Rückbesinnung auf die Situationsstruktur während der Entstehung

---

[55] Vgl. Kohler-Koch 1989, S. 22ff.
[56] Vgl. Menniken, Timo 2006: Konflikt und Kooperation am Mekong. Internationale Politik an grenzüberschreitenden Wasserabläufen. Berlin, S. 87ff.
[57] Vgl. Nabers, Dirk 2004: ASEAN+3: The Failure of Global Governance and the Construction of Regional Institutions, in: Stefan A. Schirm (Hrsg.) S. 215-234, S. 216f; ASEAN: ASEAN Plus Three Cooperation, Abs. I Nr.1 (www.aseansec.org/16581.htm) [30.07.2007].
[58] Vgl. Nabers, Dirk 2002: „Japans neuer Regionalismus – Die prozessuale Dynamik der ASEAN+3", in: Japan aktuell Januar, S. 51-60, S. 53.
[59] Vgl. Webber 2003, S. 126.
[60] Vgl. ASEAN 1999: Joint Statement on East Asia Cooperation, Manila (www.aseansec.org/6337.htm) [30.07.2007].

der APT, stellt aber erst der gemeinsame Beschluss von Manila die zunehmende Interdependenz in den Vordergrund und begründet durch deren Errichtung:

> [...] They noted the bright prospects for enhanced interaction and closer linkages in East Asia and recognized the fact that this growing interaction has helped increase opportunities for cooperation and collaboration with each other,[...]. Mindful of the challenges and opportunities in the new millennium, as well as the growing regional interdependence in the age of globalization and information [...].[61]

Die Gründung der APT ist Ausdruck dieser Erkenntnis der Mitgliedsstaaten, denn mit dem Bewusstsein für interdependente Zusammenhänge wuchs auch der Wunsch nach Kooperation. Die Existenz von Interdependenz ist ein wichtiger Maßstab für den möglichen Regimebedarf.[62] Die Asienkrise führte vor Augen, dass die Region Südostasien nicht autark im internationalen System agieren kann, sondern wie eng ihre Beziehungen zu den nördlichen Nachbarn tatsächlich ist. Was in Südkorea passierte, hatte ebenso Auswirkungen auf die Staaten Südostasiens und umgekehrt, eine engere Beziehung war mithin logische Konsequenz.[63] Ökonomisch gesehen, war eine isolierende Perspektive ohnehin schon lange undenkbar geworden. Der Zusammenschluss im Rahmen der APT war vor allem für die ASEAN-Staaten von großem Vorteil, da ihre eigenen Volkswirtschaften noch einen vergleichsweise geringen globalen Anteil hatten. Durch die Zusammenarbeit mit Japan, China und Südkorea erhoffte man sich einen wirtschaftlichen Aufschwung.[64] Tatsächlich konnte der Anteil am weltweiten Wachstum der gesamten ostasiatischen Region von 1980 bis 1993 um 15 Prozent angehoben werden, die globalen Exporte stiegen von 14,5 auf 26,4 Prozent.[65] Die Asienkrise hat die Vertiefung regionaler Kooperation sogar noch beschleunigt und hat somit die Rahmenbedingungen für die Entstehung der APT mit geschaffen. Fraglich ist, ob ohne diese besondere Struktur die Kooperation in diesem Maße zustande gekommen wäre. Aus diesem Grund ist die Finanzkrise so bedeutend für den Initiationsmoment.[66]

3.1.3 Konfliktgegenstand

Als direkter Konfliktgegenstand kristallisiert sich die prekäre Finanzpolitik heraus, die nach der Asienkrise den starken Überarbeitungsbedarf bot. Die Regierungschefs der APT-Staaten reagierten auf die erforderlichen Gegebenheiten und die Beschaffenheit ihrer Probleme.[67] Die finanzpolitischen Fehler der Vergangenheit sollten sich nicht wiederholen, weshalb man sich im Rahmen der APT auf eine Absicherung, ein Swap-Abkommen, einig-

---

[61] ASEAN 1999: Joint Statement on East Asia Cooperation Art. 2,3 , Manila (www.aseansec.org/6337.htm) [30.07.2007].
[62] Vgl. Kohler-Koch 1989, S. 22.
[63] Vgl. ASEAN 1997: Joint Statement of the Meeting of Heads of State/Government of the Member States of ASEAN and the Prime Minister of the Republic of Korea, Art. 3, Kuala Lumpur. (www.aseansec.org/2365.htm)[30.07.2007].
[64] Vgl. Webber 2003, S. 143f.
[65] Vgl. Dixon 1999, S. 130; vgl. hierzu auch Abb. 5.
[66] Vgl. Ders., S. 127.
[67] Vgl. Kohler-Koch 1989, S. 24.

te.[68] Die Chiang Mai Initiative, welche 2000 in Thailand beschlossen worden war, sollte die Region vor erneuten Finanzkrisen schützen. Sie stellt einen bemerkenswerten Schritt der regionalen Kooperation dar, da sie vor allem die Unabhängigkeit von internationalen Geldinstituten demonstriert.[69] Neben dem *ASEAN Swap Arrangement* (ASA) existieren noch 16 weitere bilaterale Übereinkünfte dieser Art zwischen den APT-Staaten, deren Gesamtgröße sich auf etwa 36,5 Mrd. US-Dollar beläuft.[70]

Somit ergänzen sich die theoretischen Ansätze zur Regimeentstehung im Fall der APT. Allerdings ist herauszustellen, dass die Situationsstruktur für die konkrete Entstehung der APT wahrscheinlich den größeren Einfluss hatte. Denn bereits im gemeinsamen Beschluss von Manila wurde die Zusammenarbeit in mehreren Politikfeldern vereinbart, wobei die meisten Kooperationen ökonomischer und sozio-kultureller Form sind. Aber auch hier wurde bereits die Zusammenarbeit in sicherheitspolitischen Sachgebieten angesprochen.[71] Die zukünftige Kooperation sollte sich demnach nicht nur auf einen Konfliktgegenstand beziehen. Dieser kontinuierliche Prozess von Treffen, deren Absichten weiter getragen und bearbeitet wurden, und die Weitläufigkeit der Themengebiete offenbaren den politischen Willen der handelnden Akteure.

3.1.4 Institutionelles Umfeld und die Rolle interessierter Parteien

Die Gründung der APT ist somit eine Anerkennung der neuen Herausforderungen und die Einsicht, dass die Zukunft aller Akteure eine gemeinsame ist.[72] Diese Dynamik, die von ihr ausging, ist ein bemerkenswerter Zug der APT. Durch die Finanzkrise zeigte sich wie eng Südostasien mit seinen Nachbarn im Norden verbunden war. Dies und die generelle Enttäuschung über die stagnierende Weltwirtschaft prägten die Situation während der Formation der APT.[73] Ob der politische Wunsch nach einem regionalen Regime, dass die Probleme eigenständig angeht, groß genug war, um zu der Formation der APT zu führen, kann nicht ausreichend nachgewiesen werden. Kritiker bemängeln, dass die Feststellung einer Nachfrage nicht ausreichend ist, um die Entstehung eines Regimes zu erklären. Von einem Regimebedarf auf die Regimeformation zu schließen ist zu kurz gedacht, da ein direkter Zusammenhang nicht zwingend notwendig ist. Zwar lassen die akuten Bedürfnisse der gegebenen Situation wichtige Rückschlüsse zu, aber was den tatsächlichen Entstehungsprozess angeht, herrscht meist Uneinigkeit, ob diese Faktoren aussagekräftig genug sind.[74]

Ohne die Bedeutung der Situationsstruktur und des Konfliktgegenstandes schmälern zu wollen, können diese dennoch nicht als die alleinigen Motoren der Regimeentstehung in Frage kommen. Vielmehr wirken sie synergetisch mit anderen Faktoren. Die Rolle des Grades der bereits bestehenden Institutionalisierung und der interessierten Akteure darf nicht vernachlässigt werden. Der Anteil an Regimebedarf allein wäre ein funktionaler Ansatz und nicht normativ-institutionell. Somit ist es wichtig die institutionellen Bedingungen

---

[68] Ein Swap-Abkommen ermöglicht die schnelle Bereitstellung von Krediten. Durch die rasche Liquidität, die durch den Einsatz solcher Finanzderivate ermöglicht wird, soll zur Kurssicherung beigetragen werden. Der Marktteilnehmer erhofft sich auf diese Weise, besser gegen Währungseinbrüche gewappnet zu sein.
[69] Vgl. Webber 2003, S. 126.
[70] Vgl. ASEAN: ASEAN Plus Three Cooperation, Abs. III, Nr.9. (www.aseansec.org/16581.htm) [30.07.2007].
[71] Vgl. ASEAN 1999, Abs. 6b.
[72] Vgl. Nabers 2004, S. 219.
[73] Vgl. Webber 2003, S. 143ff.
[74] Vgl. Kohler-Koch 1989, S. 29ff.

zu betrachten, die vor der Entstehung der APT bereits vorhanden waren. Besonders hinsichtlich der Prinzipien- und Normenbildung werden diese Aspekte entscheidend, da dadurch Quellen für deren Verankerung aufgetan werden können.[75] Die Regierungschefs der ASEAN-Staaten hatten während des dreißigjährigen Bestehens des Staatenbundes ausreichend Erfahrung in regionalen Prozessen und Institutionalisierung gesammelt, so dass ein Regeltransfer stattfinden konnte. Die Tatsache, dass die APT-Gipfel am Rande der ASEAN-Treffen stattfinden, spricht nicht nur für eine enge Zusammenarbeit dieser beiden Gremien, sondern auch dafür, dass die APT von der bereits erprobten Infrastruktur, den Informationswegen und Kapazitäten der ASEAN und des ASEAN-Sekretariats profitieren konnte. Das institutionelle Umfeld war somit weitgehend entwickelt.

Ein zweiter wichtiger Impuls ging von dem interregionalen Regime ASEM aus, dem Dialogforum zwischen der EU und der ASEAN. Diese Formation konnte die Entstehung der APT ebenfalls mit vorbereiten. Beide Seiten waren vor allem wirtschaftlich aneinander interessiert: auf asiatischer Seite ging die meiste Unterstützung von Singapur aus, auf europäischer Seite war es Frankreich, das den Dialog vorantrieb. Darüber hinaus war die EU allerdings auch sehr bestrebt, die innerasiatische Kooperation zu stärken und begriff die Region mehrheitlich als Einheit, auch wenn dies eine subjektive Wahrnehmung sein mag. In ihrer Vorreiterrolle bezüglich des Regionalismus hatte sie zudem auch einen gewissen, institutionellen Einfluss, der das Entstehen der APT zusätzlich förderte.[76] Die Kommission sieht außerdem auch die explizite Bereitstellung eines institutionellen Rahmens und ihrer Ressourcen vor, um die Beziehungen zu vertiefen und weiter zu institutionalisieren.[77] Es lag somit wohl nicht allein an den akuten äußeren Umständen, dass sich die APT bilden konnte. Auch die fortgeschrittene Institutionalisierung des regionalen und internationalen Umfeldes begünstigte die Formation, sie finden folglich auch Niederschlag in der Gründungserklärung von Manila: „[...] the Leaders agreed to intensify coordination and cooperation in various international and regional fora such as the UN, WTO, APEC, ASEM, and the ARF, [...]."[78]

In den vorhergehenden Abschnitten wurde der Bedarf eines Regimes angesprochen und die funktionale Sichtweise, die hinter diesem Ansatz steht als unzureichend bezeichnet. In Ergänzung dazu, sollte deshalb auch gefragt werden, wer einen solchen Bedarf äußert. Die Rolle möglicher interessierter Parteien kann ebenso maßgebend sein.[79] Für die APT bedeutet dies zu ergründen, welche Akteure sich offen für die Gründung der APT ausgesprochen haben und wie viel Einfluss sie mit diesem Anliegen hatten. Der theoretische Konflikt, der sich durch die Konkurrenz zwischen dem institutionellen und realistischen Ansatz ergibt, kann im Sinne dieser Regimeanalyse durchaus zugunsten der normativ-institutionellen Perspektive entschieden werden. Denn die Erörterung von Interessenstrukturen ist nicht allein dem „Hegemonie-Ansatz" vorbehalten. Eine Ausdifferenzierung der beteiligten Akteure ist notwendig, da die treibende Kraft, welche zum Entstehen der APT führt, nicht allein von Interdependenz und institutionellen Strukturen ausging. Die Flexibilität der Regimeanalyse muss solche Erörterungen zulassen, um einer allzu abstrakten Unter-

---

[75] Vgl. Dies., S. 32.
[76] Vgl. Webber 2003, S. 143.
[77] Vgl. EU-Kommission: Mitteilung der Kommission. Eine neue Partnerschaft mit Südostasien, 399/4, Brüssel 2003 (http://ec.europa.eu/external_relations/asia/doc/com03_399_de.pdf) [30.07.2007].
[78] ASEAN 1999, Art.7.
[79] Levy/Young/Zürn 1996, S. 514.

suchung vorzubeugen und sich auch diesen Aspekten anzupassen.[80] So soll denn auch die Reaktion und das Agieren der Akteure auf den Konfliktgegenstand und die Situation genauer betrachtet werden, um ein vollständiges Bild zu erhalten.

Von Seiten der ASEAN-Staaten war das Bedürfnis nach engerer Zusammenarbeit mit den anderen Nationen Asiens sehr groß. So gab es bereits Anfang der 90er Jahre einen Vorschlag aus Reihen der ASEAN über engere Kooperationen mit den nördlichen asiatischen Staaten. Der Premierminister Malaysias, Mahathir bin Mohamad, beabsichtigte die Formierung einer *East Asian Economic Group*.[81] Damals wurde dieser Vorschlag von Japan noch strikt abgelehnt, da man fürchtete, die USA als engen Bündnispartner vor den Kopf zu stoßen. Diese sahen das Vorhaben kritisch, weil es damals noch eine direkte wirtschaftliche Konkurrenz für die APEC bedeutete. Dazu muss ergänzt werden, dass das Auftreten des malaysischen Politikers durchaus sehr provozierend war.[82] Auch andere Staaten der ASEAN, die noch westlich orientiert waren, verhielten sich dieser Idee gegenüber reserviert.[83] Nach der Asienkrise änderte sich bekanntermaßen diese Einstellung, begründet in der neuen Wahrnehmung westlicher Institutionen. Wichtig ist auch, dass die Volksrepublik China ihre Strategie bezüglich regionaler Kooperationen grundlegend verändert hat.[84] Ungeachtet der Vermutungen über eine Machtbalancierung, mit Seitenblick auf Japan und die USA, waren sicherlich auch schlichte ökonomische Interessen ein wichtiger Antriebsfaktor. China war in gewissem Maße ebenfalls von der Asienkrise betroffen und begriff, wie wichtig die Märkte seiner südlichen Nachbarn waren. Für Südostasien ging es vornehmlich um eine günstigere Verteilung von ausländischen Direktinvestitionen und China würde von den verbesserten Infrastrukturen profitieren.[85] Die Volksrepublik trat bereitwillig in die APT-Kooperation ein, nachdem sich in Peking eine Akzeptanz für die Region Südostasien verbreitet hatte, die in dieser Form bisher nicht existiert hatte. Dies zeigte sich ebenfalls in einer neuen Flexibilität bezüglich der Territorialdispute im südchinesischen Meer, die nun an den Tag gelegt wurde. Dass man zumindest bereit war, darüber in Dialog zu treten, veranschaulichte Chinas neu erwachtes Interesse an regionaler Kooperation.[86] Diese Veränderung belegt, wie wichtig die Interessenlage der beteiligten Akteure für die Formierung der APT war.

3.2 Regimeorganisation

Um die APT vollständig zu untersuchen, ist eine Darstellung der Organisationsstruktur notwendig. Die Meinungen gehen in der Literatur hierbei stark auseinander: während die ASEAN aber auch die APT von einigen Autoren als formalisiert bewertet werden[87], sind

---

[80] Vgl. Kohler-Koch 1989, S. 30.
[81] Vgl. Ufen 2002, S. 74.
[82] Vgl. Nabers 2004, S. 216.
[83] Vgl. Webber 2003, S. 127.
[84] Vgl. Ufen 2002, S. 74.
[85] Vgl. Sturm, Peter 2007: „Der Faktor China", in: Die Frankfurter Allgemeine Zeitung, 19. Juli 2007, Nr. 165, S. 10.
[86] Vgl. Hilpert, Hanns Günther/Will, Gerhard 2005: China und Südostasien. Auf dem Weg zu regionaler Partnerschaft, SWP-Studie, Berlin (http://www.swp-berlin.org/de/common/get_document.php?asset_id=2373) [20.09.2007], S. 20ff.
[87] Vgl. Scalapino, Robert A.: Internationalism and Nationalism in East Asia: Present Trends and Future Prospects, in: Ping/Yean/Yu (Hrsg.), S. 73-82, S. 73.

andere der Meinung, dass selbst die ASEAN mit ihrer vierzigjährigen Erfahrung gering institutionalisiert ist.[88] Die Gipfeltreffen der APT finden stets parallel zu den ASEAN-Gipfeln einmal im Jahr statt. Ausrichter für die APT-Gipfel ist jeweils das Land, welches auch Gastgeber für diese Treffen der ASEAN ist. Die APT bezieht demnach ihre Infrastruktur und Informationskanäle aus denen der ASEAN, weshalb terminliche und sachliche Anliegen bereits dort geklärt werden.

3.2.1 Das Sekretariat

Das ASEAN-Sekretariat ist hierbei ein wichtiger Faktor, da es sämtliche Dokumente der APT-Zusammenkünfte veröffentlicht und in dieser Funktion auch das Fenster für die breite Öffentlichkeit ist. Daneben gibt es keine Komitees oder besondere Sprecher der APT. Es gab bereits Vorschläge, ein eigenes Sekretariat für die APT einzurichten. Die Initiative ging erneut von Malaysia aus.

Während des Ministertreffens der ASEAN und der APT 2002 ging Malaysia sogar soweit, 10 Mio. US-Dollar für die Errichtung und Operationen dieses Sekretariats während der ersten fünf Jahre bereitzustellen. Allerdings stießen diese Impulse auf Vorbehalte bei den anderen Mitgliedsstaaten, da man allgemein der Auffassung war, dass das ASEAN-Sekretariat mit Angelegenheiten der APT betraut werden sollte. Bei den Verhandlungen lagen mehrere Optionen vor, die Etablierung eines eigenen APT-Sekretariats, der Errichtung eines APT-Büros innerhalb des ASEAN-Sekretariats und der bloßen Verstärkung des Letzteren. Schließlich wurde in der Abschlussverkündung nur die Verstärkung des ASEAN-Sekretariats zugunsten der APT versichert. Die Organisationsstruktur beider Kooperationen blieb somit vorerst unangetastet.[89] Die Angelegenheiten der APT werden innerhalb des ASEAN-Sekretariats, unter der Einheit *External Relations*, geregelt. Dies bietet der ASEAN einen erheblichen Vorteil und kann somit auch zu einem Konkurrenzverhältnis mit der APT führen.[90] Die APT ihrerseits verfügt über eine Reihe originärer Programme und Projekte. Ob die APT tatsächlich „nur" in die ASEAN eingebettet ist oder ob sie durch ihre speziellen Maßnahmen einen individuellen Platz einnimmt, soll die genauere Analyse der institutionellen Strukturen klären.

3.2.2 Die Rolle des Vorsitzes (*chairmanship*)

Die Rolle des ausrichtenden Landes der APT-Gipfel ist für die Kooperation, die über so wenige eigene Strukturen verfügt, ebenfalls von besonderer Aussagekraft. Die Vergangenheit hat gezeigt, dass der Vorsitz, der *chair*, viel Einfluss auf den Verlauf der Verhandlungen und das Ergebnis haben kann. Es liegt in seiner Zuständigkeit, den Gipfel zu planen, die Tagesordnung niederzulegen und die Beschlüsse und Erklärungen zu entwerfen. Aus der Initiative Malaysias, das den Vorsitz 1997 inne hatte, gingen die Einladungen an China, Japan und Südkorea hervor. Es entwickelte auch die besondere Ebene der ASEAN *plus*

---

[88] Vgl. Liu 2003, S. 8.
[89] Vgl. Suzuki, Sanae 2004a: Chairmanship in the ASEAN+3: A Shared Rule of Behaviour, Discussion Paper Nr. 9, Institute of Developing Economies, Chiba (http://www.ide.go.jp/English/Publish/Dp/pdf/009_suzuki.pdf) [20.09.2007], S. 12.
[90] Vgl. Loewen, Howard 2006: „Zwischen institutioneller Verregelung und kooperativer Vision – Die ASEAN als Impulsgeberin", in: Südostasien aktuell Jg 1, S. 23-30, S. 28.

One, ein Verhandlungskanal, der sich ebenfalls im Rahmen der APT entwickelte.[91] Dieser beschreibt die Treffen der ASEAN und einem einzelnen nordasiatischen Mitgliedsstaat. Hierbei ist natürlich fraglich, inwiefern diese Treffen die Arbeit und Glaubwürdigkeit der APT als Institution an sich unterlaufen.

Als die Philippinen 1999 den Vorsitz hatten, wurde die erste gemeinsame Erklärung der APT entworfen, ein wichtiger Schritt für die weitere Kooperation. Auf das Wirken des philippinischen Vorsitzes geht ebenfalls die Einigung auf Zusammenarbeit in sicherheitspolitischen Fragen zurück. Ursprünglich war sogar angedacht noch weiter zu gehen und ein *East Asia Security Forum* zu etablieren. Es steht zu vermuten, dass der Vorsitz in dieser Angelegenheit nationale Interessen verfolgte, hinsichtlich der Dispute mit China über die Territorien im südchinesischen Meer. Allerdings konnte man sich auf ein solches Forum nicht einigen, da zu viele der anderen Mitglieder gegen ein solches Vorhaben waren. Allgemein war man der Auffassung, dass die Existenz des *ASEAN Regional Forum* genug sei, weshalb man lediglich eine Kooperation auf diesem Gebiet bekundete.[92] Dass die Ergebnisse sehr von dem Vorsitz abhängen können, zeigt auch die Tatsache, dass während der APT-Gipfel in Vietnam oder Kambodscha keine großen Fortschritte erzielt werden konnten. Selbstverständlich ist die geringere Erfahrung der jüngeren ASEAN-Staaten nicht der alleinige Faktor. Im Vergleich mit Singapur aber, das 200 Vorschläge über den *East Asia Summit* und eine asiatische Freihandelszone mit in die APT-Erklärung einbrachte, müssen solche Aspekte ebenfalls in die Analyse miteinbezogen werden.[93]

3.3 Prinzipien

Die Prinzipien der APT sind jene Grundsätze, welche die abstrakten Ziele des Regimes beschreiben und den Nutzen definieren, welcher durch die Regimeerrichtung erreicht werden soll. Sie bilden die erste Stufe der normativ-institutionellen Regimeanalyse und gründen auf Aussagen der Akteure, durch welche das Fundament des Regimes gebildet wird.[94] In ihnen manifestiert sich der Sollzustand, zu dessen Erreichen die Kooperation errichtet wurde.[95] Dass die Prinzipien mit den Funktionen eines Regimes übereinstimmen ist deshalb grundlegend. Die Prinzipien der APT speisen sich aus einer Anzahl von rechtlichen Verträgen, der Vorrat ist daher reichhaltig vorhanden und weitgehend kodifiziert. In der gemeinsamen Verkündung von Manila benennen die Regierungschefs eindeutig ihre Rechtsquellen:

> In this context, they underscored their commitment to handling their mutual relations in accordance with the purposes and principles of the UN Charter, the Five Principles of Peaceful Coexistence, the Treaty of Amity and Cooperation in Southeast Asia, and the universally recognized principles of international law.[96]

Die wegweisenden Prinzipien der APT, die hier identifiziert werden, scheinen dabei nicht immer kohärent mit den neueren Grundsätzen des Regimes.

---

[91] Vgl. Suzuki, Sanae 2004a, S. 14f.
[92] Vgl. Dies., S. 14f.
[93] Vgl. Dies., S. 15f.
[94] Vgl. Kohler-Koch 1989, S. 41.
[95] Vgl. Levy/Young/Zürn 1996, S. 509f.
[96] ASEAN 1999, Art. 4.

3.3.1 Souveränität

Die Zusammenstellung dieser Rechtstexte gibt Einsicht in den Charakter der APT. Das Prinzip der Souveränität findet in allen Dokumenten Niederschlag. Zunächst ordnet sich das Regime den Vereinten Nationen unter und verschreibt sich somit der Wahrung der internationalen Sicherheit und Zusammenarbeit. Die formulierten Ziele der Vereinten Nationen gelten mit normativer Wirkung, denn die Charta ist eine der wichtigsten Quellen des Völkerrechts, auf die sich die Regierungen der APT ebenfalls berufen.[97] Aus historischer Perspektive wurde bereits ersichtlich gemacht, wie tief das Verlangen nach Souveränität in Südostasien verankert ist, das lange Zeit an Autonomie eingebüsst hatte. Alle Staaten Südostasiens mit Ausnahme Thailands wurden von Kolonialismus und Besatzung mitgeprägt. Der Erhalt und die Sicherung der Souveränität wohnen allen Kooperationen dieser Region inne. Die staatliche Selbstbestimmung ist oberste Priorität, die Angst vor Autonomieverlust geht einher mit dem Wunsch nach internationaler Anerkennung.[98] So ist die Nennung der VN-Charta eine erneute Absicherung gegen supranationale Vereinnahmung und dem Verlust nationaler Kompetenzen: „Die Vereinten Nationen setzen sich folgende Ziele: [...] freundschaftliche, auf der Achtung vor dem Grundsatz der Gleichberechtigung und Selbstbestimmung der Völker beruhende Beziehungen zwischen den Nationen zu entwickeln [...]".[99]

Mit der Verpflichtung gegenüber den *Five Principles of Peaceful Co-existence* wird das Souveränitätsprinzip vertieft. Diese Abkommen wurden 1954 zwischen der Volksrepublik China und Indien vereinbart, als es während der umstrittenen chinesischen Machtübernahme in Tibet zu Grenzstreitigkeiten zwischen den beiden Staaten kam. Da beide Nationen noch jung waren, überwog jedoch das Interesse an einer friedlichen Beilegung des Konfliktes, um die eigenen inneren Angelegenheiten zu regeln. Zur Stabilisierung der Lage wurden die fünf Prinzipien verabschiedet. Es ist durchaus bemerkenswert, dass die Staaten der APT Bezug auf diese nehmen, da es sich um ein bilaterales Abkommen handelt, und Indien nicht in regionale Kooperationen Südostasiens miteinbezogen ist. Es spricht daher viel dafür, dass China seinen Einfluss geltend gemacht hat, um diese Klausel schriftlich in dem Beschluss von Manila niederzulegen, es impliziert aber auch eine erste, institutionelle Einbindung der Volksrepublik.[100] Tatsächlich wurden die *Five Principles of Peaceful Co-existence* während der ersten Verhandlungen 1997 in Kuala Lumpur nur in der gemeinsamen Erklärung der ASEAN und der Volksrepublik China kodifiziert. Die Verkündungen mit Südkorea und Japan sehen von dieser Anlehnung ab.[101] Das erste Prinzip ist gegenseitiger Respekt vor der gegenseitigen territorialen Integrität und Souveränität.

Der Vertrag über Freundschaft und Kooperation in Südostasien wurde 1976 in Indonesien von den Regierungen Singapurs, Malaysias, Thailands, der Philippinen und Indone-

---

[97] Vgl. Herdegen, Matthias 2006: Völkerrecht. 5. Auflage, München, S. 276f.
[98] Vgl. Freistein, Katja 2006: Die Praxis des „ASEAN Way". Über den Umgang mit zwischenstaatlichen Konflikten in Südostasien, in: HSFK Report, Frankfurt am Main Jg. 4 (http://www.hsfk.de/fileadmin/downloads/report 0406.pdf) [20.09.2007], S. 5.
[99] Art.1 Nr. 2, UN-Charta.
[100] Vgl. Shen, Ji-ru 2001: China and APEC: Regionalization from China's Domestic Perspective, in: Hettne, Björn/Inotai, András/Sunkel, Osvaldo (Hrsg.): The New Regionalism and the Future of Security and Development. The New Regionalism Series, Bd. 4. New York, S. 248-271, S. 249f.
[101] Vgl. ASEAN 1997: Joint Statement of the Meeting of Heads of State/Government of the Member States of ASEAN and the President of the People's Republic of China, Art. 2, Kuala Lumpur (www.aseansec.org/2361.htm) [30.07.2007].

siens entworfen und ratifiziert. Er stellt ein wichtiges Grundlagendokument für alle außenpolitischen Aktivitäten der südostasiatischen Staaten dar. Im Laufe der Jahre unterzeichneten die restlichen ASEAN-Staaten den Vertrag, da dies mit dem Beitritt verbunden ist. Aber auch nicht-asiatische Nationen wie Australien oder Frankreich traten bei. Der *Treaty of Amity and Cooperation in Southeast Asia* (TAC) hält ebenfalls an der Souveränität der Staaten fest:

> In their relations with one another, the High Contracting Parties shall be guided by the following fundamental principles: a) Mutual respect for the independence, sovereignty, equality, territorial integrity and national identity of all nations; b) The right of every State to lead its national existence free from external interference, subversion or coersion; [...].[102]

In dem Souveränitätsprinzip der APT äußert sich somit vor allem die Funktion der Kooperation, die Unsicherheit zwischen den Nationalstaaten zu mindern und die Missverständnisse zu vermeiden.[103]

3.3.2 Friedliche Koexistenz, Stabilität und Entwicklung

Die Angst vor Konflikten und Destabilisierung hat Südostasien tief geprägt, der Vietnamkrieg und die blutigen Konflikte in Laos und Kambodscha haben Spuren hinterlassen. Der in der APT manifestierte Regionalismus soll diesem Sicherheitsanspruch genüge tun.[104] Das Prinzip von friedlicher Koexistenz und Stabilität besteht schon seit Gründung der ASEAN und war ein zündender Antrieb der Organisation, welche ursprünglich als Bollwerk gegen kommunistische Einflussnahme gedacht war. Durch die Kodifizierung des Erhalts weltweiten Friedens in der UN-Charta machen die APT-Staaten ihr Anliegen sehr deutlich.[105] Im Vorfeld zu der Formierung der APT war es vor allem ein Anliegen Südkoreas, das Problem der koreanischen Halbinsel anzusprechen. Die Kodifizierung dieser Angelegenheit zeigt, dass Südkorea, aber auch Japan, die Zusammenarbeit mit den südostasiatischen Staaten ernst war und die APT als eine Möglichkeit für ein Dialogforum mit Nordkorea gewertet wurde.[106]

Stabilität und friedvolle Koexistenz sind wichtige Prinzipien, die dem Wachstum der noch nicht vollständig gefestigten Nationen dienen. Die wirtschaftliche Komponente wird hier sehr deutlich, die Regierungschefs der Region hatten begriffen, dass Wohlstand nur auf einem soliden und sicheren Fundament bestehen konnte. Aus diesem Grund wurden die drei Prinzipien unter einem Punkt zusammengefasst, um ihren engen Zusammenhang zu verdeutlichen. Die Bemühungen, gute Bedingungen für eine Entwicklung zu schaffen, erhielten daher eine starke Dynamik.[107] Hier liegt auch die Schnittstelle, die für die APT

---

[102] ASEAN 1976: Treaty of Amnity and Cooperation in Southeast Asia, Art. 2 Abs. a, b, Denpasar (http://www.aseansec.org/1654.htm) [20.09.2007].
[103] Vgl. Kohler-Koch 1989, S. 23.
[104] Vgl. Hummel 2004, S. 126.
[105] Vgl. Art.1 Nr.1, UN-Charta. URL
[106] Vgl. ASEAN-Secretariat-Homepage, Joint Statement of the Meeting of Heads of State/Government of the Member States of ASEAN and the Prime Minister of the Republic of Korea, Art.5; ASEAN-Secretariat-Homepage, Joint Statement of the Meeting of Heads of Government of the Member States of ASEAN and the Prime Minister of Japan, Art. 11. URL
[107] Vgl. Freistein, Katja 2004: Reine Rhetorik – Die Vision einer ASEAN-Gemeinschaft, in: HSFK Report, Frankfurt am Main Jg. 2, 37 Seiten (http://www.hsfk.de/fileadmin/downloads/report0204.pdf) [20.09.2007], S. 7.

bedeutend wird. Potenzielle Aggressoren sind somit in eine Kooperation mit einzubinden, die APT ist daher ausdrücklich kein Verteidigungsbündnis, ebenso wenig wie ein reines Sicherheitsbündnis.[108] Die Verbindung von Wohlstand und Sicherheit ist besonders charakterisierend für die APT, deren Gründung aus einer Währungskrise erfolgte und einen neuen Weg zur regionalen Sicherheit darstellt. Die Hoffnungen, die auf ihr ruhen und vorrangig ökonomischer Natur sind, sind so groß, dass die APT als „Embryo" einer ostasiatischen Freihandelszone betitelt wurde.[109] Somit offenbart sich die Funktion der APT als Kooperation durch Verringerung der Transaktionskosten und der Verdichtung von Informationskanälen zu der Verbesserung des Lebensstandards innerhalb der Region beizutragen.[110] Der TAC bringt diese Prinzipien besonders zur Geltung:

> [...] Anxious to promote regional peace and stability through abiding respect for justice and the rule of law and enhancing regional resilience in their relations;[...] The purpose of this Treaty is to promote perpetual peace, everlasting amity and cooperation [...].[111]

Die *Five Principles of Peaceful Co-existence* haben dieses Prinzip bereits in ihrem Titel verankert. Auch wenn sich die APT auf diese Dokumente beruft, bringt sie in ihrer eigenen Verkündung von Manila diese Prinzipien ebenfalls zum Ausdruck, um ihnen Gewicht zu verleihen. Dabei tauchen die drei Ziele „*peace, stability and prosperity*" auch stets zusammen auf, was die gegenseitige Abhängigkeit der Prinzipien belegt.[112] Auch sechs Jahre später wurde das Gewicht dieser Ziele erneut bestätigt.[113]

3.3.3 Regionale Gemeinschaft

Regionalismus ist ein Ziel, das ebenfalls eine neue Bedeutung in der Entwicklung südostasiatischer Kooperationen gewonnen hat und in der APT als regionale Gemeinschaft näher formuliert wurde. Für die Akteure entsteht auf diese Weise aber auch ein Spannungsfeld, da engere regionale Zusammenarbeit mit der Bewahrung von Souveränität nicht automatisch kohärent einhergeht. Allerdings wurde empirisch noch nicht nachgewiesen, dass diese beiden Prinzipien kollidieren. Regionalismus wurde bereits Anfang der 90er Jahre als Charakteristikum der ansässigen Institutionen identifiziert, allerdings noch als offener Regionalismus, der sich ganz im Sinne der WTO entfaltete. Stimmen, wie die von Malaysias Premierminister Mahathir bin Mohamad, der eine exklusivere Formation forderte, stießen erst auf Zweifel.[114] Da durch die Asienkrise Skepsis gegenüber westlichen Institutionen und Enttäuschung über die Globalisierung hervorgerufen wurden, änderte sich auch die Ausrichtung des Regionalismus. Allein finanzpolitisch sagte sich die APT durch die Chiang Mai Initiative von der Dominanz des IWF los.

---

[108] Vgl. Herdegen 2006, S. 277.
[109] Vgl. Nabers 2004, S. 227.
[110] Vgl. Kohler-Koch 1989, S. 23.
[111] Art.1, TAC, http://www.aseansec.org [22.4.2008].
[112] Vgl. ASEAN 1999: Joint Statement on East Asia Cooperation Art. 2,3, Manila (www.aseansec.org/6337.htm) [30.07.2007].
[113] Vgl. ASEAN-Secretariat-Homepage, Chairman's Statement of the Ninth ASEAN Plus Three Summit, Art. 3, Kuala Lumpur 2005 (www.aseansec.org/18043.htm) [30.07.2007}.
[114] Vgl. Solingen, Etel 2005: East Asian Regional Institutions: Characteristics, Sources, Distinctiveness, in: Pempel, T.J. (Hrsg.): Remapping East Asia. The Construction of a Region. Ithaca, S. 31-53, S. 36ff.

In dem *Joint Statement* von Manila wird bereits ein gewisser Erfolg angedeutet, angesichts der großen Dynamik regionaler Prozesse, dem die APT-Staaten mit Zufriedenheit gegenüber stehen.[115] Die Möglichkeit einer regionalen Gemeinschaft in Südostasien wurde als definitive Chance gewertet, Entwicklung und Wachstum zu stärken, weshalb Zusammenarbeit nicht nur im monetären Sektor erfolgen sollte, obgleich dies der fortgeschrittenste Bereich der APT ist, sondern in diversen Politikfeldern.

Dass Kooperation ein erklärtes Ziel der APT ist, belegt der TAC: „ [...]Desiring to establish a firm foundation for common action to promote regional cooperation in South-East Asia in the spirit of equality and partnership [...]".[116] Regionale Kooperation wird dabei als Ziel nicht nur in der Präambel deklariert, sondern auch in den folgenden konkreteren Artikeln, in denen regionaler Friede und regionale Entwicklung als wichtige Prioritäten verankert werden. Ganz konkret wird die Etablierung einer regionalen Gemeinschaft als Ziel der APT deklariert. Diese Idee beschäftigt seitdem zahlreiche südostasiatische Politiker und Wissenschaftler. Auf dem APT-Gipfel im Jahr 2004 in Laos wurde das Konzept wieder aufgegriffen und vor allem durch die Volksrepublik China unterstützt.[117] In der Erklärung von Vientiane heißt es:

> [...]We agreed that the establishment of an East Asian Community is a long-term objective. We reaffirmed the role of ASEAN+3 process as the main vehicle for the eventual establishment of an East Asian Community [...].[118]

Der Vorrat an Prinzipien ist in der APT ausreichend vorhanden und kodifiziert. Durch diese institutionellen Voraussetzungen konnten die Regierungschefs der APT-Staaten aus vielen Quellen schöpfen. Gestärkt in ihren Zielsetzungen wurden sie außerdem durch den externen Schock der Asienkrise. Konflikte zwischen den einzelnen Prinzipien sind bisher nicht aufgetreten. Die Zielsetzung einer regionalen Gemeinschaft steht dem Prinzip der Souveränität in seiner derzeitigen Ausformung nicht entgegen. In Besinnung auf die Regimefunktion werden die Prinzipien der APT dieser gerecht. Vor allem das Anstreben einer Gemeinschaft, das innerhalb der APT immer wieder gefordert wird, bringt dies zum Ausdruck. Die Etablierung des Prinzipienkonstrukts der APT ist demnach stabil.

3.4 Normen

Normen entwickeln sich direkt aus den Prinzipien und konkretisieren diese, sie geben Aufschluss über den Verhaltenskodex innerhalb des Regimes.[119] Die Abgrenzung ist nicht immer unproblematisch: Bei der Ausdifferenzierung von Prinzipien und Normen muss bedacht werden, dass erstere vor allem Ziele definieren, letztere dazu dienen, die Absichten durch das Akteursverhalten zu erreichen.[120]

---

[115] Vgl. ASEAN 1999: Joint Statement on East Asia Cooperation Art. 1, Manila (www.aseansec.org/6337.htm) [30.07.2007].
[116] Präambel, TAC, http://www.aseansec.org [22.4.2008].
[117] Vgl. Loewen 2006, S. 26.
[118] Chairman's Statement of the 8th ASEAN + 3 Summit, Art. 11, Vientiane 2004 (www.aseansec.org/16848.htm) [30.07.2007].
[119] Vgl. Levy/Young/Zürn 1996, S. 509f.
[120] Vgl. Keohane 1983, S. 157ff.

Durch den Normenkatalog akzeptieren die Mitgliedsstaaten der APT, dass sie gegenüber der Kooperation Rechte und Pflichte haben. Diese Normen bilden außerdem die Vorstufe der Verregelung und tieferen Institutionalisierung. Wie bei den Prinzipien auch, ist die Quellenlage der Normen vor allem in dem bestehenden institutionellen Umfeld zu finden. Der bereits genannte „ASEAN *Way*" stellt eine Ansammlung von Normen zur Verfügung, die auch im Rahmen der APT Anwendung finden.[121] Innerhalb der APT bestimmen vor allem drei Normen den Verhaltenskodex. Die Norm der Nichteinmischung, die Informalität und die Bereitschaft zum Gewaltverzicht. Es ist notwendig, diese drei Normen in einem interdependenten Verhältnis zu betrachten, da sie einander bedingen und beeinflussen.

3.4.1 Nichteinmischung

Direkt an das Souveränitätsprinzip gliedert sich die Norm der Nichteinmischung an, sie bezieht sich vor allem auf sicherheitspolitische Sachgebiete, insbesondere auf das Konfliktmanagement in der Region. Dieser Verhaltensform, die vor allem durch die ASEAN eingeführt wurde, schlägt in der westlichen Welt ein gewisser Vorbehalt entgegen. Besonders in Menschenrechtsangelegenheiten stößt sie auf Kritik. Dass die Nichteinmischung der asiatischen Mentalität besonders zuträglich ist, ist zu kurz gedacht. Der Prozess der Dekolonialisierung war sehr fragil und Grenzdispute tauchten des Öfteren auf, besonders zwischen Indonesien und Malaysia kam es zu Spannungen.[122] Die Nichteinmischung ist als Ergebnis dieser Entwicklung zu verstehen. In der Vergangenheit hat sich dieser Verhaltenskodex, der auch als „ASEAN *Way*" betitelt wird, tatsächlich bewährt.[123] Dadurch, dass die Staaten davon absehen, sich in die inneren Angelegenheiten der Nachbarn einzumischen oder öffentlich auch nur die leiseste Kritik zu äußern, konnte so eine gegenseitige Vertrauensbasis geschaffen werden. Die Nichteinmischung galt für alle Akteure als Garant dafür, dass Souveränität und Integrität für alle Beteiligten Priorität hatten und gewahrt wurden. Auf diese Weise konnten Konflikte wie der Sabah-Konflikt stabilisiert werden.[124] Zusätzlich konnte dieser spezielle Charakterzug, welcher die ASEAN von anderen, regionalen Kooperationen und Organisationen abhebt, zu einer Art Gemeinschaftsbildung beitragen.[125] Tatsächlich ist der Ausdruck „ASEAN *Way*" bei den südostasiatischen Politikern ein recht beliebtes Schlagwort, auch wenn es zu hierzu keine offizielle Anerkennung gibt.[126]

Die Verpflichtung innerhalb der ASEAN und somit auch der APT lässt hinsichtlich der Nichteinmischung jedoch nach, es macht sich eine gewisse Neuausrichtung bemerk-

---

[121] Vgl. Freistein 2007, S. 13.
[122] Vgl. Dies., S. 5.
[123] Bei der Sabah-Krise beispielsweise ging es um Grenzstreitigkeiten zwischen Malaysia und den Philippinen, die Unklarheit lag vor allem im Ende des Kolonialismus und seinem Erbe der willkürlichen Grenzziehungen begründet. Angeblich unterhielten die Philippinen ein Trainingslager um in das umstrittene Gebiet Sabah einzumarschieren. Malaysia, das sich nach der konfrontasi-Krise mit Indonesien, erneut angegriffen fühlte, reagierte prompt. Die bilateralen Beziehungen wurden eingefroren. Verhandlungen im Rahmen der ASEAN konnten einen Anspruch Malaysias auf Sabah festigen. Der Streitfall an sich wurde nie formell beseitigt, gilt aber heute als nicht länger problematisch.
[124] Vgl. Freistein 2007, S. 11.
[125] Vgl. Dies., S. 13.
[126] Vgl. Ufen, Andreas 2004: „Die ASEAN. Vom Antikommunismus zu umfassender Kooperation in Südostasien", in: Südostasien aktuell Januar, S. 72-85, S. 80.

bar.[127] Die Missachtung der Menschenrechte durch die Militärjunta Myanmars war zu einer nicht mehr tragbaren Belastung geworden, welche die südostasiatischen Staaten nicht länger ignorieren konnten. Die Mehrheit der Mitgliedsländer drängte kollektiv auf Inspektionen durch die UN, es wurden auch Stimmen laut, die einen Ausschluss des Landes aus der ASEAN forderten.[128] Auch in die Belange Kambodschas griffen die Nachbarstaaten mit ein und versuchten zu vermitteln.[129] Es ist demnach naheliegend, dass auch die APT einer Erneuerung diesbezüglich offen gegenüber steht, da sie dieses Prinzip von der ASEAN übernommen hat und dieselben Akteure tätig sind. Tatsächlich zeigt die Initiative von Chiang Mai, dass die Staaten der APT regen gegenseitigen Anteil an den Geschehnissen ihrer Nachbarn nehmen. Die Norm der Nichteinmischung wird daher eindeutig verletzt, allerdings vorerst auf ökonomischer Ebene.[130] Sicherheitspolitisch gilt noch immer ein anderer Maßstab, obwohl es auch dort Einschnitte gab, wie bereits erläutert wurde. Es wird dennoch bemerkenswert sein, inwieweit China sich auf eine Neuausrichtung einlässt. Diese Entwicklung ist jedoch sehr kohärent mit den Prinzipien der APT. Denn es kann nicht nachgewiesen werden, dass die Souveränität durch die Schwächung der Nichteinmischungsnorm angetastet wird. Gleichzeitig wird das Ziel der regionalen Gemeinschaft durch dieses Verhalten gestärkt, da das Vorhaben auf diese Weise an Glaubwürdigkeit gewinnt.

3.4.2 Informalität

Ein wesentlicher Charakterzug der Konsultationen auf Ebene der APT ist die Informalität. Die Norm ist wesentlich für die Vertrauensbildung innerhalb der Konsultationen. Neben diesen informellen Dialogen während der offiziellen Konferenzen, zehren auch viele informelle Netzwerke von dieser Verhaltensnorm.[131] Wichtige Themen, die auch andere Gebiete als Wirtschaft und Sicherheit betreffen, können so erörtert werden ohne belastenden Verhandlungsdruck.[132] Es entspricht der politischen Realität innerhalb der asiatischen Kultur, dass persönlichen Kontakten viel Bedeutung beigemessen wird. Informalität ist daher eine wichtige konstituierende Norm, welche die Förderung von Kooperationen vorantreibt und sich auch in den Treffen der ASEAN und dem ASEM etabliert hat.[133] Wichtig wird sie innerhalb für die APT deshalb, da ebenfalls die Souveränität als Prinzip fest verankert ist. Gerade für Regime, die sich diesem Ziel verschrieben haben, erleichtern informelle Zusammenkünfte die Verhandlungen zu initiieren und auch sensiblere Themen anzusprechen.[134] Die Dialoge und Konsultationen, wie sie im Rahmen der APT stattfinden, und die Informalität bedingen einander. Informalität spielt insbesondere auf der Ebene der diplomatischen Zusammenarbeit eine wichtige Rolle. Die APT-Staaten haben vereinbart, ihre gemeinsamen Positionen auch in internationalen Foren und anderen Regimen zu vertreten.

---

[127] Vgl. Pretzell, Klaus-Albrecht 1999: „Die ASEAN auf dem Wege der Erneuerung", in: Südostasien aktuell Juli, S. 325-327, S. 326.
[128] Vgl. Loewen 2006, S. 25f.
[129] Vgl. Ufen 2004, S. 81.
[130] Vgl. Nabers 2004, S. 226.
[131] Vgl. Liu 2003, S. 20f.
[132] Vgl. Nabers 2004, S. 227; Lipson, Charles 1996: Why are some International Agreements informal? In: Young, Oran R.: The International Political Economy and International Institutions Vol. 1, Cheltenham, S. 330-373, S. 331, auch erschienen in: International Organization Jg. 45 (1991) 4, S. 495-538.
[133] Vgl. Bersick 2004, S. 78ff.
[134] Vgl. Solingen 2005, S. 32.

Hierbei handelte es sich vor allem um wirtschaftliche Belange.[135] Die Absprachen verlangen einen dehnbaren Verhandlungsrahmen und weit reichende Koordination, welcher durch Informalität gestärkt wird.[136] Zudem ist die APT nicht das einzige Regime, welches sich der Informalität bedient. Auch andere Akteure erachten dieses Mittel als förderlich für internationale Kooperationen.[137]

Die Regierungen der APT-Mitgliedsländer haben sich mehrheitlich gegen die Etablierung eines eigenen Sekretariats ausgesprochen. Diese Einstellung lässt vermuten, dass ihnen der informelle Charakter der APT-Konferenzen zusagt und eine tiefere Formalisierung nicht unbedingt gewünscht ist. Dass dies nicht unbedingt notwendig war, um den Prozess voranzutreiben, zeigt die Vielzahl von Betätigungsfeldern der APT.[138] Mit Ausnahme von Malaysia findet diese Norm große Akzeptanz unter den Mitgliedern der APT und ist ein wichtiges Merkmal der regionalen Kooperation Südostasiens geworden.[139]

3.4.3 Gewaltverzicht

Eine weitere Norm, die sich ebenfalls aus dem Recht auf Selbstbestimmung, aber auch aus dem Prinzip der Friedensbewahrung entwickelt hat, ist der Gewaltverzicht. Ohne Gewährleistung, dass keine Gewalt Anwendung findet, kann keine regionale Kooperation zustande kommen.[140] So ist diese Norm auch in den verschiedenen Rechtsquellen der APT kodifiziert.[141] Wie auch im Falle der Informalität liegt der Ursprung in dem Normensystem des „ASEAN *Way*", welcher sich in der Praxis bereits bewährt hatte. Südostasien konnte zwar seit langem ohne zwischenstaatliche Konflikte bestehen, dennoch gab es in der Vergangenheit besonders über territoriale Angelegenheiten, Wasser- und Flüchtlingspolitik Spannungen.[142] Jedoch waren die Erfahrungen aus dem Vietnamkrieg und den Jahren des Kommunismus so prägend, dass Vertrauensbildung und Gewaltfreiheit als einziger Weg zur Stabilität akzeptiert wurden. In engem Zusammenspiel mit der Informalität konnte sich die Verhaltensnorm etablieren. Der Usus zuerst auf informeller Ebene zu intervenieren und so das Gespräch zu suchen, verhinderte eine weitere Entwicklung von Disputen, wie der Verlauf der Sabah-Krise demonstriert hat.[143] Dieser Kodex war eine wichtige Voraussetzung für die Vertrauensbildung und Fortführung der Verhandlungen. Mit zunehmender Akzeptanz dieser Norm wurde es außerdem riskanter für Mitglieder diese zu missachten.

---

[135] Vgl. Joint Statement of the Meeting of Heads of State/Government of the Member States of ASEAN and the Prime Minister of the Republic of Korea Art. 2 , http://www.aseansec.org [22.4.2008]; Joint Statement of the Meeting of Heads of Government of the Member States of ASEAN and the Prime Minister of Japan, Art. 10,11, Kuala Lumpur 1997, http://www.aseansec.org/2326.htm [30.7.2007]; ASEAN- 1997: Joint Statement of the Meeting of Heads of State/Government of the Member States of ASEAN and the President of the People's Republic of China, Art.6, Kuala Lumpur, http://www.aseansec.org/2361.htm [30.7.2007].
[136] Vgl. Hamilton-Hart, Natasha 2003: „Asia's New Regionalism: Government Capacity and Cooperation in the Western Pacific", in: Review of International Political Economy Jg. 10, 2, S. 222-245, S. 230f.
[137] Vgl. Lipson 1991, S. 373.
[138] Vgl. Stubbs, Richard 2002: „ASEAN PLUS THREE. Emerging East Asian Regionalism?", in: Asian Survey Jg 42, 3, S. 440-455, S. 11.
[139] Vgl. Dosch, Jörn 2003: The post-Cold War Development of Regionalism in East Asia, in: Liu/Régnier (Hrsg.), S. 30-51, S. 45f.
[140] Vgl. Liu 2003, S. 18.
[141] Vgl. Art.2 Abs. d, e, TAC; Art. 1 Nr.1 UN-Charta.
[142] Vgl. Freistein 2006, S. 1; 17; Öjendahl, Joakim 2001: Regional Hydropolitics in Mainland South East Asia: A New Deal in a New Era? In: Hettne/Inotai/ Sunkel (Hrsg.), S. 176-206, S. 176f.
[143] Vgl. Freistein 2006, S. 10ff.

Das Bild der Region soll hierbei jedoch nicht beschönigt werden. Die Konflikte wurden meist nicht endgültig gelöst, auch wenn eine Eskalierung stets verhindert werden konnte. Ohne die Erfolge herabzusetzen, ist die Konfliktebene auf niedrigem Niveau einzustufen.[144] Zusätzlich konnte dieses Operieren durch informelle Zusammentreffen und die Gewaltverzichtsnorm nur erfolgreich sein, so lange keine destabilisierenden äußeren Faktoren die Lage veränderten.[145] Auch wenn das wirtschafts- und finanzpolitische Arbeitsfeld der APT überwiegt und Gewaltverzicht hiermit nicht direkt zusammenhängt, hat diese Norm jedoch die Voraussetzungen für die erfolgreiche Zusammenarbeit geschaffen. Denn ohne gegenseitiges Vertrauen sind Investitionen in andere Volkswirtschaften kaum möglich. Zudem eröffnete der Gewaltverzicht zusätzliche Aufgaben in der Sicherheitskooperation. Der Verhandlungsrahmen der APT ist hier besonders geeignet, um bestehende Dispute über territoriale Aspekte zu verhandeln. Solche bestehen nicht nur unter den ASEAN-Staaten, sondern auch mit China, weshalb die Norm für die APT in dieser Hinsicht ebenfalls zum Tragen kommt.[146] Es hat sich somit gezeigt, dass der Normenkatalog aus den Prinzipien hervorgegangen ist und sie konkretisiert. Dieser Einklang zwischen Prinzipien und Normen wird dem Anspruch an die innerlichen Logik der APT gerecht.

3.5 Regeln

Die Regimeregeln bilden die nächste Stufe der Kooperation, da sie – anders als die Normen – feste Verhaltensvorschriften beinhalten. Der Vorrat an Regeln gibt Aufschluss über die tatsächliche Formalisierung eines Regimes. Mit der Verregelung gehen meist Sanktionsmechanismen einher, da die Nichtbefolgung konsequenterweise geahndet wird.[147] Die APT wird jedoch in erster Linie dadurch charakterisiert, dass sie sich nicht auf ein spezifisches Problemfeld bezieht, welches explizite Vorschriften ohnehin bedingt. Die Abkommen, auf denen die APT gründet, sind keine rechtsverbindlichen Verträge. Selbst die *Bangkok Declaration*, auf der die wesentlich ältere ASEAN basiert, ist genau genommen nicht mehr als eine Absichtserklärung.[148] Aus den Rechtsquellen der Vereinten Nationen und des TAC gelten die völkerrechtlichen Gesetze, die allerdings von den APT-Mitgliedern als souveräne Staaten unterzeichnet wurden und nicht von der APT als internationaler Organisation. Sie konkretisieren die Prinzipien und Normen zu friedlicher Koexistenz und dem Gewaltverzicht.[149] Auch in der Verregelung der WTO finden sich geltende Regeln bezüglich der wirtschaftlichen Beziehungen. Allerdings verfügen diese Organisationen über eigene Sanktionsmechanismen, wie den UN-Sicherheitsrat oder das *Dispute Settlement System* der WTO, deren Beschlüsse im Völkerrecht verankert sind.[150] Für die Regimestrukturen der APT sind diese Aspekte demnach nicht von Belang.

Jedoch gibt es eine informelle Regel, die überaus wichtig und konstituierend für das Funktionieren der APT ist. Um ihre, in den APT-Prinzipien konstituierten Ziele zu erreichen, vereinbarten die Regierungen der Mitgliedsstaaten regelmäßige Treffen und Konsul-

---

[144] Vgl. Dosch 2003, S. 39.
[145] Vgl. Freistein 2006, S. 31f.
[146] Vgl. Sturm 2007, S. 10.
[147] Vgl. Levy/Young/Zürn 1996, S. 510f.
[148] Vgl. Solingen 2005, S. 33; Dixon 1999, S. 117f.
[149] Vgl. Herdegen 2006, S. 276f.
[150] Vgl. Ders., S. 296ff; Bundeszentrale für Politische Bildung 2006: Wirtschaft – heute. Berlin, Bonn, S. 262.

tationen.[151] Dieses Übereinkommen ist mehr als eine bloße terminliche Abstimmung, sondern bereits ein wichtiger Schritt im Sinne der Institutionalisierung der APT.[152]. Regelmäßige Treffen, wie sie in der APT zur Regel geworden sind, werden notwendig, um Verständigungsschwierigkeiten zu vermeiden und ein hohes Niveau an Kommunikation zu erreichen.[153] Diese Gesprächsebene hat sich in den letzten Jahren besonders stark entwickelt.[154] So hat sich im Rahmen der APT eine besondere Art der Konsultation herauskristallisiert – die *conference diplomacy*. Diese Form von Verhandlung bezieht sich auf die Beziehungen zwischen Regierungen, wie sie auf internationalen Konferenzen stattfindet. Die Treffen der APT finden am Rande der ASEAN-Treffen statt und haben eindeutigen Dialogcharakter. Durch sie wird die APT als Kooperation institutionalisiert.[155] Die Formulierungen in dem gemeinsamen Beschluss von Manila festigen diese Konsultationsnorm:

> [...] Recalling the decision of the Leaders of ASEAN, China, Japan and the Republic of Korea at the 6th ASEAN Summit in Hanoi in December 1998, on the importance of holding a regular meeting among them [...], they agreed to enhance this dialogue process and strengthen cooperation [...]. In this context, they underscored their commitment to build upon existing consultative and cooperative processes, [...].[156]

Die Regel findet erneute Bestätigung in dem *Chairman's Statement* des APT-Gipfels von 2005. Die Wortwahl etabliert die Konsultationsregel und verstärkt deren Bedeutung: „[...] We agreed to continue holding the ASEAN Plus Three Summit annually in conjunction with the ASEAN Summit [...]."[157] Beständigkeit erfährt sie durch die obligatorische Termin- und Ortsabsprache für den nächsten APT-Gipfel, welcher in den Abkommen festgehalten wird. Die Konsultationsregel ist darüber hinaus nicht nur in den Abkommen der APT und dem bereits etablierten Normenkatalog der ASEAN verankert, sondern kann sich auch auf lokale Wurzeln berufen, dem javanisch/malaisch *musyawarah* (Beratung).[158] Diese indonesische Lehre der allgemeinen Beratung stammt aus der indonesischen Staatslehre und konnte sich auch durch überregionalen Einfluss verbreiten.[159] Die starken Verbindungen und Netzwerke auf dieser Ebene demonstrieren die Einmaligkeit des südostasiatischen Regionalismus. Dialoge dieser Art sind in anderen Kooperationen nicht anzutreffen.[160]

Der Nachholbedarf an der Verregelung der APT ist dennoch sehr groß, obwohl sie vielerorts als formalisierte Institution charakterisiert und akzeptiert wird.[161] Auch wenn die Konsultationsregel innerhalb der APT tief kodifiziert ist und ein wichtiges Regimeelement darstellt, gibt es keinerlei Sanktionsmechanismus, sollte ein Mitglied die Verhandlungen

---

[151] Vgl. ASEAN-Secretariat-Homepage, Declaration on the ASEAN plus Three Summit, Art. 1, Kuala Lumpur 2005 (http://www.aseansec.org/18036.htm) [25.07.2007].
[152] Vgl. Suzuki, Sanae 2004b: East Asian Cooperation through Conference Diplomacy: Institutional Aspects of the ASEAN Plus Three (APT) Framework, Working Paper Series 03/04 Nr.7, IDE APEC Study Center, Chiba (http://www.ide.go.jp/English/Publish/Apec/pdf/apec15_wp7.pdf) [20.09.2007], S. 5.
[153] Vgl. Kohler-Koch 1989, S. 44.
[154] Vgl. Dosch 2003, S. 39
[155] Vgl. Suzuki 2004a, S. 4.
[156] ASEAN-Secretariat-Homepage, Joint Statement on East Asia Cooperation, Art. 5,6. (http://www.aseansec.org/5469.htm) [20.9.2007].
[157] Chairman's Statement of the Ninth ASEAN Plus Three Summit, Art. 2, http://www.aseansec.org [22.4.2008].
[158] Vgl. Freistein 2006, S. 13.
[159] Vgl. Ufen 2004, S. 81.
[160] Vgl. Dosch 2003, S. 39.
[161] Vgl. Scalapino 2006, S. 73.

blockieren. Geht man nach dem Wortlaut, so könnte dies ohnehin nur durch Abwesenheit geschehen, was einen relativ schwachen Tatbestand darstellt. Es ist demnach schwierig nachzuweisen, inwiefern ein APT-Mitgliedsstaat diese Regel verletzen und ein solches Vergehen potentiell geahndet werden könnte. Die vielen Projekte, wie die Chiang Mai Initiative, lassen sich vielmehr unter der Regel der Freiwilligkeit zusammenfassen. Sanktionen, die Regelabweichungen bestrafen, gibt es daher ebenfalls nicht. Die Regeln der APT sind informell und nicht bindend, da keine Sanktionsmechanismen bestehen. Es gibt keine Auskunft darüber, was Nichteinhalten dieser Regeln ausmacht. Das Verhalten der Akteure wird maßgeblich von dem Normenkatalog der APT und nicht festgeschriebenen Regeln gesteuert. Dies kann als eindeutige Schwäche der APT in ihrer Eigenschaft als Regime gewertet werden.

3.6 Verfahren

Die Verfahren zur Entscheidungsfindung bilden ein weiteres Merkmal, das zur Konstituierung eines Regimes beiträgt. Sie regeln beispielsweise einen Beitritt oder Streitfall und stellen die praktische Umsetzung der Prinzipien, Normen und Regeln dar.[162] Die Art wie sie gestaltet sind, hat große Aussagekraft über das Regime, da sie das Maß zeigt, wie handlungsstark und tatkräftig ein Regime sein kann. Im Fall der APT ist die Verfahrensregelung bezüglich der Entscheidungsfindung der eigentlichen Regelentwicklung voraus, da sich hier bereits eigene Mechanismen entwickeln konnten. Diese sind besonders hervorzuheben, da sie spezifische Merkmale der APT sind. Um die Verfahren innerhalb der APT zu verstehen, ist es zuerst wichtig zu verstehen, dass sie auf mehreren Ebenen operiert. Dies bedeutet in der Praxis, dass Treffen, auf denen über Entscheidungen abgestimmt wird, zwischen der ASEAN und einem der drei nordasiatischen Länder stattfinden können oder im vollständigen Rahmen der APT.[163] Im Rahmen dieser Arbeit ist allerdings nur die APT in ihrer Gesamtheit von Belang.

Das Konsensverfahren findet häufig Anwendung in internationalen Konferenzen, besonders aber in Asien stößt diese Prozedur auf große Affinität.[164] Ähnlich wie die Tradition der Beratung, welche sich zur Konsultationsnorm entwickelte, hat auch der Konsens lokale Wurzeln.[165] Die APT hat auch dieses Verfahren von der ASEAN übernommen, welche den Konsens etablierte und ihn vor allem benötigte, um nach außen geschlossen auftreten zu können. Darüber hinaus fördert diese einheitliche Haltung die Loyalität zugunsten der jeweiligen Institution. Eine absolute Einstimmigkeit ist dabei nicht nötig, das Konsensverfahren operiert danach, dass kein Mitgliedsstaat eine Entscheidung blockiert, auch wenn er anderer Meinung ist. Dies verhindert, dass die Prozeduren aufgeschoben werden müssen und die Entscheidungsfindung stagniert.[166]

Im Fall der APT ist wichtig zu verstehen, dass das Konsensverfahren zudem in zwei unterschiedlichen Fällen zum Tragen kommt. Der erste bezieht sich auf die Absichtserklärungen, welche in den Dokumenten und gemeinsamen Bekundungen ausgedrückt werden.

---

[162] Vgl. Kohler-Koch 1989, S. 43f.
[163] Vgl. Suzuki 2004b, S. 2.
[164] Vgl. Dies., S. 30; Solingen 2005, S. 35.
[165] Mufakat steht für einheitliche Entscheidungen, und entstammt den javanischen Gesellschaften, wo die Akzeptanz der gesamten Gemeinde wichtig war. Vgl. hierzu Solingen 2005, S. 35.
[166] Vgl. Suzuki 2004b, S. 30.

Diese Art von Konsens erlaubt größere Dehnbarkeit, da Sätze eingefügt werden können, denen nicht alle Mitglieder unvoreingenommen zustimmen, sondern die vielmehr dazu dienen, einige Regierungen zufrieden zu stellen. Die jeweilige Auslegung führt somit zu verschiedenen Interpretationen.[167] Erneut kann hier das Beispiel des APT-Sekretariats angeführt werden. Indonesien setzte sich sehr für dessen Einrichtung ein. Allerdings konnte eine Entscheidung zugunsten dieses Vorhabens nicht zustande kommen, da kein Konsens erreicht wurde. Dennoch wurde zumindest der Vorschlag in die gemeinsame Erklärung aufgenommen, wahrscheinlich um Indonesien zumindest in geringem Maße zufrieden zu stellen.[168] Diese generelle Wahrnehmung wird bei der Analyse der APT-Dokumente bestätigt, da Einstimmigkeit und Harmonie über Kooperation in sämtlichen Politikfeldern ausgedrückt wird.

Wenn über die Implementation der APT-Projekte und direktes Handeln zu entscheiden ist, gestaltet sich die Prozedur durch Konsens schwieriger. Im Vorfeld jeder Entscheidung ist somit ein langwieriges Abtasten der unterschiedlichen Meinungen grundlegend. Um anders gesinnte Mitglieder zu überzeugen, der Entscheidung zumindest nicht im Wege zu stehen, wird die offene Konfrontation vermieden, ebenso die öffentliche Debatte des jeweiligen Themas. Dies würde sehr wahrscheinlich zum Scheitern der Konferenzen führen.[169] Diese Vorgehensweise verlangt daher großes Verhandlungsgeschick; zweifelsohne ist der Konsens eine Manifestation der Informalitätsnorm und der Konsultationsregel. Oft ist die Praxis auch diejenige, dass über direkte Implementation noch bilateral abgestimmt wird. Selbst der hoch gelobten Chiang Mai Initiative wird unterstellt, dass sie im Detail aus vielen bilateralen Abkommen besteht, da die APT nicht als autonome Institution über die Aktivitäten der Swap-Abkommen entscheiden kann.[170] Dennoch hat die monetäre Zusammenarbeit gute Aussichten, da wichtige Voraussetzungen, wie Währungsreserven, vorhanden sind. In der Handelspolitik sieht es ähnlich aus, Abkommen über Freihandelszonen wurden bisher stets über bilaterale Wege beschlossen.[171] Auch halten die einzelnen Mitglieder immer noch daran fest, sich noch zu separaten Gipfeln zu treffen, was die APT als Institution schwächen könnte.

3.7 Dauerhaftigkeit

Ein weiteres Element der Regimeanalyse ist die Dauerhaftigkeit. Dieses Merkmal wurde von der Tübinger Gruppe entworfen, um zu beweisen, dass internationale Regime trotz einer veränderten Macht- und Interessenlage bestehen können. Innerhalb der APT ist deshalb zu untersuchen, ob oder inwiefern sich Prinzipien, Normen, Regeln und Verfahren seit Gründung der Kooperation gewandelt haben und welche möglichen Ursachen hierfür zu finden sind.[172] Des Weiteren geht es darum, zu belegen, inwieweit die handelnden Akteure bereit sind, nationale Interessen, den Regimestrukturen unterzuordnen und ihre Verhal-

---

[167] Vgl. Dies., S. 30f.
[168] Vgl. Press Statement by the Chairman of the 7th ASEAN Summit and the 5th ASEAN + 3 Summit, Art.9, http://www.aseansec.org [22.4.2008].
[169] Vgl. Solingen 2005, S. 35f.
[170] Vgl. Nabers 2004, S. 218; Dieter, Heribert 2003: Abschied vom Multilateralismus? Der neue Regionalismus in der Handels- und Finanzpolitik, in SWP-Studie, Berlin (http://www.swp-berlin.org/de/common/get_document.php?asset_id=167) [20.09.2007], S. 23.
[171] Vgl. Dieter 2003 S. 12, 23.
[172] Vgl. Efinger/Rittberger/Wolf/Zürn 1990, S. 273.

tensweisen zu ändern, um für eine langfristige Perspektive zu sorgen.[173] In der Weiterkonzipierung der normativ-institutionellen Regimeanalyse nehmen die weiteren Kriterien Dauerhaftigkeit und Effektivität einen wichtigen Platz ein, da die Feststellung eines Regimes einer kompletten Analyse nicht Genüge tut. Das Moment der Dauerhaftigkeit wird im speziellen Fall der APT daran festgemacht werden, inwiefern sich die Mitglieder innerhalb des Regimes langfristig tatsächlich verhalten, während die Effektivität daran gemessen werden soll, ob die Projekte des Regimes erfolgreich waren und wie sich das Verhalten externer Akteure verändert hat.

Es kann konstatiert werden, dass an den Prinzipien der APT festgehalten wurde. Der Erhalt der Souveränität und die Förderung von Entwicklung und Stabilität in einem friedlichen Umfeld sind immer noch die wichtigsten Ziele der Kooperation. Tatsächlich kann aber auch festgestellt werden, dass sich das Streben nach einer regionalen Gemeinschaft über die Jahre verstärkt hat. Bestärkt wurde dies auf dem letzten APT-Gifpeltreffen 2007 auf den Philippinen:

> [...] reaffirmed our commitment to ASEAN Plus Three cooperation as the main vehicle in achieving a long-term goal of realizing an East Asia community, with ASEAN as the driving force, and with the active participation of the Plus Three countries.[174]

Diese Formulierung impliziert jedoch, dass die ASEAN als Herzstück des regionalen Motors betrachtet und akzeptiert wird. Dass die Impulse für eine Gemeinschaftsbildung von den ASEAN-Staaten ausgehen, wird ebenso durch die Fortschritte bezüglich der ASEAN-Charta offenbar.[175] Die Gemeinschaft soll bis 2015 verwirklicht werden.[176] Die Charta sieht eine gänzliche Neuregelung der regionalen Kooperation vor, Mehrheitsentscheidungen, Sanktionsmechanismen und Ausschlussverfahren könnten dadurch möglich werden.[177] Ob diese starke Formalisierung durchgesetzt werden kann, ist noch offen, da es immer noch Stimmen gibt, die auf dem Konsens beharren. Dass trotz allem innerhalb der ASEAN über solche Maßnahmen nachgedacht wird, veranschaulicht einen Einstellungswechsel und politischen Willen, sich den Transformationen des internationalen Systems anzupassen, um weiter zu bestehen. Wo die APT ihren Platz einnehmen wird, ist ebenfalls noch unklar, dennoch liegt nahe zu vermuten, dass sie von der Weiterentwicklung der ASEAN profitieren würde. Die ASEAN-Charta würde auch Auswirkungen auf die Normen, Regeln und Verfahren haben, doch darüber ließe sich nur spekulieren. Bisher sind Informalität, Gewaltverzicht, *conference diplomacy* und das Konsensverfahren unangetastet geblieben. Lediglich die Norm der Nichteinmischung unterlag einer Wandlung, da sie nicht uneingeschränkt befolgt wurde und der ständigen Diskussion unterliegt. In den Ausnahmefällen von Kambodscha und Myanmar rückte man von der üblichen Nichteinmischung ab, aller-

---

[173] Vgl. Kohler-Koch 1989, S. 18.
[174] ASEAN-Secretariat-Homepage, Chairman's Statement of the Tenth ASEAN Plus Three Summit, Art. 10, Cebu 2007(www.aseansec.org/19315.htm) [30.07.2007].
[175] Vgl. ASEAN 2007: Cebu Declaration on the Blueprint of the ASEAN Charter, Cebu (www.aseansec.org/19257.htm) [30.07.2007].
[176] Vgl. ASEAN 2007: Cebu Declaration on the Acceleration of the Establishment of an ASEAN Community by 2015, Cebu (www.aseansec.org/19260.htm) [30.07.2007].
[177] Vgl. Kleine-Brockhoff, Moritz 2007: ASEAN-Staaten erarbeiten ein Verfassung, in: Der Tagesspiegel – Onlineausgabe (http://www.tagesspiegel.de/politik/;art771,2070588) [21.09.2007]; Vgl. außerdem ZDF heute.de 2007: ASEAN will näher zusammenrücken. Weltweit größte Wirtschaftsgemeinschaft soll entstehen, Mainz 13.01.2007 (http://www.heute.de/ZDFheute/inhalt/0/0,3672,4296960,00.html) [20.09.2007].

dings im Rahmen der ASEAN.[178] Dennoch bedeutet dies, dass diese Nichtbefolgung auch innerhalb der APT geschehen kann. Tatsächlich ist es sogar wahrscheinlicher, denn die bestehenden Initiativen sind in der monetären Kooperation zu finden. Gerade hier ist es nahe liegend, dass die einzelnen Mitglieder aufgrund der engen Vernetzung intensiver die Einmischung suchen werden.[179] Eine zunehmende Abkehr von der Nichteinmischung ist nötig, um wirkliche Kooperation voranzu-treiben und als Institution glaubhaft zu bleiben.[180] Aus diesem Grund ist diese Wandlung als begünstigender Faktor für die Dauerhaftigkeit des Regimes zu werten, zumal dies zu einem kohärenteren Zusammenspiel mit den übrigen Regimestrukturen führen würde. In diesem Kontext ist auch die Unterordnung nationaler Interessen der APT-Mitgliedsstaaten zu sehen. Der Kern der Kooperation, die ASEAN-Staaten, bewegt sich in ersten Schritten auf eine ernsthafte Integration zu. Allerdings ist fraglich, ob die nordasiatischen Länder dasselbe Engagement zeigen werden. Von einer Gemeinschaft, die sich durch eine eindeutige, kollektive Identität auszeichnet, ist die bestehende Formation weit entfernt. Im Moment der Dauerhaftigkeit manifestiert sich daher der Unterschied zwischen Südostasien und seinen nordasiatischen Nachbarn, der trotz aller Beteuerungen noch eminent ist. Als Motor der APT wird noch immer die ASEAN angesehen, wie die Erklärung von Cebu jüngst bestätigte.

3.8 Effektivität

Effektivität ist die nachweisbare Wirkung eines Regimes; dieser Bestandteil der Regimeanalyse stellt ebenfalls eine wichtige Komponente der gesamten Analyse dar. Sie geht einher mit der Feststellung der Regimeexistenz. Die APT wurde in erster Linie gegründet, um auf Situationen, wie während der asiatischen Finanzkrise, reagieren zu können. Die Annahme, die Analyse dieser einzelnen Problemlösung zur Beantwortung der Effektivitätsfrage sei ausreichend, ist jedoch zu simpel gefasst. Vielmehr muss dies auf mehreren Ebenen erfolgen, denn die APT ist längst über ihre anfänglichen Gründungsmotive hinausgewachsen.[181] Allerdings kann dieser Entwurf nicht direkt übertragen werden, da empirische Ergebnisse, anders als bei Umweltregimen, bei der APT nicht exakt nachzuweisen sind.[182] Diese Belegbarkeit bezieht sich deshalb auf die einzelnen Regimestrukturen und inwiefern diese eingehalten wurden. Können Prinzipien, Normen, Regeln und Verfahren das Verhalten der Akteure bestimmen und dies unabhängig von Macht- und Interessenstrukturen?[183] Es muss somit in Betracht gezogen werden, ob die Verwirklichung der formulierten Ziele der APT Fortschritte verzeichnen kann.[184] Außerdem sollte nicht nur das Verhalten der Mitglieder, sondern auch anderer wichtiger Akteure berücksichtigt werden, um die Wirkung und Effektivität der APT nachweisen zu können.[185] Darin, dass sich die Betrachtung auf externe Akteure bezieht, liegt der Unterschied zwischen den Regimemerkmalen Dauerhaftigkeit und Effektivität.

---

[178] Vgl. Loewen 2006, S. 25f.; Ufen 2004, S. 73.
[179] Vgl. Nabers 2002, S. 58.
[180] Vgl. Sturm 2007, S. 10.
[181] Vgl. Nabers 2002, S. 57.
[182] Vgl. Breitmeier 2006, S. 43ff.
[183] Vgl. Efinger/Rittberger/Wolf/Zürn 1990, S. 273; Kohler-Koch 1989, S. 18.
[184] Vgl. Levy/Young/Zürn 1996, S. 522.
[185] Nach Young könnte dies das Outcome-Element darstellen.

4 Die inhaltliche Umsetzung der APT

Die Organisationsstrukturen der APT wurden hinreichend analysiert, im Folgenden soll nun untersucht werden, inwiefern die Programme und Projekte der APT auf das Verhalten der Mitgliedsstaaten Einfluss hatten und haben.[186] Mit Hinblick auf die Zielsetzungen der APT werden auch die Problemlösungen betrachtet, um einen vollständigen Überblick zu bekommen. Die Untersuchung der Programme und Projekte der APT soll Aufschluss darüber geben, wie die einzelnen Regimestrukturen umgesetzt wurden. Die erste wichtigste Initiative war die Chiang Mai Initiative, welche bereits erläutert wurde. In ihr manifestiert sich vor allem das Prinzip der regionalen Gemeinschaft, welches einher geht mit dem Wunsch nach friedlicher Entwicklung und Stabilität. Die CMI bedeutete eine Loslösung von den westlichen Geldgebern und garantierte eine gewisse Unabhängigkeit. Dies ging zwar auf Kosten der Nichteinmischung und kompletten Selbstbestimmung, aber die Staaten waren bereit darauf einzugehen. Die CMI ist ebenfalls ein erster Schritt zu einem gemeinsamen Währungsfond, was belegt, dass die Finanzkooperation der wichtigste Sektor der APT ist. Der Erfolg und das Lob, welches der Initiative entgegenschlug, zeigen, dass auch die lose Struktur der APT wirkungsvoll arbeiten kann.[187] Ein weiteres wichtiges Indiz, ist die Größe der Währungsreserven, welche die APT-Staaten angesammelt haben. Deren beträchtliches Anwachsen zeigt, dass die finanzielle Autonomie realistisch geworden ist und die erste Stufe zur Implementierung monetärer Kooperation unternommen wurde.[188] Informelle Dialoge und der Gedankenaustausch zwischen den Finanzexperten und Vorsitzenden der Zentralbanken der Länder gehören ebenfalls zu den Maßnahmen.[189] Ein weiterer Schritt der Finanzkooperation ist die *Asian Bond Markets Initiative*, die 2003 von den Finanzministern der APT-Staaten entwickelt wurde, um die Verteilung regionaler Wertpapiere, sowie Investitionen zu erleichtern. Um dies zu bewerkstelligen, wurden sechs Arbeitsgruppen, unter Einbindung unterschiedlichster Akteure, errichtet.[190] Die scheinbare Selbstverständlichkeit der Kooperation zeigt, dass zumindest auf monetärer Ebene die APT-Länder gut aufeinander abgestimmt sind und ihre anfänglichen Zielvorgaben erreichen konnten. Dennoch sind diese beiden Beispiele die einzigen konkreten Ergebnisse: Wirtschaftspolitisch scheinen bilaterale Freihandelszonen noch immer die gängige Art zu sein, auch wenn diese innerhalb der ASEAN als Voraussetzungen für eine gesamte ostasiatische Freihandelszone gesehen werden.[191] Diese wurde als Empfehlung von der *East Asia Vision Group* erarbeitet. Diese Zusammensetzung ausgesuchter Wissenschaftler wurde 1998 auf die Anregung Südkoreas errichtet und sollte die Möglichkeiten regionaler Kooperation diskutieren. Auf ähnliche Weise arbeitete die *East Asia Study Group*, die 2002 auf dem APT-Gipfel in Kambodscha gegründet wurde. Sie erarbeitete kurz- und langfristige Maßnahmen zur regionalen Zusammenarbeit. Auf freiwilliger Basis sollten zumindest die kurzfristigen Empfehlungen bis

---

[186] Diese Projekte wären nach Young somit die Output-Elemente.
[187] Vgl. Nabers 2002, S. 58.
[188] Vgl. Dieter 2003, S. 24; vgl. hierzu auch Abb. 6.
[189] Vgl. ASEAN 2002: Joint Ministerial Statement of the ASEAN + 3 Finance Ministers Meeting, Art. 6, Shanghai (http://www.aseansec.org/5473.htm) [30.07.2007].
[190] Vgl. AsianBondsOnline 2008: ASEAN+3 Asian Bond Markets Initiative. Overview, http://asianbondsonline.adb.org/regional/asean_plus_three_asian_bond_market_initiatives/overview.php [27.4.2008].
[191] Vgl. ASEAN Plus Three Cooperation, Abs.III Nr. 8; zu den bilateralen Freihandelszonen vgl. Abb. 7, http://www.aseansec.org [22.4.2008].

2007, rechtzeitig zum zehnjährigen Bestehen der APT, implementiert werden.[192] Auch wurde ein Netzwerk der APT geschaffen, das als Dialogforum für Geschäftsleute fungiert und das Kommunikation und Handel erleichtern soll. Ähnliche Maßnahmen wurden an einigen Universitäten und Forschungszentren der Mitgliedsstaaten eingerichtet. Die *ASEAN +3 Research Group Studies* sollen Empfehlungen zu diversen wirtschaftlichen und finanziellen Gebieten erarbeiten.[193] Jedoch ist es vorläufig bei diesen Vorschlägen geblieben, dies gilt ebenfalls für andere Politikfelder wie Kultur, Bildung und Frauenförderung. Die Diskrepanz, die zwischen theoretischer und praktischer Ebene besteht, legt einmal mehr die Vermutung nahe, dass es sich auch bei der APT in erster Linie um einen *talk shop* handelt, denn auch die Dialoge in sicherheitspolitischen Fragen blieben konzeptioneller Natur: Zusammenarbeit wurde in Terrorismusbekämpfung, Drogen- und Menschenhandel und vielen anderen kriminellen Gebieten diskutiert und vereinbart; konkrete Maßnahmen lassen allerdings noch auf sich warten.

Die Analyse der Regimeformation identifizierte die regionale Finanzpolitik als Problemfeld, welches die APT mitinitiierte. Da zahlreiche Maßnahmen für dieses Politikfeld getroffen wurden, lässt sich das Regime durchaus als effektiv bewerten. Auf der anderen Seite ist die APT längst nicht mehr auf diese Thematik begrenzt, auch wenn die inhaltliche Ebene gezeigt hat, dass die Kooperation noch viel Aufholbedarf hat. So gibt es noch vergleichbar wenig Zusammenarbeit auf anderen Gebieten. Dennoch muss auch erwähnt werden, dass es Treffen zu den Themen Gesundheit, Arbeit und Tourismus gibt, wenn auch diese wiederum der Bezeichnung *talk shop* bedenklich nahe kommen.[194] Zwar haben die einzelnen Länder eine Transformation bezüglich regionaler Kooperation erlebt, doch vieles weist darauf hin, dass dies weniger durch die institutionellen Bedingungen der APT, als durch rein politische Motive motiviert war.

5 Die Verhaltensänderung externer Akteure

Es wurde gezeigt, dass eine Änderung des Verhaltens der APT-Mitgliedsstaaten noch nicht eindeutig zu begründen ist. Zusätzlich zu diesen Eindrücken müssen deswegen auch andere Akteure in der Betrachtung berücksichtigt werden, um die Analyse zu vervollständigen. Auch wenn die APT formal noch nicht gefestigt ist und ihre Mitglieder sich noch nicht vollends verpflichten mögen, haben andere Staaten ihre Existenz wahrgenommen und dementsprechend gehandelt. Eine Wirkung der APT auf externe Akteure ist demnach ebenfalls ein hilfreicher Gradmesser für die Effektivität des Regimes.

Australien ist ein wichtiger Handelspartner Südostasiens, die APT-Staaten bilden ungefähr 40 Prozent der Liefer- und Hauptabnehmernationen.[195] Das Interesse der australi-

---

[192] Vgl. ASEAN 2002: ASEAN Plus Three Cooperation, Abs. IV Nr. 11-17; ASEAN-Secretariat-Homepage, Final Report of the East Asia Study Group, Phnom Penh (http://www.aseansec.org/viewpdf.asp?file=/pdf/easg.pdf) [25.07.2007], S. 20-55.
[193] Vgl. ASEAN2007: ASEAN +3 Research Group Studies (http://www.aseansec.org/17880.htm) [30.072007].
[194] Vgl. ASEAN 2003: Joint Statement of the ASEAN+3 Labour Ministers Meeting, Mataram (http://www.aseansec.org/14779.htm) [30.07.2007]; ASEAN-Secretariat-Homepage, Joint Statement of the Special ASEAN + 3 Health Ministers Meeting on Severe Acute Respiratory Syndrome (SARS), Siem Reap (http://www.aseansec.org/14823.htm) [30.07.2007]; ASEAN 2005: The Fourth Meeting of ASEAN, China, Japan and Korea Tourism Ministers Joint Media Statement, Langkawi (http://www.aseansec.org/17085.htm) [29.07.2007].
[195] Vgl. Bundesagentur für Außenwirtschaft 2007 (http://www.bfai.de/nsc_true/DE/Navigation/ Metanavigation/Suche/sucheUebergreifendGT.html) [21.09.2007].

schen Regierung an den regionalen Kooperationen ist deshalb sehr gestiegen. Dies geschah allerdings erst allmählich, zuerst sah sich die konservative Regierung unter John Howard Kritik ausgesetzt, weil sie dem APT-Prozess nicht genug Aufmerksamkeit widmete. Auch wenn Australien selbst keine großen Schritte unternimmt, um selbst zu partizipieren, werden die südostasiatischen Kooperationskonzepte als selbstverständlich aufgefasst und offiziell begrüßt. Dennoch ist man vorsichtig, da man die Beziehungen zu den USA nicht gefährden möchte. Außerdem ist nicht zu leugnen, dass das Land die Arbeit der APT genau beobachtet und die Kooperation registriert.[196]

Indien, selbst eine aufsteigende Großmacht mit zunehmendem Einfluss, ist ein weiterer wichtiger Akteur. Denn wie auch Australien wird das Land zu ausgesuchten Treffen der zahlreichen, südostasiatischen Zusammenkünfte eingeladen und ist mittlerweile offizieller Dialogpartner der ASEAN. Auch ist Indien wirtschaftlich eng mit der Region vernetzt: Das Handelsvolumen mit den ASEAN-Staaten betrug 1992 3,1 Milliarden US-Dollar, 2004 belief es sich bereits auf 12 Milliarden US-Dollar. Der Handel mit China entwickelte sich in den vergangenen fünfzehn Jahren sogar noch dynamischer, von 338,5 Millionen US-Dollar auf 13,6 Milliarden US-Dollar. Auch mit Japan und Südkorea gibt es enge bilaterale Abkommen. Die Vertiefung dieser Verbindungen ist erklärtes Ziel beider Seiten. Nicht allein deswegen erlebt die indische Außenpolitik eine Rückbesinnung auf eine engagierte Nachbarschaftspolitik.[197] Die APT wird hierbei eher skeptisch gesehen, da sie aus Sicht der Inder eine gewisse Exklusivität impliziert, die als kontraproduktiv gewertet wird.[198]

Die USA haben der regionalen Dynamik in Südostasien relativ spät Beachtung geschenkt, dabei sind die USA als Akteur in Südostasien noch immer von großer Bedeutung.[199] Sie haben die bestehenden Verhältnisse mitgeprägt und noch immer ist der *„American Way of Life"* als *soft power* einflussreich bei der asiatischen Bevölkerung. Für die USA dürfte die regionale Kooperation in Südostasien zudem durch die Einbindung Chinas von besonderem Interesse sein. Dessen Entwicklung gilt neben der Bekämpfung des internationalen Terrors als größte Herausforderung amerikanischer Außenpolitik.[200] Prognosen über Chinas Motive sind schwierig zu treffen, dass sich die Volksrepublik zunehmend als Teil der regionalen Kooperation Südostasiens sieht, wurde allerdings gezeigt. Die USA reagieren derweil zum einen mit kooperativen Strategien in Richtung China, wollen allerdings auch kein Risiko eingehen.[201] Für Südostasien und die APT ist somit die Gefahr der Zerrissenheit impliziert, da einzelne Mitgliedsstaaten, wie Japan oder Südkorea, noch immer auf die USA als Bündnispartner angewiesen sind.[202] Nach der Vernachlässigung Süd-

---

[196] Vgl. Milner, Anthony 2006: The Evolving Australian View of East Asia, in: Ping/Yean/Yu (Hrsg.), S. 225-245, S. 225f; Frost, Frank/Rann, Ann 2005: The East Asia Summit, Kuala Lumpur 14 December 2005: issues and outcomes (http://www.aph.gov.au/library/intguide/FAD/eastasia_summit.htm) [15.05.2007].
[197] Vgl. Möller, Kay/Will, Gerhard 2004: Südostasien 2003. Transformation, Kräftegleichgewicht, Kooperation, in: SWP-Studie, Berlin. (http://www.swp-berlin.org/de/common/get_document.php?asset_id=1159) [20.09.2007], S. 32.
[198] Vgl. Kurian, Nimmi 2006: Engaging the Extended Neighbourhood: India and the Emerging East Asian Community, in: Ping/Yean/Yu (Hrsg.), S. 246-266, S. 251f.
[199] Vgl. Bolt, Paul J./Arnold, Preston 2006: In Search of a Community of Interests: The Emerging US Strategy in East Asia, in: Ping/Yean/Yu (Hrsg.), S. 83-110, S. 83f.
[200] Vgl. Rudolf, Peter 2006: Die USA und der Aufstieg Chinas. Die Strategie der Bush-Administration, in: SWP-Studie, Berlin. (http://www.swp-berlin.org/de/common/get_document.php?asset_id=2938) [20.09.2007], S. 7.
[201] Vgl. Rudolf 2006, S. 13ff.
[202] Vgl. Hilpert, Hanns Günther 2007: Südkoreas außenpolitisches Dilemma, SWP-Studie, Berlin. (http://www.swp-berlin.org/de/common/get_document.php?asset_id=3801) [20.09.2007], S. 31f.

ostasiens durch die Regierung Clinton und die Enttäuschungen über den Westen während der Folgejahre der Asienkrise, sucht die Bush-Administration mit Seitenblick auf Peking wieder Annäherung. 2001 traf Außenminister Powell in Washington Delegierte aller ASEAN-Staaten und seitdem gibt es Gespräche über Zusammenarbeit auf den Gebieten Drogenbekämpfung, Aidsprävention und den Schutz geistigen Eigentums, allerdings zeigen die USA auch wieder militärische Präsenz in der Region.[203] Die USA haben auf die zunehmenden Kooperationen in Südostasien auf ihre eigene Art reagiert, die APT nimmt dabei aufgrund der Mitgliedschaft Chinas eine besondere Position ein.

Die Europäische Union nimmt einen besonderen Stellenwert ein, durch das interregionale Dialogforum ASEM konnte sie selbst bis zu einem gewissen Grad zur Gründung der APT beitragen. Obwohl die Beziehungen aufgrund von Menschenrechtsfragen, vor allem in Myanmar, belastet sind, ist Südostasien wirtschaftlich von großem Interesse für die EU. Gerade aufgrund ihrer Vorreiterrolle in Kooperations- und Integrationsfragen genießen die Entwicklungen in Südostasien die Aufmerksamkeit der Europäer und die Kooperation ist weitgehend institutionalisiert.[204]

6 Bewertung und Ausblick

Lässt sich die APT durch die normativ-institutionelle Regimeanalyse erklären? Eine eindeutige Antwort ist nicht möglich, zu komplex sind die Strukturen und eine derartige Vereinfachung würde ihnen nicht gerecht werden. An einigen Stellen war die Analyse aufschlussreich und konnte problemlos durchgeführt werden, an anderen taten sich Schwächen auf.

Die Regimestrukturen Prinzipien und Normen konnten wesentliche Charakterzüge der APT darlegen, die sich ebenfalls als institutionell kodifiziert herausstellten, wie beispielsweise die Zielsetzung einer regionalen Gemeinschaft. Zwar waren sie nicht einzigartig im Hinblick auf die APT, da sie bereits in der ASEAN niedergeschrieben sind. Es wurde jedoch demonstriert, dass diese Prinzipien und Normen fest im südostasiatischen Regionalismus verankert sind, und somit auch die APT dieses Phänomen mit charakterisiert. In diesem ersten Schritt zeigt sich, dass die normativ-institutionelle Regimeanalyse eine Annäherung an den Prozess des Regionalismus zulässt. Dabei zeigt sich, dass sich Souveränität und Kooperation nicht unbedingt widersprechen müssen. Die Länder der Region haben erkannt, dass sie sich in wechselseitige Abhängigkeitsstrukturen begeben und gleichzeitig weiterhin autonom handeln können. Die Regimeanalyse zeigt sich anhand der Souveränitätsfrage flexibel und lässt die vielen denkbaren Szenarien zu, derer sich auch die Wissenschaft wieder vermehrt widmet.[205]

Die Literatur der Regimeanalyse beschreibt, wie nahe Normen und Regeln beieinander liegen. Die Arbeit bestätigt auch diese Feststellung. Es lassen sich Unterschiede aufzeigen, auch wenn dies immer nur von Fall zu Fall entschieden werden kann. Bei der APT ist die Konsultationsregel die einzige ihrer Art, die mit wirklicher Sicherheit identifiziert werden

---

[203] Vgl. Möller/Will 2004, S. 30f.
[204] Vgl. Sandschneider, Eberhard 2004: Die Europäische Union und Südostasien, in: Bertelsmann-Stiftung (Hrsg.): Europa-Handbuch. Die Europäische Union – politisches System und Politikbereiche, 3. Auflage. Gütersloh, S. 608-622, S. 614ff.
[205] Vgl. Hasenclever, Andreas/Mayer, Peter /Rittberger, Volker/Schimmelpfennig, Frank/Schrade, Christina 1996: The Future of Sovereignty – Rethinking a Key Concept of International Relations, in: Tübinger Arbeitspapiere zur internationalen Politik und Friedensforschung Jg. 26, S. 1-18, S. 5ff.

konnte. Dies steht im Einklang mit der geringen Verregelung des Regimes und trifft mithin ebenfalls eine weitere Aussage über die APT; die Vielfältigkeit der Normen bestätigt wiederum die Informalität des Regimes. Allerdings setzt das Merkmal „Regel" der Regimeanalyse voraus, dass sie durch Überschreitungen nachgewiesen werden kann. Bei der APT ist dies empirisch nicht zu belegen, hier zeigt sich eine erste Schwachstelle. Die Schwammigkeit der Regimestrukturen ist zwar sinnvoll, da jedes Regime an sich einen Präzedenzfall darstellt. Das Dilemma stellt sich aber dann ein, wenn es um Nachweisbarkeit und Glaubwürdigkeit der einzelnen Merkmale geht.

Das Zusammenwirken von Prinzipien, Normen, Regeln und Verfahren hat darstellen können, dass die APT als Regime der regionalen Kooperation gefestigt und stabil ist. Die einzelnen Regimestrukturen gehen immer wieder auf das Moment des Regionalismus ein und widersprechen sich nicht. Vielmehr konnte anhand der normativ-institutionellen Regimeanalyse demonstriert werden, wie die Normen die Prinzipien konkretisieren und wie Regeln und Verfahren aus diesen hervorgehen – die „innere Logik" der Regimemerkmale ist mithin gegeben, in der sich auch die Klarheit des Regimes ausdrückt.[206] Beispielsweise wurden durch die Diskrepanz zwischen dem Mangel an Verregelung und der relativen Häufigkeit an Konsultationen der Grad der Informalität, sowie der Charakter und die Arbeitsweise der APT verdeutlicht. Der Nutzen, der durch die APT erbracht werden soll, ist hierbei ebenso charakterisierend. Er ist nicht nur materiell, bezüglich der Förderung wirtschaftlicher und monetärer Zusammenarbeit, sondern auch ideell, da immer wieder die Errichtung einer Gemeinschaft angestrebt wird. Die Untersuchung konnte durch den offenen Ansatz die komplexen Strukturen der APT bündeln und verständlicher machen. In diesem Sinne zeigt sich, dass die normativ-institutionelle Regimeanalyse in der Tat geeignet ist, nicht nur die APT als einzelnes Regime zu erklären. Es gelingt darüber hinaus, diese Kooperation exemplarisch für den südostasiatischen Regionalismus durch das Analyseraster auszulegen.

Die vier ursprünglichen Regimemerkmale sind dafür jedoch nicht ausreichend. Die Fortentwicklung der Regimeanalyse durch die Tübinger Forschungsgruppe durch die Elemente der Dauerhaftigkeit und der Effektivität waren notwendig für die Untersuchung der APT. Die Entscheidung für den normativ-institutionellen Ansatz war gerechtfertigt, da sich auf diese Weise beurteilen lässt, ob ein Regime letztendlich stabil ist. In diesen Elementen verbargen sich allerdings auch die größten Schwächen. Ein solcher Mangel konstituiert sich zum einen in der Rolle der interessierten Parteien oder im Falle der APT, in den bestehenden nationalen Anliegen der Mitgliedsstaaten. Dass Machtinteressen existieren und einen erheblichen Einfluss haben, ließ die Erklärungskraft des Forschungsansatzes an seine Grenzen stoßen. Das Verhalten der beiden Akteure China und Japan demonstriert, dass Machtbalance noch immer ein wichtiger Faktor im Regionalismus und folglich im gesamten internationalen Gefüge darstellt.[207] China zum einen hat erkannt, dass sich die APT sehr gut nutzen lässt um eigene Strategien umzusetzen.[208] Diese Vermutung muss geäußert werden, denn die Regimeanalyse hat nicht eindeutig belegen können, dass China seine nationalen Prioritäten den Regimestrukturen der APT unterordnet. Zum anderen handeln die ASEAN-Staaten ihrerseits ebenso machtausgleichend. Durch die aktive und bemühte Einbindung der Volksrepublik in die Angelegenheiten Südostasiens soll auch sichergestellt werden,

---

[206] Vgl. Kohler-Koch 1989, S. 47ff.
[207] Vgl. Rittberger 1989, S. 200.
[208] Vgl. Ufen 2002, S. 74.

dass der eigene Einfluss in der Region nicht durch China gefährdet wird.[209] Der Faktor China ist schlichtweg zu stark, als dass die normativ-institutionelle Regimeanalyse allein imstande ist, diesen zu erfassen. Dies zeigt sich auch an den Reaktionen Japans auf die chinesischen Schritte in Richtung Südostasien. Nicht nur in Japan, auch in anderen Ländern sind leichte Kurswechsel festgestellt worden. Dass diese durch die institutionellen Begleitumstände allein erklärt werden können, wäre eine oberflächliche und unglaubwürdige Annahme. Beobachter konstatieren daher, dass die Zukunft der APT vor allem von dem japanisch-chinesischen Verhältnis abhängen wird, eine weitere Formalisierung hinge demnach von interessengeleiteten Strukturen ab.

Dennoch wird die normativ-institutionelle Regimeanalyse durch diese Erkenntnis nicht geschwächt. Im Gegenteil, durch sie lässt sich eine neue, eigene Dynamik innerhalb des südostasiatischen Raumes feststellen. Die ASEAN beschleunigt ihre Formalisierung, und der Institution kommt mehr Gewicht zu; dass das Verhalten der nordasiatischen Länder noch von Machtinteressen dominiert wird, lässt sich hierbei dank der Regimeanalyse konstatieren. Folglich ist eine genauere Einordnung der APT in das internationale Gefüge möglich, da die unterschiedlichen Entwicklungsstufen zwischen Südost- und Nordasien genauer differenziert werden können. Das Verhalten der Akteure lässt sich besser untersuchen, da die normativ-institutionelle Regimeanalyse belegt hat, dass die südostasiatischen Länder stärker von den typischen Regimestrukturen und der APT als Institution beeinflusst werden. Für Japan, China und Südkorea sind indessen noch strategische Interessen ausschlaggebend.

Nachdem die normativ-institutionelle Regimeanalyse als Untersuchungsraster für die APT nun bewertet wurde, soll ein inhaltlicher Ausblick auf die APT gewagt werden: Wie der jüngste ASEAN-Gipfel in Cebu gezeigt hat, steuert die regionale Kooperation in Südostasien auf eine vertiefte Formalisierung zu. Die Einigung auf den Entwurf einer gemeinsamen Charta und die Beschleunigung der Gemeinschaftsbildung belegen diesen vorhandenen politischen Willen. Welche Konsequenzen ergeben sich hieraus für die APT? Diese Frage ist durchaus berechtigt, schließlich hat die Analyse gezeigt, dass die ASEAN ein wichtiger Motor für die APT ist und sie nicht vollkommen individuell handelt. Die Bekundungen Chinas, Japans und Südkoreas legen die Vermutung nahe, dass sie Südostasien zunehmend als gemeinsame Region wahrnehmen; stärker ist jedoch das Bewusstsein ein eigenständiger Akteur zu sein. Ob ein weiterer Regelverkehr auch von einer tiefer formalisierten ASEAN ausgehen wird, bleibt daher abzuwarten. Dennoch, wenn es um gemeinsame Angelegenheiten geht, ist zweifellos die APT das wichtigste Forum der Zusammenkunft. Viele Beobachter gehen derweil davon aus, dass die ostasiatische Region einen starken China-Zentrismus entwickeln wird.[210] In der Tat wird die Entwicklung der APT in erster Linie von dem Verhältnis zwischen Japan und China abhängen. Wenn eine Vertrauensbasis entsteht, auf der fruchtbare Verhandlungen geführt werden können, kann die APT erfolgreich tätig werden.[211] Allerdings lässt eine eindeutige Antwort auf die Frage, ob und falls ja, welcher der beiden Staaten eine Führungsrolle innerhalb der APT einnehmen kann, auf sich warten.[212]

Die überaus hohen Erwartungen, die einher gingen mit Spekulationen, dass die APT die ASEAN an Bedeutung überholen werde, haben sich bisher nicht erfüllt. Die ASEAN ist

---

[209] Vgl. Sturm 2007, S. 10.
[210] Vgl. Böttcher 1998, S. 53.
[211] Vgl. Ufen 2002, S. 78.
[212] Vgl. Machetzki, Rüdiger 2004: „Ostasien in den Strömen des Wandels: Eine Weltregion vor dem ‚Stabwechsel' zwischen Japan und China?", in: Südostasien aktuell September, S. 457-482, S. 482.

weiter die wichtigste Antriebskraft, und Südostasien als regionale Gemeinschaft ist stärker etabliert als eine ostasiatische Region inklusive der nordasiatischen Nachbarn.

Dennoch läuft die APT nicht Gefahr, ein unbeachtetes Dasein zu fristen. Als multilaterales Forum wird sie eine tragende Rolle spielen und nicht allein durch die Zusammensetzung ihrer Mitglieder von Bedeutung sein. Speziell die monetäre Zusammenarbeit sieht viel versprechend aus und beinhaltet die größten Gestaltungsmöglichkeiten. Für das zehnjährige Jubiläum der APT ist die Erarbeitung einer zweiten Gemeinsamen Erklärung vorgesehen. Obwohl dies nur ein kleines Detail ist, legt man auf weitere zukünftige Kooperation anscheinend weiterhin viel Wert, insbesondere soll diese Entschlusskraft nach außen signalisiert werden.[213] Das gemeinsame Auftreten innerhalb der WTO, APEC und des ASEM ist immer noch ein starkes Anliegen der Kooperation, das jüngst von den Wirtschaftsministern bestätigt wurde.[214] Ferner wird der kommende APT-Gipfel, welcher im November 2007 in Singapur stattfindet, zeigen, welchen Weg die Länder bestreiten werden.

Sollte eine ostasiatische Freihandelszone tatsächlich zustande kommen, würde ein beschleunigter Aufschwung in greifbare Nähe rücken.[215] Eine weitere Feststellung, die für den Fortbestand der APT spricht, ist die Tatsache, dass sich die Themengebiete weiter entwickelt haben. Pessimistische Forscher sehen dennoch starke Risiken in den anhaltenden Spannungen zwischen den nordasiatischen Staaten sowie dem tief verwurzelten Nationalismus der einzelnen Mitgliedsstaaten der APT, zu gewalttätig und unberechenbar waren die Ereignisse der Vergangenheit.[216] Stärker als diese Spannungen sind die Stimmen, die Interdependenz, regionales Zusammenwachsen und verstärkte Institutionalisierung als die zukünftige Lösung propagieren, um die Region zu stabilisieren. Allein dieser Ehrgeiz der Politiker gibt Anlass zu vermuten, dass die APT als Manifestation dieses Lösungsweges weiter wirken und arbeiten kann.

---

[213] Vgl. ASEAN 2004: Chairman's Statement of the 8th ASEAN +3-Summit, Art. 11, Vientiane. (http://www.aseansec.org/16847.htm), [30.07.2007].
[214] Vgl. ASEAN 2007: The Tenth Consultations between the ASEAN Economic Ministers and the Ministers of People's Republic of China, Japan and Republic Korea (AEM Plus Three), Art. 7-12, Makati City 25. (http://www.aseansec.org/20868.htm), [22.09.2007].
[215] Vgl. Yong, Ong Keng 2004: Wenn der Tiger mit dem Drachen ... Gute Nachbarschaft in Südostasien, in: Alfred-Herrhausen-Gesellschaft für Internationalen Dialog (Hrsg.): Das Prinzip Partnerschaft. München, S. 369-376, S. 375.
[216] Vgl. Hummel 2004, S. 125; Rothacher, Albrecht 2004: „Des Kaisers neue Kleider? Zur aktuellen Situation regionaler Kooperation in Asien", in: Internationales Asienforum Jg. 35, 1-2, S. 133-154, S. 153f.

Ryôma Sakaeda

Das ASEAN Regional Forum (ARF): Konsultativplattform ohne Konfliktlösungskompetenz?

1 Einleitung

Das im Jahr 1994 gegründete ASEAN Regional Forum (ARF) ist bis in die Gegenwart der einzige multilaterale Prozess in der Region Asien-Pazifik, der mit einem explizit sicherheitspolitischen Mandat ausgestattet ist.[1] Da bis zu seiner Entstehung das Niveau der multilateralen Sicherheitskooperation auf regionaler Ebene im Vergleich zum europäisch-transatlantischen Beziehungsgefüge als gering zu bezeichnen war (und immer noch zu bezeichnen ist), löste das ARF von Beginn an ebenso hohe Erwartungen aufseiten der Befürworter wie äußerst skeptische Einschätzungen vonseiten vieler Beobachter aus. Andere wiederum versuchten sich in einer mittleren Position, indem die Tatsache, dass ein derartiger Prozess in einer als problem- und konfliktreich wahrgenommenen Region überhaupt entstanden ist, als positives Signal gewertet wurde. Auch für das Jahr 2008 lässt sich festhalten, dass das ARF in erster Linie eine Konsultativplattform darstellt, das weiterhin auf seinen „Durchbruch" als konkrete und deutlich sichtbare Institution für ein effektives Management der virulentesten zwischenstaatlichen Konflikte in der Region wartet. Das zweite Kapitel des vorliegenden Beitrags zeichnet neben einem Überblick zu den wichtigsten Merkmalen des ARF als multilaterale Organisation (Struktur, Ziele, Vorgehensweise) die Entwicklungen in den letzten Jahren nach. Zum Zwecke eines umfassenderen Verständnisses für das von einigen als äußerst langsam, von anderen wiederum als nicht vorhanden bezeichnete Tempo im Institutionalisierungsprozess des ARF wirft das dritte Kapitel einen historischen Rückblick auf die Entstehung der überwiegend bilateralen Allianzen im Raum Asien-Pazifik nach dem Jahr 1945. Hierbei liegt das Augenmerk auf dem vielschichtigen Prozess, der sich zwischen den „außerregionalen" Mächten USA und Großbritannien, den Staaten, die letzten Endes ein bilaterales Bündnis mit den USA eingegangen sind (vor allem Australien, Neuseeland und Japan) und einer *Norm gegen die Bildung von kollektiven, multilateralen Bündnissystemen* abspielte. Das abschließende Kapitel unternimmt einen kursorischen theoretischen Ausblick, der auf eine mögliche Auseinandersetzung mit dem ARF innerhalb der politikwissenschaftlichen Teildisziplin Internationale Beziehungen (IB) verweist und die Notwendigkeit zur Differenzierung der Begriffe *Souveränität* und *Institution* auf konzeptioneller Ebene unterstreicht, um zu einer umfassenderen Interpretation des ARF zu gelangen, als es die bloße Beobachtung von und Fixierung auf kurzfristige Kooperationserfolge erlaubt.

---

[1] Für hilfreiche Kommentare zu einer früheren Version des vorliegenden Beitrags danke ich Johannes Gerschewski, Frank A. Stengel und Dirk Nabers.

2 Das ASEAN Regional Forum: Genese und Struktur

Mit der Gründung des ARF im Juli 1994 entstand erstmals ein multilateraler Prozess zur Koordinierung der zwischenstaatlichen Sicherheitsbeziehungen in der Region Asien-Pazifik. Zwar hatte es schon nach dem Ende des Zweiten Weltkrieges bzw. Asiatisch-Pazifischen Krieges Ansätze zur Herausbildung von multilateralen Sicherheitsinstitutionen gegeben, die erfolgreichen Beispiele blieben jedoch entweder auf wenige Staaten oder auf eine Staatengruppe innerhalb einer Subregion beschränkt. Der Dialogprozess im ARF existiert parallel zu weiteren sicherheitspolitisch relevanten Arrangements in der Region, wie die schematische Momentaufnahme in Tab. 1 verdeutlicht.

Tabelle 1: Sicherheitspolitische Kooperationsformen im Asien-Pazifik

Funktionen	Mitgliedschaft	
	Inklusiv	Exklusiv
Befähigung zur militärischen Durchsetzung	Kollektive Sicherheit (z.B. VN-Charta Kapitel VII)	Kollektive Sicherheit und Selbstverteidigung (z.B. Allianz Japan-USA)
Keine Befähigung zur militärischen Durchsetzung (Dialog/Prävention)	Kooperative Sicherheit (z.B. ARF)	Strategische Partnerschaft (z.B. USA-Indien, China-Russland)

Quelle: Hoshino, Toshiya 2000: Pursuing „informal" human security: A „Track II" status report, in: Tow, William T./Thakur, Ramesh/Hyun, In-Taek (Hg.): Asia's emerging regional order. Reconciling traditional and human security. Tokyo et al., S. 267-288, hier : S. 272, Table 16.1, eigene Übersetzung.

Die hier in Tabelle 1 aufgeführten Kooperationsformen haben ihren jeweiligen Ausgangspunkt in verschiedenen historischen Perioden seit dem Jahr 1945. Beispielsweise ist die Deklaration strategischer Partnerschaften zwischen den für die Region relevanten Großmächten eine Entwicklung, die verstärkt in der zweiten Hälfte der 1990er Jahre einzusetzen begann,[2] während die Vereinten Nationen (VN) innerhalb der Region sowohl als normativer Bezugsrahmen als auch bei der Durchführung von Friedensmissionen bzw. in ihrer Funktion als Beobachter in konkreten Konfliktfällen seit dem Jahr 1949 präsent sind.[3] Obwohl einige Beobachter von einer gegenwärtigen Entwicklung hin zur „Regionalisierung von Friedensmissionen" sprechen, werden diese Aufgaben in der Region Asien-Pazifik bis

---

[2] Die Ursprünge sind allerdings auf die amerikanisch-chinesische Annäherung seit den frühen 1970er Jahren zurückzuführen. Vgl. Hoshino, Toshiya 2000: Pursuing „informal" human security: A „Track II" status report, in: Tow, William T./Thakur, Ramesh/Hyun, In-Taek (Hg.): Asia's emerging regional order. Reconciling traditional and human security. Tokyo et al., S. 267-288, hier: S. 271.

[3] In verschiedenen Konflikten in der asiatischen Region übten die VN erstmalig einige ihrer Funktionen aus. So wurde erstmals im Koreakrieg 1950-53 zur militärischen Gewaltanwendung unter Kapitel VII der VN-Charta gegriffen. Die Stationierung der UNMOGIP (UN's Military Observer Group in India and Pakistan) in Jammu und Kashmir seit dem Jahr 1949 ist die am längsten andauernde Friedens- bzw. Beobachtermission der VN. Der Einsatz der UNTAC (UN's Transitional Authority in Cambodia) in Kambodscha wandte ein Maßnahmenpaket an, das als „zweite Generation" der VN-Friedensmissionen bekannt wurde. Im Vorfeld der formalen Unabhängigkeitserklärung Timor-Lestes im Mai 2002 übte die VN erstmalig souveräne Autorität in einem noch zu gründenden Staat aus. Vgl. ausführlich Foot, Rosemary, 2003: The UN System as a Pathway to Security in Asia. A Butress, Not a Pillar, in: Alagappa, Muthiah (Hg.), Asian Security Order. Instrumental and Normative Features. Stanford (CA), S. 311-345.

dato nicht von regionalen Zusammenschlüssen übernommen.[4] Ein latentes Spannungsfeld besteht zwischen dem ARF als multilaterale Plattform basierend auf dem Konzept *kooperative Sicherheit* (*cooperative security*) und den um die USA zentrierten bilateralen Bündnissen. Ein übergeordnetes Merkmal des Prinzips der kooperativen Sicherheit ist die einstweilige Suspendierung der Frage, inwieweit diese mit den Kernprinzipien *kollektive Sicherheit* (*collective security*) bzw. *kollektive Selbstverteidigung* (*collective self-defense*) vereinbar ist. Verkürzt ausgedrückt, beinhalten kollektive Sicherheitsarrangements hierbei die (zumindest formal deklarierte) Bereitschaft unter allen Vertragsparteien zur Abschreckung von und Verteidigung gegen Aggressoren innerhalb der eigenen Gruppe (so z.B. die VN in Abhängigkeit der Entscheidungen des Sicherheitsrates), während ein System der kollektiven Verteidigung auf der Bereitschaft zur Abschreckung und Abwehr von Bedrohungen außerhalb der Gruppe beruht.[5]

2.1 Das Konzept der kooperativen Sicherheit im ARF

Es lassen sich verschiedene Konzepte der Sicherheit in der internationalen Politik unterscheiden. Ein Merkmal des zu Beginn der 1990er Jahre entstandenen Begriffs *kooperative Sicherheit* ist die enge Anlehnung an die Kernprinzipien von *gemeinsame* (*common*) bzw. *umfassende Sicherheit* (*comprehensive security*). Das Konzept *gemeinsame Sicherheit* geht ursprünglich auf den sogenannten Palme-Bericht der „Independent Commission on Disarmament" aus dem Jahr 1982 zurück.[6] Im Kontext der nuklearen Abschreckungslogik des Ost-West-Konflikts formuliert, betont der Begriff *gemeinsame Sicherheit* die Interdependenz zwischen den Staaten und ihre gemeinsamen Verantwortlichkeiten in militärischer, wirtschaftlicher und entwicklungspolitischer Hinsicht. Darauf aufbauend bildete sich ein Begriff heraus, der das Erreichen von Sicherheit „mit anderen", statt Sicherheit „gegen andere" in den Vordergrund rückte.[7] Als institutionalisierter Ausdruck dieser Entwicklung ist die Konferenz für Sicherheit und Zusammenarbeit in Europa (KSZE) zu betrachten, die in einem Dialogprozess zwischen den europäisch-transatlantischen Blockstaaten mündete. Die dabei ergriffenen Schritte zur Umwandlung der abstrakten Prinzipien können in einem Bündel von Maßnahmen unter dem Begriff *vertrauens- und sicherheitsbildende Maßnahmen* (VSBM) zusammengefasst werden. Diese erstrecken sich über deklaratorische (Absichtserklärungen in Bezug auf militärisch-strategische Grundsatzdoktrin), Transparenz

---

[4] Damit ist gemeint, dass inzwischen eine Vielzahl von Friedens- und Beobachtermissionen von regionalen Zusammenschlüssen autorisiert werden. Vgl. Bellamy, Alex J./Williams, Paul D., 2005: Who's Keeping the Peace? Regionalization and Contemporary Peace Operations, in: International Security 29 (4), S. 157-195; vgl. ebenfalls Caballero-Anthony, Mely, 2002: Partnership for Peace in Asia: ASEAN, the ARF, and the United Nations, in: Contemporary Southeast Asia 24 (3), S. 528-548.
[5] Acharya, Amitav 2007: Regional Institutions and Security in the Asia-Pacific. Evolution, Adaptation, and Prospects for Transformation, in: Acharya, Amitav/Goh, Evelyn (Hg.): Reassessing Security Cooperation in the Asia-Pacific. Competition, Congruence, and Transformation. Cambridge (MA)/London, S. 19-40; Hoadley, Stephen 2006: The Evolution of Security Thinking. An Overview, in: Hoadley, Stephen/Rüland, Jürgen (Hg.): Asian Security Reassessed. Singapore, S. 3-33, hier: S. 12-15; ; Emmers, Ralf 2004: Security Cooperation in the Asia-Pacific. Evolution of Concepts and Practices, in: Tan, See Seng/Acharya, Amitav (Hg.): Asia-Pacific Security Cooperation. National Interests and Regional Order. Armonk (NY)/London, S. 3-18.
[6] Vgl. McSweeney, Bill 1999: Security, Identity and Interests. A Sociology of International Relations. Cambridge, S. 28-29, 45-52.
[7] Dewitt, David 1994: Common, Comprehensive, and Cooperative Security, in: The Pacific Review 7 (1), S. 1-15, hier: S. 1-2, 4-7.

schaffende (Informationsaustausch, Einladung zur Observation von Militärmanövern und -anlagen, Veröffentlichung von Verteidigungsangaben und Rüstungsanstrengungen) bis hin zu reziproken Einschränkungsvorkehrungen (Einrichtung von Neutralitätszonen).[8] Während diese Konzepte hauptsächlich in Europa ihre Ausprägung und konkrete Anwendung erfuhren, wird dem Begriff *umfassende Sicherheit* ein „asiatischer" Ursprung zugewiesen. Die erstmalige Verwendung wird der japanischen Regierung unter Ministerpräsident Masayoshi Ohira zu Beginn der 1980er Jahre zugeschrieben, während einige ASEAN-Regierungen (insbesondere Indonesien und Malaysia) schon in den frühen 1970er Jahren mit dem Ansatz der „nationalen Widerstandsfähigkeit" (*national resilience*) eine Begrifflichkeit prägten, die ein ganzheitliches Verständnis unter Einschluss von wirtschaftlicher Entwicklungs- sowie sozialer Ordnungspolitik bei gleichzeitiger Überwindung einer allzu engen Begrenzung auf das Prinzip der nationalen Verteidigung gegenüber einem externen Feind betonten.[9] Der Text des ASEAN Concord aus dem Jahr 1976 formalisierte den Begriff *nationale Widerstandsfähigkeit* als primären sicherheitspolitischen Ansatz.[10] Zwischen der japanischen und der südostasiatischen Formulierung bestanden jedoch einige Unterschiede. Während die japanische Konzeptualisierung eine Privilegierung der Wirtschaftsdiplomatie als primäres außenpolitisches Instrument bei geringerer Betonung von „traditionellen" Elementen der nationalen Sicherheitspolitik (Allianzbildung, Rüstungspolitik) zu etablieren suchte, war der Ausdruck „nationale Widerstandsfähigkeit" vielmehr von einer introvertierten Tendenz und einer Verknüpfung mit Aspekten der innenpolitischen Stabilität, der nationalen Autonomie gegenüber externen Einflüssen sowie der wirtschaftlichen Entwicklung – kurzum: dem Aufbau eines Nationalstaates – geprägt.[11] Vereinfacht ausgedrückt, weist die japanische Variante eine externe, die südostasiatische ursprünglich eine interne Ausrichtung auf.[12] Spätestens mit dem Ende des Ost-West-Konflikts begannen die führenden ASEAN-Staaten jedoch unter dem Schlagwort *regionale Widerstandsfähigkeit* (*regional resilience*) zunehmend einen Zusammenhang zwischen nationaler und regionaler Stabilität herzustellen. Die grundlegende Vorstellung dabei ist, dass regionale Sicherheit einsetzt, wenn die beteiligten Staaten sich dem Ziel des nationalstaatlichen Aufbaus verpflichten. Dies soll jedoch auf der Basis einer Selbstverpflichtung und weniger durch die Artikulierung und Kodifizierung von Regeln oder gar durch Androhung von Sanktionen bei Nichtbefolgung realisiert werden:

---

[8] Hoadley 2006: 12-15.
[9] Das englische Wort „resilience" ist ebenso mit Begriffen wie „Spannkraft", „Elastizität" und „Flexibilität" in die deutsche Sprache übertragbar, weshalb Bernhard Dahm im Zusammenhang mit der ASEAN von (nationaler/regionaler) „Resilienz" spricht. Vgl. Dahm, Bernhard 1996: Nationale und regionale „Resilienz" in Südostasien: Ein kultureller Begriff im Sicherheitsdenken der ASEAN-Staaten, in: Rüland, Jürgen (Hg.): Kooperation, Regionalismus und Integration im asiatisch-pazifischen Raum. Hamburg, S. 93-102. Die mehrfache Konnotation erinnert an den Machtbegriff von Steven Lukes, der auf einer Erweiterung der Definition von John Locke beruht: „[...] having power is being able to make or to receive any change, or to resist it". Lukes, Steven 2005 (1974): Power: A Radical View. Second edition, Basingstoke, Hampshire (et al.), S. 69.
[10] Emmers, Ralf 2007: Comprehensive Security and Resilience in Southeast Asia. ASEAN's Approach to Terrorism and Sea Piracy. Working Paper Series No. 132, S. Rajaratnam School of International Studies, Singapore, S. 4-5.
[11] Hoadley 2006: 16-18; Hernandez, Carolina G. 2005: How Japan Can Contribute to a Peaceful World, in: Asia-Pacific Review 12 (1), S. 87-102.
[12] Hoadley 2006: 12-18; Acharya, Amitav 2001: Constructing a Security Community in Southeast Asia. ASEAN and the problem of regional order. London/New York, S. 57-60; Leong, Ho Khai 1998: Malaysia's Conceptions of Security. Self-Resilience, Sovereignty and Regional Dynamics, in: Asian Perspective 22 (3), S. 63-101.

> Regional resilience is accomplished via the states' adherence to a set of agreed-on norms and behavior [...]. [The ASEAN] agreement to abide by the norms of behavior does not come from fear of punishment, and neither does it mean that the states are being altruistic; instead it signifies awareness that their own security is best achieved in concert with others.[13]

Die Gelegenheit, diese verschiedenen Begriffsbildungen auf die regionale Ebene des sicherheitspolitischen Multilateralismus zu übertragen, eröffnete sich zu Beginn der 1990er Jahre. Frühe diplomatische Vorstöße zur Bildung eines nach dem Vorbild der KSZE modellierten Formats erfolgten in den Jahren 1986 bis 1988 vonseiten der sowjetischen Regierung unter Mikhail Gorbatschow. Bis zum Jahr 1990 traten auch die Außenministerien Australiens, Kanadas, Malaysias, der Mongolei und Südkoreas mit ähnlichen Vorschlägen an die Öffentlichkeit. Im Detail waren diese zwar unterschiedlich ausgestaltet, jedoch war ihnen gemeinsam, dass sie allesamt den Einschluss der Sowjetunion befürworteten. Die Bezeichnung *kooperative Sicherheit* tauchte zum ersten Mal in einer Initiative des kanadischen Außenministeriums aus dem Jahr 1990 auf und wurde später vom damaligen Außenminister Australiens, Gareth Evans, in seiner Ansprache vor der VN-Generalversammlung im September 1993 übernommen und spezifiziert. Dabei sprach sich Evans' Konzept für eine grundsätzliche Bevorzugung von multilateralen gegenüber uni- oder bilateralen Ansätzen der sicherheitspolitischen Zusammenarbeit aus. Diese „anglo-pazifische Variante" des europäischen Konzepts *gemeinsame Sicherheit*[14] betont die Zentralität einer dialogbasierten Vorgehensweise und lässt dabei die Institutionalisierung bzw. Formalisierung von Prozessen zur konkreten Zusammenarbeit offen.[15]

Ein weiterer Aspekt der Adaption eines weiten Sicherheitsbegriffs ist die erleichterte Anschlussfähigkeit an das Konzept *menschliche Sicherheit* (*human security*). Dieser Begriff beinhaltet eine Dreiteilung der Analyseebenen und Referenzobjekte von Sicherheit („Wer oder was soll ‚gesichert' werden?"): 1) Das internationale System und seine Stabilität, 2) der Nationalstaat und 3) das Individuum. Das Verdienst dieses Konzepts ist wohl in der Fokussierung der dritten Ebene zu verorten, wodurch die Beeinträchtigung von Bevölkerungsgruppen durch sozio-politische und sozio-ökonomische Faktoren in den Blickpunkt der Sicherheitspolitik rückt.[16] Im Kontext des ARF drückt sich die Berücksichtigung von Aspekten der *menschlichen* im Begriff *kooperative Sicherheit* durch die Themenvielfalt der Gesprächsagenda aus (vgl. Abbildung 5), bedeutet jedoch nicht zwangsläufig, dass ein breiteres Spektrum von nichtregierungsamtlichen Akteuren am offiziellen Dialogprozess beteiligt werden.[17]

---

[13] Collins, Alan 2003: Security and Southeast Asia. Domestic, Regional, and Global Issues. Boulder (CO)/London, S. 130.
[14] Hoadley 2006: 15.
[15] Hoadley 2006: 15; Evans, Paul 1994: Building Security. The Council for Security Cooperation in the Asia-Pacific (CSCAP), in: The Pacific Review 7 (2), S. 125-139, hier: S. 126.
[16] Vgl. exemplarisch Tow, William T./Trood Russel, 2000: Linkages between traditional security and human security, in: Tow, William T./Thakur, Ramesh/Hyun, In-Taek (Hg.): Asia's emerging regional order. Reconciling traditional and human security. Tokyo et al., S. 13-46.
[17] Beukel, Erik 2008: ASEAN and the ARF in East Asia's Security Architecture. The Role of Norms and Power. DIIS (Danish Institute for International Studies) Report, Copenhagen, S. 33; Ball, Desmond/Milner, Anthony/Taylor, Brendan, 2005: Mapping Track II Institutions in New Zealand, Australia and the Asian Region. An Independent Study Submitted to the Asia New Zealand Foundation, March 2005. Wellington, S. 9; Rüland, Jürgen 2002: The Contribution of Track Two Dialogue towards Crisis Prevention, in: ASIEN 85 (October), S. 84-96.

2.2 Das Ende des Ost-West-Konflikts und die Entstehung des ARF

Die frühen Aufrufe zu Beginn der 1990er Jahre für die Schaffung eines multilateralen Dialogforums mit einem explizit sicherheitspolitischen Mandat sahen sich zunächst mit einer ablehnenden Haltung aufseiten der USA, der VR China, der ASEAN und Japans konfrontiert. Wiederholt wurde von diesen Staaten geäußert, dass die Formalisierung eines multilateralen Sicherheitsforums verfrüht sei und der Komplexität in der asiatisch-pazifischen Region nicht gerecht werden könne.[18] Dass es dennoch zur Gründung des ARF kam, war unmittelbar einer diplomatischen Dynamik zu verdanken, die sich zwischen der ASEAN und dem japanischen Außenministerium entwickelte. Trotz der offiziell verkündeten negativen Äußerungen setzte zeitgleich auf beiden Seiten ein interner Prozess zur Neubewertung der eigenen diplomatischen Strategie in Fragen der Regionalpolitik ein. Die Einschätzungen zu den möglichen Implikationen der sich abzeichnenden weltpolitischen Wende (Ende des Ost-West-Konflikts) sowohl aufseiten der ASEAN als auch aufseiten des japanischen Außenministeriums konvergierten insofern, als dass ein multilaterales Sicherheitsforum als eine Maßnahme zur Verminderung von strategischer Unsicherheit angesehen wurde. Die Notwendigkeit hierfür wurde vor dem Hintergrund wahrgenommen, dass der Abzug sowjetischer Truppen aus der Region eingesetzt hatte und als Folge davon darüber spekuliert wurde, dass die USA ebenfalls eine drastische Verminderung ihrer Militärpräsenz vornehmen könnten. Die jeweils unterschiedlich gelagerte Einbindung in bilaterale Sicherheitsabkommen mit den USA bedingte jedoch abweichende Schlussfolgerungen in der Frage, welche Staaten in einem solchen Forum miteinbezogen werden sollten. Aus japanischer Perspektive sollte ein multilaterales Arrangement auf „gleichgesinnte Staaten" – d.h. unter Ausschluss der Sowjetunion und Chinas – begrenzt bleiben, wobei vor allem die Anbindung an die USA als wichtigstes Kriterium galt.[19] Die Diskussion innerhalb der ASEAN-Regierungen drehte sich um die Frage, ob ein militärischer Rückzug der USA ein Vakuum hinterlassen und somit ein Machtgerangel um die regionale Vorherrschaft zwischen China, Japan und Indien nach sich ziehen könnte. Da sich aber die ASEAN-Mitglieder untereinander nicht einigen konnten, welcher Staat als aussichtsreichster Kandidat für die Rolle der neuen Hegemonialmacht zu sehen war, setzte sich die Übereinkunft durch, dass ein multilaterales Sicherheitsarrangement auf gesamtregionaler Ebene nur unter Mitwirkung Chinas, Japans, der Sowjetunion sowie der USA voranzubringen sei.[20] Dieser Konsens innerhalb der ASEAN in Befürwortung eines *inklusiven* Mitgliederkreises stand somit im Gegensatz zu Japans *selektivem* Ansatz.

Im Frühjahr und Sommer 1991 hatten beide Seiten im Rahmen mehrerer ASEAN-Treffen die Gelegenheit, sich über ihre jeweiligen Initiativen auszutauschen, ohne dass sich jedoch die Differenzen ausräumen ließen. So stellte sich heraus, dass die Betonung von

---

[18] Narine, Shaun 2002: Explaining ASEAN. Regionalism in Southeast Asia. Boulder (CO)/London, S. 102-103; Acharya 2001: 169-170; Midford, Paul 2000: Japan's leadership role in East Asian security multilateralism: the Nakayama proposal and the logic of reassurance, in: The Pacific Review 13 (2), S. 367-397, hier: S. 372-378; Hurtzig, Julia/Sandschneider, Eberhard 2000: National Interest and Multilateral Cooperation. The PRC and its Policies towards APEC and ARF, in: Dosch, Jörn/Mols, Manfred (Hg.): International Relations in the Asia-Pacific. New Patterns of Power Interest, and Cooperation. Münster/New York, S. 215-242, hier: S. 226.
[19] Midford 2000: 376-377, 379; Yuzawa, Takeshi 2005: Japan's changing conception of the ASEAN Regional Forum: from an optimistic liberal to a pessimistic realist perspective, in: The Pacific Review 18 (4), S. 463-497, hier: S. 465-466.
[20] Acharya 2001: 167-172, 181-182.

VSBM durch die ASEAN nicht auf Zustimmung im japanischen Außenministerium traf. Stattdessen argumentierten die Tokioter Ministerialbeamten im Einklang mit ihrem selektiven Ansatz, dass sich VSBM für „verfeindete", nicht aber für einander „freundlich gesinnte" Staaten eigneten. Trotz dieser ausstehenden Unstimmigkeiten nutzte der damalige Außenminister Japans, Taro Nakayama, ein Treffen im Rahmen der ASEAN Post Ministerial Conference (PMC)[21] im Juli 1991, um als erster Regierungsvertreter in offizieller Funktion die Gründung eines multilateralen Sicherheitsforums in der Region Asien-Pazifik zu verkünden. Dieser Vorstoß war im Vorfeld weder mit den ASEAN-Regierungen noch mit den USA ausreichend abgestimmt worden und sorgte deshalb für einen diplomatischen Eklat. Nichtsdestotrotz vermochte der Prozess bis zum sogenannten Nakayama-Vorschlag das politisch-diplomatische Gewicht der ASEAN und Japans in Befürwortung eines multilateralen Ansatzes zu vereinen und hat somit entscheidend dazu beigetragen, die bis dahin ablehnende Haltung der US-Regierung zu durchbrechen.[22]

Die negative Reaktion auf den als verfrüht wahrgenommenen Nakayama-Vorschlag hatte zur Folge, dass der ASEAN fortan die alleinige Initiativrolle bei der konkreten Ausgestaltung des ARF zukam.[23] Ein Jahr nach dem umstrittenen Vorstoß Japans unterbreitete die Regierung Singapurs im Rahmen des ASEAN Ministerial Meeting (AMM) mit der Unterstützung der Delegationen aus den USA und Australien den Vorschlag, einen separaten Sicherheitsdialog außerhalb der ASEAN-PMC einzurichten. Zur weiteren Diskussion wurde eine Sondersitzung des ASEAN-PMC Senior Officials Meeting (SOM) im Mai 1993 einberufen. Im Rahmen dieses Treffens erfolgte der Beschluss, die Außenminister von China, Laos, Russland, Papa Neuguinea und Vietnam zur nächsten ASEAN-PMC im darauf folgenden Juli in Singapur einzuladen. Dort kam es zum formalen ASEAN-Vorschlag der Etablierung eines Sicherheitsforums, der am 25. Juli 1993 von den anwesenden Regierungsvertretern aus 18 Staaten angenommen wurde.[24]

Im Rückblick erscheint es fraglich, ob der selektive Ansatz Japans auf gesamtregionaler Ebene konsensfähig gewesen wäre. Wie oben angesprochen, hatten auch die diversen Aufrufe der weiteren Regierungen einen Dialog über jegliche Frontbildungen hinweg nach dem Vorbild der KSZE zum Inhalt. Für die ASEAN ähnelten die japanischen Vorschläge im Ansatz zu sehr dem Charakter eines erneuten Versuchs zur militärischen Blockbildung und waren somit nicht vertretbar. Ebenso dürfte aufseiten der ASEAN-Regierungen das Motiv vorhanden gewesen sein, der eigenen Organisation im ARF-Vorhaben eine Führungsrolle zu sichern.[25]

---

[21] Die ASEAN-PMC findet seit dem Jahr 1978 statt und fungiert als Plattform für direkte Gespräche zwischen der ASEAN und ihren Dialogpartnern. Der ursprüngliche Kreis der ASEAN-Dialogpartner umfasste Australien, die Europäische Gemeinschaft, Kanada, Neuseeland, Japan und die USA. Vgl. Acharya 2001: 171. Für eine aktuelle Liste vgl. Abbildung 2.
[22] Goh, Evelyn 2004: The ASEAN Regional Forum in the United States East Asian strategy, in: The Pacific Review 17 (1), S. 47-69, hier: S. 51-53; Midford 2000: 384-388.
[23] Dies wird auch deutlich daran, dass unmittelbar nach der Gründung des ARF die Außenministerien Australiens, Kanadas und Südkoreas von der ASEAN beauftragt wurden, Vorschläge für die im ARF zu eruierenden Themenfelder vorzuschlagen. Das japanische Außenministerium gehörte zu jenen Teilnehmern, die in dieser Phase unaufgefordert Entwürfe einreichten, die im Detail jedoch kaum von den oben genannten, „offiziell beauftragten" Vorschlägen abwichen. Vgl. Pfennig, Werner 1996: Das ASEAN Regional Forum (ARF). Auf dem Weg zu einem asiatischen Sicherheitsregime?, in: Rüland, Jürgen (Hg.): Kooperation, Regionalismus und Integration im asiatisch-pazifischen Raum. Hamburg, S. 147-164, hier: S. 154-155.
[24] Emmers, Ralf 2003: Cooperative Security and the Balance of Power in ASEAN and the ARF. London/New York, S. 30-31; Narine 2002: 104-105.
[25] Acharya 2001: 173-179; Midford 2000: 384-388.

2.3 Mitgliederstruktur, Ziele und Vorgehensweisen des ARF

Die bisherige Geschichte des ARF kann grob in zwei Phasen unterteilt werden. Die erste erstreckt sich von der Gründung 1994 bis in das Jahr 2001 und war vor allem von Bemühungen zur Festlegung der Leitprinzipien und -konzepte sowie ihrer möglichen Ausführungsmechanismen geprägt. Obwohl viele Aspekte aus dieser Phase bis in die Gegenwart ungeklärt geblieben sind, ist beginnend mit dem Jahr 2002 durch Kooperationsmaßnahmen im Bereich der internationalen Terrorismus- und transnationalen Verbrechensbekämpfung eine zweite Phase eingeläutet worden, die als eine einstweilige Verschiebung der ARF-Agenda von zwischenstaatlichen Konflikten hin zu transnationalen Problembereichen bezeichnet werden kann.[26]

2.3.1 Mitgliederstruktur

Tabelle 2: Teilnehmer des ARF (Stand: Januar 2008)

Teilnahme durch ASEAN-Mitgliedschaft	Brunei, Indonesien, Kambodscha (1995), Laos, Malaysia, Myanmar (1996), Philippinen, Singapur, Thailand, Vietnam
Teilnahme durch ASEAN-Dialogpartnerstatus	Australien, EU, Indien (1996), Japan, Kanada, Neuseeland, Russland, Südkorea, USA, China
Teilnahme durch ASEAN-Beobachterstatus	Papa Neuguinea
Weitere Teilnehmer	Bangladesch (2006), Nordkorea (2000), Mongolei (1999), Timor-Leste (2005), Pakistan (2004), Sri Lanka (2007)
ASEAN Generalsekretariat	

Jahresangaben hinter den Ländernamen bezeichnen das Eintrittsdatum; bei fehlenden Angaben handelt es sich um Gründungsmitglieder.
Quelle: Heller 2005: 126; Beukel 2008: 40; eigene Übersetzung.

Wie aus Tab. 2 ersichtlich wird, weist das ARF eine äußerst weitgefasste Mitgliederstruktur vor. Während zum Zeitpunkt der Gründung weder eine Eingrenzung auf „gleichgesinnte" (d.h. eng mit den USA assoziierte) Staaten noch eine nach geografischen Kriterien klar definierbare Gruppierung (etwa unter dem Begriff „Ostasien") im ARF ersichtlich war, ist in den letzten Jahren durch die Beitritte Pakistans, Bangladeschs und Sri Lankas zumindest vordergründig eine zunehmende Verknüpfung zur südasiatischen Region entstanden. Um diese weitgefasste Mitgliederstruktur begrifflich einzufangen, verwendet das ARF die Bezeichnung „Asien-Pazifik".[27]

---

[26] Acharya 2007: 25.
[27] Die Unterscheidung zwischen den nebeneinander existierenden Bezeichnungen „Asien", „Ostasien" und „Asien-Pazifik" ist innerhalb der entsprechenden politikwissenschaftlichen Forschung höchst unterschiedlich, wobei eine explizite Thematisierung eher selten vorkommt. So argumentieren sowohl Mutiah Alagappa als auch Barry Buzan und Ole Wæver, dass „Asien-Pazifik" eher dem wirtschaftspolitischen Regionalismus entspreche und sich weniger für die Analyse der regionalen Sicherheitspolitik eigne. Als Schlussfolgerung schlägt Alagappa den Begriff „Asien" vor, während Buzan und Wæver in ihrer Formulierung einer Theorie regionaler Sicherheitskomplexe eine Einteilung in „Ostasien" (bestehend aus Nordost- und Südostasien), „Südasien" und „Zentralasien" verwenden. Aus pragmatischen Gründen wird im vorliegenden Beitrag „Asien-Pazifik" zur Bezeichnung der relevanten Region für das ARF verwendet. Wenn sinnvoll, soll entsprechend der für analytische Zwecke konstruierten Unterteilung von Buzan/Wæver die Rede von Ostasien sein. Diese Region setzt sich zusammen aus den Subregionen

2.3.2 Ziele

Als übergeordnetes Ziel des Forums nennt die Abschlusserklärung (das Chairman's Statement) des ersten Jahrestreffens 1994 die Schaffung eines „transparenteren und konstruktiveren Beziehungsmusters in der asiatisch-pazifischen Region".[28] Das Konzeptpapier (*Concept Paper*) des ARF im Anhang der Abschlusserklärung des zweiten Jahrestreffens 1995 legt einen dreistufigen Entwicklungsprozess fest: Stage I: Promotion of Confidence-Building Measures, Stage II: Development of Preventive Diplomacy Mechanisms, Stage III: Development of Conflict-Resolution Mechanisms.[29]

Zwei denkbare Ansätze werden für das Erreichen der jeweiligen Stufe genannt:

> The first approach derives from ASEAN's experience, which provides a valuable and proven guide for the ARF. [...] ASEAN's well established practices of consultation and consensus (musyawarah and mufakat) have been significantly enhanced by the regular exchanges of high-level visits among ASEAN countries. This pattern of regular visits has effectively developed into a preventive diplomacy channel. In the Asian context, there is some merit to the ASEAN approach. It emphasizes the need to develop trust and confidence among neighbouring states.[30]

Der zweite Ansatz ist gemäß des Konzeptpapiers als noch zu eruierender Gegenstand zu betrachten. Da die Gesprächsagenda viele sensible Inhalte berührt, soll sich der informelle (d.h. nichtregierungsamtliche) Track-II-Dialog in erster Linie mit der Ausarbeitung konkreter Maßnahmen befassen.[31]

Im Konzeptpapier sind die bis in die Gegenwart gültigen Leitlinien für die Vorgehensweise zur Umsetzung der vorgegebenen Ziele vorgezeichnet. Im Grunde genommen handelt es sich hierbei um eine Adaption des *ASEAN Way* – jenen leitenden Normen und Prinzipien, die innerhalb der südostasiatischen Staatengemeinschaft einen zentralen Stellenwert einnehmen, über deren Grad an Relevanz jedoch in der ASEAN-Forschung kontroverse Debatten geführt werden.[32] Ein integraler Bestandteil des *ASEAN Way* sind international anerkannte Verhaltensvorgaben (*behavioural norms*), die im Falle der ASEAN in Kapitel I, Art. 2 des Vertrags für Freundschaft und Zusammenarbeit (*Treaty of Amity and Cooperation*; kurz: TAC) von 1976 festgehalten werden. Vier fundamentale Prinzipien konstituieren den Kern des Verhaltenskodex: 1) Respekt gegenüber der Souveränität und

---

Südostasien (ASEAN) und Nordostasien (China, Japan, Nord- und Südkorea, Taiwan, die Mongolei). Die Grenzen dieser Einteilung nach Sicherheitskomplexen werden schnell deutlich, wenn sich die Frage nach der Bedeutung Australiens, Neuseelands und Indiens stellt. Vgl. Alagappa, Muthia 2003: Introduction, in: Alagappa, Muthiah (Hg.), Asian Security Order. Instrumental and Normative Features. Stanford (CA), S. 1-30, hier: S. 25-27; Buzan, Barry/Wæver, Ole 2003: Regions and Powers. The Structure of International Security. Cambridge, S. 93-182; Buzan, Barry 1998: The Asia-Pacific: what sort of region in what sort of world?, in: McGrew, Anthony/Brook, Christopher (Hg.), Asia-Pacific in the New World Order. London/New York, S. 68-87.

[28] ARF (ASEAN Regional Forum), 2007: ARF Document Series 1994-2006, (http://www.aseanregionalforum.org/Default.aspx?tabid=290), [16.01.2008], S. 4.

[29] ARF 2007: 13. Aufgrund der Einwände vonseiten der chinesischen Delegation wurde der Wortlaut „Conflict-Resolution Mechanisms" später in „elaboration of approaches to conflicts" umbenannt. Vgl. Emmers 2003: 32; Acharya 2001: 177; Henderson, Jeannie 1999: Reassessing ASEAN. The Adelphi Papers, 39 (328), London, S. 69; Foot, Rosemary 1998: China in the ASEAN Regional Forum. Organizational Processes and Domestic Modes of Thought, in: Asian Survey 37 (5), S. 425-440, hier: S. 432.

[30] ARF 2007: 13.

[31] ARF 2007: 14.

[32] Vgl. ausführlicher Kapitel 3.

territorialen Integrität aller Nationen, 2) Nicht-Einmischung in die inneren Angelegenheiten anderer, 3) Streitbeilegung durch friedliche Maßnahme und 4) Verzicht auf Anwendung von Gewalt und ihrer Androhung.[33]

Diese Verhaltensvorgaben leiten sich aus den Grundprinzipien der VN-Charta ab; sie sind deshalb als Abstraktum auf nahezu alle Fälle der internationalen Politik anwendbar und weitestgehend in jenem Sinne negativ formuliert, als dass sie „nicht [vorschreiben], was zu tun ist, sondern worauf verzichtet werden soll."[34] Oder wie Nikolas Busse es ausdrückt:

> In essence, the behavioural norms of ASEAN were nothing more but a strong commitment to the idea of state sovereignty. […] It […] was the most important protection against external and internal weaknesses of the ASEAN states at that time. Being too weak physically to defend their statehood against other states or domestic challenges, the members of the Association could only survive if others would respect the norm of sovereignty […].[35]

Eine Darstellung des *ASEAN Way* wäre jedoch unvollständig ohne die Normen zur Vorgehensweise (*procedural norms*). Im Allgemeinen wird darunter eine Präskription zur Entscheidungsfindung auf Grundlage des kleinsten gemeinsam ausgehandelten Nenners und des nichtkonfrontativen, eines „privaten" (d.h. unter Verzicht auf das öffentliche Vortragen von Disputen), auf elitäre Kreise beschränkten Diplomatiestils verstanden.[36]

2.3.3 Vorgehensweise

Einhergehend mit der Adaption des *ASEAN Way* nimmt die ASEAN innerhalb des ARF eine führende Rolle ein. Seit dem zweiten Jahrestreffen im August 1995 ist der Ausdruck, dass die ASEAN als „treibende Kraft" hinter dem ARF-Prozess wirken soll, deklaratorischer Usus. Die Vergabe des Vorsitzes über das höchste Entscheidungsgremium des ARF, das Treffen der Außenminister, erfolgt in Abhängigkeit zum jährlich rotierenden Vorsitz über die ASEAN. Die Einrichtung eines ständigen Sekretariats ist nicht vorgesehen; das administrative Personal für die Vorbereitung der Treffen ist von der vorsitzenden ASEAN-Regierung zu stellen. Im Jahr 2004 wurde die sogenannte ARF Unit im ASEAN-Sekretariat in Jakarta geschaffen, die dem jeweiligen ARF-Vorsitz bei den organisatorischen Vorbereitungen der Treffen behilflich sein und als Dokumentationsstelle fungieren soll.[37] Des Weiteren sind die Außenministertreffen des ARF im Anschluss an Konferenzen der ASEAN (PMC und AMM) abzuhalten. Ein weiteres Ergebnis der zweiten ARF-Einberufung im Jahr 1995 war die Einsetzung von Inter-Sessional Support Groups (ISGs) und Inter-Sessional Meetings (ISMs). Diese sind für die inhaltliche Vorbereitung während des Zeitraums zwischen den Jahrestreffen verantwortlich[38] und ihre jeweilige Leitung obliegt nach dem Rota-

---

[33] Busse, Nikolas 1999: Constructivism and Southeast Asian Security, in: The Pacific Review 12 (1), S. 39-60, hier: S. 46, Original auf Englisch.
[34] Nabers, Dirk 2001: Das ASEAN Regional Forum (ARF), in: Maull, Hanns W./Nabers, Dirk (Hg.): Multilateralismus in Ostasien-Pazifik. Probleme und Perspektiven im neuen Jahrhundert. Hamburg, S. 89-117, hier: S. 95.
[35] Busse 1999: 46-47.
[36] Busse 1999: 47. Vgl. ebenfalls Acharya 2001: 24-26.
[37] ARF 2007: 315.
[38] Beide Arten von Treffen bzw. Gruppen sind in funktioneller Hinsicht als identisch zu betrachten. Die Einrichtung eines zweigleisigen Prozesses ist auf den Widerstand von Seiten der chinesischen Delegation zurückzuführen,

tionsprinzip zwei Teilnehmerstaaten, wobei immer ein Mitglied aus der ASEAN-Gruppe zu beteiligen ist.[39]

Ausgehend von einem Vorschlag aus dem Jahr 2000, wurde beim ARF-Ministertreffen im Jahr 2004 beschlossen, ein Register für „Experts and Eminent Persons" (EEPs) einzurichten. Demnach ist jeder Mitgliedstaat dazu berechtigt, bis zu fünf Experten für spezifische Aufgaben- und Problemfelder der internationalen Sicherheit zu nominieren, die im Bedarfsfall als Berater des ARF agieren sollen. Etwaige Resultate und Berichte dieser Expertenrunden sind dem ARF-Vorsitz vorzulegen, bevor diese dem gesamten Mitgliederkreis zugänglich gemacht werden. Die Urheberrechte aller schriftlich festgehaltenen Ergebnisse der EEP-Aktivitäten befinden sich im Besitz des ARF, wobei keine Veröffentlichung dieser Berichte außerhalb des ARF vorgesehen ist. Die Finanzierung der EEPs unterliegt dem jeweiligen Mitgliedstaat, der die Experten nominiert.[40]

Wie auch weitere multilaterale Zusammenschlüsse auf regionaler Ebene verläuft der Dialogprozess im ARF zweigleisig in Form von regelmäßigen Arbeitstreffen auf der Track-I- und der Track-II-Ebene. Die erstgenannte Ebene besteht aus den ISGs und ISMs, die sich um spezifische Themenschwerpunkte bilden. Im Gegensatz dazu zeichnet sich die Track-II-Diplomatie durch ihren informellen und inoffiziellen Charakter aus. Amtierende Regierungsrepräsentanten nehmen als „Privatpersonen" zusammen mit Vertretern aus Wissenschaft, Wirtschaft und Medien an multilateralen Track-II-Treffen teil.[41] Zu Beginn der 1990er Jahre war in der asiatisch-pazifischen Region ein zahlenmäßiger Anstieg dieser Dialogformen zu verzeichnen gewesen, wovon einige entscheidend sowohl zur Formulierung des Begriffs *kooperative Sicherheit* als auch zur konzeptionellen Ausgestaltung des ARF beigetragen hatten.[42] Eine Schätzung geht davon aus, dass die Anzahl der als Track-II zu bezeichnenden Foren innerhalb von drei Jahren (1990 bis 1993) um das Zehnfache anwuchs.[43] Für den Zeitraum 1993 bis 1995 ist die Rede von 112 multilateralen Foren im Raum Asien-Pazifik zu sicherheitspolitischen Themen, von denen mindestens 93 inoffiziellen Charakters waren.[44] Inzwischen dürfte die Anzahl von Veranstaltungen dieser Art und ihrer zugehörigen Publikationen eine Dimension erreicht haben, die sich kaum noch ohne erheblichen Aufwand systematisch erfassen lässt. Erschwerend kommt hinzu, dass „infor-

---

die eine Vermeidung von allzu offensichtlicher Institutionalisierung der ARF-Aktivitäten bevorzugt. Emmers 2003: 33.

[39] ARF 2007: 7, 12, 15-16.

[40] ARF (ASEAN Regional Forum), 2004: Guidelines for the Operation of the ARF EEPs, (http://www.asean regionalforum.org/LinkClick.aspx?fileticket=7CZjUqEWIsA%3d&tabid=89&mid=453), [16.01.2008].

[41] Job, Brian L. 2003: Track 2 Diplomacy. Ideational Contributions to the Evolving Asia Security Order, in: Alagappa, Muthiah (Hg.): Asian Security Order. Instrumental and Normative Features. Stanford (CA), S. 241-279; Evans 1994: 125. Die begriffliche Unterscheidung zwischen Track-I und -II wird dem US-Diplomaten und Autoren Joseph Montville zugeschrieben, der folgende Definition einführt: „[Track two diplomacy refers to] unofficial, non-structured interaction. It is always open minded, often altruistic, and […] strategically optimistic, based on best case analysis. Its underlying assumption is that actual or potential conflict can be resolved or eased by appealing to common human capabilities to respond to good will and reasonableness" (Davidson, William D./Montville, Joseph V. 1981/82: Foreign Policy According to Freud, in: Foreign Policy 45 (Winter), S. 155, zit nach Kraft, Hermann Joseph S. 2000: The Autonomy Dilemma of Track Two Diplomacy in Southeast Asia, in: Security Dialogue 31 (3), S. 343-356, hier: S. 344).

[42] Morrison, Charles 2004: Track 1/Track 2 symbiosis in Asian regionalism, in: The Pacific Review 17 (4), S. 547-565; Hoshino 2000: 273.

[43] Evans 1994: 125, 127. Vgl. ebenfalls Job 2003: 265-270.

[44] Kraft 2000: 344.

mell" zuweilen auch „vertraulich" bedeutet.[45] Der Dialogue and Research Monitor führt für das zweite Halbjahr 2005 insgesamt 106 Track-II-Treffen im Themenbereich der multilateralen Sicherheit in der Region Asien-Pazifik auf.[46] Im Folgenden soll exemplarisch auf die bislang beständigste und am besten ausgestattete Track-II-Organisation, den Council for Security Cooperation in the Asia Pacific (CSCAP), eingegangen werden.[47]

2.3.4 Konzeptionelle Track-II-Beiträge am Beispiel des CSCAP

Um eine bessere Bündelung der wachsenden Anzahl inoffizieller Dialogformen zu erwirken, wurde der CSCAP im Juni 1993 als eine Art Dachverband für die Track-II-Diplomatie gegründet. Gegenwärtig umfasst der Mitgliederkreis 20 Staaten, einen Staatenverbund (die EU) und einen Beobachter (das Pacific Island Forum).[48] Laut der CSCAP-Charta ist die Mitgliedschaft auf Staaten begrenzt.[49] Die einzelnen Teilnehmerländer entsenden sogenannte Member Committees (in der Regel national führende Forschungseinrichtungen bzw. Denkfabriken) als ständige Repräsentanten an den CSCAP. Das oberste Gremium ist die Ratskommission (*Steering Committee*), deren Vorsitz mit einem ASEAN-Mitglied und einem Nicht-ASEAN-Mitglied zu besetzen ist. Bis zur Umstrukturierung im Dezember 2004 erfolgte die Arbeit im CSCAP in fünf Arbeitsgruppen (AGs).

Tabelle 3: Arbeitsgruppen (AGs) des CSCAP

Ursprüngliche AG-Struktur, 1993-2004	AG-Struktur seit Dezember 2004
1. Maritime Cooperation 2. CSBMs (Confidence and Security Building Measures) 3. Cooperative and Comprehensive Security 4. Transnational Crime 5. North Pacific	1. Capacity-building for Maritime Security Cooperation in the Asia-Pacific 2. Countering the Proliferation of WMD in the Asia Pacific 3. Future Prospects for Multilateral Security Frameworks in Northeast Asia 4. Human Trafficking 5. Regional Peacekeeping and Peacebuilding 6. Enhancing the Effectiveness of the Campaign Against International Terrorism with Specific Reference to the Asia Pacific Region

Quelle: Eigene Darstellung basierend auf Angaben der offiziellen Homepage des CSCAP, http://www.cscap.org/groups.htm; 16.01.2008.

---

[45] Heller, Dominik 2005: The Relevance of the ASEAN Regional Forum (ARF) for Regional Security in the Asia-Pacific, in: Contemporary Southeast Asia 27 (1), S. 123-145, hier: S. 131; Job 2003: 265; Rüland 2002: 86.
[46] Das ursprünglich als Dialogue Monitor bezeichnete Projekt war unter der Leitung von (u.a.) Paul Evans an der York University, Kanada, entstanden und hatte sich zur Aufgabe gemacht, die Track-I- und -II-Dialogprozesse in der Region zu erfassen. Im Jahr 1998 wurde das Nachfolgeprojekt Dialogue and Research Monitor am Japan Center for International Exchange gegründet. Die Datenzusammenstellungen sind abrufbar unter http://www.jcie.or.jp/drm/index.html; [16.01.2008]. Der Erfassungszeitraum endet mit dem Jahr 2005.
[47] Für eine Auflistung und Kurzbeschreibung weiterer Track-II-Kanäle und Konferenzserien im asiatisch-pazifischen Raum vgl. Ball et al. 2005: 15-39; Morrison 2004: 554-561.
[48] Die vollständige Mitgliederliste setzt sich zusammen aus Australien, Brunei, China, die EU, Indien, Indonesien, Japan, Kanada, Malaysia, die Mongolei, Neuseeland, Nordkorea, Papa Neuguinea, die Philippinen, Russland, Singapur, Südkorea, Thailand, die USA, Vietnam und das Pacific Island Forum. Vgl. die Angaben auf der offiziellen Website des CSCAP unter http://www.cscap.org/member.htm; [15.01.2008].
[49] CSCAP (Council for Security Cooperation in the Asia-Pacific), 1995: Revised CSCAP Charter, Article VI, 3a,(http://www.cscap.ca/Revised_CSCAP_Charter.doc), [15.01.2008].

Die ersten einflussreichen Beiträge des CSCAP bezogen sich auf den Bereich der VSBM.[50] Die Abschlusserklärung der dritten ARF-Versammlung im Jahr 1996 benannte Maßnahmen zur Erhöhung der Transparenz, die in der Folge weitestgehend umgesetzt wurden. Es handelt sich hierbei um das Bereitstellen von offiziellen Verteidigungsweißbüchern und Einschätzungen zur nationalen sowie regionalen Sicherheit. Seit dem Jahr 2000 publiziert das ARF in einer jährlichen Kompilation namens „Annual Security Outlook" die wichtigsten verteidigungspolitischen Positionspapiere seiner Mitgliedstaaten. Da die Teilnahme auf freiwilliger Basis erfolgt, ist die Beteiligung jedoch lückenhaft und in vielen Fällen unregelmäßig.[51] Des Weiteren ruft das ARF zur Förderung des Austausches von militärischem Personal und zur Teilnahme an globalen Mechanismen der Rüstungskontrolle (u.a. VN-Großwaffenregister) auf.[52] Seit dem Jahr 2003 werden jährliche Treffen der Repräsentanten aus den jeweiligen Verteidigungsministerien der Mitgliedstaaten in Gestalt des „ARF Defense Officials' Dialogue" durchgeführt. Ursprünglich sollte das ARF keine explizit militär- und verteidigungspolitischen Themen berücksichtigen und ausschließlich als Forum für die jeweiligen Außenministerien der Teilnehmerstaaten fungieren.[53]

Aufbauend auf dem erreichten Stand im Bereich der VSBM, widmeten sich die Bemühungen der CSCAP-AG 2 dem Definitionsversuch der Prinzipien für präventive Diplomatie. Das Resultat wurde in Form eines Berichts namens „Concept and Principles of Preventive Diplomacy" im Jahr 2001 auf der Track-I-Ebene des ARF angenommen. Die konzeptionelle Arbeit der CSCAP-AG in Abstimmung mit dem ISG für VSBM nahm rund zwei Jahre in Anspruch und verlief äußerst kontrovers. Der resultierende Kompromiss besteht darin, präventive Diplomatie als ein Bündel von Maßnahmen zu verstehen, die vonseiten souveräner Staaten auf Konsensbasis mit allen betroffenen Parteien ergriffen werden sollen, um die Entstehung bzw. Eskalation von Konflikten im Vorfeld zu unterbinden. Acht Prinzipien sollen die Umsetzung der Maßnahmen anleiten (siehe Tab. 4).

Dieses Dokument zur präventiven Diplomatie gilt als erfolgreichstes Beispiel für die Zusammenarbeit und Funktionsweise zwischen Track-I- und Track-II-Ebene innerhalb des ARF.[54] Obwohl die konzeptionelle Arbeit im CSCAP weiterhin andauert, ist bis heute noch kein Mechanismus spezifiziert worden, der eine Anwendung dieser diplomatischen Prinzipien in konkreten Konfliktfällen benennt.[55] Des Weiteren ist es fraglich, ob sich die dabei erprobte Arbeitsteilung zwischen Track-I- und Track-II-Ebene im ARF konsolidiert hat. Zum einen sind selbst die einzelnen nationalen Delegationen im prestigeträchtigen CSCAP mit Problemen wie unzureichender Finanzierung und Arbeitsüberlastung konfrontiert.[56]

---

[50] VSBM wurden im Kontext des CSCAP folgendermaßen definiert: „Measures to make military intentions more explicit by increasing transparency and predictability, thus reducing the risk of war by accident or miscalculation." Pederson, Susan/Weeks, Stanley 1994: A Survey of Confidence Building Measures. Draft background paper for CSCAP dated 15 September 1994, zit. nach Hoadley 2006: 14.
[51] Haacke, Jürgen 2006: Regional Security Institutions: ASEAN, ARF, SCO and KEDO, in: Hoadley, Stephen/Rüland, Jürgen (Hg.): Asian Security Reassessed. Singapore, S. 129-167; Heller 2005: 132-134. Die Zusammenstellungen sind auf der Website des ARF einzusehen unter http://www.aseanregionalforum.org/ PublicLibrary/Publications/tabid/90/Default.aspx; [21.01.2008].
[52] Heller 2005: 129-131; Foot 1998: 430.
[53] Haacke 2006: 141; Weatherbee, Donald E. 2005: International Relations in Southeast Asia. The Struggle for Autonomy. Lanham (MD) et al, S. 149; Emmers 2003: 34; Pfennig 1996: 163.
[54] Simon, Sheldon W. 2002: Evaluating Track II approaches to security diplomacy in the Asia-Pacific: the CSCAP experience, in: The Pacific Review 15 (2), S. 167-200.
[55] Weatherbee 2005: 150.
[56] Vgl. ausführlich Job 2003; Simon 2002.

Zum anderen zeigt sich die Track-I-Ebene des ARF zuweilen wenig interessiert an der Arbeit in den Track-II-Kanälen.[57] Grundsätzlich sind Formen der Track-II-Diplomatie einer Dilemmasituation ausgesetzt: Ihre Existenzberechtigung beruht (idealtypisch formuliert) auf dem Selbstverständnis, unabhängig von der offiziellen Ebene zu operieren, um frei von formalen Zwängen der Regierungszugehörigkeit innovative Ideen und Konzepte auszuarbeiten. Gleichzeitig ist die Arbeit in den Track-II-Kanälen auf Annahme durch die regierungsamtliche Track-I-Ebene angewiesen, will sie ihre Daseinsberechtigung nicht verlieren. In der Realität dürfte sich daher eine enge, wenn auch partiell implizite Verflechtung zwischen beiden Ebenen entwickelt haben, die sich nicht ausschließlich in den Begrifflichkeiten einer positiv zu bewertenden Arbeitsteilung ausdrücken lässt. So ist es z.B. denkbar, dass aufgrund des Relevanzgebots manch innovativ erscheinende Themen erst gar nicht in den Arbeitsprozess der Track-I-Kanäle aufgenommen werden, wenn die offizielle Ebene von vornherein ihr Desinteresse signalisiert.[58] Die Frage nach einer verbesserten Zusammenarbeit zwischen den beiden Ebenen im ARF wurde in Gestalt eines Konzeptpapiers im Jahr 2005 angesprochen. Darin wird nochmals betont, dass die bisherige Vorgehensweise weiterhin das Konsensprinzip und den inoffiziellen Charakter der Aktivitäten einzuhalten hat. Des Weiteren sind der CSCAP und die wichtigste Track-II-Organisation der ASEAN, die Institutes of Strategic and International Studies (ISIS), als primäre Track-II-Akteure benannt. Ebenso soll geprüft werden, ob die EEPs zukünftig eine Rolle als Schnittstelle zwischen den beiden Gleisen im ARF einnehmen können.[59]

Tabelle 4: Die acht Prinzipien der präventiven Diplomatie (PD)

- It is about diplomacy, It relies on diplomatic and peaceful methods such as diplomacy, negotiation, enquiry, mediation, and reconciliation.
- It is non-coercive. Military action or the use of force are not part of PD.
- It should be timely. Action is to be preventive, rather than curative. PD methods are most effectively employed at an early stage of a dispute or crisis.
- It requires trust and confidence. PD can only be exercised successfully where there is a strong foundation of trust and confidence among the parties involved and when it is conducted on the basis of neutrality, justice and impartiality.
- It operates on the basis of consultation and consensus. Any PD effort can only be carried out through consensus after careful and extensive consultations among ARF members, with due consideration for the need for timeliness.
- It is voluntary. PD practices are to be employed only at the request of all the parties directly involved in the dispute and with their clear consent.
- It applies to conflicts between and among States.
- It is conducted in accordance with universally recognized basic principles of international law and inter-state relations embodied, *inter alia*, in the UN Charter, the Five Principles of Peaceful Co-existence and the TAC. These include respect for sovereign equality, territorial integrity and non-interference in the internal affairs of State.

Quelle: ARF 2007: 215-216.

---

[57] Haacke 2006: 142.
[58] Ball et al. 2005: 11-12; Morrison 2004; Kraft 2000.
[59] ARF 2007: 529-532.

2.4 Antiterrormaßnahmen und transnationale Verbrechensbekämpfung als Kooperationsbereich des ARF

Mit der Definition der präventiven Diplomatie endet jene Periode, die hier als erste Phase im bisherigen Entwicklungsprozess des ARF (1994 bis 2001) bezeichnet wird. Die zweite Phase steht in einem engen Zusammenhang mit der von den USA angeführten Kampagne zur Terrorismusbekämpfung als Antwort auf die Anschläge vom 11. September 2001. Zu einem Zeitpunkt, als der ARF-Prozess aufgrund seiner schleppend voranschreitenden Versuche zur Operationalisierung zunehmend in die Kritik geriet, eröffnete sich im Bereich der Terrorismus- und transnationalen Verbrechensbekämpfung ein neues Betätigungsfeld der Zusammenarbeit. Während einige Beobachter vorsichtig von einer gegenwärtigen Übergangsphase von der zweiten (präventive Diplomatie) auf die dritte Stufe (Konfliktlösung) sprechen,[60] bezeichnen einige ASEAN-Mitgliedstaaten die unternommenen Schritte zur kooperativen Terrorismusbekämpfung als Beispiele für die praktische Umsetzung der präventiv-diplomatischen Prinzipien des ARF und somit als Maßnahmen zur Konfliktlösung.[61] Die Koordinationsbemühungen zur Terrorismusbekämpfung begannen im Juli 2002, eine konkrete Form anzunehmen. Das damals in Brunei abgehaltene Außenministertreffen verabschiedete das „ARF Statement on Measures against Terrorist Financing". Im März 2003 erfolgte die Gründung eines ISM zur Terrorismus- und transnationalen Verbrechensbekämpfung (ISM on Counter-Terrorism and Transnational Crime; kurz: ISM on CT-TC). Die Delegationen Australiens und Singapurs organisierten im Juni 2003 einen ARF-Workshop, der die möglichen Konsequenzen eines Anschlags unter Verwendung von Massenvernichtungswaffen thematisierte. Das übergeordnete Ziel dieser Veranstaltung war, ein gemeinsames Bewusstsein unter den Mitgliedern des ARF für den Aufbau von Kapazitäten zum Krisenmanagement im Falle eines terroristischen Anschlags zu schaffen. Im Anschluss an die zweite Zusammenkunft des ISM on CT-TC im März 2004 verpflichteten sich die ARF-Mitgliedstaaten zur Erhöhung der Vorkehrungen, u.a. im Zusammenhang mit der Sicherung von Küstenregionen und den dortigen Hafenanlagen. Insbesondere die Gewässer in der Meerenge von Malakka wurden als Austragungsort für gemeinsame Manöver unter der Beteiligung der Küstenwachen aus einigen ASEAN-Anrainerstaaten und Japan sowie den US-Seestreitkräften genutzt.[62] Im Zuge der schweren Anschläge in einigen südostasiatischen Ländern (insbesondere auf Bali im Oktober 2002 und in Jakarta im August 2003) entstand eine Dynamik innerhalb der ASEAN, die eine Ausbildung koordinierter Mechanismen im Bereich der polizeilichen und nachrichtendienstlichen Ermittlungsbehörden auf die Agenda setzte. Spätestens seit der Aufforderung durch die indonesische Regierung im Januar 2003, Spezialeinheiten in den einzelnen nationalen Polizeibehörden zu schaffen, ist jedoch deutlich geworden, dass die damit im Zusammenhang stehenden Handlungsbereiche wie gegenseitige Auslieferungsabkommen und Einreisebestimmungen in bestehende bilaterale Problemstellungen zwischen den geografisch benachbarten ASEAN-Staaten hineinreichen. Im Falle einer Umsetzung wären partielle Anpassungen nationaler Rechtskodizes

---

[60] Simon, Sheldon W. 2007a: ASEAN and Its Security Offspring: Facing New Challenges. Strategic Studies Institute, U.S. Army College, Carlisle (PA), S. 24; Heller 2005: 130.
[61] Haacke 2006: 139-140.
[62] Vgl. ausführlich Emmers 2007; Simon 2007b: Whither Security Regionalism? ASEAN and the ARF in the Face of New Security Challenges, in: Acharya, Amitav/Goh, Evelyn (Hg.): Reassessing Security Cooperation in the Asia-Pacific. Competition, Congruence, and Transformation. Cambridge (MA)/London, S. 113-133, hier: S. 118-119; Haacke 2006: 139-140.

erforderlich gewesen und es erwies sich schnell, dass der Aufruf der indonesischen Regierung allein aufgrund der Möglichkeit, einmal adaptierte Maßnahmen zur Terrorismusbekämpfung für jeweils bilateral existierende Streitigkeiten zwischen den einzelnen ASEAN-Staaten instrumentalisieren zu können, die Grenzen des konkret Umsetzbaren überschritten hatte.[63] Nichtsdestotrotz wurde das erste gemeinsame Manöver seit Bestehen des ARF im Januar 2007 auf dem Marinestützpunkt Changi, Singapur, abgehalten. Insgesamt 102 Sicherheitsexperten aus 21 ARF-Staaten (lediglich Bangladesch, Nordkorea, Laos, die Mongolei und Timor-Leste fehlten) nahmen an einer Simulation zur Ortung eines vermissten Schiffes in der Malakka-Meerenge teil. Allerdings kamen bei dieser Übung keine nennenswerten militärischen Ressourcen zum Einsatz und es handelte sich hierbei um ein reines „Schreibtischmanöver".[64]

Es ist abschließend für den Bereich der Kooperationsmaßnahmen zur Terrorismusbekämpfung anzumerken, dass die Initiativen nicht ausschließlich durch das ARF kanalisiert werden. So bildet das Abkommen zwischen der ASEAN und den USA vom August 2002 die unmittelbare Grundlage für die Zusammenarbeit zwischen diesen beiden Parteien zur Unterbindung von Finanztransfers und Kapitalvermögen, die in Verbindung mit terroristischen Aktivitäten gebracht werden.[65] Die ersten Aufforderungen zum gemeinsamen Vorgehen vonseiten der US-Regierung nach dem 11. September 2001 erfolgten zunächst im Rahmen der Asia-Pacific Economic Cooperation (APEC).[66]

2.5 Konfliktprävention statt Konfliktlösung: Eine vorläufige Bilanz zum ARF

Eine Antwort auf die Frage, ob eine tendenziell negative oder positive Bilanz zum ARF-Mechanismus zu ziehen ist, hängt davon ab, welche Form des Konfliktmanagements (*conflict management*) als Bewertungsgrundlage herangezogen wird. Unabhängig von der Sprachregelung im ARF ist unter Konfliktlösung (*conflict resolution*) ein Prozess zu verstehen, der auf eine grundsätzliche Auflösung der Konfliktsituation durch Veränderung des Konfliktverhaltens und der Konfliktwahrnehmung aufseiten der beteiligten Akteure abzielt. Konfliktprävention (*conflict prevention*) hingegen bezeichnet Methoden, die eine von den beteiligten Parteien nicht-erwünschte Eskalationsentwicklung von (latent) *bestehenden* Konfliktsituationen verhindern sollen.[67]

Wenn das ARF als ein Mechanismus zur Konfliktlösung bewertet werden soll, fällt die bisherige Bilanz ernüchternd aus. Obwohl eine Vielzahl von Themen besprochen werden (vgl. Abbildung 5), ist das Sicherheitsforum über das Stadium des Eruierens von Mecha-

---

[63] Beukel 2008: 17-18; Emmers 2007: 5-18; Simon 2007a, 2007b: 119, 125-128.
[64] Kyodo News Service 2007: ASEAN Regional Forum members hold first land-based maritime security drill, in: BBC Monitoring Global Newsline Asia Political File, 23 January 2007; Xinhua News Agency 2007: ASEAN Regional Forum conducts maritime shore exercise in Singapore, 23 January 2007.
[65] Simon 2007a, 2007b: 119, 125-128.
[66] Emmers 2003: 118-119. Ursprünglich mit einem Mandat für regionale Wirtschafts-, Handels- und Finanzpolitik gegründet, weist die APEC in jüngerer Zeit eine Tendenz zur Inkorporation von sicherheitspolitischen Themen auf. Vgl. hierzu Ravenhill, John 2007: Mission Creep or Mission Impossible? APEC and Security, in: Acharya, Amitav/Goh, Evelyn (Hg.): Reassessing Security Cooperation in the Asia-Pacific. Competition, Congruence, and Transformation. Cambridge (MA)/London, S. 135-154.
[67] Wang, Jianwei 2003: Territorial Disputes and Asian Security. Sources, Management, and Prospects, in: Alagappa, Muthiah (Hg.): Asian Security Order. Instrumental and Normative Features. Stanford (CA), S. 380-423, hier: S. 395; Caballero-Anthony 2002: 532.

nismen zur Anwendung der ARF-Prinzipien nicht herausgekommen. In konkreten Konfliktfällen der Region, wovon die Situation um Tawain und jene auf der koreanischen Halbinsel lediglich die prominentesten Fälle darstellen,[68] ist eine direkte Präsenz sowie intermediäre Rolle des ARF bestenfalls in Ansätzen vorhanden:

> [The ARF] remains in the first instance an institutional arrangement for the multilateral exploration of ideas as well as the development of norms and security practices rather than a security organization invested with the necessary resources enabling it to directly confront the gamut of existing […] security threats. As such, the management of regional security for the time being remains largely outside its purview.[69]

Die Themenvielfalt auf der Gesprächsagenda verdeutlicht, das inzwischen ein breites Spektrum von sicherheitspolitischen Problemstellungen in multilateraler Weise behandelt werden (vgl. Abbildung 5).

Tabelle 5: Themen der ARF-Agenda (Auswahl)[70]

Anzahl der abgehaltenen Treffen, angezeigt durch Jahreszahl	
Intersessional Support Group on Confidence Building Measures (ISG on CBMs)	Einmal jährlich seit 1996
Peacekeeping Related	
Training Course on Modern Peacekeeping	1997, 1998, 1999
ARF Seminar on the Law of Armed Conflict	1999, 2001
ARF CBM Workshop on Peace Arrangements Ensuring Stability and Security in the Region, Including Civil-Military Cooperation	2005
ARF Seminar on UN Peacekeeping-Challenges and Prospect	2007
Search, Rescue, and Disaster Relief Related	
ISM Seminar on Search and Rescue Coordination and Cooperation	1996, 1997
ISM on Disaster Relief	1997-2000, 2005-2007
Combined Humanitarian Assistance Response Training (CHART)	2000
ARF Workshop on Civil Military Operations	2005

---

[68] Vgl. als Überblick: Foot, Rosemary 2007: Modes of Regional Conflict Management. Comparing Security Cooperation in the Korean Peninsula, China-Taiwan, and the South China Sea, in: Acharya, Amitav/Goh, Evelyn (Hg.): Reassessing Security Cooperation in the Asia-Pacific. Competition, Congruence, and Transformation. Cambridge (MA)/London, S. 93-112; Kang, David C. 2003: Acute Conflicts in Asia After the Cold War. Kashmir, Taiwan, and Korea, in: Alagappa, Muthiah (Hg.): Asian Security Order. Instrumental and Normative Features. Stanford (CA), S. 349-379; Wang 2003.
[69] Haacke 2006: 143. Vgl. ebenfalls Weatherbee 2005: 151.
[70] Die Vollständige Liste ist einsehbar auf der ARF-Website unter ASEAN Regional Forum, List of Track I Activities Year 1994 – 2008 (Classified by subject), http://www.aseanregionalforum.org/PublicLibrary/ARFActivities/ListofARFTrackIActivitiesBySubject/tabid/94/Default.aspx [22.07.2008].

Anzahl der abgehaltenen Treffen, angezeigt durch Jahreszahl	
Defense Related	
ARF Defense Officials' Dialogue	Einmal jährlich seit 2003
ARF Defense Officials' Meeting	Einmal jährlich seit 2002
Meetings of Heads of Defense Colleges and	Einmal jährlich seit 1997
ARF Security Policy Conference	Einmal jährlich seit 2004
Counter-Terrorism Related	
Inter-sessional Meeting on Counter-Terrorism	Einmal jährlich seit 2003
ARF Seminar on Cyber Terrorism	Einmal jährlich seit 2004
Non-Traditional Security Issues	
ARF Expert Group Meeting on Transnational	2000 (2x), 2001
ARF Seminar on „The Role of Military and Civil Cooperation in the Prevention and Control of Communicable Diseases such as SARS and Avian Influenza"	2005
Maritime Security Related	
ARF Maritime Security Shore Exercise Planning	2006
ARF Maritime Security Shore Exercise	2007
Preventive Diplomacy	
Seminar on Approaches to Confidence Building	2000
ARF Workshop on Preventive Diplomacy	2004
ARF Workshop on Confidence Building Measures and Preventive Diplomacy in Asia and Europe	2008
Non-Proliferation Related	
ARF Seminar on Missile Defense	2005
Seminar on Non-Proliferation of Weapons of	2006
ARF CBM Seminar on UN Security Council Resolu-	2007
ARF Seminar on Anti-Personal Landmines	2008
Small Arms and Light Weapons Related	
ARF Confidence Building Measures Seminar on Conventional Weapons	2001
ARF Workshop on Management and Security of Stockpiles of Small Arms and Light Weapons including their Ammunition	2008

Der Begriff *Konfliktlösung* taucht ohnehin lediglich im ARF-Konzeptpapier des Jahres 1995 zum vorgesehenen dreistufigen Entwicklungsprozess auf und musste aufgrund der Einwände vonseiten der VR China in „elaboration of approaches to conflicts" geändert werden.[71] Da in den Abschlusserklärungen der ARF-Jahrestreffen die Formel enthalten ist, dass der Institutionalisierungsprozess lediglich mit einer Geschwindigkeit voranschreiten soll, die für alle Beteiligten akzeptabel ist („move at a pace comfortable to all participants"), sind die einzelnen Teilnehmerstaaten jeweils mit einem faktischen Vetorecht ausgestattet.[72] Die chinesischen Delegationen konnten beispielsweise in Berufung auf dieses

---

[71] Emmers 2003: 32; Acharya 2001: 177; Foot 1998: 432.
[72] Henderson 1999: 70.

Prinzip die Situation um Taiwan als interne Angelegenheit darstellen und somit sowohl eine Besprechung dieser Thematik im Kontext des ARF als auch eine Mitgliedschaft der Republik Chinas bislang verhindern.[73]

Die Bilanz des ARF fällt vergleichsweise positiver aus, wenn das Ziel der *Konfliktprävention* als Bewertungsgrundlage herangezogen wird. Allerdings ist der sichtbarste Beitrag des ARF zur Vermeidung von Eskalationstendenzen in bestehenden Konflikten auf einen spezifischen Fall zu begrenzen und eher als indirekt zu bezeichnen. Als Paradebeispiel gilt hierbei die Beziehung zwischen der ASEAN und der VR China in Bezug auf die Territorialstreitigkeiten im Südchinesischen Meer. Im Jahr 1992 verabschiedete die Volksrepublik ein Gesetz, das den eigenen Souveränitätsanspruch über die Gebiete im Südchinesischen Meer bekräftigte und – falls notwendig – für die Verteidigung dieses Anspruchs die Anwendung von Gewaltmitteln autorisierte. Die südostasiatische Staatengemeinschaft konterte diesen Schritt mit der Verabschiedung der Manila-Deklaration, die zum zeitweiligen Verzicht von unilateralen Anspruchsforderungen sowie der Beibehaltung des Prinzips zur Disputbeilegung durch Dialog und diplomatischen Mittel aufrief. Während eines ARF-Treffens im Jahr 1994 verweigerte die chinesische Delegation jegliche Behandlung dieser Problematik in multilateraler Weise. Im Frühjahr 1995 besetzten chinesische Marineeinheiten das Mischief-Riff innerhalb der Spratly-Inseln, was vor allem vonseiten der philippinischen Regierung als Verletzung ihrer Souveränität angesehen wurde.[74] Im März 1995 reagierte die ASEAN geschlossen auf diesen Vorfall mit einer öffentlichen Stellungnahme, die die „Bedenken" der südostasiatischen Staatengemeinschaft zu dieser Entwicklung zum Ausdruck brachte. Während des zweiten ARF-Ministertreffens im darauf folgenden August erklärten sich die Beijinger Regierungsrepräsentanten erstmalig bereit, den Disput um die Spratly-Inseln multilateral zu diskutieren, allerdings ausschließlich mit den ASEAN-Mitgliedstaaten und außerhalb des formalen ARF-Prozesses.[75] Seither sind die Konflikte um die Spratly-Inseln sowie um Gebiete im Südchinesischen Meer ein konstanter Bestandteil der Gesprächsagenda zwischen der ASEAN und China. Zwar sind die diversen Streitigkeiten nicht vollständig beigelegt und es kommt wiederholt zu Provokationen sowie zeitweilig eskalationsträchtigen Vorfällen zwischen den Streitparteien, wobei nicht immer chinesische Akteure involviert sind, da Grenzdispute auch unter den einzelnen ASEAN-Mitgliedstaaten existieren. Jedoch hat sich der Modus des Konfliktmanagements zwischen der ASEAN und China insofern weiterentwickelt, als dass die konfligierenden Gebietsansprüche nun Gegenstand eines regelmäßigen Prozesses geworden sind, in deren Verlauf die diplomatische Beilegung festgelegt und zu diesem Zweck die Aushandlung gemeinsamer Verhaltenskodizes in Bezug auf das Südchinesische Meer ausgearbeitet werden.

Im Jahr 1997 machte die chinesische Seite den Anfang, indem sie einen Entwurf für einen solchen Verhaltenskodex vorlegte.[76] Unter der Schirmherrschaft Indonesiens wird seither regelmäßig ein informeller Workshop mit dem Titel „Managing Potential Conflicts

---

[73] Hurtzig/Sandschneider 2000: 227, 230-230.
[74] Neben den schon genannten Staaten erheben Brunei, Malaysia, Taiwan und Vietnam Anspruch auf die Spratly-Inseln oder Teile von ihnen. Die Zahl der Territorialdispute im Südchinesischen Meer gehen über jene um die Spratly-Inseln hinaus. Vgl. als Überblick, einschließlich der Streitigkeiten in Nordostasien, Blanchard, Jean-Marc F. 2003: Maritime Issues in Asia. The Problem of Adolescence, in: Alagappa, Muthiah (Hg.), Asian Security Order. Instrumental and Normative Features. Stanford (CA), S. 424-457; Wang 2003.
[75] Foot 2007: 101-103, 107; Hurtzig/Sandschneider 2000: 228.
[76] Foot 2007: 108-109.

in the South China Sea" durchgeführt.[77] Im November 2002 kam es zur Unterzeichnung der „Declaration on the Conduct of Parties in the South China Sea" zwischen China und der ASEAN. Dieses Dokument stellt keinen konkreten Verhaltenskodex dar, bestätigt jedoch die Navigationsfreiheit in den disputierten Gewässern (einschließlich des Luftraums) und verpflichtet die Unterzeichner zur Einhaltung des Prinzips zur friedlichen Konfliktbeilegung, zu allgemeiner Zurückhaltung und zum Verzicht auf das Besetzen von bislang unbewohnten Inseln.[78] Der Prozess zur Umsetzung der Deklaration in einen konkreten Verhaltenskodex findet seither in erster Linie „bilateral" (d.h. in diesem Fall zwischen China und der ASEAN sowie zwischen China und einzelnen betroffenen Staaten) statt. Zu diesem Zweck wurde im August 2005 eine gemeinsame Arbeitsgruppe gegründet, die zeitnah zu den jährlichen ASEAN-Gipfeltreffen tagt.[79] Die jährlichen Abschlusserklärungen des ARF-Außenministertreffens nehmen regelmäßig Stellung zu diesem Prozess und betonen den hohen Stellenwert einer solchen Verhaltensrichtlinie, wenn es zu einer Umsetzung kommen sollte.[80]

Aus einer Perspektive, die den Begriff der Konfliktprävention fokussiert, gilt die Entwicklung zwischen der ASEAN und China in Bezug auf die Territorialstreitigkeiten im Südchinesischen Meer als erfolgreiches Beispiel. Die zu Beginn der 1990er Jahre durch antagonistische Verhaltensmuster geprägte Beziehung ist inzwischen in einen Modus überführt worden, der zwar bislang in keiner endgültigen Auflösung der diversen Dispute mündet, jedoch die beteiligten Parteien zu einer diplomatischen Verhaltensweise verpflichtet. Die Rolle des ARF ist hierbei jedoch als indirekt zu bezeichnen. Zum einen hat sich das Beziehungsgeflecht zwischen der ASEAN und China in den vergangenen rund 15 Jahren über den sicherheitspolitischen Bereich hinaus verbessert und zu einer vertieften Kooperationsbereitschaft geführt. Dies ist vor allem auf die ASEAN-Strategie der Einbindung gegenüber China zurückzuführen, die es verstanden hat, die Beijinger Regierung von den Vorzügen des Multilateralismus südostasiatischer Prägung zu überzeugen. Als symbolischer Höhepunkt dieser Entwicklung kann der Beitritt Chinas als erstes Nicht-ASEAN-Mitglied zum TAC im Jahr 2003 betrachtet werden.[81] Zum anderen hat das ARF innerhalb dieser Entwicklung eine komplementäre Rolle inne. Ähnlich wie im Fall der Kooperationsmaßnahmen im Bereich der Terrorismusbekämpfung ist nicht von einer direkten Wirkung des ARF-Prozesses und seiner Prinzipien *per se* zu sprechen. Vielmehr gewinnt das ARF durch die Bereitstellung einer Plattform in Gestalt von regelmäßig stattfindenden Treffen seinen Wert für die beteiligten Regierungen.[82]

Die sich vertiefende Kooperationsbereitschaft zwischen der ASEAN und China ist zwar sicherlich nicht zu unterschätzen, jedoch ebenso wenig als übergeordneter Effekt des ARF-Prozesses auf seinen gesamten Mitgliederkreis generalisierbar. Deshalb sieht sich das

---

[77] ARF 2007: 86.
[78] ASEAN (Association of Southeast Asian Nations) 2002, Declaration on the Conduct of Parties in the South China Sea, (http://www.aseansec.org/13163.htm), [27.07.2008].
[79] ARF 2007: 495.
[80] Vgl. exemplarisch ARF (ASEAN Regional Forum) 2008a, A Concept Paper on Enhancing Ties between Track I and Track II in the ARF, and between the ARF and Other Regional and International Security Organizations, (http://www.aseanregionalforum.org/LinkClick.aspx?fileticket=nSnXYVzw%2fJU%3d&tabid=89&mid=453), [17.01.2008].
[81] Vgl. ausführlich Ba, Alice D. 2006: Who's socializing whom? Complex engagement in Sino-ASEAN relations?, in: The Pacific Review 19 (2), S. 157-179.
[82] Haacke 2006: 142-143; Goh 2004.

ARF wiederholt dem Vorwurf ausgesetzt, „von der ASEAN für die ASEAN" gegründet worden und folglich als Modus zum Management auf gesamtregionaler Ebene ungeeignet zu sein. Einige Beobachter sprechen von einer Aufspaltung in zwei Lager, wobei sich die eine Seite (Australien, Japan, Kanada, Südkorea und die USA) für die Erhöhung des Institutionalisierungs- sowie des Formalisierungsgrades einsetzt, während die andere (die ASEAN und China) weiterhin eine Beibehaltung der bisherigen Vorgehensweise basierend auf Konsens und Dialog bevorzugt.[83] Seit seiner Gründung haftet dem ARF der Ruf an, dass es sich hierbei um eine Übergangslösung handelt, die letzten Endes einen alternativen Modus zum *ASEAN Way* finden muss, um sich in ein „*Asian* Regional Forum"[84] oder ein „East Asia Security Forum"[85] zu transformieren, das die sicherheitspolitischen Belange auf einer gesamtregionalen, asiatisch-pazifischen Ebene zu umfassen vermag.

3 Vorläufer der multilateralen Sicherheitskooperation in Asien-Pazifik

Die bislang institutionalisierte Struktur und Vorgehensweise des ARF sind hinsichtlich des Formalisierungsgrades – selbst im Vergleich mit weiteren multilateralen Zusammenschlüssen der Region Asien-Pazifik (APEC) bzw. Südostasien (ASEAN) – gering ausgeprägt. Es verfügt nicht über Durchsetzungskompetenzen und ist weit von der Ausbildung eines Systems der kollektiven Sicherheit und/oder Verteidigung entfernt.[86] Skeptiker unterstellen daher dem ARF, dass es lediglich eine Dialogform darstelle, die keine konkreten Fortschritte zur Auflösung der regionalen Konfliktherde zu erzielen vermag.[87] Demnach entfaltet das ARF keine eigenständige Dynamik, in der die beteiligten staatlichen Akteure ihre Eigeninteressen kollektiven, multilateral definierten Zielen unterordnen würden. Vielmehr ist aus dieser Perspektive eine stabile regionale Sicherheitsordnung primär von den Interaktionen zwischen den größten Staaten der Region abhängig, die dann ein Machtgleichgewicht (*balance of power*) erzeugen, das in der Folge die notwendigen Spielräume schafft, damit sich ein vom *ASEAN Way* abgeleiteter Dialogprozess wie der des ARF etablieren kann.[88] Wohlwollendere Einschätzungen[89] verweisen darauf, dass durch die Gründung des ARF und die Verstetigung seines Dialogprozesses ein Rahmen in Gestalt von regelmäßig stattfindenden Treffen unter Fokussierung sicherheitspolitischer Themen erschaffen wurde, der es den beteiligten Regierungsrepräsentanten ermöglicht, Probleme anzusprechen und in der Folge Gespräche auf bilateraler Ebene einzuleiten. Die zeige sich anhand der unter Kapitel

---

[83] Haacke 2006: 136; Goh 2004: 59.
[84] Nabers 2001: 92.
[85] Tanaka, Hitoshi 2007: East Asia Community Building. Toward an „East Asia Security Forum", in: East Asia Insights: Toward Community Building 2(2), S. 1-4.
[86] Solingen, Etel 2008: The Genesis Design and Effects of Regional Institutions. Lessons from East Asia and the Middle East, in: International Studies Quarterly 52 (2), S. 261-294, hier: S. 276-279.
[87] Jones, David Martin/Smith, Michael 2002: ASEAN's Imitation Community, in: Orbis 46 (1), S. 93-109, sowie 2007: Constructing communities: the curious case of East Asian regionalism, in: Review of International Studies 33 (1), S. 165-187.
[88] Emmers 2007, 2003; Huisken, Ron 2002 : Civilizing the Anarchical Society: Multilateral Security Processes in the Asia-Pacific, in: Contemporary Southeast Asia 24 (2), S. 187-202; Leifer, Michael 1999: The ASEAN peace process: a category mistake, in: The Pacific Review 12 (1), S. 25-38.
[89] Den hier als „skeptisch" und „wohlwollend" bezeichneten Perspektiven in der Einschätzung des ARF liegen die realistischen bzw. konstruktivistischen Ansätze der Theorien zu den Internationalen Beziehungen zugrunde. Vgl. für weitere Ausführungen Kapitel 4 dieses Beitrags.

2 angesprochenen Entwicklung zwischen der VR China und der ASEAN seit Beginn der 1990er Jahre. In der Terminologie der dabei zur Anwendung kommenden theoretischen Perspektive ausgedrückt, war bzw. ist die ASEAN demnach in der Lage, durch eine Strategie der „komplexen Einbindung" (*complex engagement*)[90] eine „Sozialisierung" Chinas zu erwirken. Die sicherheitspolitische Orientierung der Volksrepublik weise als Folge dieser Einbindung eine höhere Bereitschaft zur regionalen Kooperation auf, wobei der ARF-Dialog als ein Zusammenschluss in grundsätzlicher Befürwortung einer multilateral geführten Diplomatie den ursprünglich zum Bilateralismus, zeitweilig zum Unilateralismus neigenden Impuls der chinesischen Außenpolitik abzuschwächen vermag.[91] Als eine Form der internationalen Diplomatie, die in ihrer Entstehung eng an die Geschichte der ASEAN gebunden ist, argumentieren einige Autoren, dass der *ASEAN Way* durchaus als Fundament für eine zukünftige Sicherheitsgemeinschaft fungieren kann, die über die südostasiatische Subregion hinausreicht und unter Einschluss Nordostasiens zumindest den gesamten Raum Ostasiens umfasst.[92] Die „Ironie" oder auch „Anomalie" dabei ist (insbesondere aus der Warte der Logik des Machtgleichgewichts), dass ein Zusammenschluss aus Mittel- und Kleinmächten als wichtigster Impulsgeber eines regionalen Multilateralismus agiert, und zwar in einer Region, die in materieller Hinsicht Staaten mit einer weit größer dimensionierten Ressourcenausstattung vorweist.[93] Allerdings ist die Erwartung, dass ein Staat mit relativ größeren Machtressourcen eine unilaterale Strategie einer kooperativ-multilateralen Vorgehensweise vorzieht, abhängig von der angewendeten theoretischen Perspektive. Während die Logik des Machtgleichgewichts eine latente Gleichsetzung von Macht mit der Fähigkeit zur Durchsetzung sowie Kontrolle von Politikergebnissen (*the ability to coerce*) vornimmt und dabei materiellen Kapazitäten den Vorrang einräumt, ist es ebenso möglich, sich auf ein Verständnis von Macht zu berufen, das in Assoziation mit Begriffen wie Legitimität sowie Autonomie steht und daher die Fähigkeit zum gemeinsamen Handeln (*the ability to act in a concerted way*) in den Vordergrund rückt.[94] Je nachdem, auf welcher Seite dieser handlungstheoretischen Unterscheidung zwischen Kompetenz (*competence*) und Befolgung aufgrund von Zwang (*compliance*) sich eine Analyse zur Veranschaulichung bzw. Erklärung von Politikergebnissen verortet, werden divergierende Grundaussagen und Einschätzungen zum Stellenwert des *ASEAN Way* (oder auch der ASEAN im Allgemeinen) produziert.

Jene Perspektive, die hier als die skeptische bezeichnet wird, sieht in der Beteiligung der relativ größeren Mächte wie China, Japan und den USA an einem von der ASEAN überproportional beeinflussten Zusammenschluss wie dem ARF lediglich eine Verhaltensweise, die kurzfristig dem Ziel zur jeweilig einzelstaatlich definierten Durchsetzung von Eigeninteressen dient.

---

[90] Ba 2006.
[91] Johnston, Alistair Iain 2003: Socialization in International Institutions. The ASEAN Way and International Relations Theory, in: Ikenberry, G. John/Mastanduno, Michael (Hg.): International Relations Theory and the Asia-Pacific. New York, S. 107-162.
[92] Katsumata, Hiro 2006: Establishment of the ASEAN Regional Forum: constructing a 'talking shop' or a 'norm brewery', in: The Pacific Review 19 (2), S. 181-198; Garofano, John 2002: Power, Institutions, and the ASEAN Regional Forum: A Security Community for Asia?, in: Asian Survey 42 (3), S. 502-521.
[93] Für eine Diskussion dieses Aspekts vgl. Ba 2006: 164-168; in Bezug auf das Verhältnis zwischen den USA und dem ARF vgl. Goh 2006.
[94] Eaton, Sarah/Stubbs, Richard 2006: Is ASEAN powerful? Neo-realist versus constructivist approaches to power in Southeast Asia, in: The Pacific Review 19 (2), S. 135-155.

> The problem is that the only ‚institutional principle' to which ASEAN adheres is that of non-interference. Its much vaunted norms are, indeed, what states make of them. Accordingly, the only fundamental norm it has reinforced is a realist commitment, not to the region, but to the sovereign inviolability of the nation-state.[95]

Die hierzu alternative Sichtweise misst dem *ASEAN Way* einen genuin eigenständigen Wert bei, indem darauf verwiesen wird, dass sich inzwischen die Kernprinzipien der südostasiatischen Staatengemeinschaft über die eigene Bezugsregion Verbreitung findet:

> With so many key Asian states agreeing to the TAC principles, ASEAN can quite justifiably feel it has set the stage for more stable relations across much of the region. […] This is a major achievement for ASEAN and would seem to be ample demonstration of its power to act.[96]

Das Fazit, das aus diesen konträren Perspektiven gezogen werden kann, lautet, dass der sicherheitspolitische Multilateralismus im Asien-Pazifik in einem Stadium *zwischen* dem Impetus zur Logik des Machtgleichgewichts *und* dem Bemühen zum Aufbau einer regionalen Sicherheitsgemeinschaft verharrt. Während das letztgenannte Phänomen partikular und auf die südostasiatische (Sub-) Region beschränkt bleibt, erscheint das erstgenannte Phänomen als universal für den sicherheitspolitischen Regionalismus im asiatisch-pazifischen Raum.[97] Dabei ist zu beachten, dass es sich um die simultane Existenz zweier Machthierarchien handelt: Einerseits besteht eine erhebliche, horizontal verlaufende Differenz hinsichtlich der militärischen und wirtschaftlichen Kapazitäten zwischen den beteiligten Lagern, die sich insbesondere zwischen den USA (aber auch weiteren Teilnehmern wie China oder Japan) und den ASEAN-Staaten ausmachen lässt. Andererseits befindet sich die ASEAN an der Spitze der Hierarchie, wenn die sozialen, immateriellen Ressourcen zur Verbreitung von Prinzipien und Richtlinien der sicherheitspolitischen Kooperation im Vordergrund stehen. Diese letztgenannte „Rangordnung" ist aus einer Perspektive, die den Begriff der Macht in eine enge Assoziation mit Kontroll- und Durchsetzungsfähigkeiten setzt, kaum erklärbar und lediglich als Anomalie zu behandeln, da der Grad an Ausstattung mit materiellen Ressourcen im Falle des ARF nicht mit einer daraus ableitbaren Kapazität zum Agenda-Setting korrespondiert.[98]

Dieses fragmentierte, teils ambivalente Bild eines sicherheitspolitischen Multilateralismus verstärkt sich angesichts der andauernden Präsenz von kollektiven Sicherheits- und Verteidigungsabkommen, die von den USA ausgehend bilateral zu mehreren Staaten der

---

[95] Jones/Smith 2007: 185.
[96] Eaton/Stubbs 2006: 147-148. Wie oben erwähnt, war die VR China der erste Nicht-ASEAN-Staat, der dem TAC im Jahr 2003 beigetreten ist. Aufnahmebedingung für den seit dem Jahr 2005 bestehenden East Asia Summit ist eine Unterzeichnung des TAC, weshalb alle 16 Teilnehmerstaaten (ASEAN-10 plus Australien, China, Indien, Japan, Neuseeland, Südkorea) dieses Gipfeltreffens inzwischen dem TAC beigetreten sind. Vgl. Sakaeda, Ryoma 2006: Viele Interessen, ein Akronym: Der erste East Asia Summit als Auftakt zu einer Ostasiatischen Gemeinschaft?, in: Japan aktuell 1, S. 59-70, hier: S. 66; Yamakage, Susumu 2005: The Construction of an East Asian Order and the Limitations of the ASEAN Model, in: Asia-Pacific Review 12 (2), S. 1-9.
[97] Acharya, Amitav/Tan, See Seng 2006: Betwixt balance and community: America, ASEAN, and the security of Southeast Asia, in: International Relations of the Asia-Pacific 6 (1), S. 37-59; Ikenberry, G. John/Tsuchiyama, Jitsuo 2002: Between balance of power and community: the future of multilateral security co-operation in the Asia-Pacific, in: International Relations of the Asia-Pacific 2 (1), S. 69-94.
[98] Tan, See Seng (with Cossa, Ralph A.) 2001: Rescuing Realism from the Realists. A Theoretical Note on East Asian Security, in: Simon, Sheldon W. (Hg.): The Many Faces of Asian Security, Lanham (MD) (et al.). S. 15-47, hier: S. 20-21.

Region Asien-Pazifik unterhalten werden.[99] Nach dem Ende des Ost-West-Konflikts kam es zu einer regen Aktivität, die in einigen Fällen zu einer vordergründigen Schwächung (z.B. die Schließung von US-Militärbasen auf den Philippinen im Jahr 1995), in anderen jedoch zu einer Aufwertung der bilateralen Sicherheitskooperation geführt haben (insbesondere jene zwischen Japan und den USA).[100] Das übergeordnete Bild, das sich im Verlauf der 1990er Jahre herausgebildet hat, ist, dass die USA weiterhin eine stabile Präsenz innerhalb der Region Asien-Pazifik beibehalten. Zwar hat der regionale Multilateralismus im gleichen Zeitraum an Dynamik gewonnen, jedoch schickt er sich nicht dazu an, eine komplette Substitution des US-zentrierten Bündnisnetzwerks anzustreben. Erst im Kontext einer näheren Betrachtung der historischen Umstände, unter denen dieses sogenannte „Hub-and-spokes"-System von bilateralen Bündnisarrangements entstanden ist, lässt sich beantworten, warum ein Vorhaben zum Aufbau eines sicherheitspolitischen Multilateralismus auf der asiatisch-pazifischen Ebene bislang keine Inkorporation von Elementen der kollektiven Verteidigung bzw. Sicherheit hervorgebracht hat.

Es geht in den folgenden Abschnitten nicht darum, in detaillierter Weise die einzelnen Bündnisbeziehungen bis in die Gegenwart nachzuzeichnen. Vielmehr soll zum einen aufgezeigt werden, dass schon früh nach dem Ende des Asiatisch-Pazifischen Krieges Versuche unternommen wurden, ein multilaterales Rahmenwerk zu gründen. Zum anderen verdeutlicht ein solcher Rückblick, dass ein vergleichsweise junges Vorhaben zur Etablierung einer multilateralen Struktur für die Region Asien-Pazifik wie das des ARF aufgrund dieser historischen Vorläufer auf eine *Norm gegen die Bildung von kollektiven Sicherheitsarrangements*[101] stößt.

3.1 Bilateralismus vs. Multilateralismus oder „warum es keine asiatisch-pazifische Variante der NATO" gibt

Die jeweilige sicherheitspolitische Ausgangssituation zum Ende des Zweiten Weltkriegs im europäisch-transatlantischen und im asiatisch-pazifischen Gefüge erscheinen vordergründig vergleichbar.[102] In beiden Regionen sahen sich die Entscheidungsträger der USA mit der Aufgabe konfrontiert, einen ehemaligen Kriegsgegner (Westdeutschland bzw. Japan) in ein kooperatives Bündnissystem einzubinden, das eine allianzpolitische Verbindung zu den weiteren Partnerstaaten innerhalb der jeweiligen Region ermöglicht und gleichzeitig eine abgegrenzte Einflusssphäre gegenüber der Sowjetunion zur Folge hat. Im Rückblick entwickelten sich jedoch höchst unterschiedliche Formen des sicherheitspolitischen Multilateralimus innerhalb der jeweiligen Region. Im Allgemeinen weist die europäisch-transatlantische Beziehung mit dem Nordatlantikpakt und seiner zugehörigen Organisation (der NATO) einen weit höheren Grad an multilateraler Kooperation unter Einschluss von kol-

---

[99] Vgl. Abb. 6.
[100] Duffield, John 2001: Why is there no APTO? Why there is no OSCAP? Asia-Pacific security institutions in comparative perspective, in: Contemporary Security Policy 22 (2), S. 69-95, hier: S. 74-75.
[101] Diese Begrifflichkeit und das entsprechende Argument geht insbesondere auf Amitav Acharya zurück. Vgl. Acharya, Amitav 2005: „Why Is There No NATO in Asia?" The Normative Origins of Asian Multilateralism. Working Paper Series (No. 05-05), Weatherhead Center for International Affairs, Cambridge (MA).
[102] Vgl. Press-Barnathan, Galia 2000: The lure of regional security arrangements. The United States and regional security cooperation in Asia and Europe, in: Security Studies 10 (2), S. 49-97, hier: S. 53-55; Duffield 2001: 70-72.

lektiven Sicherheits- und Verteidigungsprinzipien auf. Während die NATO nach dem Ende des Ost-West-Konflikts ihren Mitgliederkreis in einige der ehemaligen Blockstaaten des Warschauer Paktes und ebenso ihren Aufgabenbereich um militärische Einsätze außerhalb der eigenen Territorien erweiterte, konnte sich im asiatisch-pazifischen Beziehungsgeflecht zu keiner Zeit eine zur NATO vergleichbare Kooperationsform etablieren. Dementsprechend gestaltete sich die Lage nach dem Ende des Ost-West-Konflikts im asiatisch-pazifischen Raum folgendermaßen: Es war kein über die Jahrzehnte der bipolaren Konfrontationsstellung gewachsener Rahmen für sicherheitspolitische Zusammenarbeit entstanden, der als Kern für ein umfassendes Arrangement hätte fungieren können. Vielmehr sahen sich die Staaten der Region mit der Aufgabe konfrontiert, überhaupt erst eine Form des Multilateralismus zu erschaffen. Folglich stellen eine Reihe von Beiträgen zum vorliegenden Themenkomplex eingangs die Frage, „warum es keine NATO in Asien" gibt.[103]

Um zu einer Antwort zu gelangen, betonen die hier herangezogenen Beiträge jeweils unterschiedliche Aspekte. Dennoch ist ihnen ein Argumentationsstrang gemeinsam: Der Umstand, dass in der Region Asien-Pazifik bilaterale gegenüber multilateralen Bündnisformen überwiegen, ist nicht mit einer *alleinigen* Betrachtung der Differenzen in den Machtressourcen zwischen den beteiligten Akteuren ausreichend nachvollziehbar. Die Annahme, dass in der unmittelbaren Nachkriegszeit eine Machtasymmetrie zwischen dem führenden Staat (die USA) und seinen zukünftigen Bündnispartnern zugunsten des Erstgenannten bestand, führt grundsätzlich zu divergierenden, sich widersprechenden Erklärungen zur Frage, warum sich in übergeordneter Weise bilaterale statt multilaterale Strategien durchsetzen. Ein Staat im Besitz von relativ größeren Ressourcen könnte sich für eine Strategie in grundsätzlicher Befürwortung der multilateralen Vorgehensweise entscheiden, weil er gegenüber seinen Kooperationspartnern über einen Verhandlungsvorteil verfügt und somit weitestgehend die Regeln für die Sicherheitszusammenarbeit bestimmen kann. Aus der gleichen Logik heraus könnte sich der Akteur mit den relativ größten Ressourcen in bilateralen Bündnissen einen Vorteil gegenüber multilateralen Abkommen sehen, weil er sich in sicherheitspolitischen Angelegenheiten auf seine eigenen Kapazitäten verlassen kann und daher eher dazu neigt, eine institutionalisierte Form, die eine ständige Berücksichtigung mehrerer Partnerstaaten erfordert, zu vermeiden.[104] Vor allem in empirischer Hinsicht ist anzumerken, dass die These von der Machtasymmetrie nicht in der Lage ist, zu erklären, dass sich im europäisch-transatlantischen Beziehungsgefüge ein Primat des Multilateralismus durchgesetzt hat, während in der asiatisch-pazifischen Region ein US-zentriertes bilaterales Bündnisnetzwerk entstanden ist. Denn die Machtasymmetrie zwischen den USA und den westeuropäischen Partnerstaaten unterschied sich nicht in signifikanter Weise von jener zwischen den USA und seinen asiatischen Bündnispartnern; d.h. durch eine zu Westdeutschland vergleichbare, multilaterale Einbindung Japans hätten die USA im asiatischen Kontext einen von seinen materiellen Ressourcen vergleichbaren Block von Bündnispartnern wie in Westeuropa schaffen können.[105]

---

[103] Acharya 2005; Hemmer, Christopher/Katzenstein, Peter J. 2002: Why is There No NATO in Asia? Collective Identity, Regionalism, and the Origins of Multilateralism, in: International Organization 56 (3), S. 575-607; Duffield 2001. Vgl. ebenfalls Calder, Kent E. 2004: Securing security through prosperity: the San Francisco System in comparative perspective, in: The Pacific Review 17 (1), S. 135-157; Press-Barnathan 2000.

[104] Vgl. insbesondere Press-Barnathan 2001: 55-56. Vgl. ebenfalls Acharya 2005: 2-6; Hemmer/Katzenstein 2002: 579-582; Duffield 2001: 70-72.

[105] Acharya 2005: 3-4; Hemmer/Katzenstein 2002: 581-582.

John Duffield fokussiert stattdessen strukturelle, vor allem geopolitische Faktoren. Der Umstand, dass in Asien-Pazifik die Staaten durch größere Seeräume voneinander getrennt sind, hat demnach zumindest ursprünglich die Bildung einer multilateralen Allianz im Vergleich zum europäischen Schauplatz weniger dringlich erscheinen und daher die Präferenz für eine Serie bilateraler Abkommen aufseiten der USA entstehen lassen.[106] Galia Press-Barnathan hingegen betont, dass es für die US-amerikanischen Entscheidungsträger in jener Zeitperiode in politischer Hinsicht kostengünstiger erschien, einer multilateralen Strategie in Europa zuzustimmen, zumal die westeuropäischen Partnerregierungen schon unter sich erste Schritte zur Einleitung einer mehrstaatlichen Verteidigungskooperation in Gang gebracht hatten.[107] Des Weiteren sei der normative Aspekt aufseiten der USA, aufgrund einer gemeinsamen Tradition und Geschichte dem europäischen Kontinent beistehen zu müssen, viel stärker ausgeprägt gewesen als im asiatisch-pazifischen Kontext.[108] Dieses letztgenannte Argument stellen Christopher Hemmer und Peter J. Katzenstein zugespitzt auf den US-amerikanischen Ansatz gegenüber den südostasiatischen Staaten in den Mittelpunkt ihrer Analyse. Während demnach die US-amerikanischen Entscheidungsträger ihre Entschlossenheit zur Beteiligung an einer europäisch-transatlantischen Allianz bei der Konstruktion einer „nordatlantischen Region" unter Bezugnahme auf historische Gemeinsamkeiten untermauerten, fehlte in signifikanter Weise diese Bereitschaft zur Identifizierung mit den meisten der asiatischen Staaten und Nationen.[109] Amitav Acharya bezeichnet alle hier genannten Argumentationsstränge als unzureichend, weil sie aufgrund ihrer primären Fokussierung der US-amerikanischen Strategie lediglich partiell zuträfen:

> It was either *American* power or *American* perceptions of collective identity that mattered. Missing from the picture is any consideration of the norms and collective identities of the Asians themselves and intra-regional interactions in shaping the prospects for a regional security organization in post-war Asia.[110]

Die Untersuchung von Acharya rückt stattdessen die Normen unter Betonung der nationalen Souveränität, Selbstbestimmung und Autonomie in den Vordergrund, die durch eine Reihe von Konferenzen[111] unter der Beteiligung von Staaten in Südasien und Südostasien zu Beginn der Nachkriegszeit ihre Diffusion erfuhren.[112] Alle hier genannten Arbeiten enthalten aufschlussreiche Darstellungen zu dem komplexen Prozess, der letzten Endes ein vielschichtiges, größtenteils US-zentriertes Bündnisnetzwerk in der Region Asien-Pazifik hervorbrachte, das eher bilaterale denn multilaterale Züge aufweist. In den folgenden Abschnitten werden die historischen Ursprünge anhand von Beispielen der transpazifischen Kooperationsformen nachgezeichnet. Das Hauptaugenmerk liegt auf den Entstehungsprozessen zur Allianz zwischen Japan und den USA, zum trilateralen ANZUS-Pakt (Australia, New Zealand, United States Security Treaty) und der FPDA (Five Power Defence Arrangements) sowie der SEATO (South-East Asia Treaty Organization).

---

[106] Duffield 2001: 77-80.
[107] Press-Barnathan 2000: 82-91.
[108] Press-Barnathan 2000: 86-87.
[109] Hemmer/Katzenstein 2002.
[110] Acharya 2005: 7, Betonung im Original.
[111] Diese bestand aus der Asian Relations Conference von 1947, der Conference on Indonesia von 1949 (beide in Neu Delhi), der Conference of Southeast Asian Prime Ministers von 1954 in Colombo und der Asian-African Conference von 1955 in Bandung. Vgl. Acharya 2005: 16.
[112] Acharya 2005.

Tabelle 6: Zusammenschlüsse der bi- und multilateralen sicherheitspolitischen Zusammenarbeit in Asien-Pazifik

	Kollektive Sicherheit	**Gemeinsame Militärmanöver**
Bilaterales Bündnisnetzwerk der USA („Hub-and-spokes"-System) ANZUS (USA-Australien [-Neuseeland]*) USA-Japan USA-Südkorea USA-Philippinen USA-Thailand USA-Taiwan	ja	Beispiele *Rim of the Pacific Exercise* (RIMPAC): Australien, Japan, Südkorea, USA zusammen mit Chile, Großbritannien, Kanada, den Niederlanden, Peru, Singapur (Stand: 2008) *Quadrilateral Initiative*: Australien, Japan, USA zusammen mit Indien, Singapur *Exercise Cobra Gold*: Philippinen, Thailand, USA zusammen mit der Mongolei und Singapur (Stand: 2004)
Five Power Defence Arrangements (FPDA, ehemals ANZAM bzw. AMDA): Australien, Großbritannien, Malaysia, Neuseeland, Singapur	nein	Eigenes Manöverprogramm
South-East Asia Treaty Organization (SEATO), 1954 bis 1977): Australien, Frankreich, Großbritannien, Neuseeland, Pakistan, Philippinen, Thailand, USA	ambivalent	Eigenes Manöverprogramm

*Formaler Austritt bzw. Ausschluss 1986.
Quelle: Eigene Darstellung basierend auf den Angaben in: RIMPAC (Rim of the Pacific Exercise) 2008: RIMPAC 2008: Combined Agility and Effectiveness, http://www.c3f.navy.mil/RIMPAC_2008/RIMPAC_2008.html (14.08.2008); Loewen, Howard 2008: Die „Quadrilateral Intitiative". Auf dem Weg zu einer neuen Sicherheitsstruktur in Asien?, in: Südostasien aktuell 1, S. 101-109; Bristow, Damon 2005: The Five Power Defence Arrangements. Southeast Asia's Unknown Regional Security Organization, in: Contemporary Southeast Asia 27 (1), S. 1-20, hier: 15-16; Haas, Michael 1989: The Asian Way to Peace. A Story of Regional Cooperation. New York (et al.), Kapitel 3.

3.2 Die Ursprünge der bilateralen US-Allianzen mit Japan und Australien-Neuseeland

Zunächst ist die Rolle der USA jedoch nicht zu unterschätzen, auch wenn die frühesten Initiativen zur Bildung eines multilateralen Bündnissystems vonseiten der philippinischen und südkoreanischen Regierungen im Frühjahr 1949 auf Ablehnung in Washington gestoßen waren. Zu jenem Zeitpunkt sah die Planung der US-Regierung eine möglichst minimale Verpflichtung in Ostasien (insbesondere in Südostasien) zur Verteidigung der wichtigsten strategischen Punkte vor. Im Juli desselben Jahres stimmte der US-Kongress der Unterzeichnung des Nordatlantikpakts zu und kurz darauf begann das amerikanische Außenministerium mit der Ausarbeitung für ein ähnliches Vertragswerk namens „Pazifikpakt" für die asiatisch-pazifischen Bündnisstaaten. Innerhalb weniger Monate war es zu einem Umdenken in Washington gekommen, sodass nun ein Ansatz eines regionalen „Verteidigungsrings" (*defensive perimeter*) verfolgt wurde. Ursprünglich sollten diesem singulären, antikommunistischen Verteidigungsabkommen (neben den USA) Australien, Japan, Kanada, Neuseeland und die Philippinen beitreten. Schon im Dezember 1949 hatten sich die beteiligten US-Regierungsbehörden unter Präsident Harry S. Truman darauf geeinigt, dass lediglich im Falle eines genuinen Interesses und einer Bereitschaft zur Lastenteilung aufseiten der vorgesehenen Partnerstaaten ein solches Bündnis von den USA unterstützt werden würde.

Kurz nach Ausbruch des Korea-Krieges im Juni 1950 sowie dem (aus Sicht der VN-Truppen) überraschenden Eintritt Chinas in die Kampfhandlungen im darauf folgenden Oktober und der daraus resultierenden wahrgenommenen Dringlichkeit, für die anstehenden Verhandlungen zur Beendigung der Besatzung Japans eine allianzpolitische Grundlage schaffen zu müssen, erteilte das Büro des US-Präsidenten dem damaligen Sondergesandten des Außenministeriums, John Foster Dulles, im Januar 1951 den Auftrag, die Idee eines Pazifikpakts mit den Regierungen in Japan, Australien und Neuseeland zu diskutieren.[113] Der erste Entwurf eines solchen Paktes des US-Außenministeriums verfolgte vor allem eine militärische Wiederaufrüstung Japans bei gleichzeitiger Einbindung in eine multilaterale Allianzstruktur von regionalen, anti-kommunistischen Blockstaaten. Letzteres Element zielte auf einen Rückversicherungseffekt gegenüber den weiteren Bündnisstaaten ab, die sich bis vor Kurzem mit Japan als Kriegsgegner (Australien und Neuseeland) bzw. als Besatzerstaat (die Philippinen) konfrontiert gesehen hatten. Doch schon während der Gesprächsrunde mit der japanischen Regierung unter Ministerpräsident Shigeru Yoshida musste die US-Mission von Dulles feststellen, dass der erste Verhandlungspartner nicht gewillt war, einer solchen multilateralen Allianzstrategie zuzustimmen. Für die Tokioter Regierung stand zwar eine Sicherheitsgarantie vonseiten der USA an zentraler Stelle für die Verwirklichung einer im Laufe des Jahres 1950 ausgearbeiteten Agenda zur Wiedererlangung der vollständigen Souveränität Japans, doch sollte diese unter möglichst minimal gehaltenen eigenen Beiträgen in militärischer Hinsicht und vorrangig durch wirtschaftspolitische Mittel umgesetzt werden. Die Yoshida-Regierung war daher bereit, den USA Stationierungsrechte auf japanischem Territorium zu gewährleisten, verweigerte jedoch ansonsten eine Teilnahme an einem regionalen Bündnissystem multilateralen Charakters.[114] Die darauf folgenden Gespräche zwischen Dulles und den Regierungsvertretern Australiens sowie Neuseelands entzogen dem ursprünglichen Plan zur Bildung eines formalen Pazifikpakts endgültig seine diplomatisch-politische Grundlage. Übergeordnetes Ziel der Regierungen in Canberra und in Wellington war, eine Sicherheitsgarantie vonseiten der USA zu erhalten, ohne dabei formale Vereinbarungen mit Japan und den Philippinen einzugehen. Allerdings war den Entscheidungsträgern der beiden ozeanischen Staaten im Vorfeld der Gespräche mit Dulles wohl bewusst, dass die USA im Gegenzug dafür einen möglichst

---

[113] Vgl. ausführlich Press-Barnathan 2001: 72-78; Pyle, Kenneth B. 1992: The Japanese Question: Power and Purpose in a New Era. Washington D.C., S. 23-24.

[114] Ausführlich zu der so genannten „Yoshida-Doktrin", die den wirtschaftlichen Wiederaufbau Japans bei gleichzeitiger Vermeidung militärpolitischer Verpflichtungen verfolgte, vgl. Pyle 1992: 20-41. Vgl. ebenfalls Umetsu, Hiroyuki 2004a: The birth of ANZUS: America's attempt to create a defense linkage between Northeast Asia and the Southwest Pacific, in: International Relations of the Asia-Pacific 4 (1), S. 171-196, hier: S. 176-177.

konkreten militärischen Beitrag zur Stützung der weiteren US-Bündnisse in Nordost- und Südostasien erwarten würden.[115]

Im Laufe der Gespräche stellte sich jedoch heraus, dass die Etablierung eines formalen Allianzstatus für Australien sowie Neuseeland auf der einen und Japan sowie den Philippinen auf der anderen Seite in politischer Hinsicht für die Regierungen der beiden erstgenannten Staaten nicht akzeptabel sein würde. Vor allem die australische Delegation unter ihrem damaligen Außenminister Percy Spender argumentierte, dass eine restriktivere Eindämmungspolitik gegenüber Japan ratsam sei und darüberhinaus eine australische Beteiligung an einem multilateralen Abkommen, das den ehemaligen Kriegsgegner als militärischen Verbündeten miteinschließe, auf innenpolitischer Ebene erhebliche Probleme bereiten würde. Die neuseeländische Position schätzte die Bedeutung des südwestlichen Pazifiks für die geopolitische Strategie der USA und somit deren Bereitschaft, eine separate und alleinige Sicherheitsgarantie für Australien und Neuseeland ohne handfeste Gegenleistungen zu deklarieren, weit geringer ein. Deshalb war die neuseeländische Delegation unter Außenminister Frederick Doidge bereit, eine Erweiterung der eigenen (sowie unter Umständen der australischen) Verteidigungsverpflichtung für die US-amerikanische Einflusssphäre im nordwestlichen Pazifik vorzunehmen. Ähnlich wie die australische Position argumentierte jedoch auch Doidge, dass ein expliziter Status Japans als Bündnispartner seines Landes schwerlich auf innenpolitischer Ebene zu verkaufen sein würde. Dulles hingegen vertrat unter Bezugnahme auf Deutschland und den Versailler Vertrag in den trilateralen Gesprächen die Auffassung, dass von einer restriktiven Eindämmungspolitik gegenüber Japan eher kontraproduktive Folgen zu erwarten seien, während ein multilaterales Arrangement eine effektivere Kontrolle der japanischen Wiederaufrüstungsanstrengungen sowie eine Einbindung in den westlichen, antikommunistischen Block ermögliche. Des Weiteren war aus US-amerikanischer Perspektive Japan von zentraler strategisch-militärischer Bedeutung, da zu jenem Zeitpunkt – wenn es dazu kommen sollte – eine konzertierte Großoffensive von sowjetisch-chinesischer Seite über die nördliche Spitze der japanischen Inselkette erwartet wurde.[116]

Ein weiterer Faktor, der die Komplexität der diplomatischen Sachverhalte in den trilateralen Gesprächen erhöhte, stellte die Intervention durch die Regierung Großbritanniens

---

[115] Das vereinte, asiatisch-pazifische Militärkommando Australiens und Neuseelands im Zweiten Weltkrieg namens ANZAC (Australia New Zealand Asian Command) wurde im Januar 1944 formalisiert. Diese Vereinbarung enthält die reziproke Zusicherung, bei allen Nachkriegsregelungen im asiatisch-pazifischen Raum bilaterale Konsultationen zu führen. Vgl. Haas, Michael 1989: The Asian Way to Peace. A Story of Regional Cooperation. New York (et al.), S. 31-32.

[116] Umetsu 2004a: 178-188. Zu jenem Zeitpunkt war für die Westalliierten noch nicht ersichtlich, dass die VR China und die Sowjetunion schon bald auf bilaterale Schwierigkeiten stoßen und weit weniger in der Lage sein würden, eine einheitliche „kommunistische Front" oder ähnliches in Ostasien bilden zu können. Vielmehr wurden die damaligen Gespräche zwischen den USA und Japan bzw. Australien und Neuseeland vom Verlauf des Korea-Krieges überschattet. Während aufseiten der USA und Südkoreas ein VN-Kommando unter Beteiligung weiterer 15 Staaten kämpfte, traten aufseiten Nordkoreas chinesische Bodentruppen und sowjetische Kampfflieger in den Krieg ein. Vgl. ausführlicher Köllner, Patrick 2005: Die beiden Koreas und die Vereinigungsfrage, in: Kern, Thomas/Köllner, Patrick (Hg.): Südkorea und Nordkorea: Einführung in Geschichte, Politik, Wirtschaft und Gesellschaft. Frankfurt/New York, S. 279-305; Maretzki, Hans 2005: Nordkoreas Außen- und Sicherheitspolitik, in: Kern, Thomas/Köllner, Patrick (Hg.): Südkorea und Nordkorea. Einführung in Geschichte, Politik, Wirtschaft und Gesellschaft. Frankfurt/New York, S. 258-278, S. 265-272. Ausführlich zur Entwicklung der Beziehungen zwischen den USA und der VR China sowie der Sowjetunion in den 1950er Jahren vgl. Christensen, Thomas J. 1996: Useful Adversaries. Grand Strategy, Domestic Mobilization, and Sino-American Conflict, 1947-1958. Princeton (NJ) (et al.).

dar. Schließlich bedeutete das Bemühen um eine primäre verteidigungspolitische Anbindung an die USA einen weiteren Schritt in der Herauslösung Australiens und Neuseelands aus dem britischen Commonwealth.[117] Die Londoner Regierung legte deshalb ein grundsätzliches Veto gegen jegliche multilateralen Allianzbildungsversuche ein, die den Ausschluss Großbritanniens beinhalten. Darüber hinaus verlangte die britische Seite eine Erweiterung der Sicherheitsgarantien eines zukünftigen Pazifikpakts um die eigene Einflusssphäre auf dem asiatischen Festland. Bliebe diese aus, würden Aggressionen gegenüber Hongkong, Malaya, Indonesien, Burma und Siam ermutigt, so die Einwände des militärischen Führungsstabes des Vereinigten Königreichs zu jenem Zeitpunkt. Dies stieß wiederum auf Widerstände vonseiten der USA, Australiens und Neuseelands. Das Washingtoner Außenministerium veranlasste Dulles dazu, der Aufforderung nach Einschluss der britischkontrollierten Territorien nicht nachzugeben, da ansonsten gegenüber den asiatischen Staaten der Eindruck erweckt werden könne, dass es sich bei diesem Pazifikpakt um eine Form des Neo-Kolonialismus handelt. Die australischen und neuseeländischen Entscheidungsträger waren ohnehin nicht bereit, bündnispolitische Verpflichtungen auf erweiterter regionaler Ebene einzugehen und zudem zu einem Paradigmenwechsel in Bezug auf ihren hauptsächlichen Bündnispartner (die USA statt Großbritannien) entschlossen. Unter den Verhandlungsführern dieser drei Staaten war des Weiteren die Befürchtung vorhanden, dass eine Ausweitung des Pazifikpakts im Sinne der Londoner Regierung weitere Forderungen nach Einschluss Frankreichs, der Niederlanden und Portugals nach sich ziehen könnte – allesamt Staaten, die sich zu jenem Zeitpunkt ebenfalls in ihrer Spätphase als europäische Kolonialmächte in Asien befanden.[118]

Die unterschiedlichen Positionen der beteiligten Partner in den von Washington initiierten Gesprächen über einen Pazifikpakt konvergierten insofern, als dass Australien, Japan und Neuseeland einer bilateralen Sicherheitsgarantie vonseiten der USA höchste Priorität beimaßen. Das übergeordnete Ziel der Dulles-Mission jedoch, eine multilaterale Bündnisstruktur zu etablieren, ließ sich aufgrund der einzelstaatlichen Orientierung der von US-amerikanischer Seite als Schlüsselländer erachteten Staaten nicht durchsetzen. In der Folge wurde von August bis September 1951 ein „minilaterales" Verteidigungsabkommen zwischen Australien, Neuseeland und den USA (ANZUS) sowie ein jeweilig bilateraler Sicherheitspakt zwischen den USA und Japan bzw. den Philippinen abgeschlossen.[119] Eine lose und vage gehaltene bündnispolitische Verbindung zwischen dem ANZUS-Pakt- und den weiteren Abkommen wurde durch die Artikel IV und V im Vertragstext der trilateralen Allianzen hergestellt. Demnach tritt der Bündnisfall für die ANZUS-Staaten ein, wenn ein Angriff sowohl auf ihre Hoheitsgebiete als auch auf Territorien erfolgt, auf denen sich ihre militärischen Truppen und Einrichtungen befinden. Eine enge Interpretation hätte somit aus der australischen und neuseeländischen Perspektive bedeutet, dass die militärische Beistandspflicht auch bei Aggressionen sowohl gegen Japan, die Philippinen und Südkorea als

---

[117] Während der Kampfhandlungen im Asiatisch-Pazifischen Krieg war das ANZAC dem Südostasien-Kommando (South-East Asia Command) unter britischem Oberbefehl unterstellt. Vgl. Haas 1989: 31.
[118] Umetsu 2004a: 177-179; Calder 2004: 141-142.
[119] Zwischen Washington und Manila bestand seit dem Jahr 1947 eine Vereinbarung zur Stationierung von US-Truppen auf philippinischem Territorium, die durch den Sicherheitspakt von 1951 nicht beeinträchtigt wurde. Während die USA durch das Bündnis eine Versicherung vor einer erneuten Aggression Japans gegen die Philippinen abgaben, war die Erwartung, dass philippinische Truppen im militärischen Ernstfall eines Invasionsversuchs japanischer Territorien Beistand leisten würden, aufseiten der US-Regierung ebenfalls vorhanden. Vgl. Umetsu 2004a: 194.

auch unter Umständen gegen Taiwan und Südvietnam angerufen werden könnte.[120] In der Folge verdeutlichte die Regierung in Canberra, dass eine solche Auffassung zum ANZUS-Abkommen keineswegs einen Automatismus darstellen wird, während Wellington im Prinzip bestätigte, dass Artikel IV und V im engeren Sinne auslegbar seien.[121] Letzten Endes wurde der ANZUS-Bündnisfall bislang ein einziges Mal ausgerufen und zwar drei Tage nach den Terroranschlägen am 11. September 2001 vonseiten der australischen Regierung. Die USA suspendierten im Jahr 1986 ihre formalen Bündnisverpflichtungen gegenüber Neuseeland aufgrund der Antinuklearpolitik Wellingtons, weshalb das ursprünglich trilaterale Abkommen seither unter unverändertem Namen das bilaterale Allianzverhältnis zwischen den USA und Australien bezeichnet. Sowohl die Regierung in Canberra als auch jene in Wellington entschlossen sich zu einer (wenn auch unterschiedlich dimensionierten) militärischen Beteiligung am Krieg in Afghanistan nach den Anschlägen vom 11. September, wobei diese Beiträge jeweils bilateral und außerhalb des ANZUS-Rahmens erfolgten.[122] Auch die Allianz zwischen den USA und Japan hat seit ihrer Begründung nicht an Relevanz verloren, im Gegenteil. Ursprünglich als äußerst asymmetrisches Bündnis eingesetzt, dass in Bezug auf konkrete militärische Beiträge Japans kaum formale Vorgaben enthielt, entwickelt sich dieses Allianzverhältnis seit den 1990er Jahren zunehmend zu einer sicherheitspolitischen Beziehung, die über den Zweck der rein defensiven Verteidigung des japanischen Territoriums hinausgeht. Die während des Ost-West-Konflikts zwar keineswegs introvertierte, jedoch militärische Maßnahmen tunlichst vermeidende Sicherheitspolitik Japans ist seither im Wandel begriffen, wobei sich diese graduelle Transformation innerhalb der bilateralen Allianz mit den USA, und nicht in einer japanischen Ablösung von ihr entfaltet.[123]

3.3 Multilaterale Bündnisarrangements in Südost- und Südasien: Erfolg (FPDA) und Misserfolg (SEATO)

Hinsichtlich der Entstehung der Five Power Defence Arrangements (FPDA) besteht eine Verbindung zum oben skizzierten Resultat des ANZUS-Abkommens. Im Jahr 1971 gegründet, gehören den FPDA die Staaten Australien, Großbritannien, Malaysia, Neuseeland und Singapur bis in die Gegenwart an. Die Ursprünge dieses politisch-militärischen Konsultativforums gehen auf die unmittelbare Zeit nach dem Abschluss der ersten US-Allianzen und dem Friedensvertrag von San Francisco zurück. Die Londoner Regierung akzeptierte zwar die trilaterale Allianzbildung zwischen Australien, Neuseeland und den USA, unternahm jedoch in der unmittelbaren Folge den Versuch, die (aus ihrer Sicht als solche zu bezeichnende) „Anomalie" des britischen Ausschlusses vom ANZUS-Vertrag zu

---

[120] Umetsu 2004a: 188-194. Jeweils bilaterale Sicherheitsabkommen zwischen den USA und Südkorea, Südvietnam bzw. Taiwan wurden im Zeitraum 1953 bis 1955 abgeschlossen. Vgl. Calder 2004: 136; Haas 1989: 33
[121] Umetsu 2004a: 191.
[122] Vgl. ausführlich Lyon, Rod/Tow, William T. 2005: The Future of the U.S. -Australian Security Relationship, in: Asian Security 1 (1), S. 25-52; Tow, William T. 2005: ANZUS: Regional versus Global Security in Asia?, in: International Relations of the Asia-Pacific 5 (2), S. 197-216.
[123] Vgl. exemplarisch Nabers, Dirk 2005: Allianz gegen den Terror. Deutschland, Japan und die USA. Wiesbaden; Hughes, Christopher W. 2004: Japan's Re-Emergence as a ‚Normal' Military Power. The Adelphi Papers, 44 (368 & 369), London.

revidieren.[124] Darüber hinaus zielte die britische Bündnisstrategie auf eine Erweiterung des ANZUS-Abkommens auf die Föderation Malaya ab,[125] weshalb im Dezember 1952 die Londoner Regierung zu einer Reaktivierung der dort stationierten militärpolitischen Einheit namens ANZAM (Australia, New Zealand and Malayan Area)[126] aufforderte. Zuvor hatte die britische Regierung eine Initiative namens Five Power Staff Agency lanciert, die unter Einschluss der ANZUS-Staaten, Großbritanniens sowie Frankreichs (des Weiteren womöglich die Philippinen) eine allianzpolitische Verbindung mit ANZAM herstellen und darauf basierend in einer Bündnisstruktur nach dem Vorbild der NATO münden sollte. Obwohl Australien und Neuseeland weiterhin bereit waren, militärische Beiträge für die zur gleichen Zeit neu formulierte Globalstrategie Londons zu leisten (so z.B. im Nahen Osten), scheiterte sowohl die erneute Forderung nach formalen Einschluss Großbritanniens als auch der Vorschlag zur Ausbildung einer weit höher ambitionierten Bündnisstruktur am US-amerikanischen und australischen Widerstand. Während die Washingtoner Regierung inzwischen Initiativen zur Bildung einer auch nur ansatzweise kohärent erscheinenden, multilateralen Bündnisstruktur unter der Ägide der Westalliierten aufgrund der Befürchtung, dies könnte von den regional ansässigen Staaten als „neokolonialistische" Maßnahme aufgefasst werden, von sich wies,[127] bewertete die Regierung in Canberra die britische Offerte zur Gründung der Five Power Staff Agency als offenen Versuch zur Unterminierung einer eigenständigen Identität des neu gebildeten ANZUS-Bündnisses. Nichtsdestotrotz kam für die australische Seite eine vollständige Aufgabe ihrer Einbindung in das Britische Commonwealth nicht in Frage, weshalb der Vorschlag zur Restrukturierung der ANZAM unterstützt wurde.[128]

Im September 1953 einigten sich die Regierungen der drei Commonwealth-Staaten auf die Einrichtung eines permanenten militärischen Kommandostabs (ANZAM Chiefs of Staff) in Melbourne, der fortan für die Planung der externen Verteidigung Malayas verantwortlich war. Im Zuge dessen erweiterten sich die australischen und neuseeländischen Kompetenzen sowie Verpflichtungen für die militärpolitische Koordination.[129] Seit dem Jahr 1955 fiel die Zuständigkeit der Planung von militärischen Maßnahmen gegen die bewaffneten Widerstände im Innern Malayas in den Aufgabenbereich des ANZAM Defence

---

[124] Hall, Andrew 2005: Anglo-US Relations in the Formation of SEATO, in: Stanford Journal of East Asian Affairs 5 (1), S. 113-132, hier: S. 126.

[125] Die Union Malaya unter Einschluss Singapurs und die Föderation Malaya wurden 1946 bzw. 1948 gegründet und fungierten als temporär eingesetzte, sich selbstverwaltende Regierungsformen der ehemaligen Föderierten Malaienstaaten unter britischer Kontrolle. Die Föderation Malaya erlangte 1957 ihre Unabhängigkeit und wurde 1963 in Malaysia umbenannt, wovon sich 1965 wiederum Singapur als unabhängiger Stadtstaat herauslöste. Vgl. Haas 1989: 39-40.

[126] ANZAM war nach dem Ende des Asiatisch-Pazifischen Krieges aus den in Malaya verbleibenden australischen, britischen und neuseeländischen Truppenkontingenten des Alliierten Südostasien-Kommandos entstanden und als militärische Planungseinheit konzipiert worden.

[127] Allerdings nutzte die US-Regierung unter Präsident Dwight D. Eisenhower kurz darauf den Vorschlag zur Gründung einer Five Power Staff Agency, um erste Gespräche zur Formulierung eines Südostasienpakts (SEATO) zu initiieren. Vgl. weiter unten.

[128] Vgl. ausführlich Umetsu, Hiroyuki 2004b: The Origins of the British Commonwealth Strategic Reserve: The UK Proposal to Revitalise ANZAM and the increased Australian Defence Commitment to Malaya, in: Australian Journal of Politics and History 50 (4), S. 509-525. Die Position der neuseeländischen Regierung zeigte sich deutlich wohlwollender gegenüber den Eintrittsbemühungen Großbritanniens, zumal in einer britischen Beteiligung ein mögliches Gegengewicht zu einer amerikanisch-australischen Dominanz gesehen wurde. Die letztere Überlegung erscheint nicht ohne jegliche Grundlage, da die neuseeländischen Vermittlungsversuche von den weiteren beiden ANZUS-Partnern schlichtweg übergangen wurden. Vgl. Umetsu 2004b: 515.

[129] Umetsu 2004b: 523.

Committee.[130] Durch die Entlassung Malayas in die Unabhängigkeit im Oktober 1953 kam das bilaterale Anglo-Malayan Defence Agreement (AMDA) zustande, während der militärische Planungsstab der ANZAM weiterhin bestehen blieb und sowohl Australien als auch Neuseeland bis zum Frühjahr 1959 ihre jeweilige Assoziation mit dem AMDA gegenüber der malaiischen Regierung bestätigte. Der AMDA- bzw. ANZAM-Status von Singapur, das zu jener Zeit zur unabhängigen Föderation Malaya gehörte, war ambivalent, weshalb nach der Abspaltung des Stadtstaates im August 1965 Neuverhandlungen in Bezug auf Sicherheitsgarantien und Stationierung der Commonwealth-Truppen notwendig wurden.[131] Ihre externe Logik erhielt diese Serie von Verteidigungseinrichtungen überwiegend in der Phase der Konfrontationspolitik Indonesiens gegenüber Malaya/Malaysia (1962-66). Die indonesische Regierung unter Sukarno betrachtete die malaiische/malaysische Föderation als Marionettenstaat Großbritanniens und unterstützte die philippinische Seite im Disput um widersprüchliche Hoheitsansprüche über Sabah zwischen Kuala Lumpur und Manila. Als im Jahr 1963 der malaysische Einschluss von Sabah zu einer Erhöhung der politischen Spannungen mit Jakarta und Manila führte, ließ die australische Regierung ihr bis dahin geheim gehaltenes Assoziationsverhältnis mit dem AMDA öffentlich werden, um einer weiteren Eskalation vorzubeugen.[132]

Um sowohl eine Zusammenführung der in beträchtlichen Teilen überlappenden Aufgabenbereiche zwischen den ANZAM-Einheiten und der AMDA als auch eine Regelung der bündnispolitischen Situation Singapurs zu erwirken, wurden im September 1971 die FPDA abgeschlossen. Gemäß der Gründungsdokumente sind die externe Verteidigung Malaysiens und Singapurs als „unteilbar" zu betrachten. Aufgrund der weiterhin anhaltenden Rivalität zwischen den beiden neu gegründeten südostasiatischen Staaten wurden insgesamt sechs separate Vereinbarungen mit den weiteren drei Mitgliedern der FPDA abgeschlossen. Zwei übergeordnete Ziele stehen im Vordergrund:

> to continue to cooperate in defence arrangements [and] ... in the event of any form of armed attack externally or supported or the threat of such an attack against Malaysia or Singapore their Governments would immediately consult together for the purpose of deciding what measures should be taken jointly or separately in relation to such attack or threat.[133]

Demnach sind die beteiligten Staaten im Bündnisfall zur gegenseitigen Beratung verpflichtet, weshalb die FPDA keinen Mechanismus des militärischen Beistands im Falle eines Angriffs, sondern ein Konsultativforum für verregelte Kooperationsmaßnahmen im Bereich der Verteidigungspolitik darstellen. Das Kernstück der FPDA ist die Kommandozentrale zur Verteidigung der Lufträume Malaysias und Singapurs namens Integrated Air Defence System (IADS; seit dem Jahr 2000 steht diese Abkürzung für Integrated Area Defence System)[134], die sich im ehemals britischen Luftwaffenstützpunkt Butterworth in der Nähe

---

[130] Aufgrund des bewaffneten Guerillawiderstands vonseiten der kommunistischen/anti-kolonialistischen „Malayan National Liberation Army" wurde ab dem Jahr 1948 der Notstand ausgerufen. Die als „Malayan Emergency" bezeichnete Periode dauerte bis zum Jahr 1960 an. 1949 waren erstmals australisch-britische Truppen mit militärischen Mitteln gegen die Nationale Befreiungsarmee vorgegangen. Vgl. Umetsu 2004b: 511; Haas 1989: 39-40.
[131] Vgl. im Detail Haas 1989: 40-41.
[132] Bristow, Damon 2005: The Five Power Defence Arrangements. Southeast Asia's Unknown Regional Security Organization, in: Contemporary Southeast Asia 27 (1), S. 1-20, hier: S. 2-4; Haas 1989: 42.
[133] Zit. nach Haas 1989: 44.
[134] Thayer, Carlyle A. 2007: The Five Power Defence Arrangements. The Quiet Achiever, in: Security Challenges 3 (1), S. 79-96, hier: S. 88.

der gleichnamigen malaysischen Stadt befindet. Im Fall eines Überraschungsangriffs ist der Oberbefehlshaber des IADS unter Berufung auf eine Notstandsregel dazu autorisiert, verfügbare Streitkräfte aller fünf Teilnehmerstaaten für militärische Gegenmaßnahmen in Anspruch zu nehmen.[135] Die Verwaltungsstruktur wurde seit Gründung der FPDA wiederholt verändert und ausgebaut. Während in den ersten beiden Jahrzehnten überwiegend Treffen zwischen Vertretern der Militärs stattfanden, gilt seit dem Jahr 1990 die alle drei Jahre abzuhaltende Ratssitzung der Verteidigungsminister (Defence Minister's Meeting) als oberstes Gremium.[136] Seit dem Jahr 2001 finden diese Ratssitzungen zeitgleich mit den jährlichen Treffen des Shangri-La Dialogs in Singapur statt.[137]

Eine der ursprünglichen Motivationen zur Etablierung der FPDA bestand in der seit Ende der 1960er Jahre deklarierten Absicht Großbritanniens, die eigene Militärpräsenz „östlich des Suezkanals" zu verringern. Die FPDA dienten deshalb zunächst zur graduellen Ablösung der britischen Präsenz in Südostasien durch Ausweitung der australisch-neuseeländischen Kompetenzen sowie der allmählichen Stärkung der militärischen Kapazitäten von Malaysia und Singapur. Während in der Anfangsphase militärische Schlüsselpositionen nahezu ausschließlich mit Personal aus den Armeen der drei Commonwealth-Staaten besetzt waren, wurden die Verwaltung, das Management und die Koordination der FPDA-Elemente (Kommandozentralen, Stützpunkte, Manöver) zunehmend an die beiden südostasiatischen Partnerstaaten übertragen. Die Präsenz von australischen, britischen und neuseeländischen Truppenkontingenten in Malaysia und Singapur nahm daher kontinuierlich seit der Gründung der FDPA ab. Allerdings weisen die regelmäßigen multilateralen Manöverübungen zwischen den fünf Staaten seit Beginn der 1990er Jahre eine eindeutige Tendenz zur Weiterentwicklung auf wie auch die Fähigkeit zur flexiblen Anpassung an neu wahrgenommene Bedrohungsszenarien, weshalb der Wert der FPDA für die beteiligten Parteien zugenommen haben dürfte. Inzwischen umfassen die Manöverserien kombinierte (Marine-, Boden- und Lufttruppen) und gemeinsame (unter Teilnahme aller fünf Staaten) Übungen, die zunehmend anhand von Szenarien der asymmetrischen Kriegsführung (Antiterrorismusmaßnahmen, Piraterie) stattfinden.[138] Bei der ersten Durchführung der Manöverserie mit dem Codenamen Ex BERSAMA LIMA im September 2004 diente die neu errichtete Kommando- und Kontrollzentrale im Luftwaffenstützpunkt Paya Lebar, Singapur, als Hauptquartier, um eine Abfangoperation eines von Terroristen gekaperten Handelsschiffs zu simulieren. Dabei wurden vor allem die Interoperabilität von Kommunikations- und Logistiknetzwerken, gemeinsamen Patrouillen und erstmalig auch die Zusammenarbeit mit zivilen Einrichtungen bei Evakuierungsmaßnahmen getestet. Letztgenannter Aspekt wurde in den Folgejahren unter Beteiligung regierungsamtlicher Behörden (Zoll, Polizei, Einreise) und nichtregierungsamtlichen Organisationen (z.B. das Rote Kreuz) ausgeweitet.

---

[135] Thayer 2007: 81. Das Amt des Oberbefehls über das IADS war und ist immer mit einem Vize-Marschall der Royal Australien Air Force zu besetzen. Vgl. Bristow 2005: 6.

[136] Vgl. im Detail Thayer 2007: 81-84; Bristow 2005: 5-13; Haas 1989: 44-49.

[137] Thayer 2007: 83; Bristow 2005: 6. Der vom International Institute for Strategic Studies (IISS) mit Hauptsitz in London organisierte Shangri-La-Dialog wurde im Jahr 2002 begründet und ist zu den Track-II-Prozessen in Asien-Pazifik zu zählen, die regelmäßig hochrangige Repräsentanten auf der Track-I-Ebene (nationale Verteidigungsminister) vorweisen können. Er ist nach der Wehrkunde-Konferenzserie der NATO modelliert. Vgl. Ball et al. 2005: 27-28. Am Shangri-La-Treffen im Juni 2008 nahmen Vertreter aus den zehn ASEAN-Staaten, den weiteren ARF-Staaten außer Nordkorea und Papa Neuguinea sowie des Weiteren Deutschland, Frankreich und Großbritannien teil. Vgl. Website des IISS, http://www.iiss.org/conferences/the-shangri-la-dialogue/participating-countries/, [14.08.2008].

[138] Vgl. ausführlicher Thayer 2007: 84-88; Bristow 2005: 7-13.

Seit dem Jahr 2006 steht der Einschluss humanitärer Hilfsmaßnahmen und von Katastrophenschutz auf der Planungsagenda der FPDA-Treffen.[139]

Während die FPDA als „heimliche Erfolgsgeschichte" („quiet achiever")[140] der multilateralen Zusammenarbeit im Bereich der Sicherheits- und Verteidigungspolitik auf regionaler Ebene gilt, ergibt sich ein Gegensatz zu einem weiteren Versuch der multilateralen Allianzbildung, der ebenfalls auf die erste Hälfte der 1950er Jahre zurückgeht: die im Jahr 1977 formal aufgelöste South-East Asia Treaty Organization (SEATO). Die oben erwähnte britische Initiative zur Gründung einer Five Power Staff Agency wurde im Januar 1953 von Dulles, dem damals neu ernannten US-Außenminister, aufgegriffen, um eine kohärentere, antikommunistische Bündnisstruktur in Südostasien unter Einschluss Frankreichs, Großbritanniens und der regional ansässigen Staaten anzusprechen. An der im September 1954 einberufenen Konferenz namens South-East Asia Collective Defense Treaty Conference nahmen neben den Delegationen aus Australien, Frankreich, Großbritannien, Neuseeland und den USA Regierungsvertreter aus Pakistan, den Philippinen und Thailand teil. Die ebenfalls eingeladenen Regierungen Burmas, Ceylons, Indiens und Indonesiens verweigerten ihre Teilnahme, während Malaya als damalige Kolonie Großbritanniens keine eigene Delegation entsandte. Das Resultat des Treffens war die Unterzeichnung des South-East Asia Collective Defense Treaty und die Gründung eines permanenten Sekretariats für die SEATO in Bangkok. Laut dem Vertragstext sollte im Falle eines bewaffneten Angriffs auf einen der acht Unterzeichnerstaaten eine Konsultationspflicht und eine Weiterleitung an den VN-Sicherheitsrat erfolgen. Die US-amerikanische Regierung bestand auf eine Ausnahmeregelung in Bezug auf die eigenen Bündnisverpflichtungen (dem sogenannten „Understanding of the United States"), wonach militärische Gegenmaßnahmen ausschließlich im Falle von Aggressionen kommunistischer Staaten in Erwägung zu ziehen sind.[141] Dieser Zusatz garantierte der indischen Regierung, dass trotz der Mitgliedschaft Pakistans der indisch-pakistanische Konflikt außerhalb des Zuständigkeitsbereichs der SEATO bleiben wird. Als regionaler Gültigkeitsbereich der SEATO wurde der westliche Pazifik (d.h. südlich von Hongkong und Taiwan) unter Einschluss Südostasiens festgelegt. Dies bedeutete, dass selbst Gebiete von Nichtteilnehmerstaaten (Brunei, Burma, Indonesien, Malaya, Nauru, Papa Neuguinea, Portugiesisch Timor, Sabah, Sarawak und Singapur) darunter fielen. In der Praxis jedoch ist zu keinem Zeitpunkt die Einrichtung einer gemeinsamen Kommandostruktur oder eine Autorisierung von militärischen Maßnahme durch die SEATO erfolgt. Präsident Lyndon B. Johnson erklärte zwar im Jahr 1966, dass die US-Militärs im Vietnamkrieg ihren Verpflichtungen unter der SEATO nachkommen würden, doch gab

---

[139] Thayer 2007: 89-92.
[140] Thayer 2007. Der graduell voranschreitende Bedeutungszuwachs der FPDA, insbesondere des Manöverprogramms, hat trotz wiederkehrender Spannungen zwischen Malaysia und Singapur stattgefunden. Des Weiteren sind die drei Commonwealthstaaten zeitweilig nicht in der Lage gewesen, aufgrund von Veränderungen in der Außenpolitik (Großbritannien von 1973 bis 1988), Umstrukturierung der militärischen Ausstattung (Neuseeland) und Teilnahme an Kriegen (Australien zwischen 2003 und 2005) zumindest an einzelnen Programmen der Manöverübungen teilzunehmen. Vermutlich überwiegen jedoch folgende Vorteile, vor allem seit der Inkorporation von asymmetrischen Sicherheitsszenarien: Die Demonstration des Willens, aktiv zur regionalen Sicherheit beizutragen, die Simulation des Transports von Truppen an mögliche Einsatzorte unter realen Bedingungen (die drei Commonwealthstaaten), das Vorführen von zu verkaufenden Militärgütern (Großbritannien) und der Zugang zu sowohl militärisch-technologischer Ausstattung als auch operationalem Knowhow (Malaysia und Singapur). Vgl. Thayer 2007: 94-95; Bristow 2005: 9-13.
[141] Der prinzipielle Ansatz der USA gegenüber der SEATO orientierte sich somit an der Monroe-Doktrin. Vgl. Acharya 2005: 30.

es diesbezüglich keine von der Organisation selbst getroffene Entscheidung. Die Regierung Malaysias zog auch während der Konfrontationsphase mit Indonesien einen Beitritt zur und eine Anrufung der SEATO nicht in Betracht, da ihr die externen Sicherheitsgarantien durch AMDA ausreichend erschienen.[142]

Aufgrund dieser praktischen Irrelevanz in Bezug auf konkrete militärische Konflikte in bzw. aufgrund von Rückzügen aus der Region[143] zogen (beginnend mit Frankreich) ab dem Jahr 1966 nach und nach die einzelnen Mitgliedstaaten ihre Teilnahme an den SEATO-Aktivitäten (Finanzierung des Sekretariats, militärisch-strategische Arbeitsgruppen und gemeinsame Militärmanöver) zurück.[144] Dennoch können die Gründe für das Scheitern der SEATO nicht auf das sich verringernde Interesse der außerregionalen, europäisch-transatlantischen Mächte reduziert werden. Vielmehr sah sich das SEATO-Vorhaben von Beginn an sowohl mit divergierenden strategischen Vorstellungen unter den beteiligten Westmächten als auch mit einem Legitimitätsdefizit innerhalb der Region Südost- und Südostasien konfrontiert. Die Dringlichkeit, mit der vor allem die USA im Gründungsjahr der SEATO auf eine möglichst kohärente, antikommunistische Allianzbildung drängten, wurde unmittelbar durch die Belagerung der französischen Garnisonsstadt Dien Bien Phu durch Truppen der Viet Minh in Indochina ausgelöst. Kurz nach Beginn der Kampfhandlungen um Dien Bien Phu im März 1954 bot US-Außenminister Dulles der französischen Seite unter Verwendung des Begriffs „vereinte Aktion" („united action") militärische Hilfe in Form einer militärischen Intervention durch die USA an. Diese Wortwahl sollte vor einem Kriegseintritt Chinas in Indochina abschrecken, konnte jedoch aufgrund des Mangels an inhaltlicher Substanz bei der gleichzeitig provozierenden Gestik weder die Unterstützung der britischen Regierung noch die Zustimmung der US-Militärstäbe gewinnen. Dulles' Amtskollege auf britischer Seite, Anthony Eden, befürchtete sogar, dass eine konkrete Umsetzung des Vorschlags eine militärische Intervention der Volksrepublik, womöglich gemeinsam mit der Sowjetunion, provozieren könnte. Dennoch sah die Londoner Regierung in der Bildung einer multilateralen Allianz unter britischer Beteiligung erneut die Möglichkeit, eine Verbindung zwischen dem ANZUS-Abkommen herzustellen, weshalb sie den Einschluss Australiens und Neuseelands in der SEATO befürwortete. Zwischen Frankreich und den USA bestand vor allem eine Divergenz in der unmittelbaren Zielsetzung. Während die Regierung in Paris spätestens nach der Niederlage in Dien Bien Phu im Mai 1954 eine mit der Demokratischen Republik Vietnam unter Ho Chi Minh ausgehandelte Lösung zur Beendigung des Krieges anstrebte, unterstützte die US-Regierung zwar die Entlassung der indochinesischen Gebiete in die Unabhängigkeit, wollte jedoch zuvor sicherstellen, dass diese danach zumindest außerhalb der kommunistischen Einflusssphäre verbleiben. Die Formel, worauf sich die drei europäisch-transatlantischen Regierungen einigten, war die SEATO – eine multilaterale Allianz, die dem Zweck sowohl des Entkolonialisierungsprozesses als auch der Eindämmung kommunistisch-geprägter Staaten einen bündnispolitischen Rahmen verleihen sollte. Aus der Hoffnung, dass sich die jungen Staaten der Region anschließen würden, war der geografische Gültigkeitsbereich der SEATO weit über die Territorien der acht Mitgliedsländer hinausgehend gefasst worden.[145] Diese

---

[142] Haas 1989: 32-39.
[143] Zu erwähnen sind insbesondere die Auflösung von Französisch-Indochina im Jahre 1954 und die Beendigung des Vietnam-Kriegs in 1975.
[144] Vgl. im Detail Haas 1989: 37-39.
[145] Ausführlich zu den amerikanisch-britisch-französischen Verhandlungen zur SEATO und im Rahmen der Genfer Indochina-Konferenz vgl. Hall 2005.

der SEATO zugrunde liegende Absicht stieß jedoch auf den Widerstand der Staaten in Südost- und Südasien:

> The core and undisputed members of the SEATO alliance were the three Western and democratic stalwarts of the United States, the United Kingdom, and France. The form and purpose of the alliance was almost wholly their design [...]. This arrangement, however, posed a serious problem for the way in which the rest of the world would perceive the organization; a Western-dominated alliance appeared to many critics to be an act of neocolonialism.[146]

Die US-amerikanischen und britischen Regierungsverantwortlichen waren sich von Beginn an dieser Außenwirkung bewusst und versuchten daher, eine möglichst breite Teilnehmerschaft an der SEATO durch die regional-ansässigen Staaten sicherzustellen. Allerdings fanden in jener Zeitphase mehrere intergouvernementale Konferenzen zwischen den ehemaligen Kolonialgebieten in Südost- und Südasien unter Beteiligung von afrikanischen Regierungen statt. Als eine der bedeutendsten ist das Treffen zwischen Burma, Ceylon (Sri Lanka), Indien, Indonesien und Pakistan (damals unter Einschluss des heutigen Bangladesch) im April/Mai 1954 in Colombo zu betrachten, aus dem die Bewegung blockfreier Staaten (*Non-Aligned Movement*) entstehen sollte. Diese Konferenzreihen schufen einen normativen Referenzrahmen, der im Kern die Betonung von staatlicher Souveränität, nationaler Autonomie und Antiimperialismus beinhaltete.[147] Außer Pakistan trat kein weiterer Colombo-Teilnehmer der SEATO bei[148], weshalb das Legitimitätsdefizit nicht wie erhofft behoben werden konnte. Darüber hinaus geriet die SEATO zum Sinnbild einer westlichen Hegemoniebestrebung und zur Zielscheibe der antiimperialistischen Rhetorik der Bewegung blockfreier Staaten.[149] Die SEATO versuchte, dieser Wahrnehmung durch gezielte Aktivitäten entgegenzuwirken. Während der militärische Zweig der Organisation im Laufe der Jahre keine Dynamik entfalten konnte, wurden die zivilen Aspekte gestärkt und ausgebaut. Seit den 1960er Jahren unterhielt das Sekretariat eine Abteilung für Öffentlichkeits- und Publikationsarbeit, finanzierte Handelsschulen, Programme für wirtschaftliche Entwicklung und vergab Forschungsarbeiten, -preise und -stipendien. Trotz allem konnte nicht verhindert werden, dass die negative Wahrnehmung sich nicht nur auf die Regierungseliten

---

[146] Hall 2005: 125.
[147] Vgl. ausführlich Acharya 2005.
[148] Pakistans Mitgliedschaft war ursprünglich von der Absicht motiviert gewesen, eine Sicherheitsgarantie vonseiten der außerregionalen SEATO-Mächte gegenüber Indien zu erhalten. Durch die oben erwähnte Ausnahmeregelung der USA und ähnlichen, jedoch weniger formalisierten Zusicherungen gegenüber der indischen Regierung vonseiten der weiteren SEATO-Mitglieder war die Motivation der pakistanischen Regierung für ihren Beitritt ad absurdum geführt worden. Diese Neutralitätsbekundung der SEATO gegenüber der indisch-pakistanischen Rivalität wurde im Krieg um Bangladesch von 1971 bestätigt. Vgl. Hall 2005: 127; Haas 1989: 36. Acharya betont, dass die wiederholt öffentlich vorgetragene Missbilligung der SEATO vonseiten der indischen Regierung nicht in einem direkten Zusammenhang mit dem Konflikt zwischen Indien und Pakistan zu bringen ist, da die Norm der einzelstaatlichen Autonomie und des Antiimperialismus schon weit früher ihre Ausprägung erfahren habe. Vgl. Acharya 2005: 4-5.
[149] Wie Acharya ausführlich darlegt, übernahm die indische Regierung unter Jawaharlal Nehru eine Führungsrolle bei der Diffusion der „Norm gegen die Bildung kollektiver Verteidigungssysteme". Insbesondere die Regierungen Pakistans und der Philippinen antworteten aufgrund ihrer militärpolitischen Anbindung an externe Mächte mit deutlichem Widerspruch und bezeichneten das Abschließen von Bündnisabkommen als ebenfalls souveränes Recht. Nichtsdestotrotz war die philippinische Regierung unter Präsident Elpidio Quirino bzw. Ramon Magsaysay wiederholt darum bemüht, in Abstimmung mit Taiwans Chiang Kai-shek und Südkoreas Syng-man Rhee eine Berücksichtigung dieser antikolonialistischen Norm innerhalb der SEATO zu erwirken. Vgl. Acharya 2005: 16-29; vgl. ebenfalls Haas 1989: 32-33.

in den regionalen Ländern beschränkt hielt, sondern auch unter zivilen Gruppierungen (so z.B. geschehen während der Studentenrevolte in Thailand im Jahr 1973) verbreitet war. Nach dem Austritt Pakistans im Jahr 1973 infolge der Neutralität der SEATO im Bangladesch-Krieg riefen Thailand und die Philippinen im Juli 1975 zu einer Auflösung des Pakts auf, da die Existenz der SEATO als Hindernis für die Aussicht zur Normalisierung der politischen Beziehungen mit der neuen kommunistischen Regierung in Vietnam angesehen wurde.[150]

Im Rückblick ist auf die unterschiedlichen Verläufe der SEATO und der FPDA eine gewisse Ironie festzustellen. Die letztgenannte Serie an Abkommen war während der Zeit des Ost-West-Konflikts kaum in der Öffentlichkeit bekannt und ebenso wenig an direkten Kriegshandlungen beteiligt wie die SEATO. Dennoch entwickelte sich für die FPDA ein Kern aus militärischen Manöverserien heraus, der sich an veränderte Bedingungen anpasst und dabei an Tiefe sowie Komplexität zunimmt. Die SEATO erwies sich hingegen als militärischer „Papiertiger", der zu keinem Zeitpunkt den in ihn gesetzten bündnispolitischen Anspruch erfüllen konnte und sich stattdessen in der Endphase seiner Existenz zu einer Organisation mit wachsenden zivilen Aktivitäten entwickelte. Letzten Endes war es der weitestgehend unbekannt gebliebene, jedoch militärisch-zentrierte FPDA-Mechanismus, der die in der Öffentlichkeit als militärisches Bündnis kritisierte, jedoch zunehmend zivile Aspekte vorweisende SEATO überdauerte.

4 Zusammenfassung und theoretischer Ausblick

Wie vor allem unter Kapitel 2 des vorliegenden Beitrags veranschaulicht wurde, befindet sich das ARF noch im Begriff, einen anwendbaren Mechanismus zur Ausführung von konkreten Maßnahmen des multilateralen Konfliktmanagements auszubilden. Insbesondere die im Bereich der Terrorismus- und transnationalen Verbrechensbekämpfung angestoßenen Maßnahmen haben das Potenzial inne, als Sprungbrett für Maßnahmen der sicherheitspolitischen Zusammenarbeit zwischen der ASEAN und den USA sowie ihren Bündnispartnern fungieren zu können. Das ARF bietet mit dem Konzept der *kooperativen Sicherheit* einen ausreichend breit formulierten Sicherheitsbegriff, der die wahrgenommenen „asymmetrischen" Herausforderungen in das Blickfeld rücken lässt und von einer einseitigen Fokussierung auf externe Staaten als hauptsächliche Bedrohung wegführt. Allerdings steht diesem Gestus zur „Ausweitung" eine Tendenz zur „Verengung" gegenüber, die charakteristisch für den Stand des Multilateralismus in Asien-Pazifik ist[151] und ebenfalls im ARF zum Ausdruck kommt. Die zentrale Norm des *ASEAN Way* ist von einer ausgeprägten Betonung der staatlichen Souveränität gekennzeichnet, die einer Stärkung nationalstaatlicher Kompetenzen (*enhancing sovereignty*) Priorität beimisst, während der Aspekt der Zusammenlegung von Souveränitätskompetenzen (*pooling sovereignty*) zu einem deutlich geringeren Maße stattfindet.[152] Eine Ursache hierfür kann in der Geschichte von Teilen der Region und den Entkolonialisierungsprozessen begründet liegen, der schon zu Beginn der Nachkriegszeit

---

[150] Acharya 2005: 38-39; Haas 1989: 38, 49-50.
[151] Vgl. hierzu Emmerson, Donald K. 2001: Goldilock's Problem. Rethinking Security and Sovereignty in Asia, Simon, Sheldon W. (Hg.): The Many Faces of Asian Security. Lanham (MD) (et al.), S. 89-111.
[152] Maull, Hanns W. 2007: The European Security Architecture. Conceptual Lessons for Asia-Pacific Security Cooperation, in: Acharya, Amitav/Goh, Evelyn (Hg.): Reassessing Security Cooperation in the Asia-Pacific. Competition, Congruence, and Transformation. Cambridge (MA)/London, S. 253-274.

der Begrifflichkeit von multilateraler Zusammenarbeit im militärisch-allianzpolitischen Sektor eine negative Konnotation verlieh. In den Worten eines Fachvertreters der ASEAN-Forschung ausgedrückt:

> The identities that most affect the operation of ASEAN are still being formed. Most of the ASEAN states remain deeply engaged in the process of state building; they are trying to create stable national identities out of many disparate domestic factions. Their most important concern is to maintain and promote their rights and security as sovereign states.[153]

In einem weiteren Beitrag überträgt derselbige Autor sein Kernargument auf die gesamte Region Ostasien:

> [T]he most significant distinction is that many Asian states are in the first stages of building national identities, in contrast to the European states, most of which were trying to *rebuild* political/national identities that had been established then undermined by social/economic upheaval and war. Europe was at a much more advanced stage of the state-building process when it established the EC.[154]

Die Schlussfolgerung, die anhand dieser Passagen gezogen werden kann, besagt, dass als distinktives Merkmal in Ostasien das Fehlen einer ausreichenden Anzahl von Staaten mit vollausgebildeter, moderner Souveränität für das Entstehen von regionalen Institutionen sorgt, die sich nicht das Zusammenlegen von einzelstaatlichen Souveränitätskompetenzen, sondern die Ausbildung von eben diesen Kompetenzen zum Leitprinzip setzen. Die hier implizierte Frage beantwortet sich nahezu von selbst: Wie soll etwas von den Akteuren delegiert werden, wenn dieses etwas sich (noch) nicht im Besitz der Akteure befindet?

Einen singulären Lokus der Souveränitätsausbildung auf der nationalstaatlichen Ebene zu verorten – d.h. einen Zusammenhang zwischen ausreichender Souveränität und vertiefter multilateraler Zusammenarbeit herzustellen – würde jedoch die Annahme bedeuten, dass Souveränität ausschließlich in einem einseitigen Bottom-up-Prozess zwischen Staaten und multilateralen Institutionen verlaufen. Ein anderer Stellenwert für Akteure und Institutionen ergibt sich, wenn die Frage nach dem umgekehrten Top-down-Prozessverlauf aufgeworfen wird und die Annahme lautet, dass durch die Praxis des Einsetzens und Erhaltens einer souveränitätsunterstützenden Institution die Beteiligten als Staaten mit nationalstaatlichen Eigenschaften überhaupt erst konstituiert werden. Diese Perspektive bedarf allerdings einer theoretischen Differenzierung des Begriffs der *Institution*. Seit geraumer Zeit verwenden Theorieüberblicke der Disziplin Internationale Beziehungen das Bild einer Dreiecksdebatte zwischen den dominierenden „Großschulen", wobei neben dem *Realismus* und *Konstruktivismus* der *neoliberale Institutionalismus* herangezogen wird.[155] Die (*Internationale*) *Regimetheorie* als Unterkategorie des Letztgenannten formuliert eine engere, inzwischen als kanonisch zu bezeichnende Definition ihres primären, in der Namensgebung angelegten Untersuchungsgegenstandes:

---

[153] Narine, Shaun 2002: Explaining ASEAN. Regionalism in Southeast Asia. Boulder (CO)/London, S. 3.
[154] Narine 2005: 431, Betonung im Original.
[155] Für eine Anwendung der drei Theorieperspektiven auf die internationalen Beziehungen in der Region Asien-Pazifik im Allgemeinen vgl. Katzenstein, Peter J./Sil, Rudra, 2004: Rethinking Asian Security. A Case for Analytical Eclecticism, in: Suh, J.J./Katzenstein, Peter J./Carlson, Allen (Hg.), 2004: Rethinking Security in East Asia. Identity, Power, and Efficiency. Stanford (CA), S. 1-33; Solingen 2008. Vgl. exemplarisch unter Zuspitzung auf den ARF: Garofano 2002.

> Regimes can be defined as sets of implicit or explicit principles, norms, rules, and decision-making procedures around which actors' expectations converge in a given area of international relations.[156]

Während bis zu dieser Stelle des Definitionsversuchs noch eine Interpretation des ARF als rudimentäres Regime in seiner Anfangsphase möglich erscheint,[157] zerschlägt sich diese Hoffnung mit der im Anschluss an die obige Passage auffindbare Spezifizierung:

> Principles are beliefs of fact causation, and rectitude. Norms are standards of behavior defined in terms of rights and obligations. Rules are specific prescriptions or proscriptions for action. Decision-making procedures are prevailing practices for making and implementing collective choice.[158]

Unter einem perspektivischen Wechsel auf konzeptioneller Ebene, der zwischen *Primär-* und *Sekundärinstitutionen* der internationalen Politik unterscheidet, lässt sich die Bedeutung des ARF treffender in eine theoretische Begrifflichkeit einbetten. Demnach sind Institutionen im Sinne der *Regimetheorie* als *sekundär* zu bezeichnen. Sie beziehen sich auf kooperative Arrangements in einem spezifischen Policybereich, die bewusst von Staaten gegründet werden und eine regulative Funktion ausüben.[159] Primärinstitutionen hingegen sind mit Begriffen wie „Souveränität", „Territorialität", „Machtgleichgewicht" und „Norm der Nichteinmischung"[160] zum Ausdruck zu bringen und nehmen letzten Endes jene Elemente in Augenschein, die das „Spiel" der internationalen Beziehungen samt seiner „Spieler" überhaupt erst entstehen lässt:

> [T]here are two core elements in the idea of constitutive institutions: one is that such institutions define the main pieces / players in the game; the other that they define the basic rules by which the pieces / players relate to each other.[161]

Der Mehrwert dieser Unterscheidung zwischen *konstitutiven/primären* und *regulativen/sekundären Institutionen* für die Bearbeitung des ARF ergibt sich dadurch, dass es trotz der Anzeichen für das Fehlen von Elementen des Transfers von Souveränitätskompetenzen an die multilaterale Ebene und/oder eine ausreichende Anzahl von Staaten im Besitz von voll ausgebildeter Souveränität keineswegs ausgeschlossen erscheint, dass der zu untersuchende multilaterale Zusammenschluss jegliche eigenständige Bedeutung vermissen lässt. Die inzwischen von mehreren Autoren zur „Sicherheitsordnung in Asien" angestrengte Erklärung, dass die anhaltende Gültigkeit einer modernen, westfälischen Auffassung der Souveränität (im Gegensatz zum „postmodernen" Verständnis in Europa) ein Strukturmerkmal

---

[156] Krasner, Stephen D. 1983: Structural causes and regime consequences: regimes as intervening variables, in: Krasner, Stephen D. (Hg.): International Regimes. Ithaca/London, S. 1-21, hier: S. 2.
[157] Vgl. exemplarisch Heller 2005: 135; Yuzawa 2005: 488, Anm. 1.
[158] Krasner 1983: 3.
[159] Vgl. ausführlich Buzan, Barry 2004: From International to World Society? English School Theory and the Social Structure of Globalisation. Cambridge (et al.), S. 163-167.
[160] Die Liste der Primärinstitutionen ließe sich noch weiter fortsetzen, wobei diese nicht als überzeitlich fixiert zu betrachten ist. Vgl. ausführlich Buzan 2004: 161-204; Holsti, K. J. 2004: Taming the Sovereigns. Institutional Change in International Politics. Cambridge (et al.).
[161] Buzan 2004: 178.

der Region sei,[162] könnte über eine bloße Feststellung hinausgehen, wenn das Verständnis von *Souveränität als Besitz* um ein Verständnis von *Souveränität als Prozess* Ergänzung fände. In Rekurs auf Letzteres wäre das ARF in der Tat als eine Institution zu interpretieren, die nicht ausschließlich auf eine mangelhafte Bereitschaft zur Delegation von Souveränitätskompetenzen bzw. auf fehlende Souveränitätsmerkmale der teilnehmenden Staaten zu reduzieren ist. In Bezug auf den komplexen Prozess zur Entstehung der staatlichen Souveränität im Europa des 17. Jahrhunderts schreibt Paul Hirst:

> To a significant degree the capacity of state elites to assert ‚sovereign control' came from *without*, from agreements between states in the developing society of states. To a considerable degree therefore, the capacities of the state grew inward from the *international* recognition of its rights to certain key powers by other states.[163]

---

[162] Neben den schon erwähnten vgl. insbesondere die Beiträge in Alagappa, Muthiah 2003 (Hg.): Asian Security Order. Instrumental and Normative Features. Stanford (CA).
[163] Hirst, Paul 1997: From statism to pluralism: Democracy, civil society and global politics. London, S. 222, Betonungen im Original.

Sebastian Harnisch und Martin Wagener

Die Sechsparteiengespräche auf der koreanischen Halbinsel: Hintergründe – Ergebnisse – Perspektiven

1 Einleitung

Nordkorea ist der neunte Nuklearwaffenstaat der Erde. Sein Kernwaffenpotenzial ist heute klein, aber ausreichend, um militärisch abschreckend zu wirken. Der Austritt der Demokratischen Volksrepublik Korea (DVRK) aus dem Atomwaffensperrvertrag im Januar 2003 hat das globale Nichtverbreitungsregime geschwächt und den Aufbau einer regionalen Raketenabwehr in Asien unter amerikanischer Leitung beflügelt. Eine nukleare Kettenreaktion, in der Japan, Südkorea und Taiwan auf das nordkoreanische Potenzial mit der Entwicklung eigener Kernwaffen reagieren, ist indes (noch) nicht eingetreten.[1] Es mehren sich gleichwohl die Anzeichen, dass der Norden zumindest in der Vergangenheit neben Raketentechnologie auch nuklearwaffentaugliche Kenntnisse und Materialien in andere Weltregionen exportiert hat.

Nach der Nuklearkrise von 1993/1994 begann der erste multilaterale Versuch, Nordkorea durch die Einbindung in internationale Institutionen von der Nuklearwaffenproduktion und deren Export abzubringen. Die erste multilaterale Sicherheitsinstitution in Nordostasien, die Korean Peninsula Energy Development Organization (KEDO), konnte ihren Hauptauftrag, die Lieferung von zwei Leichtwasserreaktoren (LWR) an Nordkorea im Tausch für die Beendigung und den Abbau des nordkoreanischen Plutonium(waffen)programms, jedoch nicht erfüllen. Die geplante Wiedereingliederung der DVRK in die internationale Staatengemeinschaft scheiterte am mangelnden Vertrauen der beiden Hauptakteure, den USA und Nordkorea, in die Vertragstreue des anderen.

In den Sechsparteiengesprächen haben sich die beiden koreanischen Staaten, Japan, Russland, China und die USA nach der zweiten Nuklearkrise 2002/2003 in einem neuen Format abermals der Aufgabe zugewandt, die Nuklearwaffenprogramme Nordkoreas zu beenden und ihre jeweiligen bilateralen Beziehungen zu normalisieren. Die Ausgangsbedingungen sind deutlich ungünstiger als im Jahr 1994, denn das Regime in Pjöngjang hat die Amtszeit der Bush-Administration dazu genutzt, seine Kernwaffenkapazitäten auf- und auszubauen. Vor diesem Hintergrund fragt der vorliegende Beitrag nach jenen Faktoren, welche die Genese und Entwicklung der Sechsparteiengespräche erklären können, und den Chancen für eine erfolgreiche Durchführung der am 19. September 2005 getroffenen grundlegenden Vereinbarung über die Denuklearisierung der koreanischen Halbinsel. Der Beitrag stützt sich hierbei auf ein liberal-institutionalistisches Argument. Internationale Institutionen dienen danach ihren Mitgliedern, um die Kooperationskosten in interdepen-

---

[1] Vgl. Harnisch, Sebastian 2009: Die (Non-)Proliferation von Massenvernichtungswaffen in Nordostasien, in: Maull, Hanns W./Wagener, Martin (Hrsg.): Ostasien in der Globalisierung. Baden-Baden, S. 275-304.

denten Handlungssituationen zu reduzieren, eingegangene Verpflichtungen zu überwachen und durch unabhängige Organe transparent und sanktionierbar zu machen.² In diesem Kontext werden die KEDO und Sechsparteiengespräche als internationale Sicherheitsinstitutionen interpretiert und deren Aufstieg und Fall sowie ihr Institutionalisierungsgrad an das rationale Kosten-Nutzenkalkül der teilnehmenden Staaten zurückgebunden.

Der Beitrag geht wie folgt vor: Im zweiten Abschnitt wird kurz die Geschichte der ersten Nuklearkrise, der KEDO sowie der Faktoren, die ihr Scheitern erklären können, rekapituliert. Abschnitt 3 skizziert die Interessen der an den Sechsparteiengesprächen beteiligten Nationen und analysiert sodann detailliert den Verlauf und die Struktur der Gespräche. Ein eigener Unterabschnitt befasst sich mit dem derzeitigen Stand der Implementierung der bisherigen Übereinkommen. In Abschnitt 4 werden die empirischen Ergebnisse vor dem Hintergrund eines liberal-institutionalistischen Theorieansatzes interpretiert. Abschießend wendet sich Abschnitt 5 der Frage zu, welche Lehren aus der sicherheitspolitischen Institutionalisierung in Nordostasien für das Wachstum multilateraler Institutionen in ganz Ostasien gezogen werden können.

2 Die Vorgeschichte multilateraler Konfliktlösung in Korea

Die KEDO kann als eine der wenigen multilateralen Sicherheitsorganisationen in Nordostasien gelten, die zeitweise das militärische Sicherheitsdilemma zwischen Nordkorea und den Staaten Südkorea, Japan und den USA verminderte.³ Sie wurde im Zuge der ersten Nuklearkrise (1993/1994) zur Umsetzung des Genfer Rahmenabkommens zwischen Nordkorea und den USA gegründet, das auf die Beendigung sämtlicher nordkoreanischer Nuklearwaffenprogramme abzielte. Auch nach der Einstellung der KEDO-Aktivitäten beim Bau von zwei LWR in Nordkorea am 31. Mai 2006 können aus ihrer Geschichte wichtige Lehren gezogen werden,⁴ denn die im Rahmen der Sechsparteiengespräche getroffenen Vereinbarungen zur Denuklearisierung Nordkoreas ähneln sehr dem Genfer Rahmenabkommen und dem KEDO-Prozess.⁵

2.1 Die erste Nuklearkrise 1993/1994

Im Ursprung geht das nordkoreanische Streben nach Nuklearwaffen auf die Erfahrungen des Koreakrieges (1950-1953) zurück, weil die Sowjetunion die Kampfhandlungen nach dem Eintritt Chinas aus strategischen Gründen in die Länge zog und die USA mehrfach mit

---

² Vgl. Keohane, Robert O. 1984: After Hegemony: Cooperation and Discord in the World Political Economy. Princeton; Keohane, Robert/Nye, Joseph 2001, Power and Interdependence. World Politics in Transition, 3. Aufl. London 2001; Haftendorn, Helga/Keohane, Robert O./Wallander, Celeste A. (Hrsg.) 1999: Imperfect Unions. Security Institutions Over Time and Space. Oxford.
³ Die Sicherheitsdilemmata gehen über den militärischen Bereich weit hinaus. Sie können im Rahmen dieser Untersuchung nur ansatzweise thematisiert werden. Vgl. Smith, Hazel 2007: Reconstituting Korean Security. A Policy Primer. Tokyo.
⁴ Das Konsortium KEDO, mit Sitz in New York und einer Außenstelle im nordkoreanischen Kumho, existiert seither nur noch als juristische Person zur Abwicklung der eingegangenen Vertragsverpflichtungen.
⁵ Vgl. Choo, Jaewoo 2005: „Is Institutionalization of the Six-Party Talks Possible?", in: East Asia 4, S. 29-58. The Stanley Foundation 2006: What Did We Learn From KEDO? Policy dialogue brief, Muscatine (Iowa) (http://www.stanleyfoundation.org/publications/pdb/KEDO07pdb.pdf), [12.08.2008].

dem Einsatz von Nuklearwaffen zur Beendigung des Konfliktes drohten.[6] Der Drang nach einer autonomen nordkoreanischen Abschreckungskapazität wurde durch das sowjetische Verhalten in der Kubakrise weiter genährt, so dass in den 1960er Jahren mit dem Bau eines kleinen Forschungsreaktors (2-Megawatt, MW) begonnen wurde, der in den 1980er Jahren durch einen 5-MW-Reaktor ergänzt wurde. Zwar trat Pjöngjang im Jahr 1985 unter sowjetischem Drängen dem Atomwaffensperrvertrag bei. Die Überwachungsinspektionen der International Atomic Energy Agency (IAEA) – die sogenannten Safeguards, die erst nach langem Zögern im Jahr 1992 begonnen worden waren – ergaben aber verdächtige Unregelmäßigkeiten in der Reaktorgeschichte des 5-MW-Reaktors in Yongbyon. Sie deuteten auf eine Entnahme von spaltbarem Material und damit die Wiederaufbereitung von Plutonium zum Zweck der Waffenproduktion hin.[7]

Die Denuklearisierungsgespräche zwischen Nord- und Südkorea, die am 31. Dezember 1991 zu einem bilateralen vertraglichen Verbot von Urananreicherung und Plutoniumwiederaufbereitung führten, brachen unter dem Eindruck der Spannungen zwischen der IAEA und Nordkorea bereits im Herbst 1992 ab. An ihre Stelle traten nach dem Austritt Nordkoreas aus dem Nichtverbreitungsvertrag (NVV) am 12. März 1993 zunächst Beratungen im UN-Sicherheitsrat; in der UN-Sicherheitsratsresolution 825 wurden darauf direkte Verhandlungen zwischen Washington und Pjöngjang angeregt. Zwar konnte der amerikanische Unterhändler Robert Gallucci am 11. Juni 1993 eine Suspendierung des Austritts erreichen, doch die nordkoreanische Weigerung, der IAEA vollen Zugang zu den verdächtigen Anlagen zu gewähren, führte zur Eskalation des Konflikts. Auf dessen Höhepunkt im Juni 1994 erwog die Clinton-Administration einen Präventivschlag gegen die Nuklearanlagen in Yongbyon, um die Wiederaufbereitung von Plutonium für etwa vier bis sechs Sprengköpfe mit militärischen Mitteln zu verhindern.[8]

Erst nach einer dramatischen Vermittlungsreise des ehemaligen US-Präsidenten Jimmy Carter erklärte sich die nordkoreanische Führung bereit, ihre bisherigen Nuklearaktivitäten einzufrieren und die bestehenden Nuklearanlagen (Plutoniumproduktionsstätte, Reaktor und Wiederaufbereitungsanlage) abzubauen. Im Gegenzug sollte sie dafür zwei moderne, aber proliferationsresistente LWR erhalten; bis zu deren Fertigstellung im Jahr 2003 war die Lieferung von Schweröl vorgesehen. Schließlich sollten die Beziehungen Nordkoreas zu seinen Nachbarn verbessert werden. Pjöngjang erklärte sich im Genfer Rahmenabkommen vom 21. Oktober 1994 ebenfalls bereit, die Aussetzung und den Abbau der betreffenden Anlagen durch die IAEA überwachen zu lassen.[9]

---

[6] Vgl. Weathersby, Kathryn 1998: Stalin, Mao, and the End of the Korean War, in: Westad, Odd Arne (Hrsg.): Brothers in Arms: The Rise and Fall of the Sino-Soviet Alliance. Washington D.C., S. 90-116. Dingman, Roger 1988/89: „Atomic Diplomacy During the Korean War", in: International Security 13, S. 50-91, hier S. 65f.
[7] Vgl. Harnisch, Sebastian 2003: „Nordkoreas nukleare Waffenprogramme: Entstehung, Fähigkeiten und die internationalen Bemühungen um ihre Eindämmung", in: Österreichische Militärische Zeitschrift 2, S. 149-162, hier S. 150.
[8] Vgl. Wit, Joel/Poneman, Daniel/Gallucci, Robert 2004: Going Critical. The first North Korean nuclear crisis. Washington D.C., S. 220.
[9] Vgl. Maull, Hanns W./Harnisch, Sebastian 2000: Kernwaffen in Nordkorea. Regionale Stabilität und Krisenmanagement durch das Genfer Rahmenabkommen. Bonn.

2.2 Die KEDO

Zur Umsetzung des Genfer Rahmenabkommens gründeten die USA unter Mithilfe Südkoreas und Japans im März 1995 die KEDO, der neben der Europäischen Union als Mitglied des Exekutivausschusses noch zehn weitere Staaten beitraten.[10] Zentrale Aufgabe des Konsortiums war es zum einen, die Finanzierung und Lieferung von zwei modernen Leichtwasserreaktoren sicherzustellen. Zu diesem Zweck schloss die KEDO am 15. Dezember 1995 ein Lieferabkommen mit Nordkorea, das die Bereitstellung von zwei Reaktoren südkoreanischen Typs im Werte von ca. 4,6 Mrd. USD vorsah. Zum anderen war die KEDO für die Lieferung von 500.000 Tonnen Schweröl pro Jahr verantwortlich, die den durch die Reaktorstilllegung in Yongbyon entstandenen Energieausfall ausgleichen sollte.[11]

In den Jahren 1996 und 1997 konnte die KEDO zunächst einige Erfolge verzeichnen. Nicht nur hielt sich der Norden an die Stilllegungsvereinbarung und gewährte den IAEA-Inspektoren – wenn auch nur eingeschränkten – Zugang. Der Implementationsplan sah darüber hinaus vor, dass die IAEA erst dann vollständigen Zugang erhalten würde, insbesondere zu den waffenfähigen Plutoniumbeständen (die für den Bau von geschätzten bis zu zwei Plutoniumsprengköpfen reichten), wenn die kritischen Teile für den Reaktorkern des ersten Leichtwasserreaktors nach Nordkorea geliefert würden.[12] Der internationale Stab der KEDO verhandelte zudem mehrere Zusatzprotokolle, die u.a. die wichtige Frage der Modernisierung des nordkoreanischen Stromnetzes regelten und den südkoreanischen Energiekonzern Korea Electric Power Corporation (KEPCO) mit dem Bau der Reaktoren an der Ostküste Nordkoreas beauftragten. Im Herbst 1997 wurde feierlich mit den Aushebungsarbeiten begonnen. Nach längeren Verhandlungen erhielt das Konsortium Anfang September 2001 die Baugenehmigung von den nordkoreanischen Behörden, so dass die Bauarbeiten an den Reaktorgebäuden beginnen und im Wert von ca. 1 Mrd. USD auch ausgeführt werden konnten.[13]

---

[10] Vgl. Harnisch, Sebastian 2001: Erfolgreiche sicherheitspolitische Institutionalisierung in Nordostasien: Die Korean Peninsula Energy Development Organization aus institutionalisierungstheoretischer Sicht, in: Maull, Hanns/Nabers, Dirk (Hrsg.): Multilateralismus in Ostasien-Pazifik. Probleme und Herausforderungen im neuen Jahrhundert. Hamburg, S. 118-158. Paik, Haksoon 1999: The Korean Peninsula Energy Development Organization (KEDO). Interests, Institutions, and Outcomes, in: Ryoo, Jae-Kap/Kang, Tae-Hoon /Kim, Sung-Joo (Hrsg.): Bilateralism, Multilateralism and Geopolitics in International Relations. Theory and Practice. Seoul, S. 101–147. Castillo Fernandez, Maria 2007: Korean Security Dilemmas: European Union Policies, in: Smith 2007, S. 213-229.

[11] Vgl. Snyder, Scott 2002: „The Korean Peninsula Energy Development Organization: Implications for Northeast Asian Regional Security Co-operation?", in: North Pacific Policy Papers Nr. 3 (http://www.iar.ubc.ca/programs/pastprograms/PCAPS/pubs/snyder.pdf), [12.08.2008].

[12] Die meisten nicht klassifizierten Schätzungen gingen während der 1990er Jahre davon aus, dass Nordkorea in den Jahren 1989 und 1990 nach dem Herunterfahren des Reaktors in Yongbyon Brennstoff zur Wiederaufbereitung (und Waffenproduktion) entnommen habe. Die daraus resultierenden 10-20kg Material galten deshalb als „das nordkoreanische Potenzial". Die US-Geheimdienste gingen jedoch davon aus, dass dieses Material noch nicht erfolgreich in funktionsfähige Sprengköpfe integriert worden sei. Vgl. z.B. Niksch, Larry 1995: North Korea's Nuclear Weapons Program. CRS Report for Congress. Washington D.C., S. 3. Albright, David u.a. 1997: Plutonium and Highly Enriched Uranium 1996 World Inventories. Capabilities and Policies. Oxford, S. 282-308. Ende Mai 2008 ergaben sich erste begründete Zweifel, dass diese Schätzungen zu hoch angesetzt waren. In den von Nordkorea Anfang Mai übergebenen Dokumenten zur Reaktorgeschichte des 5-MW-Reaktors finden sich keine Hinweise auf eine Entnahme im Jahr 1990. Vgl. NTI Global News Wire Service 2008: Documents Seemingly Counter U.S. Intelligence Claims on North Korean Plutonium Production, 29. Mai 2008 (online).

[13] Vgl. Bosworth, Stephen 1997: „Korean Peninsula: Pragmatic Multilateralism Is Working", in: The International Herald Tribune, 26. März 1997 (online). Neue Zürcher Zeitung 1997: „Atomkonsortium nimmt Arbeit in Nordko-

Die Finanzierung der Schweröllieferungen gestaltete sich hingegen von Anfang an schwierig. US-Außenminister Warren Christopher hatte sich gegenüber dem Kongress zunächst auf ein Ausgabenlimit von 30 Mio. USD festlegen lassen, woraufhin Japan und Südkorea sowie andere KEDO-Staaten mehrfach Defizite der Organisation ausgleichen mussten. Erschwerend kam politisch hinzu, dass das nordkoreanische Regime weiterhin Trägersysteme testete und exportierte, so dass der Kongress immer deutlicher eine Ausweitung der Pflichten Nordkoreas im Rahmen des KEDO-Prozesses forderte. Im Jahr 1999 erwirkte er die Einsetzung eines Sonderbeauftragten, William J. Perry, der die bisherige Politik einer formellen Überarbeitung unterzog. In seinem Bericht empfahl der ehemalige amerikanische Verteidigungsminister u.a. die Aufnahme von Verhandlungen zur Beendigung der Trägersystemaktivitäten Nordkoreas. Die Clinton-Administration führte deshalb in ihrem letzten Amtsjahr mehrere bilaterale Gesprächsrunden durch, die nach dem Besuch von Außenministerin Madeleine K. Albright im Oktober 2000 in Pjöngjang auch fast zu einem Durchbruch geführt hätten. Doch nach dem Wahlsieg von George W. Bush im November 2000 wurde ein entsprechendes Abkommen von der ausgehenden Regierung nicht mehr unterzeichnet.[14]

2.3 Die Vierparteiengespräche

Ergänzt wurden die bilateralen Kontakte der KEDO-Mitarbeiter und der amerikanischen Unterhändler im April 1996 durch eine erste multilaterale Initiative des südkoreanischen Präsidenten Kim Young-sam und seines amerikanischen Amtskollegen Bill Clinton. Aus Sicht der beiden Verbündeten sollten die Gespräche der vier Parteien (Nord- und Südkorea, China und die USA) die nordkoreanischen Versuche, das Waffenstillstandsabkommen durch einen bilateralen Friedensvertrag mit Washington zu ersetzen, durch einen multilateralen Gegenvorschlag abwehren. Zudem erhoffte man sich in Seoul und Washington, durch die Einbindung Beijings mehr Einfluss auf Pjöngjang ausüben zu können.[15]

Die Initiative geriet jedoch schnell in schweres Fahrwasser. Im Herbst 1996 „driftete" ein nordkoreanisches U-Boot an die südkoreanische Küste „ab". Die Regierung in Seoul stellte daraufhin kurzfristig die in der Hungerkrise dringend benötigten Nahrungsmittelhilfelieferungen ein und erwirkte auch eine zeitweilige Aussetzung der KEDO-Kontakte mit dem Norden. Erst eine nordkoreanische Entschuldigung und die Beilegung der Affäre um den prominenten Überläufer Hwang Jang-yop, Mentor Kim Jong-ils, brachten nach mehreren Vorgesprächen (teilweise unter Ausschluss Chinas) die ersten formellen Gespräche im Dezember 1997 in Genf auf den Weg. Während der zweiten Verhandlungsrunde im März 1998 standen sich die Positionen der Verbündeten und Pjöngjangs diametral gegenüber. Nordkorea forderte den unverzüglichen und vollständigen US-Truppenabzug aus Südkorea und ein bilaterales Friedensabkommen mit den USA. Washington und Seoul bestanden auf einem schrittweisen Vorgehen: Zunächst sollten vertrauensbildende Maßnahmen (Manö-

---

rea auf", 29. Juli 1997, S. 1. KEDO 2008: Jahresberichte der KEDO 2001-2005 (http://www.kedo.org/annual_reports.asp), [12.8.2008].

[14] Vgl. Sigal, Leon 2001: „North Korea on Hold ... again", in: Bulletin of the Atomic Scientists 3, S. 33-39.

[15] Vgl. Kwak, Tae-Hwan/Joo, Seung-Ho 1997: „Interkorean Bilateral Agenda", in: Pacific Focus 1, S. 5-25. Cossa, Ralph A. 2003: US approaches to multilateral security and economic organizations in the Asia-Pacific, in: Foot, Rosemary/MacFarlane, S. Neil/Mastanduno, Michael (Hrsg.): US Hegemony and International Organizations. The United States and Multilateral Institutions Oxford, S. 193-214, hier S. 202.

verbesuche etc.) stattfinden, bevor ein multilateraler Friedensvertrag das bisherige Waffenstillstandsabkommen ersetzt.[16]

Auf der dritten Plenarsitzung im Oktober 1998 konnte zwar nach weiteren militärischen Provokationen Nordkoreas mit der Einsetzung von zwei Arbeitsgruppen noch ein prozeduraler Erfolg erzielt werden. Zwei weitere Gesprächsrunden im Jahr 1999 erbrachten aber keine inhaltliche Annäherung. Vielmehr bewegten sich die beiden Initiatoren nun auseinander: Der neugewählte südkoreanische Präsident Kim Dae-jung schlug vor, das Format im Rahmen seiner Sonnenschein-Politik in eine 2+2-Runde zu verändern, um so eine Vorreiterrolle für den innerkoreanischen Gesprächsprozess festzuschreiben. Der US-Botschafter in Seoul, Stephen Bosworth, machte sich hingegen die japanische und die russische Forderung zu eigen und forderte eine Ausweitung der Verhandlungsrunde auf ein Sechs-Nationen-Format.[17]

2.4 Die zweite Nuklearkrise 2002/2003 und das Ende des KEDO-Prozesses

Unter dem Eindruck der zweiten Nuklearkrise brachen nicht nur die Vierparteiengespräche endgültig zusammen, sondern in der Abfolge wurden auch die Schwerölllieferungen und der Bau der LWR durch die KEDO eingestellt. Ausgangspunkt der erneuten Zuspitzung des Nuklearkonfliktes war die Amtsübernahme der neu gewählten US-Administration unter George W. Bush. Diese verfolgte zunächst eine ABC (Anything but Clinton)-Politik, indem sie die Fortführung des unter Clinton eingeleiteten bilateralen Normalisierungsprozesses von einem baldigen Zugang der IAEA zu den verdächtigen Standorten und weiteren Abrüstungsmaßnahmen bei Trägersystemen und konventionellen Waffen abhängig machte. Gleichzeitig wurden die Geheimdiensteinschätzungen über das nordkoreanische Nuklearpotenzial verschärft. Schließlich brandmarkte der US-Präsident im Januar 2002 Nordkorea als Teil der „Achse des Bösen", deren Streben nach Massenvernichtungswaffen aktiv bekämpft werden müsse.[18]

Im März 2002 kündigte die Bush-Administration daher an, dass die amerikanische Beteiligung am KEDO-Prozess nicht mehr fortgeführt werde, wenn Nordkorea nicht zeitnah vollständige IAEA-Inspektionen zulässt. Die US-Argumentation zielte darauf ab, dass die kritischen Teile der LWR voraussichtlich im Jahr 2005 geliefert werden könnten, die IAEA aber drei bis vier Jahre brauchen werde, um die bestehenden Unklarheiten auszuräumen. Wenn Nordkorea den Beginn der Inspektionen jetzt verweigert, dann befände es sich in einem „antizipatorischen Bruch" des Genfer Rahmenabkommens, was die USA von ihrer Pflicht zur Vertragseinhaltung entbinde.[19]

Vor diesem Hintergrund kam es am 4. Oktober 2002 zu den ersten direkten Gesprächen zwischen Washington und Pjöngjang nach Amtsantritt der Bush-Regierung. US-

---

[16] Vgl. Harnisch, Sebastian/Maull, Hanns W. 2000: Kernwaffen in Nordkorea. Regionale Stabilität und Krisenmanagement durch das Genfer Rahmenabkommen, Bonn: Europa Union Verlag, S. 134-140.
[17] Vgl. Noerper, Stephen 2000: „U.S.-Korea Relations: Military Ties Remain Vital despite North-South Thaw", in: Comparative Connections 3, S. 38-43, hier S. 40.
[18] Vgl. Harnisch, Sebastian 2002a: „US-North Korean Relations under the Bush Administration: From ‚slow' go to ‚no go' ", in: Asian Survey 6, S. 856-882.
[19] Vgl. Harnisch, Sebastian 2002b: „Make or Break? Relations between the United States and North Korea after Pyongyangs admission of a secret nuclear weapons program", in: Asien – Afrika – Lateinamerika 6, S. 581-597, hier S. 588-590.

Unterhändler James A. Kelly konfrontierte seine Gesprächspartner mit dem Vorwurf, das nordkoreanische Regime betreibe ein geheimes und illegales Urananreicherungsprogramm, dessen Offenlegung und Beendigung nun Vorbedingung für weitere Verhandlungen sei. Nach Aussagen der amerikanischen Delegation wies das nordkoreanische Verhandlungsteam diesen Vorwurf fürs Erste von sich, gestand ihn dann aber ein.[20] Zunächst hielt Washington dieses Eingeständnis zurück, denn gleichzeitig beriet der Kongress über die Mandatierung des Waffenganges gegen den Irak. Nach der öffentlichen Erklärung über das (angebliche) Urananreicherungsprogramm am 16. Oktober 2002 herrschte zudem erst einmal Verwirrung, ob dies endgültig das Ende des KEDO-Prozesses bedeuten würde: US-Unterhändler Kelly erklärte, der Prozess dauere an, während das Präsidentenamt das „nordkoreanische Eingeständnis" als Aufkündigung des Genfer Rahmenabkommens wertete. Einmal mehr wurden hier die tiefen Gräben zwischen den Verhandlungsbefürwortern und -gegnern in der Bush-Administration deutlich.[21]

Die Krise spitzte sich merklich zu, nachdem die USA die Mitglieder des KEDO-Exekutivausschusses Anfang November 2002 davon überzeugen konnten, die Schweröllieferungen wegen des schwelenden Konflikts um das angebliche Urananreicherungsprogramm auszusetzen. Nordkorea reagierte auf diese Maßnahme, indem es die Aussetzung der Nuklearaktivitäten in Yongbyon für beendet erklärte, die IAEA-Inspektoren des Landes verwies, den 5-MW-Reaktor wieder in Betrieb nahm und schließlich am 10. Januar 2003 endgültig seinen Austritt aus dem Atomwaffensperrvertrag erklärte.

3 Die Sechsparteiengespräche

Nach dem Austritt Nordkoreas aus dem NVV nahmen die Spannungen auf der koreanischen Halbinsel zu. Anfang März 2003 wäre es sogar fast zu einem militärischen Zwischenfall gekommen: Vier Kampfflugzeuge Nordkoreas fingen ca. 240 km von der eigenen Küste entfernt ein amerikanisches Aufklärungsflugzeug über der Japanischen See/Ost-See ab und zwangen es zur Umkehr.[22] Als die USA im selben Monat Krieg gegen einen der Staaten der „Achse des Bösen", den Irak, begannen, hielt es die Führung in Pjöngjang offensichtlich für möglich, nun ebenfalls von Washington angegriffen zu werden.

---

[20] Vgl. für die Sicht der USA Kelly, James A. 2002: Recent Developments in the Asia Pacific Region, Washington D.C., 19. November 2002 (http://fpc.state.gov/15308.htm), [12. August 2008] Vgl. für die Sicht Nordkoreas Korean Central News Agency (KCNA) 2002: Statement Issued by Foreign Ministry Spokesman Regarding the Nuclear Issue, 25. Oktober 2002 (http://www.kcna.co.jp/item/2002/200210/news10/25.htm#1), [11.12.2002]; Dao, James 2002: „Bush Administration halts Payments to Send Oil to North Korea", in: The New York Times, 14. November 2002 (online). Die nordkoreanische Sicht wurde auch von Teilen der südkoreanischen Regierung geteilt. Vgl. Sohn, Suk-Joo 2002: „Unification Minister Alleges US Exaggeration of NK Nuke Plan", in: Korea Times Online, 24. Oktober 2002 (online).
[21] Vgl. Harnisch, Sebastian 2006: A Failed Crusade. Das Scheitern der Nordkoreapolitik der USA unter George W. Bush, in: Wilzewski, Jürgen/Hils, Jochen (Hrsg.) 2006: Defekte Demokratie – Crusader State? Die Weltpolitik der USA in der Ära Bush. Trier, S. 483-526.
[22] Vgl. Gross, Donald G. 2003: „U.S.-Korea Relations: Tensions Escalate as the U.S. Targets Iraq", in: Comparative Connections 1, S. 44.

3.1 Wiederaufnahme der Gespräche zwischen China, den USA und Nordkorea

Die Bush-Administration weigerte sich zu dieser Zeit, direkte bilaterale Gespräche mit Vertretern des Regimes von Kim Jong-il zu führen, so dass sich für China eine ungeahnte Chance zur diplomatischen Profilierung eröffnete.[23] US-Außenminister Colin Powell hatte Beijing im Februar 2003 vorgeschlagen, ein multilaterales Gesprächsforum unter Einbeziehung Chinas, der USA, Nordkoreas, Südkoreas und Japans auszurichten. Die chinesische Führung nahm die Idee Powells zunächst mit Zurückhaltung auf, verfolgte sie dann aber doch mit Verve. Anfang März reiste der stellvertretende Ministerpräsident Chinas, Qian Qichen, nach Nordkorea und schlug der dortigen Führung Fünfparteiengespräche vor. Als Pjöngjang diese ablehnte, modifizierte Qian sein Angebot und regte ein trilaterales Format an. Zusätzlich unterbrach die Volksrepublik Anfang März 2003 eine wichtige Versorgungspipeline, die Erdöl vom Fördergebiet Daqing an Nordkorea liefert, für drei Tage; offiziell wurden dafür „technische Wartungsarbeiten" angeführt.[24]

So kam es Ende April 2003 zu den ersten Dreiparteiengesprächen zwischen China, den USA und Nordkorea, die aber keine Ergebnisse zeitigten. Der Leiter der nordkoreanischen Delegation bestand auf einem bilateralen Gespräch mit seinem amerikanischen Kollegen, das dieser jedoch ablehnte. Darauf brach Nordkorea die Gespräche, die für den 23. bis 25. April – also drei Tage! – angesetzt waren, bereits am ersten Tag ab. Aus der Retrospektive können die Dreiparteiengespräche als Startschuss für die Sechsparteiengespräche betrachtet werden, denn China und die USA trieben nun die Idee eines multilateralen Forums unter Mitwirkung möglichst vieler nordostasiatischer Staaten gemeinsam voran.

3.2 Akteure der Sechsparteiengespräche und ihre Interessen

Im Sommer 2003 versuchte Beijing zunächst, die Dreiparteiengespräche fortzusetzen. Dadurch ergaben sich jedoch Probleme für die USA. Washington hatte Seoul und Tokyo zugesagt, beide möglichst schnell in Gespräche über die Denuklearisierung Nordkoreas einzubinden. Außenminister Powell schlug China deshalb vor, ein weiteres Treffen der drei Parteien zu vereinbaren. Darauf sollte das Format jedoch umgehend zu Fünfparteiengesprächen unter Einbeziehung Seouls und Tokyos ausgebaut werden. Als Powell diese Vorgehensweise seinem russischen Kollegen Igor Ivanov erläuterte, fragte dieser nach, wessen Idee es gewesen sei, Moskau auszuschließen. Powell ergänzte daraufhin seinen Vorschlag für die Gespräche über Korea, an denen nun auch Russland teilnehmen sollte.[25]

Von August 2003 bis Dezember 2008 fanden daraufhin insgesamt sechs Gesprächsrunden statt. Dabei zeigte sich immer wieder, dass die Konsensfindung durch unterschiedli-

---

[23] Vgl. zu den Hintergründen der Dreiparteiengespräche und dem Start der Sechsparteiengespräche Pritchard, Charles L. 2007: Failed Diplomacy. The Tragic Story of How North Korea Got the Bomb. Washington D.C., S. 57-65.
[24] Vgl. Glaser, Bonnie S. /Liang, Wang 2008: „North Korea: The Beginning of a China-U.S. Partnership?", in: The Washington Quarterly 3, S. 165-180, hier S. 169.
[25] Vgl. Pritchard 2007, S. 85. Russland dürfte zuvor bei den Dreiparteiengesprächen nicht berücksichtigt worden sein, weil es zusammen mit Staaten wie Deutschland und Frankreich im Vorfeld des Beginns des Irakkrieges im März 2003 erhebliche Kritik an den USA geübt hatte. Vgl. Moltz, James Clay 2005: „U.S.-Russian Relations and the North Korean Crisis", in: Asian Survey 5, S. 727.

che Interessenlagen der sechs Parteien erschwert wurde.[26] Die nachfolgenden Darlegungen könnten allerdings auch eine andere Interpretation zulassen: Einige der zentralen Interessen Chinas, Russlands, Japans, Südkoreas und der USA ähneln sich, sie befinden sich jedoch nicht in der gleichen Rangordnung, so dass sich Meinungsverschiedenheiten bei der Wahl der Vorgehensweisen und Instrumente zur Denuklearisierung Nordkoreas ergeben.

3.2.1 Nordkorea

Nordkorea verfolgt in den Sechsparteiengesprächen offiziell drei Ziele: Für die Aufgabe seines Nuklearprogramms erwartet es, erstens, nicht nur erhebliche ökonomische Kompensationsleistungen, sondern auch das Zugeständnis der Teilnehmer der Konsultationen, Nuklearenergie friedlich nutzen zu dürfen. Konkret geht es dabei um die Forderung, dem Land Leichtwasserreaktortechnologie zur Verfügung zu stellen, also das von der KEDO begonnene Projekt zu vollenden. Von den USA werden, zweitens, Sicherheitsgarantien erwartet. Schließlich fordert Pjöngjang, drittens, die Aufnahme diplomatischer Beziehungen mit Washington. Zu diesem Zweck hat Nordkorea immer wieder um direkte bilaterale Kontakte zu den USA gebeten, die jedoch von der Bush-Administration lange Zeit verweigert wurden.

Weitere Ziele der nordkoreanischen Sechsparteienpolitik lassen sich aus der desaströsen finanziellen Lage der DVRK ableiten.[27] In den vergangenen Jahren hat das Regime zur eigenen ökonomischen Stabilisierung vor allem auf zwei Strategien gesetzt: Zum einen sind finanzielle Transferleistungen der Nachbarstaaten zu nennen. Vor allem China und Südkorea, aber auch die USA, stellten und stellen Nahrungsmittel, Dünger und Schweröl zur Verfügung, um die negativen Folgen eines ökonomischen Zusammenbruchs Nordkoreas abzuwenden. Zum anderen bemüht sich Pjöngjang angesichts einer international nicht wettbewerbsfähigen heimischen Wirtschaft, alternative Einnahmequellen zu erschließen. Dazu gehören insbesondere die Erlöse aus einer aktiven Proliferationspolitik (u.a. der Verkauf von ballistischen Trägersystemen) sowie aus verschiedenen illegalen Aktivitäten (u.a. Drogenanbau, Falschgeldherstellung). Das wichtigste Druckmittel Nordkoreas war und ist dessen Nuklearprogramm, das in bi- und multilateralen Konsultationen eingesetzt wird, um Zugeständnisse wie etwa im Jahr 1994 die Abschaltung der Anlagen in Yongbyon oder auch nur die Rückkehr an den Verhandlungstisch der Sechsparteiengespräche gegen Transferleistungen oder die Rücknahme von Sanktionen zu tauschen.

Im Rahmen der Verhandlungen der sechs Parteien ist die DVRK ferner bestrebt, über China, Südkorea und Russland Druck gegenüber den USA aufzubauen, damit diese Nordkorea als gleichrangigen Verhandlungspartner sowie – seit dem Jahr 2006 – als Nuklearmacht anerkennen. Verhandlungstaktisch versucht Pjöngjang, im Rahmen der Sechsparteiengespräche die Nuklearfrage von den übrigen strittigen Themen zu trennen. Den USA

---

[26] Vgl. zu den Interessen Nordkoreas, der USA, Chinas, Südkoreas, Japans und Russlands in den Sechsparteiengesprächen die Überblicksdarstellungen bei Pritchard 2007, S. 84-97. Wulf, Herbert 2006: Nordkoreas Griff zur Bombe. Möglichkeiten und Strategien zum Stopp des Nuklearprogramms unter europäischer Beteiligung. SWP-Studie 14. Berlin, S. 18-21. Park, John S. 2005: „Inside Multilateralism: The Six-Party Talks", in: The Washington Quarterly 4, S. 75-91. Siehe zu den Interessenkonstellationen in Nordostasien auch Kreft, Heinrich 2009: Die koreanische Halbinsel: Vom gefährlichsten Konfliktherd zum Katalysator regionaler Kooperation in Nordostasien?, in: Maull/Wagener, S. 220-225.

[27] Vgl. Hilpert, Hanns Günther 2003: Nordkorea vor dem ökonomischen Zusammenbruch. SWP-Studie 14. Berlin. Vgl. zu den innenpolitischen Zusammenhängen Gerschewski, Johannes/Köllner, Patrick 2009: Nordkorea und kein Ende? Zum Wandel innenpolitischer Legitimation und externer Stützung der DVRK, in: Maull/Wagener 2009, S. 169-190.

wird hier signalisiert, dass sie bei der Denuklearisierung Nordkoreas keine Fortschritte machen werden, solange sie versuchen, ihr Ziel mittels Sanktionen zu erreichen. Nordkorea ist somit auch in den Sechsparteiengesprächen jener Handlungslogik gefolgt, die bereits in den 1990er Jahren immer wieder zu beobachten war. Es ist plausibel anzunehmen, dass das Kim-Regime diese (erfolgreiche) Strategie auch in der Zukunft fortführen wird. Zu einer großen Unbekannten ist gleichwohl der Gesundheitszustand des „Geliebten Führers" geworden, der im August 2008 einen Schlaganfall erlitten haben soll.[28] Wie sich ein Ableben Kim Jong-ils auf das Verhalten Nordkoreas in den Sechsparteiengesprächen auswirken würde, ist eine offene Frage.

3.2.2 USA

Die Beziehungen zwischen Pjöngjang und Washington sind seit dem Ende des Koreakrieges gespannt. Beide Seiten unterhalten bis heute keine diplomatischen Beziehungen und begegnen sich – deutlich sichtbar an der gegenseitigen militärischen Abschreckung – mit ausgeprägtem Misstrauen. Der Abschluss tragfähiger bilateraler Vereinbarungen wird so deutlich erschwert. Trotz dieser schwierigen Ausgangsbedingungen ist es Nordkorea und den USA in den vergangenen Jahren aber immer wieder gelungen, partiell zu kooperieren.

In den Sechsparteiengesprächen verfolgte die Bush-Administration prinzipiell das Ziel der vollständigen, überprüfbaren und nicht wieder umkehrbaren Denuklearisierung (Complete, Verifiable, Irreversible Disarmament, CVID) Nordkoreas.[29] Auf diese Weise sollte langfristig verhindert werden, dass Pjöngjang mit nuklearen Sprengköpfen bestückte ballistische Trägersysteme gegen die amerikanischen Truppen in Südkorea und Japan sowie – sollte die Entwicklung einer Intercontinental Ballistic Missile (ICBM) gelingen[30]– gegen Continental United States (CONUS) einsetzen kann.[31] Kurz- bis mittelfristig sind die USA dagegen bestrebt, über die Denuklearisierung Nordkoreas dessen Proliferationsaktivitäten einzuschränken. Diese tragen nicht nur dazu bei, durch Lieferungen an den Iran oder Pakistan neue Raketenmächte und damit neue sicherheitspolitische Herausforderungen zu schaffen. Durch Weitergabe nuklearen Know-hows und eventuell waffenfähigen Plutoniums besteht auch die Gefahr, dass Nordkorea befreundeten Staaten hilft, ebenfalls zu Nuklearmächten zu werden. So hat es u.a. Syrien beim Aufbau eines nuklearen Forschungsreaktors in Al Kibar unterstützt, der von israelischen Luftstreitkräften im September 2007 zerstört wurde.[32] Schließlich befürchtet Washington, dass Pjöngjang spaltbares Material an Terro-

---

[28] Nach Angaben des französischen Arztes Francois-Xavier Roux hat Kim Jong-il einen Schlaganfall erlitten. Er sei aber auf dem Weg der Besserung. Roux hatte Kim Ende Oktober 2008 untersucht. Vgl. Reuters, Kim Jong-il had stroke, now better: French doctor, 11. Dezember 2008 (online).

[29] Vgl. Bush, George W. 2001: Statement of the President on North Korea Policy. Washington D.C., 6. Juni 2001 (http://usinfo.state.gov/topical/pol/arms/stories/01060700.htm), [20.07.2001]. Vgl. zu den Anfängen der Nordkorea-Politik der Bush-Administration Cha, Victor D. 2000: „Hawk Engagement and Preventive Defense on the Korean Peninsula", in: International Security 1, S. 40-78. Eine Bewertung der jüngeren Ereignisse findet sich bei Wit, Joel S. 2007: „Enhancing U.S. Engagement with North Korea", in: The Washington Quarterly 2, S. 53-69.

[30] Vgl. zum nordkoreanischen Raketenprogramm Hildreth, Steven A. 2008: North Korean Ballistic Missile Threat to the United States. CRS Report for Congress (RS21473). Washington D.C., 24. Januar 2008.

[31] Da die DVRK vorläufig nicht in der Lage sein wird, eine Atombombe soweit zu miniaturisieren, dass diese über eine Rakete mit größerer Reichweite verschossen werden kann, erscheint ein Angriff gegen CONUS kurz- bis mittelfristig eher unwahrscheinlich. Vgl. zu dieser Fragestellung Sanger, David E./Broad, William 2008: „Officials Fear Bomb Design Went to Others", in: The New York Times, 16. Juni 2008 (online).

[32] Vgl. Khaitous, Tariq 2008: Is Syria a Candidate for Nuclear Proliferation?, Nuclear Threat Initiative (NTI) Issue Brief, März 2008 (http://www.nti.org/e_research/e3_syria_nuclear_candidate.html), [12.08.2008]. Spector, Leo-

risten weitergeben könnte. Dieser Teil der Bedrohungsanalyse ist vor allem von der Bush-Administration betont worden.

Die amerikanischen Regierungen waren sich hinsichtlich der Ziele, die sie gegenüber Pjöngjang verfolgten, weitgehend einig. Unterschiedliche Vorstellungen gab und gibt es jedoch darüber, welche Wege zur Denuklearisierung Nordkoreas einzuschlagen sind. Sowohl die Clinton- als auch die Bush-Administration schwankten zunächst zwischen den Ansätzen des *engagement* und des *containment*. Dies führte immer wieder dazu, dass die amerikanische Regierung nicht konsequent an einem Politikansatz festhielt. In der Bush-Administration weitete sich der Richtungsstreit über das Vorgehen gegenüber der DVRK aus, da nun eine gewichtige Minderheit von Entscheidungsträgern einen Regimewechsel u.a. mit militärischen Mitteln anstrebte.

Die seit Januar 2009 amtierende Regierung von US-Präsident Barack Obama knüpft offensichtlich an den kooperativen Politikstrang der zweiten Administration von George W. Bush an, während sie die konfrontative Politik der ersten Amtszeit ihres Vorgängers für die Aufstockung des nordkoreanischen Kernwaffenpotentials mitverantwortlich macht.[33] In ersten Verlautbarungen ließ Außenministerin Hillary Clinton folgende Eckpunkte erkennen:[34] Die USA würden an dem Ziel festhalten, das nordkoreanische Nuklearprogramm zu beenden, was sich sowohl auf Anlagen zur Herstellung von Plutonium als auch auf das vermutete Programm für hochangereichertes Uran beziehe. Es müsse zudem verhindert werden, dass Pjöngjang nukleares Material proliferiere. Schließlich sei jene [von ballistischen Trägersystemen Nordkoreas ausgehende, S.H./M.W.] Gefahr abzuwenden, der sich Hawaii, Alaska und die amerikanische Westküste ausgesetzt sehen. Clinton betonte die Bedeutung des multilateralen Gesprächsforums, das sich u.a. für zahlreiche bilaterale Kontakte nutzen lasse: „With respect to North Korea, I think the Six-Party Talks are essential."[35]

3.2.3 China

Im Vergleich zur Situation im Jahr 1994 war Beijing seit dem Ausbruch der zweiten Nuklearkrise deutlich bemühter, einen Beitrag zur Lösung des Konflikts zu leisten. Die Volksrepublik sieht zwar wie die USA das Nuklearprogramm Nordkoreas als Problem an und hat sich auch wiederholt für die Denuklearisierung der koreanischen Halbinsel ausgesprochen. Sie vertritt aber im Gegensatz zu Washington die Auffassung, dass dieses Ziel nur mit friedlichen Mitteln erreicht werden kann.[36] Hintergrund der auseinandergehenden Strategien sind einerseits unterschiedliche Risikoanalysen. Im Gegensatz zu den USA bewertet

---

nard S. /Cohen, Avner 2008: „Israel's Airstrike on Syria's Reactor: Implications for the Nonproliferation Regime", in: Arms Control Today, Juli/August (http://www.armscontrol.org/act/2008_07-08/SpectorCohen.asp), [12.08. 2008].

[33] Vgl. Kessler, Glenn, Clinton Criticizes Bush on N. Korea, in: The Washington Post, 16. Februar 2009 (online).

[34] Vgl. Hillary Rodham Clinton, Nominating Hearing To Be Secretary of State, Washington D.C., 13. Januar 2009, http://www.state.gov/secretary/rm/2009a/01/115196.htm, [3.2.2009].

[35] Hillary Rodham Clinton, 27. Januar 2009, Foreign Policy and Diplomacy (Remarks With Reporters in the Correspondents' Room), Washington D.C., http://www.state.gov/secretary/rm/2009a/01/115450.htm, [3.2.2009].

[36] Vgl. zur chinesischen Position in den Sechsparteiengesprächen Yang, Bojiang 2006: China and North Korea – The View from Beijing, in: Mohr, Mark (Hrsg.): Six-Party Stall: Are South Korea and China Part of the Problem or Part of the Solution?, Woodrow Wilson International Center for Scholars, Asia Program, Special Report 134, S. 22-25. Vgl. zu den Beziehungen zwischen China und Nordkorea International Crisis Group, China and North Korea 2006a: Comrades Forever?, Asia Report Nr. 112. Seoul – Brüssel, 1. Februar 2006. Wu, Anne 2005: „What China Whispers to North Korea", in: The Washington Quarterly 2, S. 35-48.

China das von Nordkorea ausgehende Proliferationsrisiko weitaus weniger dramatisch. Andererseits hat Beijing aus den vergangenen Jahren offensichtlich die Schlussfolgerung gezogen, dass die Differenzen zwischen Washington und Pjöngjang zu einer Eskalation der Lage am 38. Breitengrad führen könnten, die die Stabilität Nordostasiens bedrohen würde. An diesem Punkt wäre das mit Abstand wichtigste außenpolitische Interesse Chinas betroffen: Um die wirtschaftliche Modernisierung des Landes weiter voranzutreiben, braucht es ein friedliches Umfeld. Eine Konfrontation dürfte sich nicht nur negativ auf das Handels- und Investitionsklima in Nordostasien auswirken. China müsste auch damit rechnen, zum Zielgebiet von Flüchtlingsströmen aus Nordkorea zu werden, was zu Instabilitäten an der ca. 1.400 km langen gemeinsamen Grenze führen könnte.[37] Die Sechsparteiengespräche bieten daher die Möglichkeit, einer Eskalation des Konflikts zwischen den USA und Nordkorea entgegenzuwirken und beide Seiten von unilateralen Aktivitäten abzuhalten.

Aus sicherheitspolitischer Perspektive ist es nicht primär die Produktion von Nuklearwaffen durch Pjöngjang, die Beijing nervös macht. Für problematisch werden vor allem die damit verbundenen möglichen Reaktionen der Nachbarstaaten gehalten: Die Nuklearmacht Nordkorea könnte Japan, Südkorea und im – aus Sicht der Regierung – schlimmsten Fall sogar Taiwan als Rechtfertigung dienen, selbst Atomwaffen zu entwickeln. Washington und Tokyo nehmen bereits seit Jahren das Nuklearprogramm Pjöngjangs in Verbindung mit dessen ballistischen Trägersystemen zum Anlass, an nationalen bzw. regionalen Raketenabwehrsystemen zu arbeiten. Sind diese voll funktionsfähig, könnten sie die nukleare Zweitschlagfähigkeit Chinas infrage stellen.[38]

Für das Engagement Beijings in den Konsultationen über die Lage auf der koreanischen Halbinsel gibt es aber noch mindestens drei weitere plausible Erklärungen: Erstens begegnet China multilateralen Abmachungen gegenwärtig weniger skeptisch als noch in der ersten Hälfte der 1990er Jahre. Beijing hat, zweitens, seine Präsenz auf internationalem Parkett verstärkt. Im Rahmen der „Charme-Offensive" versucht es, seinen Nachbarstaaten mögliche Sorgen, die mit dem machtpolitischen Aufstieg des Landes verbunden sind, zu nehmen.[39] Schließlich, drittens, ist China in den vergangenen Jahren nicht nur zum permanenten Gastgeber der Sechsparteiengespräche geworden. Beobachter loben die konstruktive Rolle, die das Land bei der Lösung der Nuklearkrise spielt. Somit ist es China auch gelungen, über die Sechsparteiengespräche regionale Führungsfähigkeiten unter Beweis zu stellen. Dies hat zur Folge, dass sich die Interessenlage Beijings seit Aufnahme der Konsultationen erweitert hat: Ein Scheitern der Sechsparteiengespräche würde offenbaren, dass China seiner Ambition, in eine kooperative regionale Führungsrolle hineinzuwachsen, nicht gerecht werden kann. Im Gegensatz zu Washington ist Beijing deshalb auch schon an einem bloßen Fortgang der Sechsparteiengespräche interessiert.[40]

---

[37] Nicht ganz zu Unrecht befürchtet Bojing Yang, dass nordkoreanische Fluchtbewegungen in Richtung Norden erfolgen werden, da die innerkoreanische Grenze von beiden Seiten hermetisch abgeriegelt werden kann. Vgl. Yang 2006, S. 23.
[38] Vgl. Park 2005, S. 77. Vgl. zur Nordkorea-Frage in den amerikanisch-chinesischen Beziehungen Ong, Russell 2006: „China, US and the North Korean Issue", in: Asia-Pacific Review 1, S. 118-135.
[39] Vgl. Shambaugh, David 2004/05: „China Engages Asia. Reshaping the Regional Order", in: International Security 3, S. 64-99.
[40] Vgl. Park 2005, S. 87.

Gelingt es Beijing also, die Gespräche aufrechtzuerhalten, dann bleibt es als Patron der DVRK auf absehbare Zeit ein unverzichtbarer Kooperationspartner für Washington.[41] Fraglich ist allerdings, wie stark Chinas Einfluss auf Nordkorea tatsächlich ist. Bereits im Jahr 1992 hatte Beijing mit Seoul diplomatische Beziehungen aufgenommen und Pjöngjang damit eine Neuausrichtung seiner Korea-Politik signalisiert; die bekannte Propaganda, wonach die Kriegsverbündeten China und Nordkorea einander so nahe stehen wie „Lippen und Zähne", verlor damit an Glaubwürdigkeit.[42] Selbiges gilt für den Bündnisvertrag von 1961, der zwar weiter fortbesteht,[43] von Beijing aber stark abgewertet worden ist.[44] Seit Mitte der 1990er Jahre erweiterte die Volksrepublik zudem ihr Druckpotenzial: Sie ist heute der größte Handelspartner Nordkoreas,[45] das ca. 70% - 90% seiner Brennstoffe sowie ca. ein Drittel der Nahrungslieferungen vom großen Nachbarn bezieht.[46] Gleichzeitig musste Beijing im Rahmen der Sechsparteiengespräche wiederholt zur Kenntnis nehmen, dass sein Einfluss auf Pjöngjang Grenzen hat. Nordkorea zog sich im Januar 2003 aus dem NVV zurück, obwohl China das Genfer Rahmenabkommen unterstützte.[47] Ferner ließ Kim Jong-il den Nukleartest vom 9. Oktober 2006 durchführen, obwohl sich die chinesische Regierung dagegen ausgesprochen hatte. Beijing unterstützte daraufhin die UN-Sicherheitsratsresolution 1718, signalisierte aber seine Ablehnung möglicher militärischer Aktionen gegen Pjöngjang.[48]

3.2.4 Südkorea

Im Vergleich zu den USA, China, Russland und Japan steht Südkorea in den Sechsparteiengesprächen vor anderen Ausgangsbedingungen.[49] Die Vermeidung eines zweiten Koreakrieges ist das mit Abstand wichtigste Ziel des Landes. Sollten die Konsultationen scheitern und sollte es insgesamt wieder zu einer Krisenverschärfung kommen, dann wären für Seoul

---

[41] „Strategically, for Beijing, Pyongyang's value stems from its unpredictability. By claiming it is able to exert influence over an ‚erratic' state, China can enhance its influence in international affairs." Ong 2006, S. 120.
[42] Vgl. zur Annäherung zwischen China und Südkorea Cha, Victor D. 1999: „Engaging China: Seoul – Beijing Détente and Korean Security", in: Survival 1, S. 73-98. Roy, Denny 2004: China-South Korea Relations: Elder Brother Wins Over Younger Brother. Special Assessment des Asia-Pacific Center for Security Studies. Honolulu.
[43] Der Vertrag muss, um seine Gültigkeit zu verlieren, von einer Seite gekündigt werden. Da dies bislang nicht geschehen ist, wäre China zumindest theoretisch gehalten, sich an seine klare Zusage in Artikel 2 zu halten: „In the event of one of the Contracting Parties being subjected to the armed attack by any state or several states jointly and thus being involved in a state of war, the other Contracting Party shall immediately render military and other assistance by all means at its disposal." Treaty of Friendship, Co-operation and Mutual Assistance Between the People's Republic of China and the Democratic People's Republic of Korea, Peking, 11. Juli 1961 (http://www.ioc.u-tokyo.ac.jp/~worldjpn/documents/indices/docs/index-ENG.html), [15.07.2008].
[44] Anne Wu weist darauf hin, dass China die Bedeutung des Bündnisvertrages bereits herunterspiele. Es sei nicht vorstellbar, dass Peking zugunsten Pjöngjangs militärisch eingreife. Vgl. Wu 2005, S. 42. Diese Einschätzungen lassen auch Ausführungen von Alexandre Y. Mansourov zu, der zu einer sehr skeptischen Bewertung des Zustandes der Beziehungen zwischen China und Nordkorea gelangt. Vgl. Mansourov, Alexandre Y. 2003: Giving Lip Service with an Attitude: North Korea's China Debate. Special Assessment des Asia-Pacific Centre for Security Studies. Honolulu.
[45] Nach Angaben des International Monetary Fund hatte China im Jahr 2006 einen Anteil von 37,64% (USD 1,78 Mrd. von USD 4,73 Mrd.) am nordkoreanischen Außenhandel. In der Statistik sind allerdings keine Angaben über den innerkoreanischen Warenaustausch enthalten. Vgl. International Monetary Fund 2007: Direction of Trade Statistics. Yearbook 2007. Washington D.C., S. 362.
[46] Vgl. Wu 2005, S. 42.
[47] Vgl. International Crisis Group 2006a, S. 5.
[48] Vgl. Pritchard 2007, S. 92.
[49] Vgl. Hilpert, Hanns Günther 2007: Südkoreas außenpolitische Dilemmata. SWP-Studie 6. Berlin.

aufgrund seiner „Geisellage"[50] die Folgen eines militärischen Konfliktaustrages am deutlichsten zu spüren. Südkorea setzt sich deshalb seit geraumer Zeit für ein *soft landing* des Nachbarstaates ein, da es die negativen Folgen eines Zusammenbruchs des Regimes von Kim Jong-il fürchtet.

Zur Vermeidung einer zweiten militärischen Auseinandersetzung unterhält Seoul seit dem Jahr 1954 einen Mutual Defense Treaty mit Washington. Gleichwohl haben unterschiedliche Bewertungen des nordkoreanischen Bedrohungspotenzials in den vergangenen Jahren dazu geführt, dass es zwischen Washington und Seoul abweichende Ansichten über die notwendige Vorgehensweise gegenüber Pjöngjang gibt.[51] So betrachtet Südkorea weder das Nuklearprogramm noch die ballistischen Trägersysteme als größte Gefahr, sondern die konventionellen Fähigkeiten des Nordens, vor allem die in Grenznähe stationierten Artilleriegeschütze. Raketenabwehrsysteme sind für Seoul daher von untergeordneter Bedeutung.[52] Südkorea ist zudem weiterhin nicht geneigt, sich an der Proliferation Security Initiative (PSI) zu beteiligen und sich über diese in einen Konflikt ziehen zu lassen, denn es sieht in den Proliferationsaktivitäten Nordkoreas nicht die zentrale Gefahr für die koreanische Halbinsel.

Ein militärisches Vorgehen gegenüber Pjöngjang kann sich die südkoreanische Regierung daher nur im äußersten Notfall vorstellen. Militärischen Druck gegenüber dem Regime von Kim Jong-il lehnt Seoul deshalb ebenso ab wie Provokationen, die diplomatische Lösungen erschweren. Die amerikanische Brandmarkung Nordkoreas als „Schurkenstaat" und Teil einer „Achse des Bösen" stieß in Südkorea auf Ablehnung. Mehr noch: Für viele Südkoreaner wurde im Laufe der Jahre immer mehr George W. Bush und nicht Kim Jong-il zur Gefahr für den Frieden auf der koreanischen Halbinsel.[53] Den USA fiel es dabei offensichtlich schwer, einen Perzeptionswandel in der südkoreanischen Gesellschaft nachzuvollziehen. Viele, vor allem jüngere Südkoreaner, die keine Erinnerungen mehr an den Koreakrieg haben, sehen in Nordkorea keine unmittelbare militärische Bedrohung, sondern einen „verarmten Bruder", dem es zu helfen gilt.[54]

Seoul hat u.a. aus diesem Grund in den vergangenen Jahren verschiedene Kooperationsprojekte lanciert. Dazu gehören das Tourismusprojekt am Berg Kumgang, die Sonderwirtschaftszone in Kaesong, Familienzusammenführungen, der Bau gemeinsamer Eisenbahnverbindungen, die Entsendung gemeinsamer Teams zu Sportveranstaltungen und nicht zuletzt immer wieder umfassende Hilfelieferungen des Südens an den Norden. Grundlage der neuen Formen der Zusammenarbeit war das Gipfeltreffen zwischen Kim Jong-il und Kim Dae-jung im Juni 2000 in Pjöngjang. Dem folgte eine weitere Zusammenkunft in der

---

[50] Die mehr als zehn Millionen Einwohner der Hauptstadt befinden sich nur ca. 40 km entfernt vom Gros der 17.900 nordkoreanischen Artilleriegeschütze. Vgl. International Institute for Strategic Studies 2008: The Military Balance 2008. London, S. 388.
[51] Vgl. zu den Dissonanzen zwischen den USA und Südkorea Kim, Sunhyuk/Lim, Wonhyuk 2007: „How to Deal with South Korea", in: The Washington Quarterly 2, S. 71-82.
[52] Vgl. Tyler, Patrick E. 2001: „South Korea Takes Russia's Side in Dispute Over American Plan for Missile Defense", in: The New York Times, 28. Februar 2001 (online).
[53] In einer Meinungserhebung im September 2003 gaben auf die Frage, welcher Staatsmann denn eine größere Gefahr für Südkorea darstelle, 42,1% Kim Jong-il und 38,0% George W. Bush an. Vgl. Lee, Chung-min 2004: Domestic Politics and the Changing Contours of the ROK-US Alliance: The End of the Status Quo, in: Armacost, Michael H./Okimoto, Daniel I. (Hrsg.): The Future of America's Alliances in Northeast Asia. Stanford, S. 212.
[54] Vgl. International Crisis Group, Korea Backgrounder 2004: How the South views its brother from another planet. Asia Report Nr. 89. Seoul – Brüssel.

nordkoreanischen Hauptstadt im Oktober 2007, bei der es zu Gesprächen zwischen Kim Jong-il und Roh Moo-hyun kam.

Der neue südkoreanische Präsident Lee Myung-bak, der der konservativen Grand National Party angehört, hat zwar grundsätzlich an der kooperativen Einbindungsstrategie der Vorgänger-Regierungen festgehalten. In seiner „Vision 3000" zielt Lee darauf, durch eine konzertierte wirtschaftliche Unterstützungspolitik für fünf Sektoren (Industrie, Finanzen, Ausbildung, Soziales und Infrastruktur) das nordkoreanischen Bruttoinlandsprodukt pro Kopf von derzeit 1.700 auf 3.000 USD zu steigern und dafür einen multilateral finanzierten Entwicklungsfonds anzulegen. Doch gleichzeitig hat Lee im Gegensatz zu seinen Vorgängern eine klare Konditionalisierung der südkoreanische Hilfe vorgenommen, die wirtschaftliche Kooperation an die Einhaltung der bilateralen Abkommen zwischen Nord- und Südkorea, insbesondere das Denuklearisierungsabkommen von 1991, bindet.[55]

Im Ergebnis haben sich beide Seiten erneut voneinander entfernt.[56] Die Zusammenarbeit in der Wirtschaftszone Kaesong und am Berg Kumgang ist stark beeinträchtigt worden. Im Falle Kaesongs sind von der DVRK die erst im Dezember 2007 begonnenen Tagesbesuche von Touristen unterbunden und Teile des südkoreanischen Personals ausgewiesen worden. Zuvor hatte die Regierung in Seoul im Falle Kumgangs das Besucherprogramm vollständig suspendiert, nachdem im Juli 2008 eine südkoreanische Touristin von einem nordkoreanischen Soldaten in einer Sperrzone der Anlage erschossen worden war. Pjöngjang wirft Lee Myung-bak des Weiteren vor, nicht energisch genug gegen jene Aktivisten vorzugehen, die mit Zetteln versehene Luftballons antinordkoreanischen Inhalts vom Süden über die Grenze in den Norden schicken. Im Dezember 2008 hatte Südkorea eine UN-Resolution in der Generalversammlung unterstützt, in der die Menschenrechtslage in Nordkorea verurteilt wird. 2008 kam es zudem nicht zu den üblichen Reis- und Düngemittellieferungen. Für eine weitere Verärgerung Pjöngjangs sorgten im Januar 2009 die Ernennung des als konservativ geltenden Hyun In-taek zum Minister für Vereinigung[57] sowie ein Treffen zwischen Lee Myung-bak und dem japanischen Ministerpräsidenten Taro Aso, in dem Seoul Tokyo Unterstützung in der Entführtenfrage zusagte; Lee wies dabei auf den Umstand hin, dass auch zahlreiche Südkoreaner von Nordkorea entführt worden seien.[58]

3.2.5 Japan

Auch Japan verfolgt in den Sechsparteiengesprächen die Denuklearisierung Nordkoreas.[59] Die Interessen Tokyos und Washingtons sind in diesem Punkt deckungsgleich, zumal Kurz- und Mittelstreckenraketen Pjöngjangs nicht nur japanisches Territorium bedrohen, sondern auch die dort stationierten amerikanischen Truppenkontingente. Im Vergleich ist die Bedrohung für Japan in der Raketenfrage gleichwohl größer: Seit den erfolgreichen Tests der

---

[55] Vgl. Haggard, Stephen/Noland, Marcus, Februar 2009, Twilight of the God?, East-West Center Working Papers, Nr. 99, S. 2. (http://www.eastwestcenter.org/fileadmin/stored/pdfs/econwp099.pdf), [17.02.2009].
[56] Vgl. Foster-Carter, Aidan, Januar 2009, North Korea-South Korea Relations: Things Can Only Get Better?, in: Comparative Connections, Nr. 4, S. 85-100.
[57] Vgl. Hyun, Kim, N. Korea Revives Cold War Tensions With Renewed Border Threat, in: Yonhap, 30. Januar 2009 (online).
[58] Vgl. Yonhap, S. Korea, Japan To Deepen Cooperation on N. Korean Abductions, 12. Januar 2009 (online)
[59] Vgl. Rozman, Gilbert/Togo, Kazuhiko/Ferguson, Joseph (Hrsg.) 2007: Japanese Strategic Thought Toward Asia. New York. Vgl. zur japanischen Nordkorea-Politik International Crisis Group 2005: Japan and North Korea: Bones of Contention. Asia Report Nr. 100. Seoul – Brüssel.

Nodong im Mai 1993 und der Taepodong I im August 1998 steht fest, dass Nordkorea mit seinem Raketenarsenal jeden Winkel Japans potenziell angreifen könnte. Als Pjöngjang am 5. Juli 2006 erneut mehrere Raketen testete, wurde dies von Tokyo daher stark verurteilt. Mehr noch: In Japan wurde von einigen Politikwissenschaftlern und auch hochrangigen Politikern darüber nachgedacht, unter welchen Bedingungen vorbeugende Militärschläge gegen nordkoreanische Raketenbasen zu führen seien.[60] Als Pjöngjang dann am 9. Oktober 2006 einen Nukleartest durchführte, verschärfte Tokyo seine Sanktionen gegenüber der DVRK, wobei es sich hinsichtlich möglicher militärischer Gegenmaßnahmen jedoch skeptisch zeigte.[61] Insgesamt kann Japan daher als Unterstützer der amerikanischen Position in den Sechsparteiengesprächen betrachtet werden.

Interessant ist, dass diese sicherheitspolitischen Zusammenhänge bei den Verhandlungen in Beijing nur an zweiter Stelle der japanischen Agenda, die von einem stark innenpolitisch motivierten Konfliktfeld überlagert wird, stehen: Nordkorea wird u.a. von Japan vorgeworfen, in den 1970er und 1980er Jahren mehrere seiner Staatsbürger entführt zu haben.[62] Als Ministerpräsident Junichiro Koizumi im September 2002 nach Pjöngjang reiste und das Thema zur Sprache brachte, gab Kim Jong-il erstmals Entführungen zu. Nach dem zweiten Treffen mit Koizumi im Mai 2004 machte er weitere Zugeständnisse, indem er fünf Entführungsopfern die Erlaubnis erteilte, ihre Familien in der Heimat zu besuchen. Dieses Entgegenkommen erzielte jedoch nicht den Effekt, den sich Nordkorea vermutlich erhofft hatte: Denn nachdem Pjöngjang gefälschte Beweise für das Ableben weiterer Entführter präsentiert hatte, reagierte die japanische Öffentlichkeit mit großer Empörung auf den Vorfall. Da Nordkorea bisher nicht bereit ist, das Schicksal sämtlicher entführter Japaner glaubwürdig aufzuklären, ist es aus der Sicht der japanischen Regierung unmöglich, den im Jahr 1991 mit Pjöngjang begonnenen Prozess der Normalisierung der bilateralen Beziehungen erfolgreich abzuschließen. Mit klaren Folgen: Indem Japan in den Sechsparteiengesprächen die Entführungsfrage zum zentralen Punkt seiner Agenda gemacht hat, nimmt es sich bisher selbst die Möglichkeit einer konstruktiven Einflussnahme auf Nordkorea.[63]

3.2.6 Russland

Der geringe Einfluss Russlands in den Sechsparteiengesprächen spiegelt seinen machtpolitischen Rückzug aus dem asiatisch-pazifischen Raum nach dem Ende des Ost-West-Konflikts wider.[64] Während die Sowjetunion in den 1970er und 1980er Jahren eine aktive Fernostpolitik betrieben hatte, verabschiedete sich Moskau in den folgenden Jahren von der Vorstellung, in Nord- und Südostasien eine Einflusssphäre alten Stils unterhalten zu müs-

---

[60] Vgl. Tidten, Markus 2006: Pyöngyang zündelt – Fängt Japans Nationalismus Feuer? Nordkorea und Japan, vereint in Isolation gegeneinander, SWP-Aktuell 34.
[61] Vgl. International Crisis Group 2006b: North Korea's Nuclear Test: The Fallout. Asia Briefing Nr. 56. Seoul – Brüssel, S. 11-14.
[62] Vgl. Chanlett-Avery, Emma 2008: North Korea's Abduction of Japanese Citizens and the Six-Party Talks. CRS Report for Congress (RS22845). Washington D.C.
[63] Vgl. Park 2005, S. 86.
[64] Vgl. zur Politik Moskaus auf der koreanischen Halbinsel sowie zur russischen Position in den Sechsparteiengesprächen International Crisis Group 2007: North Korea-Russia Relations: A Strained Friendship. Asia Briefing Nr. 71. Seoul – Brüssel. Vorontsov, Alexander 2007: Current Russia – North Korea Relations: Challenges and Achievements. The Brookings Institution. Center for Northeast Asian Policy Studies. Washington D.C. Rozman, Gilbert u.a. 2006: Russian Strategic Thought toward Asia. New York.

sen. So wurde z.B. der im Jahr 1961 geschlossene russisch-nordkoreanische Treaty of Friendship, Cooperation and Mutual Assistance im Jahr 1996 nicht verlängert.

In der Ära von Präsident Wladimir Putin hat sich zwar grundsätzlich nichts an der Tatsache geändert, dass Moskau nicht mehr als Machtfaktor im asiatisch-pazifischen Raum gilt. Es ist jedoch an seiner fernöstlichen Peripherie insgesamt außenpolitisch wieder aktiver geworden.[65] Dies zeigte sich auch in der Politik gegenüber Nordkorea: Im Juli 2000 war Putin zu Gast in Pjöngjang, was Kim Jong-il seinerseits zu Gegenbesuchen in Moskau im August 2001 und im August 2002 veranlasste. Auch versuchte Moskau, mit konkreten Vorschlägen Einfluss auf die Lösung der zweiten Nuklearkrise zu nehmen: Im Januar 2003 reiste der stellvertretende russische Außenminister Alexander Losyukov nach Pjöngjang und präsentierte einen eigenständigen Plan zur Beilegung des Konflikts – sehr zum Ärger der Bush-Administration, da das russische Vorhaben eine strikte Reziprozität und keine vorherigen Zugeständnisse Nordkoreas forderte.[66] Es wundert daher nicht, dass Nordkorea darauf bestand, dass Russland an den Sechsparteiengesprächen zu beteiligen sei. Moskau wiederum dürfte auch aus Statusgründen ein Interesse daran gehabt haben, an den Konsultationen mitzuwirken. Denn es war zuvor weder direkt am Genfer Rahmenabkommen beteiligt noch Mitglied der KEDO oder der Vierparteiengespräche.[67]

Neben statuspolitischen hat Russland auch manifeste sicherheits- und energiepolitische Interessen auf der koreanischen Halbinsel. Sicherheitspolitisch ist ein nordkoreanisches Kernwaffenpotenzial schon deshalb für Moskau problematisch, weil es den USA und Japan als Rechtfertigung für ein regionales Raketenabwehrsystem dienen kann. Das Verhalten Pjöngjangs trägt so potenziell dazu bei, die nukleare Zweitschlagfähigkeit Moskaus (und auch Beijings) in Ostasien zu beeinträchtigen. Hinzu kommt, dass im Falle weiterer Sprengkrafterprobungen der nordkoreanischen Atombomben nuklearer Fallout droht, der in den Nachbarstaaten der DVRK niedergehen könnte. Wirtschaftspolitisch ist Russland nicht nur an einer Vermarktung seiner eigenen Reaktortechnologie in Nordkorea interessiert. Moskau könnte auch bei der zukünftigen Energieversorgung Nordkoreas (und desgleichen Südkoreas und Japans) eine gewichtige Rolle spielen, wenn es Nordkorea als Transferland nutzen könnte.

3.3 Die Gesprächsrunden und ihre Ergebnisse

Bis zum Dezember 2008 fanden die Sechsparteiengespräche insgesamt in sechs Verhandlungsrunden statt. Dabei setzte sich langsam die Praxis durch, einzelne Runden je nach Verhandlungsstand auf mehrere Sitzungen, zwischen denen wie in Runde 5 mehr als ein Jahr vergehen konnte, aufzuteilen. Die Sechsparteiengespräche[68] wurden bislang zu folgenden Zeiten in Beijing abgehalten:

---

[65] Vgl. Rozman, Gilbert 2007: Russia in Northeast Asia: In Search of a Strategy, in: Legvold, Robert (Hrsg.): Russian foreign policy in the twenty-first century and the shadow of the past. New York, S. 343-392. Falkenheim Meyer, Peggy 2006: Russo-North Korean relations under Kim Jong Il, in: Kihl, Young Whan/Kim, Hong Nack (Hrsg.): North Korea. The Politics of Regime Survival. Armonk, S. 203-224.
[66] Vgl. ebd., S. 214.
[67] Russland hatte bereits im Juli 1997 signalisiert, an internationalen Gesprächen über Nordkorea teilnehmen zu wollen. Vgl. Vorontsov 2007, S. 7.
[68] Definitorisch ist fraglich, welche politischen Handlungen die „Sechsparteiengespräche" einschließen. In der Regel werden darunter nur die einzelnen Runden verstanden. Aus amerikanischer Sicht ergibt sich dagegen eine

Runde 1: 27. - 29. August 2003

Runde 2: 25. - 28. Februar 2004

Runde 3: 23. - 26. Juni 2004

Runde 4: 26. Juli - 7. August 2005 (Sitzung 1); 13. - 19. September 2005 (Sitzung 2)

Runde 5: 9. - 11. November 2005 (Sitzung 1); 18. - 22. Dezember 2006 (Sitzung 2); 8. - 13. Februar 2007 (Sitzung 3); Runde 6: 19. - 22. März 2007, Wiederaufnahme vom 18. - 20. Juli 2007 (Sitzung 1); 27. - 30. September 2007 (Sitzung 2); 10. - 12. Juli 2008 (Sitzung 3); 23. Juli 2008 (informelles Treffen der Außenminister in Singapur); 8. - 11. Dezember 2008 (Sitzung 4)

Die bisherigen Ergebnisse der multilateralen Konsultationen können wie folgt zusammengefasst werden: Während die Runden 1 bis 3 keinerlei Fortschritte ergaben, konnten sich die sechs Parteien am 19. September 2005 in Runde 4 auf weitreichende Maßnahmen zur Denuklearisierung Nordkoreas verständigen. Nach einigen Verzögerungen setzte dann mit dem am 13. Februar 2007 in Runde 5 beschlossenen „Denuclearization Action Plan" die schwierige Phase der Implementierung der Ergebnisse der Erklärung von Runde 4 ein. Pjöngjang hat dabei zwar den vereinbarten Zeitplan nicht eingehalten, ist jedoch bislang wichtigen Verpflichtungen zum Abbau der Anlagen in Yongbyon nachgekommen. Die mangelnden Fortschritte in Runde 6 sind darauf zurückzuführen, dass unterschiedliche Vorstellungen über die Art der Verifizierung nordkoreanischer Maßnahmen der Denuklearisierung bestehen.

3.3.1 Stillstand

Nach den gescheiterten Dreiparteiengesprächen vom April 2003 war es vor allem China, das erhebliche diplomatische Anstrengungen unternahm, um die USA und Nordkorea zu überzeugen, an den Verhandlungstisch zurückzukehren. Bevor die Sechsparteiengespräche im August 2003 erstmals aufgenommen wurden, hatte Beijing Pjöngjang unter Druck gesetzt. So soll nach Presseberichten Chinas Staatspräsident Hu Jintao Kim Jong-il gewarnt haben, dass Nordkorea mit einem Angriff der USA rechnen müsste, sollte es diesen Probleme bereiten. Hu wies darauf hin, dass China seinem Nachbarn in einer militärischen Auseinandersetzung nicht helfen würde.[69] Diese Einschätzung wurde von chinesischen Politikwissenschaftlern flankiert, die sich offen u.a. dafür aussprachen, dass Beijing die militärische Beistandsklausel aus dem im Jahr 1961 mit Pjöngjang abgeschlossenen Vertrag auf-

---

umfassendere Sichtweise: Die zuständige Internetseite im Department of State zählt auch alle weiteren Gespräche der USA, die zwischen den Runden mit einzelnen Teilnehmern geführt werden, zu den Sechsparteiengesprächen. Vgl. Department of State 2008: Six-Party Talks, Beijing, China, Washington D.C., Stand vom 26. Juni 2008 (http://www.state.gov/p/eap/regional/c15455.htm), [3.07.2008].
[69] Die Äußerungen Hu Jintaos wurden von Shen Dingli, Professor an der Fudan University in Shanghai, auf einer internationalen Tagung wiedergegeben. Vgl. „Fear of US Attack Forced NK to Come to Negotiating Table", in: Korea Times, 27. August 2003 (online).

kündigen sollte.[70] Die Botschaft an die DVRK war eindeutig: China erwartet von Nordkorea, seine Meinungsverschiedenheiten mit den USA durch Verhandlungen zu lösen. Jedes andere Verhalten Pjöngjangs würde von Beijing nicht unterstützt werden.

3.3.1.1 Runde 1

Die erste Runde der Sechsparteiengespräche, die vom 27. bis zum 29. August 2003 stattfand, kann insgesamt als Misserfolg gewertet werden. Die beiden Hauptkontrahenten, die USA und Nordkorea, beschränkten sich darauf, ihre allseits bekannten Positionen auszutauschen; zu wirklichen Verhandlungen kam es nicht. Pjöngjang bestand darauf, vor der Einleitung von Maßnahmen zur eigenen Denuklearisierung mit Washington einen Nichtangriffspakt abzuschließen und diplomatische Beziehungen aufzunehmen. Die USA wiesen darauf hin, dass zunächst die CVID des nordkoreanischen Nuklearprogramms stattfinden müsste, bevor sie sich auf die Forderungen des Verhandlungsführers der DVRK, Kim Yong-il, einlassen könnten. Da beide Akteure auf ihren Maximalpositionen beharrten, blieb eine Vereinbarung aus. Als problematisch erwies sich vor allem die CVID-Forderung der USA, die ein denkbar schlechter Start für Verhandlungen war.[71] Kim Yong-il reagierte auf die amerikanische Haltung noch während der Gespräche mit drei Drohungen: Die feindliche Politik der Bush-Administration zwinge Nordkorea zu der Erklärung, dass es Nuklearwaffen besitze; das Land sehe sich gezwungen, dies der Welt durch den Test einer Nuklearwaffe zu beweisen; auch sehe sich Pjöngjang veranlasst, durch die Erprobung entsprechender Trägersysteme zu zeigen, dass es eine solche Waffe transportieren könne.[72] Nach dieser Erklärung Kim Yong-ils sollten nur etwas mehr als drei Jahre vergehen, bis jede seiner Drohungen in die Tat umgesetzt wurde (auch wenn der Test einer ICBM im Juli 2006 letztlich nicht erfolgreich war).

Als Gastgeber der Sechsparteiengespräche hatte Beijing frühzeitig angekündigt, die Teilnehmer dazu bewegen zu wollen, eine Erklärung über gemeinsame Ziele zu unterzeichnen.[73] Diese kam nicht zustande, und so wurden die Ergebnisse in einer Erklärung des chinesischen Vorsitzes zusammengefasst. Dabei war China, auch um das Gesicht zu wahren, sichtlich bemüht, der ersten Verhandlungsrunde etwas Positives abzugewinnen: Die Erklärung wies darauf hin, dass sich die sechs Parteien zur Denuklearisierung der koreanischen Halbinsel bekannt hätten; man wolle den Sicherheitsbedenken Nordkoreas Rechnung tragen; der Konflikt solle friedlich gelöst werden; die USA hätten keinerlei Absichten, in Nordkorea einzumarschieren oder in jenem Land einen Regierungswechsel zu betreiben.[74] Vor dem Hintergrund einer äußerst verfahrenen Lage konnte es als Fortschritt betrachtet

---

[70] Vgl. Armitage, Catherine 2003: „China must take lead out of N Korean pencil", in: The Australian, 26. August 2003 (online).
[71] Nordkorea sah in dieser Forderung der USA den plumpen Versuch, die Ausgangsbedingungen für eine militärische Intervention zu schaffen. Kim Yong-il formulierte dazu: „The DPRK cannot interpret this otherwise than a US intention to invade it after it is disarmed." Zit. n."Russia denies N Korea plans nuclear test", in: Morning Star, 30. August 2003 (online).
[72] Vgl. Pomfret, John 2003: „North Korean Threats Played Down by U.S. : As Talks End, Sides Agree to Reconvene", in: The Washington Post, 31. August 2003 (online).
[73] Vgl. Kahn, Joseph 2003: „China takes role of Korea mediator; As talks begin, Beijing pressures U.S. and Pyongyang to find common ground", in: The International Herald Tribune, 28. August 2003 (online).
[74] Vgl. „6-Way Meet Adopts 6-Point Accord, Expects to Convene Again", in: Jiji Press Ticker Service, 29. August 2003 (online).

werden, dass die erste Runde der Sechsparteiengespräche von den Teilnehmern nicht – wie die Dreiparteiengespräche – vorzeitig beendet wurde.

Nach dem Abschluss der Konsultationen zeigte sich insbesondere Nordkorea verärgert. Die Sechsparteiengespräche hätten bewiesen, dass die USA nicht an friedlichen Beziehungen interessiert seien. Das nordkoreanische Außenministerium erklärte: „The talks have made us believe that we have no other choice but to strengthen our nuclear deterrent force as a self-defensive means"[75]. Die Erklärung Nordkoreas, sich deshalb aus den Sechsparteiengesprächen zurückziehen zu wollen, wurde gleichwohl von Anfang an nicht von allen Teilnehmern der Verhandlungen ernst genommen. Der Vertreter Südkoreas, Vizeaußenminister Lee Soo-hyuck, wies darauf hin, dass Pjöngjang auf diese Weise versuche, seine Verhandlungsposition für die nächste Gesprächsrunde zu verbessern.[76] Für die Volksrepublik stellte das Verhalten Nordkoreas einen Affront dar, denn die chinesische Seite hatte kurz zuvor angekündigt, dass die sechs Parteien beabsichtigten, sich in zwei Monaten erneut zu treffen. Gleichwohl sah der chinesische Verhandlungsführer, Wang Yi, das größte Hindernis der Verhandlungen nicht im Verhalten des Regimes von Kim Jong-il: „America's policy toward the D.P.R.K. – that is the main problem we are facing."[77]

3.3.1.2 Runde 2

Die Fortsetzung der Gespräche hing nicht nur von einer Rücknahme der Ankündigung der nordkoreanischen Seite ab, den Konsultationen ganz fernzubleiben. Washington erschwerte die Verhandlungen, indem Anhänger des Lagers der „Falken" innerhalb der Bush-Administration erklärten, dass mit Pjöngjang nicht verhandelt werden könne. Vizepräsident Richard Cheney hatte im Dezember 2003 den grundsätzlichen Vorbehalt Nordkoreas, dass den USA nicht zu trauen sei, deutlich bestätigt: „We don't negotiate with evil; we defeat it."[78]

Der zweiten Runde der Sechsparteiengespräche, die vom 25. bis zum 28. Februar 2004 andauerte, waren erhebliche Vermittlungsbemühungen Chinas vorausgegangen, für die es von allen Teilnehmern Lob erhielt. Zwischen der ersten und der zweiten Runde beteiligte sich Beijing an mehr als 60 bi- und multilateralen Konsultationen, um die Sechsparteiengespräche fortzusetzen.[79] Mehr noch: Vor dem Beginn der zweiten Runde soll China Nordkorea Hilfsgüter im Wert von 50 Mio. USD geliefert haben – darunter Schweröl und die Zusage für den Bau einer Glasfabrik –, um einen weiteren Anreiz für dessen Teilnahme an den Sechsparteiengesprächen zu schaffen.[80]

In der zweiten Runde der Sechsparteiengespräche sind zwar ebenfalls keine konkreten Schritte zur Denuklearisierung Nordkoreas beschlossen worden. Es zeichneten sich aber dennoch kleinere Fortschritte ab, die auf ein verbessertes Klima unter den Teilnehmern

---

[75] Zit. n. Kahn, Joseph/Sanger, David E. 2003: „North Korea disdains more nuclear talks", in: The New York Times, 31. August 2003 (online).
[76] Vgl. Hyun-jin, Seo 2003: „,North unlikely to boycott talks'; Foreign minister expects Pyongyang to attend second round of dialogue", in: The Korea Herald, 2. September 2003 (online).
[77] Zit. n. Kahn, Joseph 2003: „Chinese Aide Says U.S. Is Obstacle in Korean Talks", in: The New York Times, 2. September 2003 (online).
[78] Zit. n. McDonald, Hamish 2003: „Cheney's tough talking derails negotiations with North Korea", in: Sydney Morning Herald, 22. Dezember 2003 (online).
[79] Vgl. Wiest, Nailene Chou 2004: „Six-nation talks thrust China onto world stage; Its shuttle diplomacy shows Beijing takes its global responsibilities seriously", in: South China Morning Post, 28. Februar 2004 (online).
[80] Vgl. Kessler, Glenn 2004: „Bush Signals Patience on North Korea Is Waning; Directive Sent to Team At Talks in Beijing", in: The Washington Post, 4. März 2004 (online).

hindeuteten. Zu den wichtigsten Ergebnissen zählte, dass Washington zumindest mittelbar bereit war, auf das Regime Kim Jong-ils zuzugehen.[81] Nord- und Südkorea waren zudem übereingekommen, dass Pjöngjang direkt nach dem Einfrieren des Nuklearprogramms wirtschaftliche Hilfeleistungen wie die Lieferung von Energieträgern erhalten sollte. Die Bush-Administration hielt zwar daran fest, Nordkorea selbst erst dann Gegenleistungen zu gewähren, wenn die CVID-Forderung erfüllt würde. Washington zeigte allerdings für den Vorstoß Seouls Verständnis. China und Russland erklärten sich ebenfalls bereit, im Falle eines Einfrierens des Nuklearprogramms Hilfsgüter zur Verfügung stellen zu wollen. Japan wiederum unterstützte die Position der USA u.a. dadurch, dass es die Entführungsfrage zumindest offiziell nicht zur Diskussion stellte.[82]

Jenseits dessen setzten Washington und Pjöngjang ihre Grundsatzdebatte fort. Die USA forderten Nordkorea auf zuzugeben, ein geheimes Urananreicherungsprogramm zu betreiben. Der amerikanische Unterhändler Kelly regte zudem an, die Agenda der Sechsparteiengespräche um die Themen Raketen, konventionelle Streitkräfte und die Menschenrechtssituation in Nordkorea zu erweitern.[83] Die Haltung Washingtons in dieser zweiten Runde war insgesamt ambivalent: Einerseits wurde Pjöngjang signalisiert, an weiteren Gesprächen interessiert zu sein. Andererseits wurde im Nachhinein bekannt, dass Präsident Bush noch während der laufenden Verhandlungen mitteilen ließ, dass seine Geduld hinsichtlich einer diplomatischen Lösung der Nuklearkrise zu Ende gehen könnte.[84]

Die DVRK wiederum bestritt die Existenz eines Programms für angereichertes Uran, gab aber gleichwohl zu, natürliches Uran zu verwenden und in der Vergangenheit Pakistan mit ballistischen Trägersystemen beliefert zu haben. Nordkorea betonte in dieser Runde zudem, über das Recht zu verfügen, ein Nuklearprogramm zu friedlichen Zwecken betreiben zu dürfen.[85] Insgesamt enthielt sich Pjöngjang erneuter Drohungen wie etwa der Ankündigung eines Nukleartests. Kim Gye-gwan, der neue Verhandlungsführer Nordkoreas, bekannte sich vielmehr auf einer Pressekonferenz zur Denuklearisierung seines Landes, machte für den nicht erzielten Durchbruch bei der zweiten Runde der Sechsparteiengespräche allerdings die „hostile policy"[86] der USA verantwortlich.

Eine Gemeinsame Erklärung kam wiederum nicht zustande, und so war der chinesische Verhandlungsführer gezwungen, die Ergebnisse der Gespräche abermals in einem

---

[81] Diese Meinung vertreten Steven R. Weisman und David E. Sanger: „The informal agreement between Washington and its Asian partners on how to approach North Korea represents a partial retreat by the Bush administration, which has long insisted that it would not reward the North for simply freezing its nuclear weapons program." Weisman, Steven R./Sanger, David E. 2006: „South Korea gives North incentive; For a nuclear freeze, a retreat by Bush", in: The International Herald Tribune, 26. Februar 2004 (online).
[82] Vgl. Kahn, Joseph 2004a: „U.S. -North Korean thaw; Talks end with rare show of conciliation", in: The International Herald Tribune, 1. März 2004 (online). Kahn, Joseph 2004b: „Little progress seen in talks on North Korea's nuclear program", in: The International Herald Tribune, 27. Februar 2004. Eyal, Jonathan 2003: „No breakthrough, but there's still hope; Although official positions of the US and North Korea remain unchanged, all parties in the talks now have a stake in making diplomatic progress", in: The Straits Times, 2. März 2003 (online).
[83] Vgl. Hyun-jin, Seo 2004: „Bush confident of N.K. nuclear settlement", in: The Korea Herald, 4. März 2004 (online).
[84] Vgl. Kessler 2004.
[85] Vgl. Ching, Frank 2004a: „Emergence of China as a new diplomatic player", in: New Straits Times, 4. März 2004 (online).
[86] Zit. n. Kahn, Joseph 2004c: „U.S. and North Korea Agree to More Talks", in: The New York Times, 29. Februar 2004 (online).

Chairman's Statement zusammenzufassen.[87] Die Teilnehmer wiesen allerdings darauf hin, dass die Erklärung ihre Sichtweise widerspiegele.[88] Zu den Ergebnissen gehörte der Beschluss zur Errichtung einer Arbeitsgruppe, die zwischen den einzelnen Runden tagen und Vorarbeiten für weitere Konsultationen erledigen sollte. Sie kann als erster Versuch betrachtet werden, die Sechsparteiengespräche nicht nur zu verstetigen, sondern zu institutionalisieren. Dahinter steckt die Idee, schwierige Detailfragen jenseits des öffentlichen Scheinwerferlichts zu erörtern. Schließlich wurde im Gegensatz zur ersten Runde mit dem Juni 2004 ein konkreter Termin für weitere Konsultationen festgehalten. Verglichen mit der Ankündigung Nordkoreas am Ende der ersten Verhandlungsrunde, an den Sechsparteiengesprächen nicht mehr teilnehmen zu wollen, war auch dies ein Fortschritt.

3.3.1.3 Runde 3

Dass die USA und Nordkorea auch in der dritten Runde der Sechsparteiengespräche, die vom 23. bis zum 26. Juni 2004 stattfand, nicht zu substanziellen Zugeständnissen bewegt werden konnten, war allseits erwartet worden. Wie schon in der zweiten Runde wurden Fortschritte daher eher in Details sichtbar: Die Konsultationen fanden im Juni statt, und sie wurden, wie geplant, von einer Arbeitsgruppe vorbereitet, deren Mitglieder sich dazu vom 12. bis zum 15. und noch einmal vom 21. bis zum 22. Juni 2004 getroffen hatten.[89] Am Ende der Gespräche sagten die USA und Nordkorea zu, die Vorschläge des jeweils anderen zur Lösung der Nuklearkrise studieren zu wollen. Die Bush-Administration trat dafür ein, dass die DVRK ihr Nuklearprogramm aufgibt, internationale Beobachter ins Land lässt und dafür im Gegenzug eine provisorische amerikanische Sicherheitsgarantie sowie Schweröllieferungen Russlands, Chinas, Südkoreas und Japans erhält. Pjöngjang wiederum bot an, sein Nuklearprogramm einzufrieren, lehnte jedoch die CVID-Forderung weiterhin ab. Im Gegenzug erwartete es Hilfszusagen; diesbezüglich war in der Presse von Energielieferungen in Höhe von zwei Mio. Kilowattstunden oder einem Äquivalent von 2,7 Mio. Tonnen Erdöl die Rede.[90]

Washington war damit Pjöngjang entgegengekommen und hatte seine ursprüngliche Position, erst dann mit der DVRK verhandeln zu wollen, wenn diese zuvor der CVID-Forderung nachgekommen sei, erstmals modifiziert. Für diese Entwicklung können grundsätzlich zwei Beweggründe identifiziert werden: Die Bush-Administration dürfte, erstens, angesichts der anstehenden Präsidentschaftswahlen im November 2004 kein Interesse daran

---

[87] In der Erklärung wurden insgesamt jene allgemeinen Aussagen Wang Yis zusammengefasst, die er hinsichtlich des kleinsten gemeinsamen Nenners der Teilnehmerstaaten bereits nach der ersten Runde geäußert hatte. Neben dem Bekenntnis zu einer „nuclear-weapon free Korean Peninsula", das sich damit auch gegen mögliche Stationierungen amerikanischer Nuklearwaffen in Südkorea richtete, wurde der Wille zum friedlichen Miteinander betont: „The parties expressed their willingness to coexist peacefully." Chairman's Statement for The Second Round of Six-Party Talks, Peking, 28. Februar 2004, veröffentlicht durch The Ministry of Foreign Affairs of Japan (http://www.mofa.go.jp/region/asia-paci/n_korea/state0402.html), [25.06.2008].
[88] Vgl. Kahn 2004c.
[89] Vgl. Chairman's Statement of the Third Round of the Six-Party Talks, Peking, 26. Juni 2004, veröffentlicht von The Embassy of the People's Republic of China in New Zealand (http://www.chinaembassy.org.nz/eng/xw/t140647.htm#), [25.06.2008].
[90] Vgl. Ching, Frank 2004b: „Break in the clouds over North Korea", in: South China Morning Post, 30. Juni 2004 (online). „US, N. Korea Raise Hope for Breakthrough", in: Korea Times, 25. Juni 2004 (online). Leow, Jason 2004a: „US rare bilateral meeting with N. Korea; Pyongyang refuses to respond to Washington's offer of aid in return for dismantling nuclear weapons", in: The Straits Times, 25. Juni 2004 (online).

gehabt haben, auf der koreanischen Halbinsel als Scharfmacher dazustehen, zumal bereits der Einsatz amerikanischer Streitkräfte im Irak innenpolitisch nicht mehr unumstritten war. Zweitens drohte den USA die Isolierung innerhalb der Sechsparteiengespräche, sollten sie weiter durch ein striktes Festhalten an der CVID-Forderung diplomatische Fortschritte blockieren.

Offensichtlich um die Bush-Administration unter Druck zu setzen, lancierte der nordkoreanische Verhandlungsführer Kim Gye-gwan noch während der Verhandlungsrunde, dass Nordkorea einen Nukleartest durchführen könnte. Im Gegensatz zur Runde 1 war diese Ankündigung jedoch nicht als direkte Drohung, sondern als Möglichkeit verpackt worden. Kim erklärte, dass die Führung in Pjöngjang in der Frage eines Nukleartests gespalten sei, und unterschied dazu zwischen den „Falken" im Verteidigungsministerium und den „Tauben" im Außenministerium. In einer Erklärung wies er auf seine missliche Lage hin: „It is not an easy job to dissuade them from nuclear weapons development. So we need justification and reasoning to convince them"[91]. Die USA sollten offensichtlich vor die Wahl gestellt werden, sich entweder mit den „Tauben" Pjöngjangs zu solidarisieren oder aber die Verantwortung für eine Krisenverschärfung durch die „Falken" zu übernehmen. Ob dies ein ernst gemeintes Angebot gewesen ist, darf bezweifelt werden, denn Kim wäre vermutlich seines Amtes enthoben worden, wenn er offiziell über Meinungsverschiedenheiten in der nordkoreanischen Führung spekuliert hätte.

In der Erklärung des Vorsitzenden wurde festgehalten, Ende September 2004 die Verhandlungen in Beijing fortsetzen zu wollen. Bis dahin sollten die Gespräche auf der Ebene der Arbeitsgruppen geführt werden. Zu den absehbaren Problemen für die nächste Runde gehörte die Ankündigung Nordkoreas, lediglich das auf waffenfähigem Plutonium basierte Nuklearprogramm einfrieren zu wollen. Das Programm für angereichertes Uran war von Pjöngjang nicht zur Sprache gebracht worden. Auch beharrte Nordkorea weiter auf der friedlichen Nutzung der Kernenergie.[92]

Nach den ersten drei Runden der Sechsparteiengespräche kann somit folgendes festgehalten werden: Den Teilnehmern ist es, erstens, nicht gelungen, sich auf eine verbindliche Gemeinsame Erklärung zu einigen, die einen konkreten Fahrplan zur Denuklearisierung Nordkoreas enthält. Vor allem Washington und Pjöngjang waren im Schwerpunkt damit beschäftigt, Positionen auszutauschen, nicht jedoch Verhandlungen zu führen. Trotz dieses Stillstandes kann, zweitens, konstatiert werden, dass sich die USA und Nordkorea zumindest schrittweise von Runde zu Runde einander annäherten und dabei auch Verhandlungsbereitschaft signalisierten. Beide Seiten gaben zu erkennen, nicht zwingend an Maximalforderungen festhalten zu wollen. Stattdessen einigten sich die Teilnehmer, drittens, im Chairman's Statement auf folgendes Verfahren: „The Parties stressed the need for a step-by-step process of ‚words for words' and ‚action for action' in search for a peaceful solution to the nuclear issue."[93] Dieser Ansatz gehört zu den Fortschritten von Runde 3.

---

[91] Zit. n. Leow, Jason 2004b: „N. Korea threatens nuclear test if demands are not met; Pyongyang wants Washington to compensate it for freezing its weapons programme, while the US has offered aid and conditional security", in: The Straits Times, 26. Juni 2004 (online).
[92] Vgl. Igarashi, Aya/Saeki, Satoshi 2004: „N. Korea nuke freeze eyed; Sep. talks to address inspection methods, scope of deal", in: The Daily Yomiuri, 27. Juni 2004 (online).
[93] Chairman's Statement 26.06.2004.

3.3.2 Vorläufiger Durchbruch

3.3.2.1 Runde 4

Bevor es zur Wiederaufnahme der Sechsparteiengespräche kam, verging mehr als ein Jahr. Nach einer leichten Verbesserung des diplomatischen Klimas in der zweiten und dritten Runde war ein Rückfall in alte Verhaltensmuster zu konstatieren. Condoleezza Rice zählte Nordkorea im Januar 2005 in einer Rede vor dem Senat zu den „outposts of tyranny"[94]; Pjöngjang erklärte sich im Gegenzug im Februar 2005 zur Nuklearmacht.[95] Voraussetzung für eine Wiederaufnahme der Konsultationen war daher zunächst eine Verbesserung des Umgangstons wie auch ein Verzicht auf weitere Provokationen. Dazu trug u.a. bei, dass US-Präsident Bush in einer Rede erstmals respektvoll von „Mr. Kim Jong-il" sprach.[96]

Nach einigen Verzögerungen wurde die vierte Runde der Sechsparteiengespräche aufgenommen, deren erste Sitzung vom 26. Juli bis zum 7. August 2005 dauerte. Mit 13 Tagen war dies die bis dahin längste Verhandlungsrunde. Es war auch das erste Mal, dass die Parteien nicht nur ihre Positionen austauschten, sondern versuchten, Verhandlungen zu führen. Auf amerikanischer Seite hatten sich dazu die Voraussetzungen insofern verbessert, als mit Christopher Hill, ehemaliger Botschafter der USA in Südkorea, ein neuer Chefunterhändler ernannt worden war, der mit einem größeren Verhandlungsspielraum ausgestattet war. Im Gegensatz zu seinem Vorgänger war es ihm gestattet, auch jenseits der multilateralen Gespräche den direkten Kontakt zu seinem nordkoreanischen Kollegen zu suchen. In den Runden 1 bis 3 war es eher „zufällig" zu einem bilateralen Meinungsaustausch gekommen. Nun nahmen Christopher Hill und Kim Gye-gwan mehrfach die Gelegenheit wahr, ihre Positionen direkt zu erörtern. Die USA waren Nordkorea damit entgegengekommen: Pjöngjang strebte seit Jahren danach, von Washington als gleichberechtigter Verhandlungspartner akzeptiert zu werden und dazu auch direkte Kontakte zu unterhalten.[97]

Zu einem besonderen Hindernis der weiteren Verhandlungen sollte jedoch die Forderung Nordkoreas werden, einen Leichtwasserreaktor zu erhalten. Dies bedeutete de facto, dass nun die Teilnehmer jene Aufgabe vollenden sollten, die einst die KEDO übernommen hatte.[98] Nicht nur Moskau unterstützte Pjöngjang insofern, als es ihm zubilligte, Nuklearenergie friedlich zu nutzen.[99] Zur Enttäuschung der USA vollzog Südkorea im Laufe der Diskussionen einen Schwenk in dieser Frage. Chung Dong-young, Vereinigungsminister und Vorsitzender des Nationalen Sicherheitsrates, wies auf den Dissens Seouls mit Washington offen hin: „Our position is that North Korea has a general right to nuclear energy

---

[94] Zit. n. Kessler, Glenn 2005a: „Rice Stays Close to Bush Policies In Hearing", in: The Washington Post, 19. Januar 2005 (online).
[95] Vgl. Brooke, James/Sanger, David E. 2005: „North Koreans Say They Hold Nuclear Arms", in: The New York Times, 11. Februar 2005 (online).
[96] Vgl. McDonald, Hamish 2005: „US backs away from another regime change. Softer approach to nuclear talks with North Korea", in: Sydney Morning Herald, 27. Juli 2005 (online).
[97] Vgl. Buckley, Chris 2005: „N. Korea and U.S. talk before meeting", in: The International Herald Tribune, 26. Juli 2005 (online).
[98] Vgl. Cody, Edward 2005: „N. Korean Demand Torpedoed Arms Talks; Diplomats Balked At Guaranteeing Right to Reactor", in: The Washington Post, 8. August 2005 (online).
[99] Vgl. Yoshitake, Yu 2005a: „6-Way Talks Split on Final Wording", in: The Asahi Shimbun, 2. August 2005 (online).

for peaceful purposes such as for agriculture, hospitals, and electricity-generating."[100] Zuvor hatte Außenminister Ban Ki-moon erklärt, dass Nordkorea Nuklearenergie friedlich nutzen könne, wenn es dem NVV wieder beitrete und Inspektionen der IAEA zulasse. Damit knüpfte er offensichtlich an eine Aussage seines nordkoreanischen Kollegen, Paek Nam-sun, an: „North Korea will rejoin the nuclear Non-Proliferation Treaty if the nuclear issue is soundly resolved, and is willing to accept inspections of the International Atomic Energy Agency."[101] Christopher Hill betonte hingegen erneut, dass die DVRK sämtliche Nuklearprogramme aufgeben müsse: „This is a country that had trouble keeping a peaceful program peaceful."[102] In der Vergangenheit habe Nordkorea einen nuklearen Forschungsreaktor innerhalb von zwei Monaten umgewandelt „into a weapons-producing machine".[103] Hinzu komme, dass keiner der Teilnehmer der Sechsparteiengespräche bereit sei, die Kosten für einen Leichtwasserreaktor zu übernehmen.

Dass Pjöngjang unter „Denuklearisierung" etwas anderes versteht als Washington, zeigte sich auch in dieser Gesprächsrunde. Nordkorea forderte die USA nicht nur auf, sämtliche Nuklearwaffen aus Südkorea abzuziehen. Es bestand zusätzlich auch darauf, dass die amerikanische Regierung ihre nukleare Schutzzusage für den Verbündeten zurücknahm. Damit ging Nordkorea deutlich über seine übliche Forderung einer amerikanischen Sicherheitsgarantie hinaus. Die USA konnten lediglich darauf verweisen, ihre in Südkorea stationierten Nuklearwaffen bereits im Jahr 1991 abgezogen zu haben.[104] Eine Aufkündigung der nuklearen Schutzgarantie schied für Washington indes aus. Darüber hinaus forderte Pjöngjang, den Waffenstillstandsvertrag von 1953 durch einen Friedensvertrag abzulösen.[105]

Die Gespräche zeigten, dass es zwischen den Teilnehmern keinen einfachen „Frontverlauf" gab. Während die USA bestrebt waren, eine 5:1-Situation zu konstruieren, in der alle übrigen Teilnehmer versuchen, das widerwillige Nordkorea zur Aufgabe seines Nuklearprogramms zu bewegen, wurde vor allem deutlich, dass es keine 3:3-Situation gibt: Weder standen China und Russland bedingungslos auf der Seite Nordkoreas noch konnten die USA von bedingungsloser Solidarität Japans, das sich auf die Entführungsfrage konzentrierte, und Südkoreas, das in der Frage des Leichtwasserreaktors von der amerikanischen Position abwich, ausgehen. Die Verbündeten Washingtons waren sich auch untereinander nicht durchgehend einig: Südkorea wies z.B. den japanischen Versuch, die Entführungsfrage im Rahmen der Sechsparteiengespräche auf die Agenda zu setzen, im Sinne Nordkoreas zurück.[106] Ähnlich äußerten sich die Vertreter Chinas und Russlands.[107]

Die erste Sitzung der vierten Gesprächsrunde wurde daher am 7. August 2005 unterbrochen, um den Verhandlungsführern die Gelegenheit zu geben, weitere Details mit ihren Regierungen abzusprechen. US-Unterhändler Hill zeigte sich zu diesem Zeitpunkt optimistisch: Die Teilnehmer würden ernsthafte Verhandlungen führen; die Verabschiedung einer

---

[100] Zit. n. Salmon, Andrew 2005: „Seoul backs North's nuke ,right'", in: The Washington Times, 12. August 2005 (online).
[101] Zit. n. „6 Nations Check 2nd Draft of Principles", in: Korea Times, 2. August 2005 (online).
[102] Zit. n. Knowlton, Brian 2005: „U.S. envoy minimizes obstacles to nuclear agreement with North Korea", in: The International Herald Tribune, 11. August 2005 (online).
[103] Zit. n. ebd.
[104] Vgl. Sands, David R. 2005: „Pyongyang demands end to U.S. nuke shield", in: The Washington Times, 29. Juli 2005 (online).
[105] Vgl. „NK Wants Peace Pact With US, S. Korea", in: Korea Times, 10. August 2005 (online).
[106] Vgl. Hirano, Shinichi 2005: „N. Korea wants fair playing field; But Pyongyang maintains hard-line stance at 6-way talks", in: The Daily Yomiuri, 28. Juli 2005 (online).
[107] Vgl. Yoshitake, Yu 2005b: „Japan Isolated At 6-Way Talks", in: The Asahi Shimbun, 27. Juli 2005 (online).

Gemeinsamen Erklärung sei bereits im September 2005 möglich.[108] Hill erwies sich dabei als geschickter Verhandler: Indem er die diskutierte Fassung einer Gemeinsamen Erklärung als chinesischen Entwurf bezeichnete, bestätigte er nicht nur die zentrale Rolle Beijings in den Verhandlungen. Zugleich versuchte er auf diese Weise, Nordkorea unter Druck zu setzen, da dieses im Falle der Ablehnung nicht gegen einen amerikanischen Entwurf votieren würde.[109] Dagegen zeigte sich der neue chinesische Verhandlungsführer, Wu Dawei, zurückhaltend: Es sei unklar, ob sich die Teilnehmer nach der Verhandlungspause auf eine Gemeinsame Erklärung einigen könnten – „and I also want to stress the ability to issue a joint paper is not the barometer of success of these talks"[110].

Vom 13. bis zum 19. September 2005 fand die zweite Sitzung der vierten Runde der Sechsparteiengespräche statt. An den grundsätzlichen Meinungsverschiedenheiten der Teilnehmer hatte sich zwar nichts geändert. Dennoch einigten sich die sechs Staaten am 19. September 2005 auf die erste Gemeinsame Erklärung.[111] In sechs Punkten wurden folgende Übereinkommen getroffen:

(1) Ziel der Sechsparteiengespräche sei die „verifiable denuclearization" der koreanischen Halbinsel auf friedliche Weise. Die DVRK sagt zu, sämtliche Nuklearwaffen und Nuklearprogramme aufzugeben und „at an early date" dem NVV wieder beizutreten und die IAEA-Safeguards zu beachten. Im Gegenzug bestätigen die USA, weiterhin über keine Atombomben in Südkorea zu verfügen. Auch habe Washington „no intention to attack or invade the DPRK with nuclear or conventional weapons." Desgleichen bestätigt Südkorea, über keinerlei Nuklearwaffen zu verfügen und im Sinne der im Jahr 1992 zwischen Seoul und Pjöngjang vereinbarten „Joint Declaration of the Denuclearization of the Korean Peninsula" auch nicht nach dem Besitz von Nuklearwaffen zu streben. Die Teilnehmer nehmen des Weiteren die Erklärung der DVRK, über das Recht zu verfügen, Nuklearenergie friedlich zu nutzen, zur Kenntnis. Über diese Frage, in concreto die Bereitstellung eines Leichtwasserreaktors für Nordkorea, solle „at an appropriate time" gesprochen werden.

(2) Die sechs Parteien bekennen sich zu den Zielen und Prinzipien der Charta der Vereinten Nationen. Nordkorea und die USA sagen einander zu, die Souveränität des jeweils anderen zu respektieren, friedlich miteinander umgehen zu wollen und „[to] take steps to normalize their relations". Auch Nordkorea und Japan erklären, ihre Beziehungen normalisieren zu wollen – „on the basis of the settlement of unfortunate past and the outstanding issues of concern."

(3) Die Teilnehmer wollen ihre wirtschaftliche Zusammenarbeit in den Bereichen Energie, Handel und Investitionen ausbauen. China, Japan, Südkorea, Russland und die USA sagen Nordkorea zu, dieses mit Energieträgern beliefern zu wollen. Seoul verweist dazu auf sei-

---

[108] Vgl. Low, Eugene 2005: „US hopeful of deal with North Korea", in: The Straits Times, 12. August 2005 (online).
[109] Vgl. Yardley, Jim/Buckley, Chris/Sanger, David E. 2005: „U.S. and North Korea Blame Each Other for Stalemate in Talks", in: The New York Times, 8. August 2005 (online).
[110] Zit. n. Yardley, Jim/Buckley, Chris 2005: „Talks end in deadlock and round of blame; North Korea and U.S. castigate each other as failing to budge", in: The International Herald Tribune, 8. August 2005 (online).
[111] Vgl. Joint Statement of the Fourth Round of the Six-Party Talks, Peking, 19. September 2005, herausgegeben vom Department of State (http://www.state.gov/r/pa/prs/ps/2005/53490.htm), [13.05.2008]. Die folgenden Zitate beziehen sich auf dieses Dokument.

nen Vorschlag vom 12. Juli 2005, dem Nachbarn zwei Mio. Kilowattstunden Energie zur Verfügung zu stellen.

(4) Die sechs Parteien verpflichten sich zu gemeinsamen Anstrengungen „for lasting peace and stability in Northeast Asia." Dazu wollen sie „explore ways and means for promoting security cooperation in Northeast Asia." In einem geeigneten Rahmen – außerhalb der Sechsparteiengespräche – werden die direkt betroffenen Staaten „a permanent peace regime on the Korean Peninsula" aushandeln.

(5) Die Vereinbarung soll in mehreren Phasen nach dem Prinzip „,commitment for commitment, action for action'" umgesetzt werden.

(6) Runde 5 der Sechsparteiengespräche wird im November 2005 in Beijing beginnen.

Die Gemeinsame Erklärung hat eine entscheidende Schwachstelle, denn sie spiegelt keinen ausgehandelten Kompromiss der Teilnehmerstaaten wider, sondern basiert auf einem chinesischen Entwurf, den der Vorsitz nur zur Annahme oder Ablehnung vorlegte.[112] Um dennoch die jeweilige Zustimmung zu erhalten, griff Beijing zu einer Wortwahl, die einerseits möglichst viele Forderungen abdeckte. Andererseits mussten die Formulierungen aber auch vage genug gehalten werden, um Interpretationsspielräume zu eröffnen. Unklar waren u.a. folgende Fragen: Nordkorea sagte zwar zu, sämtliche Nuklearprogramme aufgeben zu wollen. Dabei wurde das Programm für angereichertes Uran jedoch nicht wörtlich erwähnt. Die USA erklärten, zwar keine „Absicht" zu haben, die DVRK anzugreifen. Eine Sicherheitsgarantie war dies gleichwohl nicht – Absichten können sich ändern. Nordkorea wurde zwar der Bau eines Leichtwasserreaktors zugesagt. Dies sollte aber zu einem „geeigneten Zeitpunkt" geschehen – womit die USA und alle übrigen Staaten keine direkte Verpflichtung für ein konkretes Projekt zu einem konkreten Datum eingegangen sind. Washington und Pjöngjang wollen zwar ihre diplomatischen Beziehungen normalisieren, legen dafür aber ebenfalls keinen Zeitplan fest. Selbiges streben Nordkorea und Japan an, wobei der wichtigste bilaterale Streitpunkt, die Entführungsfrage, nicht wörtlich Erwähnung findet, sondern in Punkt 2 nur angedeutet wird.[113]

Bereits kurz nach dem Ende dieser Verhandlungsrunde wurde jedoch offensichtlich, dass die von China initiierte Erklärung, deren Annahme mit einem Ultimatum versehen war, keine Ratifikationsmehrheit in der Bush-Administration hinter sich vereinigen konnte und auch in Nordkorea auf Ablehnung stieß. Noch am Verhandlungsort verlas US-Unterhändler Hill eine im Vizepräsidentenamt erstellte Erklärung. In dieser wurde die nuklear-

---

[112] Auf diese strikte Vorgehensweise Beijings haben amerikanische Diplomaten hingewiesen. Sie äußerten zudem, dass Präsident Bush zum damaligen Zeitpunkt mit dem Irakkrieg und den innenpolitischen Folgen des Hurrikans „Katrina" beschäftigt gewesen sei. Hinzu komme die Auseinandersetzung mit dem Iran um dessen Nuklearprogramm. Durch Akzeptanz der Gemeinsamen Erklärung habe sich Bush demnach gegenüber dem dritten Staat der „Achse des Bösen", Nordkorea, Luft verschafft. Vgl. Kahn, Joseph/Sanger, David E. 2005: „U.S.-Korean Deal on Arms Leaves Key Points Open", in: The New York Times, 20. September 2005 (online).
[113] Der nordkoreanische Verhandlungsführer, Kim Gye-gwan, hatte während der Verhandlungen jeden Kontakt zu seinem japanischen Kollegen, Kenichiro Sasae, vermieden. Erst zwischen der ersten und zweiten Sitzung der fünften Runde der Sechsparteiengespräche war es zu einem zwanzigminütigen Gespräch beider Seiten in Beijing gekommen, das allerdings ergebnislos blieb. Vgl. „North Korea's choice", in: The Japan Times, 10. August 2005 (online). Lee, Joo-hee/Kim, Man-yong 2005: „How long will N. Korea ignore Japan?", in: The Korea Herald, 28. Juli 2005 (online).

technische Zusammenarbeit mit Nordkorea von weiteren Bedingungen (u.a. konventionelle Abrüstung, Menschenrechtsfragen) abhängig gemacht. Besonders deutlich wurden die Vorbehalte der Verhandlungsgegner in der Bedingung, dass die Diskussion über den Transfer von Leichtwasserreaktoren erst dann beginnen könne, wenn alle Nuklearwaffen und Nuklearwaffenprogramme vollständig und nachprüfbar aufgegeben worden seien.[114] Bereits einen Tag nach der Verabschiedung der Gemeinsamen Erklärung gab Nordkorea bekannt, dass die „U.S. should not even dream of the DPRK's dismantlement of its nuclear deterrent before providing light water reactors."[115] Pjöngjang werde dem NVV erst dann wieder beitreten und erst dann wieder mit der IAEA zusammenarbeiten, wenn der Leichtwasserreaktor fertiggestellt sei.[116] Die amerikanischen Verhandlungsführer waren von diesem Schritt nicht überrascht, sondern hatten ihn vorhergesehen. Hinzu kommt, dass es letztlich auch die USA waren, die dieser Entwicklung Vorschub leisteten. So hatte Rice verlauten lassen, dass die Gemeinsame Erklärung akzeptabel sei, solange jeder Teilnehmer eine eigene Interpretation des Textes vornehmen könne.[117]

Offen war schließlich, ob Nordkorea einen völlig neuen Leichtwasserreaktor erhalten sollte oder ob zur Umsetzung dieser Verpflichtung der bereits von der KEDO begonnene Bau zweier Leichtwasserreaktoren fortgesetzt werden konnte. In der südkoreanischen Presse wurde darauf hingewiesen, dass diese bereits zu 30% fertiggestellt seien; die Arbeiten könnten bis zum Jahr 2011 vollendet werden; Seoul habe in dieses Projekt bislang 1,13 Mrd. USD investiert. Von offizieller Seite hieß es hingegen, dass sich der entsprechende Abschnitt der Gemeinsamen Erklärung nicht auf das KEDO-Projekt beziehe.[118] Nach Angaben von Christopher Hill würde der Bau eines neuen Leichtwasserreaktors 2-3 Mrd. USD kosten und ca. zehn Jahre Bauzeit in Anspruch nehmen.[119]

3.3.3 Schwierige Implementierung

3.3.3.1 Runde 5

Die erste Sitzung der fünften Runde der Sechsparteiengespräche fand vom 9. bis zum 11. November 2005 statt und brachte keinerlei Ergebnisse.[120] Die Beziehungen zwischen den USA und Nordkorea hatten sich zuvor erneut verschlechtert. Das US-Finanzministerium hatte noch während der vierten Runde, am 15. September 2005, Sanktionen gegen die Banco Delta Asia (BDA) in Macau verhängt. Ihr wurde vorgeworfen, von Nordkorea gefälschte

---

[114] Vgl. Hill, Christopher R. 2005: North Korea – U.S. Statement, Beijing, 19. September 2005 (http://www.nti.org/ e_research/official_docs/dos/dos091905Hill.pdf), [12.08.2008]. Sigal, Leon V. 2005: The Cabal is Alive and Well. Nautilus Institute, Policy Forum Online, 05-95A, 29. November 2005 (http://www.nautilus.org/ fora/security/0595Sigal.html), [12.08.2008].
[115] Zit. n. Lynch, Colum 2005: „N. Korea Urges U.S. to Give Reactor for Nuclear Program", in: The Washington Post, 23. September 2005 (online).
[116] Vgl. „North Korea ready to talk; But progress on abductions, nuclear issues uncertain", in: The Daily Yomiuri, 22. September 2005 (online).
[117] Vgl. Kessler, Glenn 2005b: „Nations See to Hold North Korea to Text of Agreement", in: The Washington Post, 21. September 2005 (online).
[118] Vgl. The Daily Yomiuri 22.09.2005.
[119] Vgl. Kahn, Joseph 2005a: „North Korea Sets New Demand for Ending Arms Program: Money to Buy a Civilian Reactor", in: The New York Times, 15. September 2005 (online).
[120] Vgl. dazu das Chairman's Statement vom 11. November 2005, veröffentlicht von der Embassy of the People's Republic of China in Ireland (http://ie.china-embassy.org/eng/NewsPress/t221094.htm), [3.07.2008].

Dollarnoten in Umlauf zu bringen. Wenige Tage später fror die BDA sämtliche nordkoreanischen Konten ein.[121] Die Administration legte mit weiteren Sanktionen nach: Im Oktober 2005 wurden die amerikanischen Konten von acht nordkoreanischen Firmen eingefroren. Dies wurde mit dem Vorwurf gerechtfertigt, dass sich die Unternehmen daran beteiligt haben, Massenvernichtungswaffen im Ausland zu verbreiten. Darüber hinaus thematisierte die amerikanische Regierung auch wieder stärker Menschenrechtsverletzungen Nordkoreas und warf dem Regime vor, Opium anzubauen.[122] Dieser Streit wirkte sich nun auch langsam auf die Sechsparteiengespräche aus.[123] Pjöngjang war zudem darüber verärgert, dass US-Präsident Bush auf einer Reise in Brasilien Kim Jong-il als „Tyrannen" bezeichnet hatte – und dies kurz vor Beginn der fünften Verhandlungsrunde.[124] Dass der chinesische Präsident Hu Jintao Ende Oktober 2005 einen Staatsbesuch in der nordkoreanischen Hauptstadt absolvierte, dürfte daher dazu beigetragen haben, dass die Verhandlungen wie geplant im November beginnen konnten.[125]

Die Gespräche blieben dennoch erfolglos, weil die Parteien keinen Konsens in der Umsetzung von Punkt 5 der Gemeinsamen Erklärung vom 19. September 2005 erzielen konnten. Strittig blieb, wer welche Zusage in welchem Tempo zuerst umsetzt. Washington wies vor allem einen Vorschlag Pjöngjangs zurück, das Nuklearprogramm gegen Hilfeleistungen einfrieren zu wollen. Der Fokus solle, so die Bush-Administration, auf die komplette nukleare Entwaffnung gerichtet bleiben – und nicht auf Zwischenschritte. Ein amerikanischer Vertreter sagte dazu: „They are going to have to surrender the program anyway, so I'm not going to pay them for the same thing twice."[126] Um Nordkorea entgegenzukommen, deutete der Botschafter der USA in Südkorea, Alexander Vershbow, an, dass Washington bereit sei, ein Büro in Pjöngjang zu eröffnen, sollte die DVRK konkrete Schritte zur Demontage des Nuklearprogramms unternehmen.[127]

Die Teilnehmer konnten sich des Weiteren nicht auf die Einrichtung von Arbeitsgruppen einigen. Die USA und Japan hatten diesbezüglich vorgeschlagen, die verschiedenen Themen der Sechsparteiengespräche getrennt voneinander zu besprechen, um Fortschritte nicht grundsätzlich von der Lösung einzelner Fragen abhängig zu machen.[128] Dagegen bevorzugte Südkorea zunächst die Aushandelung eines Rahmenabkommens zur Umsetzung der Gemeinsamen Erklärung, bevor es zur Einrichtung von Arbeitsgruppen kommen sollte. Problematisch war zudem, dass sich die sechs Parteien auf kein Datum für die Fortsetzung der fünften Runde einigen konnten.

Bis zur Wiederaufnahme der Sechsparteiengespräche sollte nun mehr als ein Jahr vergehen. Der Streit um die gegen die BDA in Macau verhängten Sanktionen wurde zu einem

---

[121] Vgl. Kwak, Tae-Hwan/Joo, Seung-Ho 2007: „The U.S. Financial Sanctions against North Korea", in: Pacific Focus 1, S. 73-109.
[122] Vgl. Hilpert, Hanns Günther/Möller, Kay 2005: „Falschgeld, Drogen Menschenrechte: Sechs Parteien in der Sackgasse? Nach der Ausweitung der amerikanischen Nordkorea-Agenda", SWP-Aktuell 59.
[123] Vgl. Kahn, Joseph 2005b: „U.S. rejects a freeze on N. Korean nuclear fuel; Side issue interferes, as 6-Party talks fail to reach conclusion", in: The International Herald Tribune, 12. November 2005 (online).
[124] Vgl. Pan, Philip P. 2005: „New Round Opens in North Korea Nuclear Talks", in: The Washington Post, 9. November 2005 (online).
[125] Vgl. Oon, Clarissa 2005: „Pyongyang will attend nuclear talks, Kim tells Hu; Korean leader also appears to restate commitment to giving up N-programme", in: The Straits Times, 29. Oktober 2005 (online).
[126] Zit. n. Kahn 2005b.
[127] Vgl. „US Willing to Open Office in Pyongyang", in: Korea Times, 10. November 2005 (online).
[128] Vgl. Lee, Joo-hee, 2005: „Forum kicks off amid new round of six-party talks", in: The Korea Herald, 12. November 2005 (online).

zentralen Hindernis der Fortsetzung der Verhandlungen zur Denuklearisierung Nordkoreas. Es spricht einiges für die Interpretation, dass das Lager der Kooperationsgegner innerhalb der Bush-Administration diese Situation nicht nur in Kauf genommen, sondern sie geradezu provoziert hat. Sämtliche Vorwürfe – von der Falschgeldherstellung bis zum Drogenanbau – waren in der Sache nicht neu, hätten also auch schon in Runde 4 zum Anlass für Sanktionen genommen werden können. Dass dieses Thema kurz vor der Verabschiedung der Gemeinsamen Erklärung zum Anlass für eine Verschärfung der amerikanischen Nordkorea-Politik genommen wurde, weist darauf hin, dass Teile der Bush-Administration das Interesse verfolgten, die Sechsparteiengespräche scheitern zu lassen.[129] Die Lage am 38. Breitengrad sollte sich im Jahr 2006 weiter verschärfen. Am 5. Juli hatte Nordkorea verschiedene ballistische Trägersysteme erprobt. Am 9. Oktober folgte der erste Test eines nuklearen Sprengsatzes.

Letztlich dürften es aber gerade diese Ereignisse gewesen sein, die den Druck auf die Teilnehmer der Sechsparteiengespräche derart erhöht haben, dass sie allen Gegensätzen zum Trotz die Konsultationen wieder aufnahmen. Zu vermuten ist, dass sie die USA veranlasst haben, sich in der BDA-Frage etwas flexibler zu zeigen: Nordkorea hatte seinen Boykott der Sechsparteiengespräche mit den amerikanischen Finanzsanktionen begründet; eine Rückkehr an den Verhandlungstisch sei erst möglich, wenn die Bush-Administration ihre Politik in dieser Frage revidiere. Die amerikanischen Finanzsanktionen waren offensichtlich zu einem Problem für die DVRK geworden. Sie hatten nicht nur dazu geführt, 24 Mio. USD Nordkoreas in Macau einzufrieren, sondern auch dazu beigetragen, davon unabhängige finanzielle Transaktionen der DVRK, die über Macau abgewickelt wurden, zu blockieren. Die Politik der USA sorgte zudem dafür, dass weitere Banken ihre Geschäfte mit dem Regime Kim Jong-ils einstellten, um nicht zum Opfer amerikanischer Sanktionen zu werden.[130] Christopher Hill forderte dagegen, dass die Verhandlungen über die Denuklearisierung Nordkoreas und den BDA-Fall voneinander zu trennen seien.[131] Erst als Washington andeutete, über die Finanzsanktionen zumindest am Rande der Sechsparteiengespräche mit Pjöngjang sprechen zu wollen, gab dieses zu erkennen, zur Fortsetzung der Verhandlungen nach Beijing anzureisen.[132]

So wurde die zweite Sitzung von Runde 5 vom 18. bis zum 22. Dezember 2006 durchgeführt. Den Teilnehmern gelang es dabei nicht, ihre bereits zuvor geäußerten Meinungsverschiedenheiten beizulegen. Vor allem im BDA-Fall, den die USA und Nordkorea am Rande des Treffens diskutierten, blieben Fortschritte aus. Pjöngjang zog sich auf seine alte Position zurück: Solange die Finanzsanktionen in Kraft seien, sei es zu keinerlei Entgegenkommen in den Sechsparteiengesprächen bereit. Erneut kündigte es nun an, seine nuklearen Abschreckungsfähigkeiten ausbauen zu wollen.[133] Bei einigen der Teilnehmer führten die mangelnden Fortschritte bei der Implementierung der Gemeinsamen Erklärung dazu, dass

---

[129] Charles L. Pritchard interpretiert die Vorgänge wie folgt: „North Korea policy has been fully captured by those in the administration who seek regime change." Pritchard 2007, S. 131.
[130] Vgl. Lague, David/Greenless, Donald 2007: „U.S. finds a way to hurt North Koreans; Disruption of funds at Macao bank hits the regime hardest", in: The International Herald Tribune, 19. Januar 2007 (online).
[131] Diese Position galt auch während der zweiten Sitzung von Runde 5. Vgl. Lague, David 2006: „U.S. urges North Korea to focus on arms talks", in: The International Herald Tribune, 22. Dezember 2006 (online).
[132] Vgl. Cody, Edward 2006a: „Six-Nation Talks Resume On N. Korea Disarmament; Return to '05 Nuclear Pact Called Unlikely", in: The Washington Post, 19. Dezember 2006 (online).
[133] Vgl. Kahn, Joseph 2006: „Koreans vow to ‚improve deterrent'; North's threat comes after nuclear talks end without progress", in: The International Herald Tribune, 23. Dezember 2006 (online).

sie andeuteten, die Sechsparteiengespräche grundsätzlich in Frage stellen zu wollen. Mit Blick auf die letzte lange Pause zwischen den einzelnen Sitzungen von Runde 5 betonte Christopher Hill: „We can't go another 13 months."[134] Ohne Fortschritte sei die politische Unterstützung für die Sechsparteiengespräche nicht aufrechtzuerhalten. Im Chairman's Statement ist dieser Disput dagegen nicht einmal angedeutet worden.[135]

Nun war es die Bush-Administration, die durch einen erheblichen Kurswechsel den Weg für konstruktive Verhandlungen frei machte. Kurz nach der zweiten Sitzung der fünften Runde bot Washington Pjöngjang bilaterale Gespräche an.[136] Diese fanden vom 16. bis zum 18. Januar 2007 in Berlin zwischen Christopher Hill und Kim Gye-gwan statt. Sie legten die Grundlage für die im nächsten Monat unterzeichnete Abmachung im Rahmen der Sechsparteiengespräche.[137] Die Berlin-Gespräche sind aus zwei Gründen bemerkenswert. Zum einen ist Washington Pjöngjang weit entgegengekommen, nachdem es zuvor direkte Gespräche mit dem Regime Kim Jong-ils stets abgelehnt hatte. Zumindest dieser Teil der amerikanischen Nordkorea-Politik war damit gescheitert: Die USA hatten sich ja gerade deshalb an den Sechsparteiengesprächen beteiligt, um die DVRK nicht durch bilaterale Verhandlungen – die in Beijing immer nur am Rande multilateraler Gespräche abgehalten wurden – aufzuwerten.[138] Zum anderen verlor Beijing an dieser Stelle seine zentrale Vermittlerrolle. Soweit die Sechsparteiengespräche fortan Erfolge zu verbuchen hatten, war dies vor allem auf direkte amerikanisch-nordkoreanische Konsultationen zurückzuführen.[139]

Auf dieser Basis einigten sich die sechs Parteien am 13. Februar 2007 auf „Initial Actions for the Implementation of the Joint Statement" (auch: „Denuclearization Action Plan").[140] Zur Umsetzung der Ziele der Gemeinsamen Erklärung vom 19. September 2005 wurden folgende Handlungen festgelegt, die – und dies ist entscheidend – parallel erfolgen sollten: Nordkorea wird den Reaktor sowie die Wiederaufbereitungsanlage in Yongbyon abschalten und zur Überwachung dieser Maßnahmen Inspektoren der IAEA ins Land lassen. Die Anlagen sollen versiegelt werden – „for the purpose of eventual abandonment". Pjöngjang will mit den anderen Parteien eine Liste diskutieren, die sämtliche Nuklearprogramme sowie den Umfang des extrahierten Plutoniums enthält; beides soll gemäß der Gemeinsamen Erklärung aufgegeben werden. Die USA und Nordkorea beginnen Verhandlungen zur Aufnahme diplomatischer Beziehungen. Washington wird in diesem Zusammenhang Pjöngjang von der Liste den Terrorismus fördernder Staaten nehmen und den

---

[134] Zit. n. Cody, Edward 2006b: „Nuclear Talks With N. Korea End in Failure; Six-Party Process thrown Into Doubt", in: The Washington Post, 23. Dezember 2006 (online).

[135] Vgl. dazu das Chairman's Statement vom 22. Dezember 2006, herausgegeben von People's Daily Online (http://english.peopledaily.com.cn/200612/22/print20061222_335127.html), [12.08.2008].

[136] Vgl. Yardley, Jim 2007: „Berlin Talks set the ball rolling; Bilateral meeting led North Korea back to negotiating table", in: The International Herald Tribune, 15. Februar 2007 (online).

[137] Vgl. „N. Korea Reports Progress In Talks With U.S. Envoy", in: The Washington Post, 20. Januar 2007 (online). Landler, Mark/Shanker, Thom 2007: „U.S. holds ‚substantive' talks with Koreans", in: The International Herald Tribune, 18. Januar 2007 (online).

[138] Aus diesem Grund wies der Sprecher des Weißen Hauses, Tony Snow, auch darauf hin, dass es sich bei dem Meinungsaustausch in Berlin um Vorbereitungen für die Sechsparteiengespräche und nicht um bilaterale Diskussionen handelte. Vgl. Choe, Sang-Hun 2007a: „North Korea announces ‚certain agreement' with U.S.; American official plays down claim", in: The International Herald Tribune, 20. Januar 2007 (online).

[139] Vgl. Oon, Clarissa 2007: „China's role as go-between no longer crucial; Analysts say Beijing losing influence as North Korea negotiates directly with US before latest round", in: The Straits Times, 10. Februar 2007 (online).

[140] Vgl. Initial Actions for the Implementation of the Joint Statement, Beijing, 13. Februar 2007, herausgegeben als „North Korea – Denuclearization Action Plan" vom Department of State (http://www.state.gov/r/pa/prs/ps/2007/february/80479.htm), [13.05.2008].

"Trading with the Enemy Act" nicht mehr auf die DVRK anwenden. Auch Japan und Nordkorea werden ihre Beziehungen normalisieren. Die Parteien verpflichten sich des Weiteren, in den Bereichen Wirtschaft, Energie und humanitäre Hilfe mit Nordkorea zusammenzuarbeiten. Als Soforthilfe sollen der DVRK 50.000 Tonnen Schweröl zur Verfügung gestellt werden; die Lieferungen sollen innerhalb der nächsten 60 Tage beginnen. Insgesamt wurde Nordkorea die Lieferung von einer Mio. Tonnen Schweröl zugesagt. Die Teilnehmerstaaten einigen sich darauf, dass alle übrigen Beschlüsse "will be implemented within next 60 days".

Zur Koordination der Durchführungsbeschlüsse wurden fünf Arbeitsgruppen eingesetzt, die sich mit folgenden Themen befassen: (1) Denuklearisierung der koreanischen Halbinsel; (2) Normalisierung der Beziehungen zwischen Nordkorea und den USA; (3) Normalisierung der Beziehungen zwischen Nordkorea und Japan; (4) Wirtschafts- und Energiekooperation; (5) nordostasiatischer Friedens- und Sicherheitsmechanismus. Um zu verhindern, dass mangelnde Fortschritte in einem Themenfeld die Implementierung anderer Beschlüsse blockieren, wurde Folgendes festgelegt: "In principle, progress in one WG [Working Group, S.H./M.W.] shall not affect progress in other WGs." Mit der Einsetzung der Arbeitsgruppen, die innerhalb von 30 Tagen ihre Arbeit aufnehmen sollten, wurden die Sechsparteiengespräche weiter institutionalisiert. Von Vorteil dürfte dabei sicherlich sein, dass sie den Delegationsleitern der sechs Parteien zwar Bericht erstatten, letztlich aber unabhängig von den Sechsparteiengesprächen tagen. Die Arbeitsgruppen sollten ihre Berichte bis zum Beginn der sechsten Runde, die für den 19. März 2007 angesetzt wurde, vorlegen. Nach dem Treffen sagte Hill zu, dass die USA hinsichtlich der gegen Nordkorea verhängten Finanzsanktionen innerhalb von 30 Tagen eine Lösung finden würden.[141]

Die Vereinbarung war zwar einerseits der bislang größte Fortschritt in den Sechsparteiengesprächen. Andererseits blieben aber auch zahlreiche Fragen offen und alte Konflikte ungelöst. Als einziger der Teilnehmerstaaten weigerte sich z.B. Japan, Beiträge zu den Hilfeleistungen zu erbringen, solange Nordkorea kein Entgegenkommen in der Entführungsfrage zeigte.[142] Der Bush-Administration wurde wiederum vom konservativen Flügel Washingtoner Beobachter vorgeworfen, die ursprünglichen Ziele ihrer Nordkorea-Politik über Bord geworfen zu haben.[143] Letztlich waren es nicht die "Falken", sondern Außenministerin Rice, die Präsident Bush von der dann umgesetzten Linie überzeugte.[144]

3.3.3.2 Runde 6

Die erste Sitzung der sechsten Runde der Sechsparteiengespräche begann am 19. März und wurde am 22. März 2007 ergebnislos abgebrochen. Nordkorea hatte sich geweigert, Verhandlungen über die Umsetzung des geplanten Abbaus seiner Nuklearanlagen zu führen, solange es nicht jene 25 Mio. USD erhielt,[145] die von der BDA in Macau auf amerikani-

---

[141] Vgl. Seguchi, Toshikazu/Kuromi, Shuhei 2007: "Agreement reached at 6-way talks; North Korea to receive fuel oil in return for shutting nuclear facilities", in: The Daily Yomiuri, 14. Februar 2007 (online).

[142] Vgl. Onishi, Norimitsu 2007: "Deal with Pyongyang lowers regional walls", in: The International Herald Tribune, 15. Februar 2007 (online).

[143] Vgl. Klinger, Bruce 2007: North Korea Nuclear Weapons Agreement Falls Short. WebMemo der Heritage Foundation, Nr. 1358. Washington D.C.

[144] Vgl. Yardley, Jim/Sanger, David E. 2007: "Bush hails North Korea pact; President sees ‚opportunity', but hardliners fault aid deal", in: The International Herald Tribune, 14. Februar 2007 (online).

[145] In der Presse war zuvor von USD 24 Mio. die Rede.

schen Druck eingefroren worden waren. Weitere Themen wie etwa die Entführungsfrage wurden deshalb ebenfalls nicht diskutiert. Schlimmer noch für Tokyo: Zu Beginn der Verhandlungen hatte Kim Gye-gwan in Frage gestellt, ob Japan weiter das Recht habe, an den Gesprächen teilzunehmen.[146] Hintergrund dieser Äußerung dürfte die Weigerung Tokyos gewesen sein, sich an den von den anderen Parteien im Februar 2007 vereinbarten Hilfelieferungen zu beteiligen.

Die Gespräche scheiterten letztlich an technischen Fragen: Washington und Pjöngjang hatten sich vor Runde 6 auf eine Lösung der BDA-Frage verständigt. Nordkorea sollte die Gelder überwiesen bekommen; im Gegenzug versprach es, diese für humanitäre Zwecke sowie für das eigene Bildungswesen zur Verfügung zu stellen.[147] Es wurde dann deutlich, dass die BDA offensichtlich technische Schwierigkeiten hatte, die 25 Mio. USD zu transferieren.[148] So kam es zwischen den Parteien nicht zu Verhandlungen. Vielmehr warteten sie – auf Bitten Chinas –[149] darauf, dass die Überweisung der Gelder erfolgte. Als sich abzeichnete, dass Nordkorea die 25 Mio. USD vorerst nicht erhalten wird, verließen die Unterhändler Beijing. Die USA hatten ihre Zusage vom Februar 2007, das Problem innerhalb von 30 Tagen lösen zu wollen, nicht erfüllt.

Bevor die erste Sitzung von Runde 6 vom 18. bis zum 20. Juli 2007 fortgesetzt wurde, unternahmen sowohl die USA als auch Nordkorea konkrete Schritte, um ihre Zusagen vom Februar 2007 umzusetzen. Washington sorgte bis Ende Juni dafür, dass Pjöngjang das in der BDA in Macau eingefrorene Geld erhielt. Die 25 Mio. USD waren über eine russische Bank in die DVRK transferiert worden.[150] Die Sechsparteiengespräche konnten zudem ihr erstes konkretes Ergebnis verzeichnen: Am 14. Juli erklärte Nordkorea, die Anlagen in Yongbyon abgeschaltet zu haben. Dies wurde von der IAEA, die Inspektoren in den Norden hatte reisen lassen, am 16. Juli bestätigt.[151] Der Ansatz des „action for action" schien nun zu greifen, denn unmittelbar vor der Abschaltung der Anlagen in Yongbyon hatte Nordkorea von Südkorea die ersten 6.200 von insgesamt in der ersten Implementierungsphase zugesagten 50.000 Tonnen Schweröl erhalten.[152] Auffällig war zudem, dass sich Christopher Hill – der als hochrangigster Vertreter der USA nach fast fünf Jahren im Juni überraschend nach Pjöngjang gereist war[153]– und Kim Gye-gwan kurz vor den Konsultationen erneut zu bilateralen Unterredungen getroffen hatten, um ihre Positionen abzuklären.[154]

Die sechs Parteien konnten sich vorerst nicht auf konkrete Schritte zur Offenlegung und vollständigen Demontage des nordkoreanischen Nuklearprogramms einigen. Pjöngjang

---

[146] Vgl. Fan, Maureen 2007: „Japan and N. Korea Clash as 6-Party Nuclear Talks Resume", in: The Washington Post, 20. März 2007 (online).
[147] Vgl. Kahn, Joseph 2007: „U.S. and North Korea Are Said To End Frozen-Funds Impasse", in: The New York Times, 19. März 2007 (online).
[148] Vgl. Lague, David 2007: „Korea talks break off over funds in Macao; U.S. says Chinese are still working on transferring money", in: The International Herald Tribune, 23. März 2007 (online).
[149] Vgl. „Bank Freeze Holds Up Talks On North Korea And Its Reactor", in: The New York Times, 22. März 2007 (online).
[150] Vgl. Cody, Edward 2007a: „N. Korea Says Funds Issue Is Resolved", in: The Washington Post, 26. Juni 2007 (online).
[151] Vgl. Choe, Sang-Hun 2007b: „U.N. Inspectors Confirm Shutdown of North Korean Reactor", in: The New York Times, 17. Juli 2007 (online).
[152] Vgl. Cody, Edward 2007b: „N. Korea Shutters Nuclear Facility; Move Follows Delivery of Oil; U.N. Team to Verify Shutdown", in: The Washington Post, 15. Juli 2007 (online).
[153] Vgl. Kamen, Al 2007: „The Incidental Tourist Visits North Korea", in: The Washington Post, 27. Juni 2007 (online).
[154] Vgl. „U.S., N. Korea holds bilateral discussions", in: The Korea Herald, 18. Juli 2007 (online).

gab zudem nicht zu erkennen, IAEA-Inspektionen auch außerhalb Yongbyons und Taechons zuzulassen; eine Überprüfung des amerikanischen Vorwurfs, das Land unterhalte ein geheimes Programm zur Herstellung angereicherten Urans, war deshalb vorerst nicht möglich. Auch waren aus der nordkoreanischen Hauptstadt erneut ambivalente Signale zu vernehmen: Einerseits wurde angekündigt, bis Ende 2007 das Nuklearprogramm vollständig offenzulegen und untauglich zu machen.[155] Andererseits drohte das nordkoreanische Außenministerium mit einem Abbruch der Konsultationen, sollte Japan weiter versuchen, Hilfszusagen mit Fortschritten in der Entführungsfrage zu verbinden.[156]

In einem Gemeinsamen Kommuniqué, das am 20. Juli 2007 verabschiedet wurde, einigten sich die sechs Parteien dennoch darauf, dass die Arbeitsgruppen vor Ende August die Diskussion der offenen Fragen aufnehmen.[157] Dazu wurden Vorsitzende ernannt: China führt die Arbeitsgruppe über Denuklearisierung, Südkorea jene über Wirtschafts- und Energiekooperation und Russland jene zur Etablierung eines nordostasiatischen Friedens- und Sicherheitsmechanismus.[158] Die nächste Runde der Gespräche sollte im September stattfinden, um einen Fahrplan für die weitere Implementierung der getroffenen Vereinbarungen zu erstellen. Interessant war, dass dieser Teil von Runde 6 erstmals durch ein „Kommuniqué" abgeschlossen wurde. Eine „Erklärung des Vorsitzenden" galt offensichtlich als zu unverbindlich, während eine „Gemeinsame Erklärung" für diplomatische Durchbrüche reserviert blieb.[159]

Die zweite Sitzung von Runde 6 fand vom 27. bis zum 30. September 2007 statt. Nachdem die Verhandlungsführer mit ihren Regierungen Rücksprache gehalten hatten, gaben die sechs Parteien dann am 3. Oktober 2007 bekannt, sich auf eine Vereinbarung über „Second-Phase Actions for the Implementation of the September 2005 Joint Statement" geeinigt zu haben.[160] Folgende Regelungen wurden festgehalten, die u.a. auf die Berichte der Arbeitsgruppen Bezug nehmen: Die DVRK sagt zu, ihr komplettes Nuklearprogramm offenzulegen.[161] Sämtliche Nuklearanlagen sollen gemäß den Vereinbarungen vom 19. September 2005 und vom 13. Februar 2007 unbrauchbar gemacht werden; für die Anlagen in Yongbyon wird dazu eine Frist bis zum 31. Dezember 2007 gesetzt. Nordkorea erklärt des Weiteren, weder nukleare Materialien noch entsprechende Technologie oder Know-how zu exportieren. Die USA wiederum bestätigen ihre Absicht, die Einstufung Nordkoreas als ein den Terrorismus fördernder Staat zurückzunehmen und die Anwendung des Trading with the Enemy Act auf die DVRK zu beenden. Washington und Tokyo beabsichtigen, ihre Beziehungen zu Pjöngjang zu normalisieren. Die übrigen Parteien bestätigen ihre Zusage, Nordko-

---

[155] Vgl. Choe, Sang-Hun 2007c: „Pyongyang proposes to end weapons program; Offer to fully disable contingent on aid", in: The International Herald Tribune, 19. Juli 2007 (online).
[156] Vgl. Cody, Edward 2007c: „N. Korea Talks Fizzle With No Disarmament Timetable", in: The Washington Post, 21. Juli 2007 (online).
[157] Vgl. Press Communiqué of the Head of Delegation Meeting of the Sixth Round of the Six Party Talks, Peking, 20. Juli 2007, in: Xinhua General News Service, 20. Juli 2007 (online).
[158] Vgl. „Nuke negotiations sliced into five working groups", in: The Korea Herald, 19. Juli 2007 (online).
[159] Vgl. „Nuke talks end without tangible progress", in: The Korea Herald, 21. Juli 2007 (online).
[160] Vgl. Second-Phase Actions for the Implementation of the September 2005 Joint Statement, Washington D.C. 3., Oktober 2007, veröffentlicht vom Department of State (http://www.state.gov/r/pa/prs/ps/2007/oct/ 93217.htm), [3.07.2008].
[161] Die USA interpretierten dies, vermutlich im Gegensatz zu Nordkorea, als „including clarification regarding the uranium issue". Department of State, Six Parties October 3, 2007 Agreement on „Second-Phase Actions for the Implementation of the Joint Statement", Washington D.C., 3. Oktober 2007 (http://www.state.gov/r/pa/prs/ps/ 2007/oct/93223.htm), [13.05.2008].

rea Hilfen in den Bereichen Wirtschaft, Energie und Humanitäres zukommen zu lassen, insbesondere die zugesagten Schwerölllieferungen (inklusive der zum damaligen Zeitpunkt bereits gelieferten 100.000 von insgesamt 1.000.000 Tonnen Schweröl).

Noch während der Gespräche stimmte Präsident Bush der seit fünf Jahren ersten amerikanischen Lieferung von Schweröl nach Nordkorea – insgesamt 50.000 Tonnen – zu. Beide Seiten nahmen dieses Mal widrige Umstände nicht zum Anlass, die Sechsparteiengespräche zu blockieren.[162] Von amerikanischer Seite hätte dazu der israelische Luftangriff gegen den nuklearen Forschungsreaktor im syrischen Al Kibar im September 2007 herangezogen werden können; Tel Aviv ging offenbar davon aus, dass Damaskus mit Hilfe Pjöngjangs versuchte, ein Nuklearprogramm aufzubauen. Nordkorea wiederum hätte die einen Tag vor Beginn der zweiten Sitzung von Runde 6 gegen die Korea Mining and Development Corporation verhängten amerikanischen Sanktionen – nach dem Vorbild des BDA-Falls – als Vorwand nehmen können, um die Sechsparteiengespräche abzubrechen.[163] Zumindest zu diesem Zeitpunkt hatten sich beide Seiten darauf verständigen können, die Nukleargespräche von anderen Streitfragen zu trennen. Die Vereinbarung vom 3. Oktober 2007 schaffte zudem günstige Ausgangsbedingungen für das innerkoreanische Gipfeltreffen: Der südkoreanische Präsident Roh Moo-hyun hielt sich vom 2. bis zum 4. Oktober zu Gesprächen mit Kim Jong-il in Pjöngjang auf.[164]

In einem ersten Schritt zur Denuklearisierung hat die DVRK seit November 2007 an drei kritischen kerntechnischen Anlagen zur Herstellung einer auf Plutonium basierten Atomwaffe etwa 80% der vereinbarten Stilllegungsmaßnahmen durchgeführt (Stand: Februar 2009). Davon betroffen sind die Brennstofffabrik, der 5-MW-Reaktor und die Wiederaufbereitungsanlage in Yongbyon. Mit diesen Maßnahmen kann eine spätere Wiederinbetriebnahme zwar nicht vollständig verhindert, aber zumindest wesentlich verzögert werden.[165] Im zweiten Schritt übergaben die nordkoreanischen Behörden Ende November 2007 zunächst den USA, nicht aber der IAEA, eine erste Erklärung „aller Nuklearanlagen, Materialien und Programme".[166] Es kam daraufhin zu längeren bilateralen Verhandlungen zwi-

---

[162] Das Thema der Denuklearisierung wurde folglich von anderen Themen getrennt. Dass die Sechsparteiengespräche nur unter diesen Umständen erfolgreich sein würden, war von Beobachtern bereits frühzeitig festgestellt worden. Vgl. Jaewoo Choo 2005, S. 45.

[163] Der Korea Mining and Development Corporation wurden damit für zwei Jahre Verträge mit der amerikanischen Regierung verwehrt und Exporte von Produkten in die USA nicht gestattet. Entsprechende Sanktionen waren gegen diese Firma bereits in den Jahren zuvor verhängt worden. Vgl. Yoon, Won-sup 2007: „US Sanctions on NK Company Will Not Affect 6-Way Talks", in: Korea Times, 27. September 2007 (online).

[164] Vgl. Yoon, Won-sup 2007: „6-Party Nuke Talks Give Green Light for Summit", in: Korea Times, 1. Oktober 2007 (online).

[165] Vgl. Hecker, Siegfried S. 2008: „Denuclearizing North Korea", in: Bulletin of the Atomic Scientists 2, S. 44-49, 61f, hier S. 44. Die Entladung der restlichen Brennstäbe aus dem Reaktor wird aus sicherheitstechnischen Gründen noch mehrere Monate brauchen, und erst dann kann das Steuerungsinstrument zur Entnahme der Stäbe deinstalliert werden. Vgl. Albright, David/Shire, Jacqueline 2008: „Slowly, but Surely, Pyongyang is Moving", in: The Washington Post, 24. Januar 2008 (online).

[166] Diese erste Erklärung sparte drei wichtige Informationen aus: 1) die genaue Anzahl der von Nordkorea produzierten Sprengköpfe, 2) Angaben über das umstrittene Urananreicherungsprogramm sowie 3) Informationen über den Export von nukleartechnischen Anlagen, Materialien oder Know-how. Vgl. Niksch, Larry A. 2008: North Korea's Nuclear Weapons. Development and Diplomacy. CRS Report for Congress (RL33590). Washington D.C. Stand vom 21. Januar 2008, S. 3. Albright, David/Brannan, Paul/Shire, Jacqueline 2008: North Korea's Plutonium Declaration: A Starting Point for an Initial Verification Process, The Institute for Science and International Security, 10. Januar 2008 (http://www.isis-online.org/publications/dprk/NorthKoreaDeclaration10Jan2008.pdf), [12.08.2008]. In Nachverhandlungen konnte US-Unterhändler Hill dann offensichtlich erwirken, dass Nordkorea in einem „geheimen Zusatzdokument" die amerikanischen Bedenken hinsichtlich des Uranprogramms und des

schen den USA und Nordkorea unter Einbeziehung der anderen Partnerstaaten, weil diese erste Erklärung u.a. die Frage der Urananreicherung und der Proliferationsaktivitäten unerwähnt ließ.[167]

Mit der Übergabe der endgültigen nukleartechnischen Erklärung am 26. Juni 2008 begann ein neuer Abschnitt in der Implementierung der Gemeinsamen Erklärung vom 19. September 2005. Diese zielt nicht mehr nur auf die Stilllegung (*disablement*), sondern primär auf die Demontage und Rückführung der nordkoreanischen Kernwaffenanlagen und Potenziale (*dismantlement*). Diese Phase wurde durch die öffentlichkeitswirksame Sprengung des Kühlturms für den 5-MW-Reaktor in Yongbyon am 27. Juni 2008 eingeläutet.[168] Einen Tag zuvor hatte US-Präsident Bush angekündigt, den legislativen Prozess zur Streichung Nordkoreas von der Liste der den Terrorismus unterstützenden Staaten einzuleiten und die DVRK auch aus den Sanktionsbestimmungen des Trading With the Enemy Act herausnehmen zu wollen.

Vom 10. bis zum 12. Juli 2008 trafen sich die Verhandlungsführer zur dritten Sitzung der 6. Runde der Sechsparteiengespräche in Beijing. Es wurde beschlossen, einen Verifikationsmechanismus zu schaffen. Offen blieb jedoch nicht nur der Zeitplan; auch die genauen Details des Überprüfungsverfahrens wurden nicht weiter ausgeführt.[169] In einem Presse-Kommuniqué der sechs Parteien heißt es dazu lediglich: „The verification measures of the verification mechanism include visits to facilities, review of documents, interviews with technical personnel and other measures unanimously agreed upon among the six parties."[170] Bei Bedarf könnten zudem Vertreter der IAEA hinzugeladen werden. Auch wurde vereinbart, einen Überwachungsmechanismus zu schaffen, um dafür Sorge zu tragen, dass sämtliche Parteien ihren eingegangenen Verpflichtungen nachkommen. Schließlich wurde festgehalten, die zugesagten Energielieferungen an Nordkorea bis Ende Oktober 2008 umzusetzen. Pjöngjang hatte diesbezüglich moniert, zum Zeitpunkt der Gespräche lediglich 40% des versprochenen Schweröls erhalten zu haben.[171] Hintergrund dieser Verzögerung war u.a. die anhaltende Weigerung Japans, sich an den Energielieferungen zu beteiligen, solange es keine Fortschritte in der Entführtenfrage gibt.[172]

Noch im selben Monat konnten die Sechsparteiengespräche ein Novum verzeichnen. Erstmals kam es zu einem – wenn auch informellen – Gedankenaustausch der Außenminister. Sie trafen sich am Rande des ASEAN Regional Forums in Singapur am 23. Juli 2008. Damit wurden die Sechsparteiengespräche – ebenfalls erstmals – außerhalb Beijings durchgeführt. US-Außenministerin Condoleezza Rice nutzte die Gelegenheit zu einem ausführli-

---

illegalen Transfers von Nuklearmaterial an Syrien adressiert. U.S., NK ‚Agree' on Nuke Declaration, in: Chosun Ilbo, 9. April 2008 (online).

[167] Ein wichtiges Hindernis für die Verhandlungen bildete offensichtlich auch ein Veto der japanischen Regierung, die die Annahme der Nuklearerklärung innerhalb der Sechsparteiengespräche von einer vorherigen Lösung der Entführungsfrage abhängig machen wollte.

[168] Nordkorea hat den USA 2,5 Mio. USD für die Sprengung des Kühlturms in Rechnung gestellt. Vgl. Brown, Art, North Korea's Stacked Deck, in: The New York Times, 15. Juli 2008 (online).

[169] Vgl. Yardley, Jim/Hooker, Jake, Nuclear Negotiators Reach Accord on Verifying North Korean Disarmament, in: The New York Times, 13. Juli 2008 (online).

[170] Press Communiqué of the Heads of Delegation Meeting of The Sixth Round of the Six-Party Talks, Beijing, 12. Juli 2008, veröffentlicht vom Ministry of Foreign Affairs of the People's Republic of China, (http://www.fmprc.gov.cn/eng/zxxx/t456096.htm), [11.2.2009].

[171] Vgl. Kwang-Tae Kim, China says ‚positive progress' made on North Korea nuclear talks, in: Associated Press Worldstream, 12. Juli 2008 (online).

[172] Vgl. Japan Economic Newswire, Japan fails to make progress in abduction issue in 6-way talks, 12. Juli 2008 (online).

chen Gespräch mit ihrem nordkoreanischen Kollegen Pak Ui-chun, was das hochrangigste Gespräch zwischen Vertretern beider Seiten seit 2004 war. Im Zentrum der Diskussionen stand erneut das Verifikationsprotokoll; Washington hatte dazu einen vierseitigen Entwurf erstellt. Die USA sahen Nordkorea unter Zugzwang, das seinerseits auf nicht eingelöste Verpflichtungen der übrigen Parteien verwies. Ri Tong-il, Sprecher der nordkoreanischen Delegation, erklärte: „Verification is not a matter only for us. It's about verifying and monitoring whether all six parties are thoroughly carrying out their obligations"[173]. Die Minister vereinbarten, zu einem geeigneten Zeitpunkt die Sechsparteiengespräche erneut in diesem Format abzuhalten, dann allerdings in Beijing.[174]

Die Fortsetzung der multilateralen Gespräche im zweiten Halbjahr 2008 bewegte sich in alten Politikmustern: Auf bilateraler Ebene sorgten Spekulationen über den Gesundheitszustand Kim Jong-ils und anzunehmende Auseinandersetzungen innerhalb der Administrationen für eine Verzögerung der Niederschrift des Verifikationsprotokolls. Die Bush-Administration lehnte es auch nach Ablauf einer Frist von 45 Tagen am 11. August 2008 ab, Nordkorea von der Liste der den Terrorismus fördernden Staaten zu nehmen. Begründet wurde dies mit der Weigerung des Kim-Regimes, ein Verifikationsprotokoll zu unterzeichnen. Pjöngjang stoppte darauf die Stilllegungsmaßnahmen in Yongbyon. Am 18. September 2008 kündigte Pjöngjang darüber hinaus an, Wiederaufbereitungsmaßnahmen in den verbliebenen Nuklearanlagen einleiten zu wollen.[175]

Erst nachdem die verhandlungswilligen Teile der Bush-Administration sich durchsetzen konnten, kam es auf Einladung Nordkoreas vom 1. bis zum 3. Oktober 2008 zu weiteren bilateralen Gesprächen in Pjöngjang. Die Unterhändler einigten sich nun auf konkrete Überprüfungsmaßnahmen: (1) die Anerkennung einer gewichtigen Rolle der IAEA; (2) den Zugang zu „all declared facilities and, based on mutual consent, to undeclared sites"; (3) die Anwendung wissenschaftlicher Verfahren zur Verifikation, „including sampling and forensic activities"; (4) den Bezug sämtlicher Maßnahmen des Verifikationsprotokolls sowohl auf das Plutoniumprogramm als auch auf jedwedes Programm zur Anreicherung von Uran sowie auf Proliferationsaktivitäten.[176] Schließlich erfüllte die Bush-Administration einen lange gehegten Wunsch der DVRK und nahm diese von der Liste der den Terrorismus unterstützenden Staaten. Darauf kündigte Nordkorea am 13. Oktober an, der IAEA wieder Inspektionen zu gestatten und mit der Stilllegung der Anlagen in Yongbyon fortzufahren.[177]

Die multilateralen Sechsparteiengespräche vom 8. bis zum 11. Dezember 2008 zeitigten keine Erfolg bei der Verabschiedung eines Verifikationsprotokolls: Nordkorea weigerte sich, schriftlich jene Inhalte zu fixieren und zu unterschreiben, auf die es sich Anfang Ok-

---

[173] Zit. n. Matthew Lee, Rice pushes top North Korean diplomat on nukes, in: Associated Press, 24. Juli 2008 (online).
[174] Vgl. The International Herald Tribune, U.S. and North Korea take another step to improved ties; Pyongyang official meets wih Rice, 24. Juli 208 (online).
[175] Vgl. Victor Cha, U.S.-Korea Relations: Déjà vu All Over Again?, in: Comparative Connections, Nr. 3, Oktober 2008, S. 37-44.
[176] Vgl. Kessler, Glenn, Far-Reaching U.S. Plan Impaired N. Korea Deal. Demands Began to Undo Nuclear Accord, in: The Washington Post, 26. September 2008 (online). Kessler, Glenn, Administration Pushing to Salvage Accord With N. Korea, in: The Washington Post, 28. September 2008 (online). Department of State, Fact Sheet: U.S.-North Korea Understandings on Verification, Washington D.C., 11. Oktober 2008, http://2001-2009.state.gov/r/pa/prs/ps/2008/oct/110924.htm [3.2.2009].
[177] Vgl. Victor Cha, U.S.-Korea Relations: Obama's Korea Inheritance, in: Comparative Connections, Nr. 4, Januar 2009, S. 41-48.

tober mit den USA geeinigt hatte. Es lehnte insbesondere ab, dass in Yongbyon Boden- und Luftproben entnommen und außerhalb des Landes untersucht werden.[178] Washington kündigte an, die Energielieferungen einzustellen,[179] wohingegen Russland demonstrativ erklärte, seine Schiffslieferungen mit Schweröl fortsetzen zu wollen.[180] Erwartungsgemäß kam es bis zum Ende der Amtszeit Bushs zu keinen weitergehenden Gesprächen oder Vereinbarungen mit den USA.

Zu Beginn der Obama-Administration signalisierte Pjöngjang jedoch sogleich Gesprächsbereitschaft. So sprach sich Kim Jong-il am 23. Januar 2009 in einem Gespräch mit Wang Jiarui, Vorsitzender der Internationalen Abteilung der Kommunistischen Partei Chinas, für eine Denuklearisierung der koreanischen Halbinsel aus.[181] Gleichzeitig hielt der Norden aber an seiner Spaltungsstrategie gegenüber dem US-Verbündeten Südkorea fest, indem er Ende Januar mit einer Aufkündigung aller wichtigen bilateralen politischen und militärischen Vereinbarungen drohte und abermals die westliche Seegrenze in Frage stellte.[182]

3.4 Stand der Denuklearisierung Nordkoreas

Die Implementierung der Vereinbarungen der Sechsparteiengespräche vom 19. September 2005 sowie vom 12. Februar und 3. Oktober 2007 haben den Ausbau des nordkoreanischen Nuklearpotenzials während der Amtszeit der Bush-Administration einstweilen gestoppt, aber (noch) nicht zurückgeführt. Nach der Implementierungsübereinkunft vom 3. Oktober 2007 hat Nordkorea bisher zwei wichtige Schritte zur Denuklearisierung der koreanischen Halbinsel (ganz oder teilweise) unternommen. Mit der Etablierung eines Verifikationsmechanismus für die nordkoreanische Nuklearerklärung vom 26. Juni 2008 käme ein dritter bedeutender Schritt hinzu, der, wenn er denn tatsächlich multilateral schriftlich fixiert und umgesetzt würde, substanziell über die Ergebnisse des KEDO-Prozesses hinausweisen würde.

Nach bisherigen Erkenntnissen deklarierte Nordkorea, dass es ca. 37 kg abgebranntes Plutonium aus dem Reaktor in Yongbyon in drei Kampagnen (1990/2003/2005) wiederaufbereitet habe.[183] Schenkt man diesen Angaben Glauben, dann ergibt sich daraus rechnerisch waffenfähiges Material für 5-6 Sprengköpfe. Da die bisherigen Schätzungen der amerikanischen Geheimdienste sich jedoch auf 40-50 kg waffenfähiges Material beliefen,[184] ist eine

---

[178] Vgl. Steven Lee Myers, Steven Erlanger, Nuclear Negotiations With North Korea Collapse, Thwarting a Bush Goal, in: The New York Times, 12. Dezember 2008 (online).
[179] Vgl. Clifford Coonan, North Korea warns it may slow pace of disabling nuclear plant, in: The Irish Times, 15. Dezember 2008 (online).
[180] Vgl. Morning Star, World – Russia to continue fuel supplies to North Korea despite US suspension, 15. Dezember 2008 (online).
[181] Kim hatte sich an jenem Tag erstmals seit Juli 2008 wieder in der Öffentlichkeit gezeigt. Vgl. Jae-Soon Chang, Jean H. Lee, NKoreas's Kim Jong Il meets with Chinese official, in: Associated Press Online, 24. Januar 2009 (online).
[182] Vgl. Korean Central News Agency, DPRK to Scrap All Points Agreed with S. Korea over Political and Military Issues, 30. Januar 2009 (online).
[183] Diese Angaben wurden durch eine 18.822 Seiten umfassende Dokumentation der Betriebsgeschichte des 5-MW-Reaktors in Yongbyon gestützt, die die nordkoreanischen Unterhändler im Januar 2008 dem US-Unterhändler Sung Kim übergaben. Vgl. Cooper, Helen 2008: „In Disclosure, North Korea Contradicts U.S. Intelligence on Its Plutonium Program", in: The Washington Post, 30. Mai 2008 (online).
[184] Vgl. ebd.

abschließende Klärung des genauen Potenzials an Plutonium erst durch physische Verifikationsmaßnahmen am Standort Yongbyon möglich.[185] Um diese Angaben glaubhaft überprüfen zu können, beharren insbesondere die USA in den Sechsparteiengespräche darauf, in einem nächsten Schritt ein detailliertes Verifikationsprotokoll zu vereinbaren, in dem für die Plutoniumanlagen genau festgehalten wird, welche Anlagen und Standorte mit welchen technischen Instrumenten untersucht und welche weiteren Dokumente eingesehen werden können. Im Rahmen dieser „Plutonium-First-Policy" ist dann auch zu klären, welches technische Personal wie befragt werden kann und welche Verifikationsinstrumente wo eingesetzt werden dürfen.[186]

Gelingt es, ein schriftliches Verifikationsprotokoll zu vereinbaren und durchzusetzen, dann ist zwar der Kern des nordkoreanischen Atomwaffenpotenzials genau erfasst, aber damit verbleiben noch die ungeklärten Fragen der Urananreicherung und des Nukleartechnologieexportes. Diese sind nach wie vor virulent und könnten bei der legislativen Unterstützung und Finanzierung der Anreizstrategie durch den amerikanischen Kongress auch nach dem demokratischen Wahlerfolg 2008 eine entscheidende Rolle spielen.[187]

4 Die multilaterale Einhegung des nordkoreanischen Nuklearwaffenprogramms: eine liberal-institutionalistische Analyse

Die Etablierung, Fortführung und schrittweise Institutionalisierung der Sechsparteiengespräche konstituiert ein doppeltes Paradox. Zum einen geht die Einsetzung des neuen Gesprächsformats mit der Aussetzung des KEDO-Prozesses einher. Eine „Institution" ersetzt eine andere, ohne dass unmittelbar erkennbar wäre, welchen Mehrwert die Sechsparteiengespräche gegenüber dem KEDO-Prozess haben. Zum anderen ersetzen die Verhandlungen der sechs Parteien – eine „Institution" mit bislang sehr niedrigem Institutionalisierungsgrad – die erste multilaterale Sicherheitsinstitution in Nordostasien mit einem (relativ) hohen Institutionalisierungsgrad.[188] Wie kann diese paradoxe Institutionenentwicklung erklärt werden und welche Gründe sind für das unterschiedliche Institutionendesign verantwortlich zu machen?

Das doppelte institutionalistische Paradox ist nach der empirischen Analyse umso erklärungsbedürftiger. Der empirische Befund zeigt, dass die Sechsparteiengespräche im Vergleich zum Genfer Rahmenabkommen von 1994 die offizielle Kernaufgabe beider Insti-

---

[185] Die Klärung der Diskrepanz durch die USA dürfte darauf abzielen, die geheime Lagerung dieses „überschüssigen Materials" in Nordkorea oder dessen Weitergabe – z.B. an Syrien oder den Iran – auszuschließen. Vgl. Sokolski, Henry 2008: „North Korean Nuclear Theater. Not worth the price of admission", in: National Review Online, 30. Mai 2008 (online).

[186] Vgl. Ministry of Foreign Affairs of the People's Republic of China, Press Communiqué of the Heads of Delegation Meeting of The Sixth Round of the Six-Party Talks, Peking, 12. Juli 2008 (http://www.fmprc.gov.cn/eng/zxxx/t456096.htm), [12.08.2008].

[187] Vgl. Joyner, Daniel 2008: North Korean Links to Building of a Nuclear Reactor in Syria: Implications for International Law. The American Society of International Law (ASIL) Insight 8, 28. April 2008 (http://www.asil.org/insights/2008/04/insights080428.html), [12.08.2008]. NTI 2008: „U.S. Finds Uranium Traces on North Korean Documents", in: Global Security Newswire, 23. Juni 2008 (http://nti.org/d_newswire/issues/2008_6_23.html#B255AE11), [12.08.2008].

[188] Vgl. Keohane, Robert O./Martin, Lisa 2003: Institutional Theory as a Research Program, in: Elman, Colin/Fendus Elman, Miriam (Hrsg.): Progress in International Relations Theory. Appraising the Field. Cambridge (Massachusetts), S. 71-107.

tutionen, ein nordkoreanisches Nuklearwaffenprogramm zu verhindern bzw. zu beenden, deutlich eingeschränkter erfüllen.[189]

4.1 Theoretische Zugänge

Unter den Erklärungsansätzen zur Genese und dem Design internationaler Institutionen herrscht ein Dissens über die Frage der Erklärungsfaktoren: Rationalistische Ansätze betonen die relative Machtverteilung, kollektive Handlungsprobleme oder innenpolitische Interessenkonstellationen; sozial-konstruktivistische Ansätze nehmen die Wirkung von Normen, Werten, Rollen und Identitäten in den Blick.[190] Aus realistischer Perspektive schließen sich Staaten u.a. dann in Institutionen zusammen, wenn ein Hegemon seine Machtposition nutzt, um starke militärische oder wirtschaftliche Anreize für nachgeordnete Mächte bereitzustellen. Diese nutzen die Kooperationsgewinne in der Institution, um Handlungsspielräume gegenüber dem Hegemon zu wahren. Institutionen bleiben daher schwach, weil ihre Organe tendenziell die Autonomie und damit die Sicherheit ihrer Mitglieder beschränken und diese deshalb zögern, Souveränitätsrechte zu übertragen.[191]

Im liberalen Institutionalismus dienen Institutionen den Interessen ihrer Mitglieder. Sie helfen, Interdependenzkosten zu minimieren und (gerecht) zu verteilen, unabhängige Informationen über Akteurspräferenzen und Verhalten bereitzustellen und eingegangene Verpflichtungen zu überwachen sowie Fehlverhalten zu sanktionieren.[192] Das institutionelle Design ist hier abhängig von der Art des kollektiven Handlungsproblems und der Bereitschaft der Mitglieder, durch *pooling* oder *delegation* substanzielle Kooperationsgewinne zu schaffen bzw. auf Dauer sicherzustellen.[193] Konstruktivistische Ansätze führen die Genese von Institutionen auf konvergierende Normen und Werte ihrer Mitglieder zurück. Instituti-

---

[189] Vgl. Michishita, Narushige 2007: „What's New? Comparing the February 13 Action Plan with the Agreed Framework", in: International Journal of Korean Unification Studies 1, S. 47-79, hier S. 70-72. Blank, Stephen 2007: „Engaging North Korea: Issues and Challenges", in: International Journal of Korean Unification Studies 2, S. 1-29, hier S. 7-8. Geht man davon aus, dass die Bush-Administration im Juni 2008 akzeptiert hat, dass Nordkorea keine Angaben über das angebliche Urananreicherungsprogramm in der „vollständigen Erklärung seiner Nuklearaktivitäten" im Rahmen der Sechsparteiengespräche machen muss, dann hat die US-Regierung faktisch eingestanden, dass ihr Verdacht, der im März 2002 maßgeblich zur Aufkündigung der KEDO-Implementation führte, nicht hinreichend begründet oder sogar übertrieben war. Damit wäre das angebliche nordkoreanische Uranprogramm neben den vermeintlichen Massenvernichtungsprogrammen des Irak die zweite, schwerwiegende Fehleinschätzung geheimdienstlicher Berichte durch die Bush-Administration. Vgl. Lewis, Jeffrey 2008: „North Korean Reprocessing Campaigns", in: Arms Control Wonk.com, 3. Juni 2008 (http://www.armscontrolwonk.com/1907/ north-korean-reprocessing-campaigns), [12.08.2008].
[190] Vgl. Acharya, Amitav/Johnston, Alastair Iain 2007: Crafting Cooperation: Regional International Institutions in Comparative Perspective. New York.
[191] Vgl. Grieco, Joseph 1997: Systemic Sources of Variation in Regional Institutionalism in Western Europe, East Asia, and the Americas, in: Mansfield, Edward/Milner, Helen (Hrsg.): The Political Economy of Regionalism. New York, S. 164-187. Gruber, Lloyd 2000: Ruling the World: Power Politics and the Rise of Supranational Regionalism. Princeton.
[192] Vgl. Fußnote 2.
[193] Vgl. Moravcsik, Andrew 1998: The Choice for Europe. Social Purpose and State Power from Messina to Maastricht. Ithaca/New York. Koremos, Barbara u.a. 2001: „The Rational Design of International Institutions", in: International Organization 4, S. 761-799. Hawkins, Darren G./Lake, David A./Nielson, Daniel L. (Hrsg.) 2006: Delegation and Agency in International Organizations, Cambridge: CUP.

onen spiegeln deshalb die Normen ihrer Mitglieder wider, die sich durch interne und externe Sozialisation (Neuaufnahme von Mitgliedern) verstetigen.[194]

Der vorliegende Beitrag argumentiert aus einer vierten, liberal-institutionalistischen Perspektive heraus. Danach beruhen internationale Institutionen auf stabilen innerstaatlichen Akteurskoalitionen, die ihre wirtschaftlichen oder ideologischen Ziele in und durch Institutionen besser verfolgen können als ohne diese.[195] Es wird davon ausgegangen, dass sowohl der Abbruch des KEDO-Prozesses als auch der niedrige Institutionalisierungsgrad der Sechsparteiengespräche auf die innenpolitischen Akteurskonstellationen in den Staaten der beiden Hauptkontrahenten, den USA und Nordkorea, zurückgeführt werden kann.

Konkret wird die Deinstitutionalisierung des KEDO-Prozesses in der mangelnden Fähigkeit bzw. dem mangelnden innenpolitisch gestützten Willen zur Durchführung des Genfer Rahmenabkommens in den USA und in Nordkorea gesehen. In der Sprache der liberalen Institutionalisierungtheorie liegen die Gründe für das Scheitern daher in einer Gemengelage aus *voluntary* und *unvoluntary defection*.[196] Im Fall der USA sorgten die Kongresswahlen im Jahr 1994 dafür, dass die Clinton-Administration keine stabile Implementierungsmehrheit für das Genfer Rahmenabkommen im Kongress besaß und durch die stetige Ausweitung der Forderungen des Kapitols an Nordkorea bzw. die Zurückhaltung von Anreizen die binnenstaatliche Implementierung „besser" begründen musste. Im Gegenzug verlegte sich die nordkoreanische Führung darauf, durch den Tausch von Bedrohungsrücknahmen gegen ökonomische Zugeständnisse die wirtschaftliche Überlebensfähigkeit des Regimes sicherzustellen. So wurde das Kim-Regime durch das Genfer Rahmenabkommen in eine wachsende „Anspruchshaltung" hinein sozialisiert, die das Wohlverhalten Pjöngjangs von immer weiter gehenden Zugeständnissen abhängig machte.

Für den niedrigen Institutionalisierungsgrad der Sechsparteiengespräche – bislang gibt es neben den Erklärungen des Vorsitzes lediglich diverse politische Erklärungen der sechs Parteien sowie fünf unregelmäßig tagende Arbeitsgruppen – tragen die fragilen binnenstaatlichen Koalitionen in den USA, Nordkorea und Japan die Verantwortung. Sie machen eine tiefere Integration Nordkoreas in die internationale Staatengemeinschaft von sehr viel weiter gehenden Zugeständnissen, z.B. aus der Sicht Washingtons und Tokyos bei der Offenlegung der Urananreicherungs-, der Nuklearexport- sowie der Entführungsaktivitäten durch Pjöngjang, abhängig.

---

[194] Vgl. Risse-Kappen, Thomas 1995: Cooperation among Democracies: the European influence on U.S. foreign policy. Princeton. Barnett, Michael/Finnemore, Martha 1999: „Politics, Power, and Pathologies of International Organizations", in: International Organization 4, S. 699-732. Klotz, Audie/Lynch, Cecilia 2007: Strategies for research in Constructivist International Relations. New York.

[195] Vgl. Haggard, Stephen 1997: Regionalism in Asia and the Americas, in: Mansfield/Milner (Hrsg.), S. 20-49. Krauss, Ellis 2000: „Japan, the US, and Emergence of Multilateralism in Asia", in: The Pacific Review 3, S. 473-494. Solingen, Etel 2005: East Asian Regional Institutions: Characteristics, Sources, Distinctiveness, in: Pempel, T. J. (Hrsg.): Remapping Asia: Competing Patterns of regional Integration. Ithaca/New York.

[196] *Voluntary defection* bezeichnet dabei den Rückzug eines rational und egoistisch agierenden Akteurs aus einem Vertrag, den er für nicht durchsetzbar hält, zu einem Zeitpunkt, zu dem die bisherigen eigenen Vorteile jene des Vertragspartners übersteigen. Vgl. Putnam, Robert 1988: „Diplomacy and Domestic Politics: The logic of two-level games", in: International Organization 3, S. 427-460, S. 438. *Unvoluntary defection* hingegen bezeichnet den Rückzug eines Akteurs (Agent) aus einem Vertrag, weil er die innenpolitische Ratifizierung des Vertrages (durch den Prinzipal) nicht erreichen konnte. Vgl. ebd.

4.2 Die Deinstitutionalisierung der KEDO

Im Fall der KEDO finden sich bereits zu Beginn der Implementationsphase deutliche Hinweise auf schwache Ratifikationsmehrheiten und damit eine hohes Potenzial für *voluntary* und *unvoluntary defection* in den USA und Nordkorea. Für die nordkoreanische Seite kann festgestellt werden, dass sie im Rahmen der Verhandlungen über das Lieferabkommen mit der KEDO zunächst versuchte, eine starke amerikanische Rolle bei der Finanzierung und dem Bau der beiden Reaktoren zu erwirken, um so die Anbindung an das bilaterale Genfer Rahmenabkommen (und dessen Normalisierungsversprechen) sicherzustellen.[197] Nach den ersten gescheiterten Vier-Parteien-Verhandlungsrunden des Jahres 1997 sowie offensichtlichen Schwierigkeiten der US-Exekutive bei der Finanzierung der KEDO begann die nordkoreanische Führung dann eine Strategie der *voluntary defection*. Die Einhaltung von zentralen nukleartechnischen Zusagen des Genfer Rahmenabkommens wurde nun von weiteren finanziellen und politischen Zugeständnissen abhängig gemacht. So forderte Pjöngjang für den Besuch des verdächtigen Nuklearstandortes Kumchangri 1998 zusätzliche Nahrungsmittelhilfelieferungen, obwohl der Ausbau des auf Plutonium basierten Nuklearprogramms in der Vereinbarung des Jahres 1994 eindeutig ausgeschlossen worden war.[198] Ein ähnliches Motiv kann für die Aufnahme eines „geheimen Urananreicherungsprogramms" vermutet werden, dessen militärische Bedeutung aufgrund des fortgeschrittenen Status des auf Plutonium basierten Programms als gering eingeschätzt werden muss.[199]

Auch in der amerikanischen Haltung finden sich frühzeitig deutliche Hinweise auf einen gezielten bzw. unfreiwilligen Ausbruch aus dem Vertragsversprechen. Bereits kurz nach dem Abschluss des Genfer Rahmenabkommens argumentierten Vertreter der Clinton-Administration gegenüber den Skeptikern in der republikanischen Partei, dass die USA zwar ein Versprechen über die Lieferung von zwei Leichtwasserreaktoren an Nordkorea abgegeben hätten, dieses Versprechen aber sehr wahrscheinlich nicht eingehalten werden müsse. Vielmehr werde der KEDO-Prozess selbst – in Anlehnung an das Bild des „Trojanischen Pferdes" – im Verbund mit der Wirtschafts- und Nahrungsmittelkrise in Nordkorea zu einem Sturz des derzeitigen Regimes führen.[200] Nach der Kongresswahl im Herbst 1994, bei der die republikanische Partei Mehrheiten in beiden Kammern des Kapitols gewinnen konnte, stellte sich die Clinton-Administration auf die neue Ratifizierungsmehrheit ein. Die Implementierung des KEDO-Prozesses, insbesondere der Schwerölieferung, wurde nun zunehmend an weitere nordkoreanische Zugeständnisse, vor allem in der Frage der Trägersysteme, gebunden.[201]

Der empirische Befund des Scheiterns der KEDO kann somit auf zwei unterschiedliche, aber gleichgerichtete innenpolitische Akteurs- und Interessenkonstellationen zurückge-

---

[197] Die nordkoreanische Führung nötigte z.B. US-Präsident Clinton nach dem Sieg der republikanischen Partei in den Kongresswahlen 1994 dazu, eine schriftliche Versicherung abzugeben, dass er alles in seiner Macht Stehende tun werde, um die in Genf eingegangenen Verpflichtungen zu erfüllen.
[198] Vgl. Martin, Curtis H. 2008: North Korea's Negotiating Position during Fifteen Years of Chronic Crisis: Continuities and Discontinuities. Paper presented at the Annual Meeting of the International Studies Association, San Francisco, 24.-28. März 2008.
[199] Vgl. Harnisch, Sebastian 2003: Nordkoreas nukleare Waffenprogramme: Entstehung, Fähigkeiten und die internationalen Bemühungen um ihre Eindämmung, in: Österreichische Militärische Zeitschrift 41 (2003) 2, S. 149-162, hier S. 157.
[200] Vgl. Harnisch/Maull 2000, S. 94.
[201] Vgl. Martin, Curtis 2002: „Rewarding North Korea: Theoretical Perspectives on the 1994 Agreed Framework", in: Journal of Peace Research 1, S. 51-68.

führt werden. Auf amerikanischer Seite zeigt sich ein plurales, dezentrales politisches System, in dem die republikanische Ratifikationsmehrheit im Kongress eine entscheidende Größe für die Vertragstreue und damit die außenpolitische Verlässlichkeit der USA gegenüber dem „Schurkenstaat" Nordkorea ist. Eine uneingeschränkte Vertragstreue besteht aufgrund der liberalen außenpolitischen Identität Washingtons aber nur gegenüber anderen liberalen Demokratien mit ähnlichen demokratischen Ratifikationserfordernissen. In Verhandlungen mit Nichtdemokratien gilt die Selbstverpflichtung der US-Exekutive nur sehr eingeschränkt.[202] Zum einen wird illiberalen Regimen aufgrund der fehlenden Sanktionsmöglichkeit der Bevölkerung gegenüber der Regierung eine inhärente Neigung zur Vertragsuntreue unterstellt.[203] Zum anderen wird ihnen eine radikal am Eigennutz orientierte außenpolitische Strategie zugeschrieben, die zur Regimestabilisierung eingesetzt wird (z.B. durch die Instrumentalisierung einer äußeren Bedrohung).

Aus dieser ideell-liberalen Perspektive lässt sich die US-Institutionalisierungspolitik also zunächst als *unvoluntary defection* der Clinton-Administration unter dem Eindruck der „Republican Revolution" im Kongress begreifen,[204] die nach der republikanischen Übernahme des US-Präsidentenamtes zu einer *voluntary defection* der (neo)konservativen Kräfte unter John Bolton und Vizepräsident Dick Cheney wurde.[205]

Für die nordkoreanische Seite kann aus dieser theoretischen Perspektive festgehalten werden, dass das Regime aufgrund seiner Unfähigkeit zur internen Regimestabilisierung seit Mitte der 1990er Jahre zunehmend auf die „Einwerbung auswärtiger Hilfe" angewiesen war.[206] Dabei spielen die Nutzenerwägungen des Militärapparates für die führende Parteiclique eine übergeordnete Rolle, weil sie eine potenzielle Gefahr für das dynastische Regime darstellen und gleichzeitig dessen wichtigstes Repressionsinstrument sind.[207] Für das illiberale nordkoreanische Regime lässt sich deshalb schließen, dass dessen Vertragstreue steigt, wenn die „Rentenforderungen" der das Regime tragenden Gruppen erfüllt werden können. Wenn dies nicht durch bilaterale Vereinbarungen erzielt werden kann, die für illiberale Regime den Vorteil bieten, dass militärische Machtmittel effektiver als Verhandlungsinstrument eingesetzt werden können, dann dienen auch multilaterale Verhandlungen der „Rentensicherung" – aber nur, wenn alternative Unterstützungsquellen, in diesem Fall

---

[202] Übereinkommen der US-Exekutive mit illiberalen Regimen werden deshalb selten als völkerrechtliche Verträge geschlossen, weil die notwendige Ratifikationsmehrheit im Senat (Zweidrittelmehrheit) oft aufgrund grundsätzlicher Bedenken gegenüber diesen Staaten unerreichbar scheint.
[203] Vgl. Litwak, Robert S. 2000: Rogue States and U.S. Foreign Policy. Containment After the Cold War. Washington D.C., S. 25. Wit/Poneman/Gallucci 2004, S. 404. Suh, Jae-Jung 2007: Caught between Behavior and Identity: Nuclear Dilemma between North Korea and the United States. Paper presented at the 2007 Annual Meeting of the American Political Science Association, Chicago, 30. August - 2. September 2007.
[204] Vgl Lee, Karin/Miles, Adam 2004: „North Korea on Capitol Hill", in: Asian Perspective 4, S. 185-207.
[205] Vgl. zum Konzept des antizipatorischen Bruches Harnisch 2002b.
[206] Vgl. Noland, Marcus 2000: Avoiding the Apocalypse: The Future of the Two Koreas. Washington D.C. Babson, Bradley O. 2006: „Economic Perspectives on Future Directions for Engagement With the DPRK in a Post-Test World", in: The Stanley Foundation, Policy Analysis Brief, Dezember 2006, (http://www.stanleyfoundation.org/publications/pab/BabsonPAB.pdf), [12.08.2008]. Nanto, Dick K./Chanlett-Avery, Emma 2008: The North Korean Economy: Leverage and Policy Analysis. CRS Report for Congress (RL32493). Washington D.C., Stand vom 4. März 2008.
[207] Vgl. Pinkston, Daniel A. 2003: „Domestic Politics and Stakeholders in the North Korean Missile Development Program", in: The Nonproliferation Review 2, S. 1-15. McEchearn, Patrick 2007: Interest Groups in North Korean Politics, Paper presented to the annual convention of the American Political Science Association. Chicago, Illinois, 30. August - 2. September 2007. Scobell, Andrew 2008: „The Evolution of North Korea's Political System and Pyongyang's Potential for Conflict Management", in: North Korean Review 1, S. 91-108.

Südkorea und China, erschlossen werden können. Ist dies der Fall, dann lässt die Bereitschaft für eine *voluntary defection* Nordkoreas in Nuklearfragen nach.[208]

4.3 Reinstitutionalisierung durch die Sechsparteiengespräche

Wenn das Scheitern des KEDO-Prozesses auf den Zusammenbruch der Ratifikationsmehrheiten in den USA und Nordkorea zurückgeführt werden kann, dann ist eine erneute Institutionalisierung aus liberal-institutionalistischer Sicht nur dann wahrscheinlich, wenn die Höhe und Stabilität der zu erwartenden Kooperationsgewinne in der neuen Institution deutlich höher einzuschätzen sind als in der bestehenden.[209] Aus dieser Perspektive kann die Wiederaufnahme der multilateralen Kooperation im Rahmen der Sechsparteiengespräche daher unmittelbar auf das neue, zunächst drei und dann sechs Parteien umfassende Format zurückgeführt werden. Die Zunahme der Kooperationspartner erhöhte die Chancen der beiden Hauptkontrahenten, durch die Teilnahme Südkoreas, Chinas und Japans die Höhe und Stabilität der potenziellen Kooperationsgewinne (sicherheitspolitische Stabilisierung, Normalisierung und finanzieller Ausgleich) und die Möglichkeit für *side-payments* (durch direkte Transfers) zu steigern.[210] Für die drei asiatischen Anrainerstaaten Nordkoreas (Japan, Südkorea und China) ergab sich vor dem Hintergrund der amerikanischen Vorbereitungen auf die Irakintervention die Chance, durch die Kooperation in den Sechsparteiengesprächen mäßigend auf die Nordkoreapolitik der Bush-Administration einzuwirken. Bereits in der Abschlussphase des KEDO-Prozesses hatten diese Staaten wiederholt versucht, durch bilaterale Gesprächsinitiativen die US-Politik auf einen verhandlungsorientierten Kurs zu verpflichten, indem die Anerkennung des Regimes als Gesprächspartner und der Grundsatz gleichberechtigter Verhandlungen eingefordert wurde. Zu einer konzertierten Forderung dieser drei Staaten kam es indes nicht. Zusätzlich boten die Sechsparteiengespräche für alle beteiligten Staaten die Gelegenheit, durch den informellen Charakter der Treffen die formellen und rigiden Strukturen des IAEA-Statuts und der UN-Charta zu umgehen und dadurch eine institutionelle Eigendynamik innerhalb des UN-Sicherheitsrates zu verhindern, die die Krise um die Intervention der USA im Irak geprägt hatte.

Den ersten nennenswerten Institutionalisierungsschub erfuhren die Sechsparteiengespräche erst in der vierten Runde. Die USA und Nordkorea hatten bis zum Ende der dritten Runde (Juni 2004) jeweils ihre unvereinbaren Maximalpositionen vertreten. Die erste substanzielle Gemeinsame Erklärung vom 19. September 2005 konnte indes erst gefasst werden, nachdem sich die innenpolitische Akteurskonstellation geändert hatte. Es ist plausibel anzunehmen, dass Nordkorea bereits zu diesem Zeitpunkt über eine als funktionsfähig erscheinende Nuklearwaffe verfügte und sich das Regime daher auf eine Einschränkung seines Plutoniumprogramms verpflichten konnte, ohne dass es die Fähigkeit zur Abschreckung verlieren würde. In den USA konnten sich im Laufe des Jahres 2005 die verhandlungswilligen Kräfte primär deshalb durchsetzen, weil die gescheiterte Irakpolitik die verhandlungsunwillige Fraktion unter Legitimationsdruck setzte und die unilateralen Sankti-

---

[208] Vgl. Blank 2007, S. 25.
[209] Vgl. Keohane 1984, S. 102.
[210] Für Russland gilt dies insofern eingeschränkt, als es sich mit materiellen Anreizen zurückgehalten hat. Im Vordergrund scheint das Interesse der russischen Regierung, Reaktortechnologie auf der koreanischen Halbinsel zu verkaufen, zu stehen.

onsinstrumente der USA ohne Mitwirkung Chinas und Südkoreas kaum Wirkung zu entfalten schienen.[211] In der Auseinandersetzung innerhalb der Administration konnten die kooperationswilligen Kräfte zudem argumentieren, dass die fehlende Sanktionsmacht der USA durch China substituiert werden könne, wenn dieses zu einer „verantwortlichen Großmacht" werde. Unter diesen innenpolitischen Bedingungen fiel das von Beijing an beide Seiten gerichtete Ultimatum für die Unterzeichnung des chinesischen Entwurfs auf fruchtbaren Boden,[212] denn die Kosten einer Ablehnung wurden von Pjöngjang und Washington offensichtlich größer eingeschätzt als die Kosten für das Eingehen auf die vagen Denuklearisierungsverpflichtungen der Erklärung vom 19. September 2005.

Mit der Einsetzung der fünf Arbeitsgruppen in der fünften Gesprächsrunde deutete sich zunächst eine weitere leichte Institutionalisierung an, in der die beteiligten Staaten durch Arbeitsteilung ihre relativen Kostenvorteile bei der Durchsetzung der Anreizstrategie gegenüber Nordkorea nutzen konnten. Die Verhängung eines Transferverbotes mit der Banco Delta Asia in Macau durch das amerikanische Finanzministerium verhinderte dies zunächst jedoch. In Nordkorea wurde dieses Signal offensichtlich so gedeutet, dass die US-Administration weiter an ihrer „Strangulierungsstrategie" festhalte, um die DVRK in die Knie zu zwingen.[213]

Der nordkoreanische Atomwaffentest vom 9. Oktober 2006 veränderte die interne und externe Koalitionskonstellation erneut nachhaltig. Zum einen signalisierte der Test, im Verbund mit den vorherigen Raketentests, die Bereitschaft der nordkoreanischen Elite, auch gegen den erklärten Willen der chinesischen Führung ihr militärisches Abschreckungspotenzial zu demonstrieren. Zum anderen verschob der Test die innenpolitischen Gewichte in der US-Administration, weil das Ziel einer Denuklearisierung, insbesondere durch militärischen Zwang, in weite Ferne rückte. Des Weiteren stellte der Test nicht nur die amerikanische Nichtverbreitungspolitik in Frage, sondern auch die bilateralen Sicherheitszusagen an Südkorea und Japan auf die Probe, die ihrerseits mit dem Start autonomer (Nuklear-)Waffenprogramme hätten reagieren können.

Um eine Eindämmung der Nuklearwaffenproduktion, des Exports und der regionalen und globalen Folgewirkungen zu erreichen, bedurfte es der Unterstützung der Anrainerstaaten, insbesondere Chinas und Südkoreas. Diese signalisierten zwar ihre Bereitschaft zu einer koordinierten Sanktionspolitik in der UNO, verlangten aber von Washington weitere Konzessionen, um Nordkorea in den Sechsparteiengesprächen zum Einlenken zu bewegen.[214]

Unter scharfem Protest der Verhandlungsgegner revidierte die Bush-Administration daraufhin zentrale Positionen in bilateralen Treffen mit nordkoreanischen Vertretern im Januar 2007:[215] Erstens wurden die US-Maßnahmen zur Behinderung des nordkoreanischen

---

[211] Vgl. Harnisch 2006, S. 483-526.
[212] Vgl. Glaser/Liang 2008.
[213] Vgl. Kwak/Joo 2007, S. 83.
[214] Die Logik des Tauschs von verstärkten gemeinsamen Sanktionen gegen verstärkte US-Verhandlungskonzessionen war bereits im Jahr 2002 vom späteren Abteilungsleiter Asien im Nationalen Sicherheitsrat, Victor Cha, unter dem Begriff des „hawk engagement" eingeführt worden. Danach würden die USA auf internationale Unterstützung für eine militärisch gestützte Sanktionspolitik zählen können, wenn sie vorher alle diplomatischen Mittel ausgeschöpft hätten. Vgl. Cha, Victor 2002: „Korea's Place in the axis", in: Foreign Affairs 3, S. 81, 89.
[215] Vgl. Martin, Curtis 2007: U.S. Policy toward North Korea under G.W. Bush: A Critical Perspective, Paper presented at the 48th Annual Convention of the ISA. Chicago (Illinois), 28. Februar - 3. März 2007. Sanger, David 2007: „Outside Pressure Broke Korean Deadlock", in: The New York Times, 14. Februar 2007 (online). Cooper, Helen/Yardley, Jim 2007: „Pact with North Korea Draws Fire from a Wide Range of Critics", in: The New York Times, 14. Februar 2007 (online).

Zahlungsverkehrs eingestellt; zweitens rückte die Administration endgültig von ihrer Forderung nach Vorleistungen im Bereich der CVID ab; drittens stufte sie ihre Bedenken möglicher bzw. erwiesener nordkoreanischer Urananreicherungs- und Nuklearexportaktivitäten herab; viertens stimmte sie – nach fünfjähriger Pause – wieder formalen bilateralen Gesprächen zu; und fünftens duldete sie schließlich kurz nach der Verhängung von UN-Sanktionen durch den Sicherheitsrat den Export konventioneller nordkoreanischer Waffen an Äthiopien.

Aus der Perspektive des liberalen Institutionalismus gehen die Implementierungsvereinbarungen vom Februar und Oktober 2007 deshalb primär auf eine Stabilisierung der Koalition der Verhandlungswilligen in der Bush-Administration zurück. Gleichzeitig erhalten die Sechsparteiengespräche vor dem Hintergrund des etablierten nordkoreanischen Nuklearmachtstatus zwei zusätzliche Funktionen, welche die ursprüngliche Primärfunktion der KEDO, die Denuklearisierung, in den Hintergrund drängen. Zum einen dienen die Sechsparteiengespräche nunmehr der Koalitionsbildung für den UN-Sicherheitsrat und des dort mit den Sicherheitsratsresolutionen 1695 und 1718 etablierten Sanktionsregimes.[216] Zum anderen schaffen die Gespräche zwischen allen Anrainerstaaten Nordkoreas eine gefestigtere Vertrauensbasis, weil diese u.a. zusätzliche Informationen über mögliche Aufrüstungsintentionen erhalten.

5 Ausblick

Die kurz- und mittelfristige Prognose für eine tiefer gehende Institutionalisierung der Sechsparteiengespräche fällt verhalten aus, wenn man die derzeitige interne Koalitionsbildungskonstellation in Nordkorea und den USA als erklärenden Faktor einsetzt. Der symbolische Beginn des Abbaus des auf Plutonium basierten Kernwaffenprogramms durch die Zerstörung des Kühlturmes in Yongbyon signalisiert zwar eine nordkoreanische Bereitschaft, auf die Fähigkeit des Ausbaus des eigenen Kernwaffenpotenzials zu verzichten. Auch ist zu erwarten, dass im Rahmen der Verifikation der nordkoreanischen Nuklearerklärung ein entsprechender Mechanismus, d.h. ein Expertenteam der sechs Parteien, das die technische Überprüfung der nordkoreanischen Angaben übernimmt, letztlich geschaffen wird, der durch einen Mechanismus zur Überwachung der Transfers an Nordkorea ausbalanciert wird. Doch eine alsbaldige tiefer gehende Institutionalisierung, wie sie mit der KEDO gleich nach Abschluss des Genfer Rahmenabkommens eingeleitet wurde, ist bei den Sechsparteiengesprächen nicht zu erwarten.

Eine weitergehende Institutionalisierung ist vorstellbar, wenn es um den Abbau der bestehenden Kernwaffen bzw. die Sicherstellung und Unschädlichmachung des waffenfähigen Plutoniums durch Drittstaaten geht. Da ein solcher Verzicht Nordkoreas aber nur dann plausibel ist, wenn er durch eine Koalition unter Einschluss der erweiterten politischen und militärischen Elite des Landes getragen wird, müssen entsprechende Anreize, d.h. eine alternative „Überlebensperspektive" für die Regimeelite, geschaffen werden.

Gleiches gilt, wenn auch unter gänzlich anderen Systemvorzeichen, für das pluralistische demokratische System der USA. Nur wenn sich eine stabile Koalition innerhalb der neuen Obama-Administration bilden kann, die von Mehrheiten in Senat und Repräsentan-

---

[216] Vgl. Rice, Condoleezza 2008: „Diplomacy is Working on North Korea", in: The Wall Street Journal, 26. Juni 2008 (online).

tenhaus auch unterstützt wird, können die USA eine berechenbare und damit kooperationsfähige Sechsparteien- und Nordkoreapolitik verfolgen. Wie die Geschichte der KEDO und der Sechsparteiengespräche zeigt, muss auch ein demokratischer Präsident Obama die tiefen Vorbehalte in den eigenen Reihen gegenüber dem totalitären Regime in Pjöngjang erst überwinden, bevor er diesem Regime durch die Normalisierung der bilateralen Beziehungen die Rückkehr in die internationale Politik ermöglicht.

Hanns W. Maull[1]

Das Asia-Europe Meeting (ASEM): Baustein effektiver globaler Ordnungsstrukturen?

1 Einleitung

Die Asia-Europe Meetings (ASEM) haben sich seit ihrem ersten Treffen 1996 zu einem dynamischen, aber auch recht diffusen Dialog- und Interaktionsprozess zwischen der Europäischen Union und Ostasien entwickelt. Sinn und Zweck dieses Prozesses war und ist es vor allem, die im Vergleich zu ihrem Potenzial nach wie vor noch unterentwickelten Wirtschaftsbeziehungen zwischen den beiden Regionen politisch zu vertiefen und zu flankieren. Das Potenzial dieser neuen Form des Interregionalismus reicht jedoch über die Möglichkeit hinaus, die Beziehungen zwischen Europa und Ostasien zu intensivieren: Auch wenn der euro-asiatische Interregionalismus nach wie vor noch in einem frühen Entwicklungsstadium steckt, in dem es primär um Wohlstandsmehrung durch vertiefte Wirtschaftszusammenarbeit und um die Überwindung geographischer, gesellschaftlicher und kultureller Distanz geht, bietet er aus einer postmodernen Sicht der internationalen Beziehungen grundsätzlich zugleich auch Chancen für eine Stärkung globaler Ordnungsstrukturen im Sinne eines effektiven globalen Multilateralismus (*global governance*). Bislang bleibt dieses Potenzial allerdings unausgelotet.

Die folgende Analyse will auf der Grundlage einer kurzen historischen Skizze der euro-asiatischen Beziehungen Genese, Struktur und Inhalte des ASEM-Entwicklungsprozesses darstellen (Abschnitt 3) und den gegenwärtigen Stand der Beziehungen beschreiben. In diesem Zusammenhang soll auch auf das Potenzial der Institution als neue Form des Interregionalismus eingegangen werden (Abschnitt 4). Schließlich soll die Bedeutung von ASEM bewertet (Abschnitt 5) und ein Ausblick auf die Zukunftsperspektiven von ASEM gegeben werden.

2 Europa und Asien: Die Entstehung einer „neuen Partnerschaft"

Nach dem Ende des großen Krieges war 1945 auch der Anspruch Europas auf Weltgeltung seiner führenden Mächte zerstört: Die Kolonialreiche begannen sich aufzulösen, die neue Weltordnung bestimmten nun nicht mehr die Europäer, sondern die geopolitischen „Flügelmächte" USA und Sowjetunion. Auch in Ostasien misslangen nach 1945 die Versuche der europäischen Mächte, ihre alten Kolonialreiche neu zu errichten, die unter den Vorstößen des ausgreifenden japanischen Militarismus wie morsche Holzkonstruktionen zusam-

---

[1] Für ihre wertvolle Forschungsassistenz bei der Erstellung dieses Textes danke ich Jan Martin Vogel und Michael Brächer.

mengebrochen waren: In Niederländisch-Ostindien (heute Indonesien) und Indochina (heute Vietnam, Kambodscha und Laos) scheiterten diese Rekolonialisierungsversuche blutig, aus dem restlichen Südostasien zogen sich die britischen bzw. amerikanischen Kolonialherren freiwillig zurück.

Nach 1945 wurde Europa so aus Ostasien – hier definiert als die Region von Japan und Sibirien über China, Korea und Indochina bis zu den südostasiatischen Archipel-Staaten – weitgehend verdrängt; die wenigen verbleibenden Kolonien (wie Hongkong, Macao oder Osttimor) hatten keine wirkliche Bedeutung mehr, auch wenn die koloniale Vergangenheit in Gestalt asiatischer Bevölkerungsgruppen in den ehemaligen Kolonialmächten, aber auch in Form manch unaufgearbeiteter psychologischer Traumata fortlebte. Die politischen Beziehungen zwischen Europa und Ostasien wurden seither zunächst vor allem durch die Entfernungen zwischen den beiden Regionen bestimmt, die politisch zudem durch die weltpolitische Bipolarität vertieft wurden: Zwischen Europa und Ostasien lag trennend der gewaltige Raum des sowjetischen Imperiums, und beide Regionen wurden zudem durch den Ost-West-Gegensatz auch in sich geteilt und polarisiert.

Erst in den siebziger Jahren begann sich diese Distanz zwischen Europa und Ostasien allmählich zu verringern.[2] Dabei spielten natürlich neue Transport- und Kommunikationstechnologien (wie etwa Langstrecken- und Großraumjets, Containerschiffe, Satellitentelefon, Fax und Internet), die die Entfernungen ganz real schrumpfen ließen, eine wichtige Rolle. Vor allem aber war es der anhaltende Wirtschafts- und Entwicklungsaufschwung in Ostasien, der ab Mitte der 1970er Jahre zu einer dramatischen Ausweitung des europäischen Handels mit Ostasien führte – zunächst bei den Einfuhren, später dann auch bei den Ausfuhren.[3]

Im Sog dieses „ostasiatischen Wirtschaftswunders"[4] intensivierten sich im Folgenden – insbesondere durch die Ausbreitung und Nachahmung der japanischen Wirtschaftsaktivitäten in den Schwellenländern, in der ASEAN und in China[5] – die wirtschaftlichen Verflechtungen im Bereich des Handels, der Direktinvestitionen und der Kapitalströme zwischen Europa und dem gesamten ostasiatischen Raum. Dies vollzog sich allerdings zunächst einmal eher unbemerkt: In den siebziger Jahren dominierte in Europa außenwirtschaftlich noch die Orientierung auf die als Wachstumsmärkte eher als problematisch zu betrachtenden OPEC-Länder und Osteuropa. Seit Mitte der siebziger Jahre signalisierte aber eine Flut zunächst japanischer Exporte nach Europa die wachsende Wettbewerbsfähigkeit Ostasiens, die europäische Schlüsselindustrien (Schiffsbau, Stahl, Unterhaltungselektronik, Automobile) unter schweren Konkurrenzdruck brachte.

---

[2] Vgl. hierzu insgesamt Smith, Michael 1998: The European Union and the Asia-Pacific, in: McGrew, Anthony/Brook, Christopher (Hrsg.): Asia-Pacific in the New World Order. London, S. 289-315.
[3] So erhöhte sich etwa das Bruttosozialprodukt pro Kopf in Südkorea von knapp USD 1.650 1980 auf USD 10.142 im Jahre 1995, in Indonesien von USD 720 auf USD 3.230 und in der VR China von USD 500 auf USD 3.072. Im gleichen Zeitraum (19980 bis 1995) erhöhten sich die Ausfuhren der VR China von rund USD 18 Mrd. auf knapp USD 150 Mrd., die Einfuhren wuchsen von USD 20 Mrd. auf USD 132 Mrd. Die Ausfuhren Indonesiens stiegen von knapp USD 24 Mrd. auf gut USD 45 Mrd. und diejenigen Südkoreas von USD 17,5 Mrd. auf USD 122,6 Mrd.; die Einfuhren Indonesiens nahmen von knapp USD 11 Mrd. auf über USD 40 Mrd. zu und diejenigen Südkoreas von USD 22,3 Mrd. auf USD 135,1 Mrd. Alle Zahlen nach: ICSEAD 1999: „Recent Trends and Prospects for Major Asian Economies", in: East Asian Economic Perspectives, Special issues, Vol.10, 1999.
[4] World Bank 1993: The East Asian Miracle. Economic Growth and Public Policy. Oxford.
[5] Hatch, Walter/Yamamura, Kozo 1996: Asia in Japan's Embrace. Building a Regional Production Alliance. Cambridge: Cambridge University Press.

Zunächst blieb die Intensität der wirtschaftlichen Verflechtungen allerdings noch deutlich hinter den entsprechenden Interdependenzen zwischen Europa und Nordamerika bzw. zwischen Ostasien und Amerika zurück. Aber sie entwickelten sich doch seit Beginn der achtziger Jahre mit besonders hohen Zuwachsraten und holten damit den Abstand bald auf. Die Folge war, dass bereits Mitte der neunziger Jahre nicht nur der amerikanische Handel, sondern inzwischen auch derjenige Europas mit Ostasien das Volumen des transatlantischen Handelsaustauschs deutlich übertraf. Inzwischen (2007) entspricht der europäisch-asiatische Handel mit $ 970 Mrd. (gleich 8,3 % des Welthandels) fast dem Wert des Warenhandels zwischen Asien und Nordamerika ($ 1.022 Mrd., gleich 8,8 % des Welthandels.[6] Mit einiger Verzögerung zogen im Verlauf der neunziger Jahre dann auch die europäischen Direktinvestitionen in Ostasien nach.[7]

Dennoch: Um diese erheblichen, noch ungenutzten Wohlstandspotenziale zu realisieren, erschien seit etwas Mitte der 1990er Jahre beiden Seiten ein politischer Dialog als flankierende Maßnahme zur Intensivierung der Wirtschaftsbeziehungen sinnvoll und wichtig. Zum anderen zogen die zunehmenden Wirtschaftsverflechtungen zwischen Europa und Ostasien zahlreiche Interdependenzkonflikte nach sich, die sich etwa in der raschen Zunahme von Anti-Dumping-Verfahren der EU-Kommission gegen Einfuhren aus Ostasien niederschlugen. Ein politischer Dialog konnte dazu beitragen, diese Konflikte einzuhegen und zu entschärfen. Und schließlich bildete drittens die europäisch-ostasiatische Seite in der Wirtschaftstriade der drei großen Industrieregionen Nordamerika–Europa–Ostasien erkennbar einen dritten großen, wenngleich deutlich schwächeren, Schenkel in der seit den 1970er Jahren entstehenden Dreiecksgeometrie („Triade") der Weltwirtschaft.[8]

Aber auch einige andere, nichtwirtschaftliche Gründe begünstigten die Aufnahme eines politischen Dialogs zwischen Ostasien und Europa. So war mit der ASEAN seit 1967 ein erfolgreiches „Pendant" zur europäischen Integration in Südostasien entstanden; dies veranlasste die EU, mit der ASEAN seit 1972 eine eigenständige Kooperationsbeziehung, den EU-ASEAN-Dialog, zu entfalten. Das erste Treffen zwischen der EU und ASEAN auf Außenministerebene fand im November 1978 auf deutsche Anregung hin statt; 1980 wurde ein Kooperationsabkommen unterzeichnet.[9] Entscheidend für die Entfaltung eines politischen Dialogs zwischen den beiden Regionen war aber neben den oben skizzierten wirtschaftlichen Gründen die Veränderungen der Weltpolitik im Gefolge der Implosion des Ost-West-Konfliktes – zunächst in Europa, dann auch in Ostasien. In der neuen, fluiden und unübersichtlichen Weltpolitik agierten die USA nunmehr als einzige verbliebene Supermacht und damit auch machtpolitisch als der einzige verbliebene „Pol" der Weltpolitik. Zugleich mehrten sich Anzeichen für die Neugründung (z.B. die North America Free Trade Area, NAFTA) bzw. die Vertiefung und Erweiterung bestehender (Europäische Gemeinschaften/Europäische Union) regionaler Zusammenschlüsse; damit zeichnete sich die Gefahr wirtschaftlicher Blockbildungen ab. Weder Europa noch Ostasien konnte an einer solchen Entwicklung gelegen sein, und beide mussten daran interessiert sein, die USA als globale Ordnungsmacht zu erhalten, sie dabei zugleich aber auch einzubinden und in ihren

---

[6] WTO 2008: International Trade Statistics 2007. Genf, S. 3.
[7] Dent, Christopher M. 1999: „The EU-East Asia Economic Relationship: The Persisting Weak Triadic Link?", in: European Foreign Affairs Review 4, S. 371-394; Hilpert, Hans-Günther 2004: Europa trifft Asien – Asien trifft Europa, Berlin: SWP-Aktuell 2004/A 51.
[8] Hänggi, Heiner 1999: „ASEM and the Construction of the New Triad", in: Journal of the Asia-Pacific Economy 4,1, S. 56-80.
[9] Bridges, Brian 1999: Europe and the Challenge of the Asia Pacific. Cheltenham: Edward Elgar, S. 74ff.

Handlungsmöglichkeiten einzuschränken. ASEM sollte dabei – nachdem der EU eine Assoziierung an die APEC verweigert worden war – den Europäern als Gegengewicht zur APEC dienen, einer allzu intensiven Regionalisierung des ostasiatisch-pazifischen Raumes vorbeugen und – vor allem – die Orientierung an den globalen Regelwerken von WTO und IWF bekräftigen.[10] Entsprechend ging es den ostasiatischen Staaten vor allem um die Offenhaltung der europäischen Märkte und der damit verbundenen Wachstumspotenziale für Ostasiens Exporteure sowie um die Zähmung der wahrgenommenen protektionistischen Neigungen in der EU („Festung Europa"); daneben zielte auch Ostasien auf die Aufwertung der eigenen Verhandlungsposition in der WTO und auch in der APEC gegenüber den USA. Aus all diesen komplexen Eigeninteressen, aber auch mit Blick auf globale ordnungspolitische Zielsetzungen, die Europa wie Ostasien gleichermaßen anstrebten, musste beiden die Eröffnung eines strukturierten politischen Dialoges zwischen Europa und Ostasien deshalb sinnvoll, ja vielleicht gar zwingend erscheinen.

3 ASEM: Genese, Struktur und Inhalte

Diese Logik wurde mit dem ersten Asia-Europe Meeting – einem Treffen von fünfundzwanzig Staats- und Regierungschefs aus der EU und aus Ostasien (vertreten waren die – damals – sieben ASEAN-Staaten sowie Japan, die VR China und Südkorea und die damals noch 15 EU-Mitgliedsstaaten) sowie dem Präsidenten der Europäischen Kommission – im März 1996 in Bangkok politisch umgesetzt. Das Treffen war nach allgemeiner Einschätzung ein Erfolg, der rasch zu einer Institutionalisierung der ASEM in einem vieldimensionalen Dialog- und Kooperationsprozess führte.[11] Das zweite Gipfeltreffen fand im Frühjahr 1998 in London statt, das dritte im Herbst 2000 in Seoul. ASEM IV tagte 2002 in Kopenhagen, ASEM V 2004 in Hanoi und ASEM VI 2006 in Helsinki. Im Oktober 2008 fand das bislang letzte Gipfeltreffen, ASEM VII, in China statt. Damit konnte sich – nach der 1989 begründeten APEC – eine weitere Form des „neuen Interregionalismus" zwischen Europa und Ostasien in relativ kurzer Zeit erfolgreich etablieren. Inzwischen hat dies – etwa in der Kooperation zwischen Europa und Lateinamerika oder zwischen Ostasien und Lateinamerika – zahlreiche Nachahmer gefunden, und ältere Formen der Wirtschaftskooperation – wie etwa das transatlantische Beziehungsgeflecht zwischen der EU und den USA – beginnen in der Richtung dieser durch APEC und ASEM typisierten, bimodalen Form des Interregionalismus zu mutieren.

---

[10] Vgl. Hund, Markus 1998: The Making and Development of the Asia-Europe Meeting (ASEM): Context, Strategies and Outcomes. Freiburg (MA Thesis), S. 44ff und Segal, Gerald 1997: „Thinking Strategically about ASEM: The Subsidiarity Question", in: The Pacific Review 10,1, S. 124-134.

[11] Zur Entwicklung von ASEM vgl. vor allem Pou Serradel, Victor 1996: „The Asia-Europe Meeting (ASEM): A Historical Turning Point in Relations Between the Two Regions", in: European Foreign Affairs Review 1,2, S. 185-210 sowie Smith, a.a.O.; Bersick, Sebastian 1998: ASEM: Eine neue Qualität der Kooperation zwischen Europa und Asien. Münster; ders. 2004: Auf dem Weg in eine neue Weltordnung? Zur Politik der interregionalen Beziehungen am Beispiel des ASEM-Prozesses. Baden-Baden; Hund 1998 sowie Dent, Christopher M. 1998: The European Union and East Asia: An Economic Relationship. London; und ders. 1997/98 „The ASEM: Managing the New Framework of the EU's Economic Relations with East Asia", in: Pacific Affairs, 70,4, S. 495-516 und die Homepage der EU-Kommission (DG I) (http://www.europa.eu.in/comm/dg01).

3.1 Zur Vorgeschichte von ASEM

Die Anstöße zu einer Intensivierung der Beziehungen zu Asien kamen sowohl aus Europa wie aus Ostasien. Allgemein wird das Verdienst, den ASEM-Prozess initiiert zu haben, dem Premierminister Singapurs, Goh Chok Tong, zugeschrieben. Der Anlass für diesbezügliche Überlegungen des Premierministers war eine vom Weltwirtschaftsforum in Davos organisierte Tagung europäischer und ostasiatischer Unternehmer und Wissenschaftler in Singapur[12] sowie ein Staatsbesuch in Frankreich im Oktober 1994. In Paris sondierte Goh die Idee eines Gipfeltreffens mit Ministerpräsident Balladur und Staatspräsident Chirac, die ihre Unterstützung zusagten. Daraufhin schlug Goh öffentlich im Rahmen des Weltwirtschaftsforums in Davos Anfang 1995 ein euro-asiatisches Gipfeltreffen vor. Diese Initiative wurde im Rahmen des Dialogs zwischen der EU und ASEAN aufgegriffen und umgesetzt.

Auf europäischer Seite kamen die Anstöße für ASEM einerseits von der Kommission, andererseits insbesondere vom französischen Staatspräsidenten Jacques Chirac, den Goh 1994 für dieses Vorhaben gewinnen konnte, aber auch von Deutschland und Großbritannien. Die Europäische Kommission, die seit 1970 formal für die Außenhandelsbeziehungen der Gemeinschaft zuständig war, hatte sich zunächst vor allem mit Handelskonflikten im Gefolge ostasiatischer Exporterfolge in Europa und der Marktzugangsbarrieren für europäische Unternehmen in Ostasien zu beschäftigen. Bestrebungen aus der Kommission heraus, die Beziehungen zwischen der Gemeinschaft und Japan auf eine breitere, kooperationsorientierte Grundlage zu stellen, fanden die Unterstützung insbesondere Großbritanniens und der Bundesrepublik und führten zu einer umfassenden Kooperationsvereinbarung auf einem Gipfeltreffen 1991 (Gemeinsame Erklärung zu den Beziehungen zwischen der Europäischen Gemeinschaft und ihren Mitgliedstaaten und Japan[13]). Eine entsprechende Vereinbarung wurde später auch mit Korea unterzeichnet.[14] 1994 legte die Kommission ein Strategiepapier zur Intensivierung der Beziehungen zwischen Europa und Asien vor;[15] in diesem Zusammenhang wurden intern auch Überlegungen über ein Gipfeltreffen angestellt. Ziel der Kommission war es dabei, die Beziehungen zu Asien über die traditionelle Agenda von Handel und Entwicklungshilfe hinaus aufzuwerten und damit Asiens gestiegener weltpolitischer Bedeutung Rechnung zu tragen.

Zugleich rückte im Verlauf der achtziger und neunziger Jahre der chinesische Markt mit seinen schier unbegrenzten Möglichkeiten verstärkt in das Blickfeld der europäischen Unternehmen und ihrer Regierungen. Nicht zuletzt die deutsche Regierung drängte schließlich auf eine breite wirtschaftspolitische Offensive Europas in Asien; sie ging dabei mit dem „Asienkonzept" (eine von der deutschen Regierung formulierte Regionalstrategie der bundesdeutschen Außenpolitik)[16] mit gutem Beispiel voran. Auch die Belebung der Beziehungen zu ASEAN wurde von Bonn vorangetrieben. Das Ergebnis war die 11. Außenministerkonferenz zwischen der ASEAN und der EU in Karlsruhe im September 1994, die

---

[12] Dieses Treffen im September 1994 fungierte unter der Bezeichnung Europe/East Asia Economic Summit (Pou Serradel 1996, S. 185).
[13] Der Text ist dokumentiert auf der Homepage des japanischen Außenministeriums unter http://www2.ntta.com: 8010/infomof/japan-eu/declar.html.
[14] Vgl. Nuttall, Simon 1996: „Japan and the European Union: Reluctant Partners", in: Survival, 38, 2, S. 104-120 sowie ders. 1999: Europa und Nordostasien: Aus europäischer Sicht, in: Maull, Hanns W./Segal, Gerald/Wanandi, Jusuf (Hrsg.): Europe und Asien – Pazifik, München: Oldenbourg 1999, S. 218ff.
[15] EC Commission 1994: Towards a New Asia Strategy. COM (94) 314 final. Brussels, 13.7.1994.
[16] Auswärtiges Amt (Hrsg.) 1994: Das Asienkonzept der Bundesregierung. Dokumentation. Bonn.

wichtige Voraussetzungen für das ASEM schuf.[17] Auch Frankreich und Großbritannien bemühten sich in den neunziger Jahren um die Intensivierung ihrer wirtschaftlichen und diplomatischen Beziehungen zu Ostasien.[18] Die Europäische Kommission entwickelte auf diesen Grundlagen im Verlauf der neunziger Jahre Strategiepapiere für die Beziehungen zu Japan, zu Asien und zu China. Im Mittelpunkt aller einschlägigen Dokumente und Kooperationsprozesse standen die Wirtschaftsbeziehungen, doch wurden immer wieder auch politische Fragen angeschnitten (etwa das Thema Menschenrechte).

Bereits seit 1984 fanden im Rahmen der EPZ zudem regelmäßige Treffen der EG-Außenminister mit ihrem japanischen Kollegen statt.[19] Die EPZ verfügte über einen Asien-Ausschuss auf der Arbeitsebene, der allerdings nicht besonders hervortrat. Im Verlauf der neunziger Jahre gewann die Asiendimension der Gemeinsamen Außen- und Sicherheitspolitik durch die Einbeziehung Europas in den sicherheitspolitischen Multilateralismus Ostasiens (ASEAN-Regionalforum – ARF, Korean Peninsula Energy Development Organisation – KEDO) an Bedeutung. War dabei die Beteiligung der EU am ARF eher zufällig (die EU war aufgrund ihres Dialogs mit der ASEAN einer der traditionellen „Dialogpartner" der ASEAN), so entsprang die europäische Beteiligung an KEDO dem Drängen der USA, Japans und Südkoreas.[20] Dem KEDO-Vertrag traten dabei sowohl die EG (hier in Form von Euratom) wie auch einzelne Mitgliedsländer bei – ein Modell, das auch in ASEM zur Anwendung kommen sollte.

Diese drei Stränge der europäischen Beziehungen zu Ostasien – die integrierten Außenbeziehungen der Union („erste Säule" der EU), bilaterale Beziehungen der Mitgliedsländer und die koordinierte Außenpolitik der GASP („zweite Säule") – wurden nun im ASEM-Prozess gebündelt. In ihm sind die Mitgliedsländer wie auch die Kommission vertreten; die europäische Seite wird dabei von der Kommission koordiniert. Damit verbinden sich in den Beziehungen zwischen Europa und Ostasien auf Seiten der EU auf bemerkenswerte Weise Elemente nationalstaatlicher Außenpolitik mit der (integrierten) Außenpolitik der Europäischen Gemeinschaft und der – auf intergouvernementaler Kooperation beruhenden – Gemeinsamen Außen- und Sicherheitspolitik.

3.2 Aufbau von ASEM

Das erste Treffen der Staats- und Regierungschefs in Bangkok im März 1996 etablierte die inhaltlichen Eckdaten der Kooperation wie auch ihre Strukturen. Der Dialog und die Zusammenarbeit sollten sich auf drei große Bereiche beziehen – die Wirtschaftsbeziehungen, die kulturellen Beziehungen und die Politik. Der „politische Dialog", der auch sicherheitspolitische Fragestellungen einbezog, war dabei der heikelste Bereich: Die asiatische Seite

---

[17] Hund 1999, S. 33f.
[18] Vgl. Neßhöver, Christoph 1999: Die Chinapolitik Deutschlands und Frankreichs zwischen Außenwirtschaftsförderung und Menschenrechtsorientierung. Hamburg.
[19] Vgl. hierzu insgesamt Maull, Hanns W. (Hrsg.) 1993: Europa und Japan: Getrennte Welten? Frankfurt am Main; insbesondere die Beträge von Karl-Rudolf Korte und Paul Kevenhörster, sowie Nuttall, in: Maull/Segal/Wanandi: a.a.O.
[20] Vgl. Harnisch, Sebastian/Maull, Hanns W. 2000: Kernwaffenkrise und regionale Stabilität in Nordostasien: Hintergründe, Entstehung und Umsetzung des amerikanisch-nordkoreanischen Nuklearabkommens. Bonn/Berlin; Harnisch, Sebastian 2009: Die (Non-)Proliferation von Massenvernichtungswaffen in Nordostasien, in: Maull, Hanns W./Wagener, Martin (Hrsg.) 2009: Ostasien in der Globalisierung, Baden-Baden, S. 275-304.

befürchtete hier – nicht ganz zu Unrecht –, dass dieser Dialog dazu benutzt werden könnte, Verstöße gegen die Menschenrechte in ostasiatischen Staaten anzuprangern. Innerhalb der drei „Säulen" des ASEM-Prozesses wurden in Bangkok bereits eine Reihe von konkreten Themen für zukünftige Gespräche wie auch praktische Kooperationsvorhaben vereinbart. Hierzu zählte etwa die Gründung der Asia-Europe Foundation in Singapur.[21]

Strukturell bilden regelmäßige Treffen der Außenminister sowie ihre Vorbereitung durch Treffen der politischen Direktoren (Senior Officials) das Rückgrat des ASEM-Prozesses. Hinzu kommen Treffen der Wirtschafts- und Außenhandelsminister, der Finanzminister und inzwischen auch der Technologie- und Wissenschaftsminister, die jeweils ebenfalls von hochrangigen Beamten vorbereitet werden. Die wichtigsten nichtstaatlichen Foren der Zusammenarbeit sind das Asia Europe Business Forum, die Asia-Europe Foundation sowie eine Vision Group, die 1998 ins Leben gerufen wurde, um den Außenministern Vorschläge für die Entwicklung von ASEM über das Jahr 2000 hinaus zu erarbeiten.

Tabelle 1: Auswahl aus den ASEM-Aktivitäten[22]

DATUM	EREIGNIS
1996	
01./02.03.	**Asia-Europe Meeting (ASEM I), Bangkok (Thailand)**
24./25.07.	Senior Official's Meeting on Trade and Investment (SOMTI 1), Brüssel (Belgien)[23]
14./15.10.	Asia-Europe Business Forum (AEBF 1), Paris (Frankreich)
20.12.	Senior Officials Meeting (SOM), Dublin (Irland)
1997	
13./14.02.	12. EU-ASEAN-Außenministertreffen, Singapur
14.02.	SOM, Singapur
15.02.	Gründung der Asien-Europa-Stiftung in Singapur (ASEF)
15.02.	1. Treffen der Außenminister, Singapur
10.-14.03.	1. Asia-Europe Young Leaders Symposium, Tokyo (Japan)
05./06.06.	SOMTI 2, Tokyo (Japan)
19.09.	1. Treffen der Finanzminister, Bangkok (Thailand)
27./28.09.	1. Treffen der Wirtschaftsminister, Makuhari (Japan)
30./31.10.	SOM, Luxemburg
13./14.11.	AEBF 2, Bangkok (Thailand)
1998	
13.01.	1. Asien-Europa-Lesung, vorgetragen von Jacques Santer, Singapur
05./06.02.	SOMTI 3, Brüssel (Belgien)
05./06.02.	Asien-Europa-Kulturforum, Paris (Frankreich)
19./20.02.	SOM, London (Großbritannien)
02./03.04.	AEBF 3, London (Großbritannien)
03./04.04.	**ASEM II, London** (Großbritannien)
24.-29.05.	2. Asia-Europe Young Leaders Symposium, Baden (Österreich)
27./28.10.	SOM, Bangkok (Thailand)

---

[21] Vgl. hierzu etwa Bersick 1998, S. 67ff.
[22] Eigene Zusammenstellung nach Angaben aus dem ASEM Infoboard (http://www.aseminfoboard.org) und den Internet-Seiten der EU (http://ec.europa.eu/external_relations/asem/asem_summits/index_sum.htm), der ASEAN (http://www.aseansec.org) und der Asia-Europe Foundation (ASEF) (http://www.asef.org).
[23] Auch Private Sector Working Group genannt.

DATUM	EREIGNIS
1999	
15./16.01.	2. Treffen der Finanzminister, Frankfurt am Main (Deutschland)
12./13.02.	SOMTI 4, Singapur
08.03.	SOM, Berlin (Deutschland)
29.03.	2. Treffen der Außenminister, Berlin (Deutschland)
29.03.	Gründungsakt des Umwelttechnologiezentrums in Thailand
24.-26.05.	3. Asia-Europe Young Leaders Symposium, Kangwon/Seoul (Korea)
07./08.07	SOMTI 5, Brüssel (Belgien)
29.09.-01.10.	AEBF 4, Seoul (Korea)
08.-10.10.	1. Asia-Europe Young Entrepreneurs Forum, Berlin (Deutschland)
9./10.10	2. Treffen der Wirtschaftsminister, Berlin (Deutschland)
02.-04.11.	SOM, Rovaniemi (Finnland)
2000	
02./03.05.	SOM, Lissabon (Portugal)
12./13.05.	SOMTI 6, Seoul (Korea)
12.-16.06.	4. Asia-Europe Young Leaders Symposium, Limerick (Irland)
19./20.09.	SOM, Seoul (Korea)
29./30.09.	AEBF 5, Wien (Österreich)
20./21.10.	**ASEM III, Seoul (Korea)**
11./12.12.	13. EU-ASEAN-Außenministertreffen, Vientiane (Laos)
2001	
13./14. 01.	3. Treffen der Finanzminister, Kobe (Japan)
25.-27.04.	SOM, Stockholm (Schweden)
24./25.05.	3. Treffen der Außenminister, Peking (China)
04./05.07.	SOMTI 7, Brüssel (Belgien)
10./11.09.	3. Treffen der Wirtschaftsminister, Hanoi (Vietnam)
06.-08.10.	2. Asia-Europe Young Entrepreneurs Forum, Singapur
08./09.10.	AEBF 6, Singapur
08.-12.10.	5. Asia-Europe Young Leaders Symposium, Putrajaya (Malaysia)
2002	
04./05.04.	SOM, Lanzarote (Spanien)
06./07.06.	4. Treffen der Außenminister, Madrid (Spanien)
23.-28.06.	6. Asia-Europe Young Leaders Symposium, Berlin (Deutschland)
05./06.07.	4. Treffen der Finanzminister, Kopenhagen (Dänemark)
17.07.	SOMTI 8, Bali (Indonesien)
18./19.09.	4. Treffen der Wirtschaftsminister, Kopenhagen (Dänemark)
18./19.09.	AEBF 7, Kopenhagen (Dänemark)
22.-24.09.	**ASEM IV, Kopenhagen (Dänemark)**
2003	
27./28.01.	14. EU-ASEAN-Außenministertreffen, Brüssel, Belgien
06.06.	SOMTI 9, Paris (Frankreich)
05./06.07.	5. Treffen der Finanzminister, Bali (Indonesien)
22.-24.07.	5. Treffen der Außenminister, Bali (Indonesien)
23./24.07.	5. Treffen der Wirtschaftsminister, Dalian (China)
24.-29.08.	7. Asia-Europe Young Leaders Symposium, Ho-Chi-Minh-Stadt (Vietnam)
22./23.09.	1. ASEM-Konferenz zur Terrorismus-Bekämpfung, Peking (China)
27.-29.10.	AEBF 8, Seoul (Korea)
13./14.11.	Informelles SOM, Rom (Italien)

DATUM	EREIGNIS
2004	
17./18.04.	6. Treffen der Außenminister, Kildale (Irland)
06./07.10.	SOM, Hanoi, Vietnam
07./08.10.	AEBF 9, Hanoi
08./09.10.	**ASEM V, Hanoi (Vietnam)**
18.-20.10.	2. ASEM-Konferenz zur Terrorismus-Bekämpfung, Berlin (Deutschland)
29.11.-03.12.	8. Asia-Europe Young Leaders Symposium, Den Haag (Niederlande)
2005	
10.03.	15. EU-ASEAN-Außenministertreffen, Jakarta (Indonesien)
11./12.03.	SOM, Jakarta (Indonesien)
05.05.	SOM, Kyoto (Japan)
06.-07.05.	7. Treffen der Außenminister, Kyoto (Japan)
26.06.	6. Treffen der Finanzminister, Tanjin (China)
18./19.07.	SOMTI 10, Qing Dao (China)
14./15.11.	3. ASEM-Konferenz zur Terrorismus-Bekämpfung, Semarang (Indonesien)
29./30.11.	SOM, London (Großbritannien)
2006	
08.03.	SOM, Wien (Österreich)
08./09.04.	7. Treffen der Finanzminister, Wien (Österreich)
10./11.09.	**ASEM VI, Helsinki (Finnland)**
10./11.09.	AEBF 10, Helsinki (Finnland)
26./27.06.	4. ASEM-Konferenz zur Terrorismus-Bekämpfung, Kopenhagen (Dänemark)
2007	
15.03.	16. EU-ASEAN-Außenministertreffen, Nürnberg (Deutschland)
15./16.05.	5. ASEM-Konferenz zur Terrorismus-Bekämpfung, Tokyo (Japan)
28./29.05.	8. Treffen der Außenminister, Hamburg (Deutschland)
29./30.10.	SOM, Guilin (China)
22.11.	1. EU-ASEAN-Gipfel
2008	
02./03.03.	SOM, Ljubljana (Slowenien)
03./04.04.	6. ASEM-Konferenz zur Terrorismus-Bekämpfung, Madrid (Spanien)
14.-17.06.	8. Treffen der Finanzminister, Jejudo (Korea)
15.-16.04.	SOMTI 11, Maribor (Slowenien)
29./30.06.	SOM, Peking (China)
11./12.06.	7. Treffen der Finanzminister, Bali (Indonesien)
24./25.10.	**ASEM VII, Beijing (VR China)**

Das ASEM war von Anfang an bimodal, aber nicht bipolar konzipiert: Der Dialog umfasste zwei klar unterschiedene Seiten, Asien und Europa, aber die Vertreter der einzelnen Regierungen sprachen jeweils in erster Linie für sich selbst. Da der Prozess in der ersten Phase primär dem gegenseitigen Verständnis und der Entwicklung neuer Kooperationsanstöße im Konsensverfahren diente, war dies insgesamt unproblematisch. Immerhin erforderte aber auch schon diese lockere Form der Kooperation auf beiden Seiten eine gewisse Koordinationsleistung. Für die EU war das einfach: Die Koordinationsaufgabe wurde der Kommission in Verbindung mit der jeweiligen Ratspräsidentschaft übertragen. Auf der asiatischen Seite jedoch mussten Koordinationsmechanismen erst entwickelt werden: 1996 gab es noch keinen organisatorischen Rahmen für die Staaten, die die asiatische Seite von ASEM bildeten, nämlich die ASEAN (mit damals sieben Mitgliedern) sowie die nordostasiatischen Staaten Japan, Südkorea und die VR China. Das ASEM hatte deshalb für die regionale Kooperation in Ostasien eine gewisse katalytische Bedeutung: Um innerhalb von ASEM gemeinsam als „Asien" auftreten zu können, mussten sich die sieben ASEAN-Staaten, China, Japan und Südkorea erstmals koordinieren. Diese Koordination betraf zwar in erster Linie organisatorische und prozedurale Aspekte der Arbeit von ASEM, doch wurden im Rahmen der vorbereitenden Koordination auch inhaltliche Abstimmungen vorgenommen. Das spezifische Format dieser regionalen Zusammenarbeit Ostasiens in ASEM war identisch mit dem malaysischen Projekt einer Ostasiatischen Kooperationsgruppe (East Asian Economic Grouping), die jedoch vor allem aufgrund amerikanischer Opposition keine konkrete Gestalt annehmen konnte.

Der Arbeitsstil von ASEM entsprach den ASEAN-Gepflogenheiten: Er war informell und konsensorientiert, er zielte nicht auf rechtlich bindende Entscheidungen, sondern auf Übereinstimmung, die dann vom jeweiligen Vorsitzenden des Treffens in einem Kommuniqué zusammengefasst wurde. Jedes teilnehmende Land konnte seine spezifischen Präferenzen einbringen und Aktivitäten anregen; den Gastgebern oblag die schwierige Aufgabe, die jeweiligen Treffen wenigstens halbwegs unter eine gemeinsame Thematik zu bringen – falls dies nicht aktuelle Ereignisse für die Organisatoren taten.

3.3 Inhalte von ASEM

Die wichtigsten inhaltlichen Aspekte von ASEM lassen sich anhand der offiziell vereinbarten Dreiteilung der ASEM-Agenda skizzieren, die bereits in Bangkok vorgenommen und danach im Asia-Europe Cooperation Framework präzisiert wurde.[24] ASEM kreist danach zum einen (und vornehmlich) um wirtschaftliche und kommerzielle Zusammenarbeit, daneben um kulturellen Austausch und den politischen Dialog.

3.3.1 Wirtschaftsbeziehungen

Der ASEM-Gipfel in Bangkok stand unter dem Motto „Asiatisch-europäische Partnerschaft für größeres Wachstum" und hatte somit einen explizit ökonomischen Schwerpunkt. Bedeutsam waren in der Folgezeit in diesem wirtschaftlichen Pfeiler von ASEM vor allem Bemühungen um eine Intensivierung der Handels- und Investitionsbeziehungen. In diesem Rahmen wurden in ASEM II in London 1998 Aktionspläne für den Abbau von Handels- und Investitionshemmnissen (Trade Facilitation Action Plan – TFAP und Investment Promotion Action – IPAP) verabschiedet sowie eine Arbeitsgruppe für Zollprobleme eingerichtet. Die Kooperation bei der Beseitigung von Handels- und Investitionshemmnissen sollte dabei in Arbeitsgruppen vorangetrieben und überwacht werden. Im Bereich der Handelspolitik versuchte sich das ASEM zudem für die Stärkung der WTO einzusetzen, kam dabei aber nicht über allgemeine Unterstützungserklärungen hinaus: Bemühungen, etwa im

---

[24] Asia-Europe Cooperation Framework, verabschiedet auf dem ASEM II in London, 04.04.98 (http://asem2.fco.gov.uk/asem2/texts/closing/coopframework.txt), [05.11.99].

Vorfeld der Verhandlungen von Seattle zur Eröffnung der sog. Millenium Round zu gemeinsamen Positionen zu kommen, schlugen fehl.

Neben Fragen der Erleichterung der Handels- und Investitionsbeziehungen standen Vereinbarungen über Technologietransfer, Entwicklungszusammenarbeit und Umweltschutz sowie – im Gefolge der Asienkrise – die Zusammenarbeit im Bereich der Finanzwirtschaft im Mittelpunkt dieses Themenbereichs. So wurde in Bangkok ein Asia-Europe Environment Technology Center eingerichtet, und im Jahr 2000 trafen sich erstmals – neben den Wirtschafts- und Finanzministern – auch die Technologieminister, um auf Einladung Chinas über Entwicklungskooperation und Technologietransfer zu beraten. Zur Überwindung der finanzwirtschaftlichen und sozialen Folgen der Asienkrise wurde ein ASEM Trust Fund mit einem Volumen von Euro 42 Mio. sowie ein European Financial Expertise Network (EFEX) aufgebaut, das den krisenbetroffenen ostasiatischen Staaten europäisches Know-how zugänglich machen sollte. In diesen Bereich gehört auch der Aufbau eines Asia-Europe Business Forum, das einmal jährlich Unternehmer und Regierungsvertreter aus den beiden Regionen zusammenbringt. Der Zweck dieses Forums war ein doppelter: Es sollte zum einen die ASEM-Außenminister in Fragen der Wirtschaftskooperation beraten, zum anderen Geschäftskontakte zwischen den beiden Regionen intensivieren helfen. Das Forum verfügt über keine eigenständige organisatorische Infrastruktur; die Federführung der jeweiligen Zusammenkunft übernimmt die Gastnation. Zum bislang letzten Forum, dem 11., trafen sich in Beijing nach Aussage des abschließenden Berichts des Vorsitzenden „... über 800 hochrangige Geschäftsleute und Regierungsvertreter" vom 21. bis 23. Oktober 2008.[25] In der Liste der Empfehlungen finden sich nur wenige spezifisch auf die europäisch-asiatischen Handelsbeziehungen gemünzten Aussagen; generell zielen sie auf globale Problemzusammenhänge. Gastgeber war Wan Jifei, der Vorsitzende der staatlichen chinesischen Handelsförderungsorganisation China Council for the Promotion of International Trade (CCPIT). Konkret beschäftigte sich das Forum u.a. mit den Bemühungen um praktische Erleichterungen im Bereich des Handelsaustauschs und der Investitionen in Gestalt von Aktionsplänen (Trade Facilitation Action Programme; Investment Facilitation Action Programme), die aber bislang offenbar keine nennenswerten, verbindlichen Fortschritte erbracht haben.[26]

3.3.2 Politischer Dialog

Abschnitt II des Kommuniqués von Bangkok („Fostering Political Dialogue") behandelt die Förderung des politischen Dialogs zwischen den beiden Regionen, der auf der Grundlage des „gegenseitigen Respekts" und der „Nichteinmischung in die inneren Angelegenheiten"[27] des anderen geführt werden soll. Im Rahmen des politischen Dialogs sollten bereits bestehende Foren der Zusammenarbeit vertieft werden (z.B. das ASEAN Regional Forum –

---

[25] The 11th Asia Europe Business Forum, Chairman Statement, einsehbar unter: http://www.aebf11.org/files/up 2008128111335.pdf [5. März 2009].
[26] Ironischerweise findet sich im Kommunique des AEBF in Beijing 2008 die Forderung nach konkreten Zeitplänen für die Umsetzung dieser Aktionspläne unter der Bezeichnung APEC TFAP. Es ist nicht klar, ob hier tatsächlich der Bezug zu den entsprechenden Aktivitäten der APEC hergestellt werden soll, oder ob tatächlich statt APEC ASEM gemeint war. (Ibid.)
[27] Diese Formulierung wurde auf chinesischen Wunsch aufgenommen.

ARF). Die Reform der Vereinten Nationen[28] und Gespräche über beide Seiten interessierende Sicherheitsfragen bilden ebenfalls Elemente des politischen Dialogs, der somit auch eine sicherheitspolitische Kooperationsdimension erhielt.[29] Zu den sicherheitspolitischen Problemen, die auf den ASEM-Gipfeltreffen bislang erörtert wurden, gehörten insbesondere die Herausforderung durch den internationalen Terrorismus sowie die Entwicklungen auf der koreanischen Halbinsel (einschließlich des nordkoreanischen Atomprogramms und seiner Gefahren für die Region und die Nichtverbreitungsordnung), aber auch das gemeinsame Engagement bei der Stärkung weltweiter Initiativen zur Rüstungskontrolle, Abrüstung und Nichtverbreitung von Massenvernichtungswaffen. Die ASEM-Teilnehmer versprachen etwa, sich für die systematische und weltweite Reduzierung bzw. Abschaffung von Nuklearwaffen einsetzen zu wollen. Auch bekräftigten die Teilnehmer ihre Anerkennung der Charta der Vereinten Nationen, der Erklärung der Menschenrechte sowie anderer internationaler völkerrechtlicher Vereinbarungen.

In der Folge erwies sich der politische Dialog als besonders konfliktträchtig. Von europäischer Seite wurden von Anfang an auch Menschenrechtsverletzungen in Ostasien und andere heikle Interna thematisiert, was seitens der ostasiatischen Länder zunächst auf starken Widerstand stieß.[30] Auf der ersten Außenministerkonferenz in Singapur konnten diese Gegensätze fürs erste allerdings weitgehend beigelegt werden; seither beschäftigt sich ASEM mit, wie es heißt, „regionalen und globalen Fragen gemeinsamen Interesses". Dazu zählten u.a. globale Fragen wie die Reform der Vereinten Nationen, Rüstungskontrolle, Abrüstung und Nichtverbreitung von Massenvernichtungswaffen, internationaler Terrorismus und Drogenhandel, Geldwäsche, aber auch regionale Krisenherde wie das ehemalige Jugoslawien, die koreanische Halbinsel und Kambodscha. Korea eignete sich besonders gut, weil sich hier eine breite Übereinstimmung der Positionen gegenüber dem international weitgehend isolierten Nordkorea ergab, von dem auch China zunehmend abrückte. Kontrovers dagegen war vor allem ein Thema und ein Land, das inzwischen selbst zu ASEM gehört: Burma/Myanmar.[31] Mit der Erweiterung der ASEAN um die drei „KLM" Staaten Indochinas (Kambodscha, Laos und Myanmar) 1997 und der EU um zehn neue Mitgliedsstaaten im Jahr 2004 stand praktisch von Anfang des ASEM-Prozesses die Frage nach der Mitgliedschaft von Burma/Myanmar im Raum – eines südostasiatischen Staates, dessen Militärjunta den klaren demokratischen Wahlsieg der Nationalen Liga für Demokratie um Aung San Suu Kyi im Jahr 1990 ignorierte und sich mit Methoden an der Macht hielt, die massive, systematische Verstöße gegen Menschenrechte einschlossen.[32] Der Konflikt spitz-

---

[28] Der im Chairman's Statement erstaunlicherweise nicht unter dem Abschnitt Follow-ups aufgelistete Vorschlag, sich dafür in New York zu treffen, wurde auf Einladung Italiens realisiert.
[29] Chen, Zimin 2005: NATO, APEC and ASEM: Triadic interregionalism and global order, in: Asia-Europe Journal 3:3, S. 361-378.
[30] Vgl. Loewen, Howard 2005: Demokratie und Menschenrechte im Europa-Asien-Dialog – Zusammenprall von Kooperationsstrukturen? In: Asien 95, S. 53-77.
[31] Myanmar ist die von der gegenwärtig herrschenden Militärjunta reklamierte, neue Staatsbezeichnung für Burma, die sich allerdings international nicht vollständig durchgesetzt hat.
[32] Ende Juni 2007 hat das Internationale Komitee vom Roten Kreuz (IKRK) der Militärregierung schwere Menschenrechtsverletzungen vorgeworfen. Normalerweise äußert das IKRK seine Kritik vertraulich, doch da die Machthaber in Burma/Myanmar nicht auf die Vorwürfe reagierten, habe man sie publik gemacht. Neben der Misshandlung von Gefangenen wurde vor allem die Verfolgung der Minderheit der Karen kritisiert. In der aktuellen Rangliste von „Reporter ohne Grenzen" zur Lage der Pressefreiheit liegt Myanmar auf Platz 164 von 168. (Vgl. „Rotes Kreuz stellt Birma an den Pranger", in: Netzeitung vom 29.6.2007 (http://www.netzeitung. de/ausland/684172.html), [Zugriff am 15.7.08]).

te sich schließlich im Vorfeld von ASEM V in Hanoi zu; die europäische Seite boykottierte ein Außenministertreffen, an dem der Außenminister Burmas teilnehmen sollte. Schließlich einigte man sich auf eine Kompromissformel, wonach Burma/Myanmar zwar aufgenommen wurde, in Hanoi aber nicht durch den Staats- bzw. Regierungschef, sondern durch einen Minister vertreten wurde und sich die Kritik an der Junta von europäischer Seite anhören musste.[33] Dies änderte allerdings nichts daran, dass Burma/Myanmar (und damit eines der übelsten Militärregime der Welt mit einer denkbar schlechten Reputation in Menschenrechtsfragen) damit seine gleichberechtigte Teilnahme am ASEM-Prozess grundsätzlich durchsetzen konnte. Immerhin musste sich der Vertreter des Regimes in Helsinki 2006 deutlich schärfere Kritik anhören als zuvor in Hanoi.[34]

3.3.3 Kultur- und Wissenschaftsbeziehungen

Der Aufgabe „Promoting Cooperation in Other Areas" widmet sich Abschnitt IV des Bangkok-Kommuniqués. Hier wird die Bedeutung des interregionalen Austauschs auf den Gebieten Wissenschaft und Technologie, insbesondere in den Bereichen Agrotechnologie, Informations- und Kommunikationstechnologie, Energie und Transport, betont. Ferner schlagen die Teilnehmer in dem Papier eine Verbesserung der Entwicklungszusammenarbeit vor (z.B. Bekämpfung von AIDS, Armutsbekämpfung, Verbesserung der öffentlichen Gesundheitsversorgung) und sprechen sich für eine vertiefte Zusammenarbeit sowohl im Umweltschutz als auch bei der Bekämpfung des internationalen Verbrechens aus.[35] Nicht zuletzt vereinbaren die Teilnehmer, die „people-to-people"-Kontakte im Sinne einer kulturellen und zivilgesellschaftlichen Annäherung der Regionen zu fördern.

Die kulturellen Austauschbeziehungen sollten vor allem durch die Asia-Europe Foundation (ASEF) vorangetrieben werden, die sich insbesondere um den Austausch „an der Basis" (people-to-peole exchanges), unter Intellektuellen (Studentenaustausch, Hochschulkooperation) und zwischen Denkfabriken sowie um den Kulturaustausch bemüht. Daneben übernahm das ASEM die Patenschaft für Seminare der „Nachfolgegeneration" (das erste Young Leaders Meeting fand 1998 in Baden bei Wien statt), eine Tagung von Chefredakteuren in Luxembourg sowie ein Kulturforum in Paris, um nur einige Beispiele zu nennen.[36] ASEF bildet das vielleicht lebendigste und konkreteste Element der ASEM-Aktivitäten; die Stiftung hat dem kulturellen und wissenschaftlichen Austausch und damit der Vertiefung der Kenntnisse der beiden Kontinente übereinander mit ihren vielfältigen Programmen wichtige Impulse gegeben. Zu den bemerkenswerten kulturellen Aktivitäten unter dem Dach des ASEM-Prozesses gehört auch der inter-religiöse Dialog, der durch zwei Konferenzen in Nanjing 2007 und Amsterdam 2008 eingeleitet wurde.

Damit aus dem ersten Gipfeltreffen der ASEM-Prozess im Sinne einer kontinuierlichen und konzertierten Zusammenarbeit entstehen konnte, wurden auf der ersten Gipfelkonferenz in Bangkok einige Folgemaßnahmen auf den Weg gebracht, u.a. ein Treffen der Finanzminister, die Erstellung eines Kooperationsabkommens (Asia-Europe Cooperation Framework), in dem die Grundsätze und Mechanismen für eine langfristige Zusammenar-

---

[33] Pereira, Rui 2005: The fifth ASEM summit, An assessment, in: Asia Europe Journal 3:1, S. 17-24.
[34] Pereira, Rui 2007: The Helsinki Summit and the future course of ASEM, in: Asia Europe Journal 5:1, S. 17-22 (18f).
[35] Gemeint ist hiermit vornehmlich die Bekämpfung des illegalen Drogenhandels, der Geldwäsche, des Terrorismus und der kriminellen Geschäfte mit illegalen Migranten.
[36] Ausführlich informiert hierzu insgesamt die Homepage des ASEF.

beit zwischen den beiden Regionen festgeschrieben werden, die Einsetzung einer Studiengruppe zur Förderung der Zusammenarbeit im Technologieaustausch mit Schwerpunkt in den Bereichen Landwirtschaft und Umweltschutz, die Entwicklung einer engeren Zusammenarbeit der Zollbehörden sowie die Zusammenarbeit bei der Entwicklung des Mekong-Deltas.[37] Zudem wurde mit der Asia Europe Foundation eine eigene Organisation mit Sitz in Singapur und eigenen Finanzmitteln eingerichtet, um den gesellschaftlichen Dialog und die wissenschaftlich-kulturelle Zusammenarbeit zwischen Europa und Asien zu fördern.

Die zukünftigen Funktionen des ASEM sollten vor allem durch die sog. ASEM Vision Group thematisiert werden. Dabei ging es nicht zuletzt um die heikle Frage der Erweiterung von ASEM um neue Mitglieder. Die Vision Group erarbeitete zudem etliche Vorschläge für weitere Aktivitäten, die allerdings insgesamt wenig visionär ausfielen.[38] Die Empfehlungen wurden von den Außenministern der Mitgliedsstaaten verabschiedet und auch auf dem Gipfeltreffen in Seoul 2000 diskutiert.

3.4 ASEM: Erweiterung versus Vertiefung

Schon früh sah sich ASEM mit erheblichem Druck von außen, aber auch von innen im Sinne einer Erweiterung der Mitgliedschaft ausgesetzt. So meldeten etwa Australien und Russland bereits in der Entstehungsphase von ASEM ihr Interesse an einer Mitwirkung an. Vor allem jedoch waren es Prozesse der Erweiterung der ASEAN in Asien und der EU in Europa, die praktisch von Anfang an Erweiterungsschritte in der Mitgliedschaft unvermeidlich machten. Die ASEAN war schon zur Zeit ihrer Gründung 1967 mit dem Ziel angetreten, alle Staaten Südostasiens unter ihrem institutionellen Dach zusammenzuführen; sie hat dieses Ziel der Erweiterung des Kreises der ursprünglich fünf Gründungsstaaten (Indonesien, Malaysia, Philippinen, Singapur und Thailand) auf alle Staaten Südostasiens mit der Einbeziehung des Sultanats Brunei (1984), Vietnams (1995) und schließlich der Erweiterung um Laos und Burma/Myanmar (1997) sowie Kambodscha (1999) inzwischen praktisch erreicht.[39] Die Europäische Union erweiterte sich 2004 um zehn weitere Mitgliedsstaaten auf 25; 2008 kamen Rumänien und Bulgarien hinzu. Eine gegenseitige Anerkennung der Erweiterung beider Regionalinstitutionen war letztlich wohl unabweisbar, zugleich jedoch in mehrerer Hinsicht problematisch: Die Vergrößerung der Mitgliedszahl des ASEM von ursprünglich 25 auf inzwischen 43 Staaten (sowie den EU-Kommissionspräsidenten und inzwischen auch den ASEAN-Generalsekretär, die an den Gipfeltreffen teilnehmen) vergrößerte die ohnehin schon immense Heterogenität und Vielschichtigkeit der Interessenlagen und erschwerte es ASEM, eine eigene organisatorische Identität zu entwickeln. Hinzu kam, dass diese ausgeprägten Unterschiede, wie das Beispiel der EU verdeutlicht, nur mit erheblichem Koordinationsaufwand, großem diplomatischen Geschick und viel politischer Entschlossenheit in gemeinsame Positionen und Entschlüsse zu überführen waren – wofür ASEM angesichts seiner lockeren Kooperationsstrukturen, seiner Orientierung am Konsensprinzip und seines nicht vorhandenen bürokratischen Unterbaus ohnehin schon schlecht gerüstet war. Und schließlich erwies sich die Entscheidung der

---

[37] Vgl. Okfen, Nuria 1999: Das Asia Europe Meeting – eine neue Partnerschaft?, Braunschweig.
[38] Asia-Europe Vision Group: o.J.: A Vision for Asia-Europe Relations, http://www.mofat.go.kr/aevg [6.11.1999].
[39] Seit 1976 hat Papua Neuguinea Beobachterstatus in der ASEAN; Timor Leste, das ehemalige portugiesische, 1975 von Indonesien besetzte Ost-Timor, hat den Status eines offiziellen Kandidaten für die Mitgliedschaft.

ASEAN, auch Burma/Myanmar in den Kreis der Mitgliedsstaaten einzureihen und das Militärregime aufzunehmen, als schwerer Fehler nicht nur für die ASEAN selbst, sondern auch für ASEM, das durch die Auseinandersetzungen um die Mitwirkung Burmas immer wieder blockiert wurde. Dennoch wurde die Erweiterungslinie konsequent fortgesetzt: Da die Mitgliedschaft der EU mit Bulgarien und Rumänien von 25 auf 27 aufgestockt wurde, wollte die asiatische Seite nicht nachstehen. So wurden in Helsinki auch Indien, Pakistan und Mongolei sowie das ASEAN-Sekretariat in ASEM aufgenommen. Im Oktober 2008 trafen demgemäß in Beijing 45 „leaders" (bzw. ihre Vertreter) zu ASEM VII zusammentreffen. Es lässt sich leicht ausrechnen, wie viel – bzw. wie wenig – Redezeit dies für die einzelnen Teilnehmer im Durchschnitt bedeutete!

Im Gegensatz zur EU führte bei ASEM die Problematik der Erweiterung nicht zu erkennbaren Anstrengungen, die Kohäsion und die Handlungsfähigkeit von ASEM auszubauen. Erst 2006 wurde in Helsinki beschlossen, ASEM wenigstens mit einem „virtuellen" Sekretariat auszustatten – bis dahin hatten Vorbehalte vor allem seitens der EU-Kommission und Kostenerwägungen alle derartigen Versuche, eine gemeinsame Koordinierungsinstanz zu schaffen, zum Scheitern verurteilt. Die Last der Organisation des Prozesses lag daher wesentlich bei den jeweiligen Gastgebern, was die Kontinuität der Aktivitäten beeinträchtigte und Institutionalisierungsprozesse im Sinne einer *corporate identity* be-, wenn nicht verhinderte.

Die Folgen waren leicht vorauszusehen: Die wenigen substantiellen gemeinsamen Positionen, die ASEM zu formulieren vermochte, wurden in mehreren Fällen (z.B. Unterstützung für die europäischen Vorschläge zur Erweiterung der Agenda der Doha-Verhandlungen im Rahmen der WTO um die so genannte Singapur-Agenda; gemeinsame Positionierung zwischen neo-liberaler und staatsinterventionistischer Politik im Kontext der Asienkrise) später wieder aufgegeben bzw. in anderen institutionellen Kontexten de facto konterkariert (z.B. die gemeinsame Unterstützung für eine Reform des UN-Sicherheitsrates bzw. für den Post-Kyoto-Prozess). Und die vielfältigen Aktivitäten, die innerhalb des ASEM-Rahmens aufblühten, glichen einem riesigen, sehr bunten Blumenstrauß, der allerdings stets rasch verwelkte: Kaum eine der Aktivitäten entfaltete wirklich Nachhaltigkeit, es gab zahlreiche Überschneidungen und Doppelungen, aber keine erkennbare gemeinsame Linie bei all den Seminaren, *workshops* und Konferenzen, die seit 1996 unter dem Dach der ASEM stattgefunden haben. Das jüngste ASEM-Gipfeltreffen 2008 in Beijing bestätigte diese skeptische Einschätzung: Das Treffen, das (wie ASEM II in London 1998) von einer internationalen Finanzmarktkrise dominiert wurde, blieb mit seinen Ergebnissen noch deutlich hinter den – bescheidenen – konkreten Maßnahmen zurück, die in London beschlossen worden waren. Die gastgebende Regierung in Beijing zeigte wenig Neigung, konkrete Initiativen zu lancieren.[40] Die Abschlusserklärung und auch die spezifische „Erklärung zur internationalen Finanzsituation" (sowie eine weitere Erklärung zu nachhaltiger Entwicklung) lasen sich dementsprechend wohlmeinend-unverbindlich und standen damit in scharfem Kontrast zur Dramatik einer rasch eskalierenden Weltwirtschaftskrise.[41]

---

[40] Vgl. „China Moves to Centre Stage", in: The Economist, 1.11.2008.
[41] Vgl. hierzu die Dokumentation auf der Homepage des japanischen Außenministeriums, das eine der besten Quellen zu ASEM darstellt: http://www.mofa.go.jp/policy/economy/asem/index.html [eingesehen am 5. März 2009].

4 Die Beziehungen zwischen Europa und Ostasien heute: Eine Bestandsaufnahme

Im Folgenden soll der gegenwärtige Stand der bilateralen Beziehungen zwischen Europa und Ostasien aus zwei unterschiedlichen Perspektiven bilanziert werden: Im ersten Abschnitt geht es um den Stand und die Perspektiven der bilateralen Beziehungen im engeren Sinne: Wie stellt sich das Verhältnis heute (Mitte 2008) dar, und welche Ergebnisse brachte der ASEM-Prozess für die Beteiligten? Danach soll ASEM im zweiten Abschnitt als interregionales Element im Kontext globaler Ordnungspolitik auf seine Beiträge zur Stärkung und Fortentwicklung der gegenwärtigen internationalen Ordnung daraufhin untersucht werden, ob und inwieweit es dem ihm innewohnenden Potenzial gerecht werden konnte.

4.1 Die bilateralen Beziehungen

Während die Initiierung des ASEM-Prozesses 1996 zu einer wahren Explosion von offiziellen und inoffiziellen Konferenzen, Seminaren und Workshops geführt hat und das Ergebnis nach 12 Jahren demnach im Sinne des Dialogs und der Interaktionen zwischen Europa und Asien quantitativ eindrucksvoll ist, sind die substantiellen Ergebnisse der Zusammenarbeit nach Einschätzung der überwiegenden Zahl der Experten mager.[42] Diejenigen, die ASEM positiver bewerten,[43] tun sich, wenn es um Fragen der Implementierung und der Einhaltung von gemeinsam getroffenen Vereinbarungen geht, erkennbar hart – wohl nicht zuletzt deshalb, weil die gemeinsam getragenen Aussagen dazu in aller Regel zu vage und zu allgemein sind. Aber auch da, wo die Schlussfolgerungen hinreichend präzise für eine Überprüfung ihrer Einhaltung waren, zeigt sich, dass die Mitgliedstaaten von ASEAN sich immer wieder aus dem ASEM-Konsens verabschiedet haben. Beispiele hierfür liefern etwa die wiederholten Beteuerungen der ASEM-Staaten, die WTO unterstützen und die Doha-Runde zu einem erfolgreichen Abschluss bringen zu wollen, oder die gemeinsame Verpflichtung auf die Initiierung eines Post-Kyoto-Prozesses, aus der sich China bei dem G-8-Gipfeltreffen in Hokkaido in Japan 2008 faktisch verabschiedete.

Aus der Sicht der teilnehmenden Regierungen dürfte diese Bewertung freilich günstiger ausfallen. Dabei ist zunächst festzustellen, dass die Erwartungen der europäischen und asiatischen Seite sich zu Beginn durchaus unterschieden. Während die asiatische Seite primär auf einen unverbindlichen Austausch zwischen Nationalstaaten setzte, suchte die europäische Seite eher konkrete Kooperationsvereinbarungen zwischen Regionen als kollektiven Akteuren. Beide Seiten waren und sind gleichermaßen vor allem daran interessiert, die Wirtschaftsbeziehungen zwischen Europa und Asien zu intensivieren und über den politischen Dialog zugleich auch „soft balancing" gegenüber Amerika zu betreiben.[44] ASEAN war zudem bestrebt, durch die Einbeziehung von Nordostasien in den ASEM-Prozess das eigene Gewicht wirtschaftlich und politisch aufzuwerten und zugleich China

---

[42] Vgl. etwa Rüland, Jürgen 2006: Interregionalism and the Crisis of Multilateralism: How to Keep the Asia-Europe Meeting (ASEM) Relevant, in: European Foreign Affairs Review 11,, S. 45-62; Pereira 2007.
[43] Bersick, Sebastian 2007: Inter-regional Cooperation Beyond ASEM@10: Responding to Rising Extremism and Resurging Nationalism, in: Panorama, Insights into Southeast Asian and European Affairs 1/2007, S. 63-74.
[44] Vgl. Rüland 2006; Hwee, Yeo Lay 2007: Taking stock of ASEM@10, in: Panorama, Insights into Southeast Asian and European Affairs 1/2007, S. 75-82. Der Begriff des soft balancing wurde vor allem von Stephen Walt systematisiert; vgl. Walt, Stephen M. 2005: Taming American Power, The Global Response to US Primacy, New York: W.W. Norton.

politisch weiter einzubinden. Auf der europäischen Seite ging es dagegen vor allem darum, die EU als weltpolitischen Akteur zu stärken und die Zivilisierung der internationalen Beziehungen durch konkrete Vereinbarungen und Institutionen-Aufbau voranzutreiben. Es gab demnach von Anfang an deutliche Unterschiede in den Zielsetzungen und Erwartungen, die die beiden Seiten (und auf asiatischer Seite auch die einzelnen Mitgliedsstaaten) mit dem ASEM-Prozess verbanden, und diese Unterschiede bestehen auch weiterhin. Und selbst da, wo sich Erwartungen und Zielsetzungen ähnelten, ergab sich daraus keineswegs zwingend engere Kooperation, sondern nicht selten eine Verschärfung der Konkurrenz um Märkte. Dies galt etwa für das Interesse beider Seiten, die jeweils anderen Regionen wirtschaftlich „offen" zu halten, um den Zugang zu den jeweiligen Märkten zu sichern und auszuweiten.

In den 12 Jahren des ASEM-Prozesses haben sich die Wirtschaftsbeziehungen zwischen Europa und Asien in der Tat bemerkenswert entwickelt. Es steht allerdings stark zu vermuten, dass dies ohne ASEM nicht anders gewesen wäre. Dafür spricht beispielsweise, dass ein Großteil der Dynamik der Euro-asiatischen Wirtschaftsbeziehungen seit 1996 auf China entfällt, während andere ASEM-Staaten in Asien deutlich weniger von dieser Entwicklungsdynamik profitierten. Auch im Vergleich der Wirtschaftsbeziehungen Europas beziehungsweise Ostasiens mit anderen Weltregionen finden sich keine Hinweise dafür, dass ASEM eine wichtige politische Rolle bei der Dynamisierung der Handels- und Investitionsbeziehungen zwischen Europa und Asien gespielt haben sollte. So stieg der Anteil der Einfuhren der EU (25) aus Asien von 2000 bis 2006 leicht von 12,1 auf 12,5 Prozent, (derjenige Chinas allein freilich von 2,7 auf 5,1 Prozent), während der Anteil Asiens an den Exporten der EU sogar (von 7.5 auf 7,4 Prozent) leicht rückläufig war (China dagegen konnte seinen Anteil von 1,0 auf 1,7 Prozent erhöhen). Der EU-Außenhandel mit Indien, das in dieser Phase nicht in ASEM war, entwickelte sich mindestens ebenso dynamisch wie der EU-Außenhandel mit den ostasiatischen Entwicklungsländern in der ASEM.[45] Europa wie Ostasien haben ihre je eigene Form des „offenen Regionalismus" trotz Asienkrise und wachsender Außenhandels-Ungleichgewichte beibehalten – aber auch hier ist eher zu bezweifeln, ob ASEM dabei eine wichtige politische Rolle gespielt hat. Zudem wirkt die Unterstützung einer offenen, multilateralen Welthandelsordnung durch ASEM etwas fadenscheinig, wenn zugleich vor allem auf aus asiatischer, aber auch auf europäischer Seite in den letzten Jahren die Bemühungen um bilaterale Freihandels-Vereinbarungen forciert werden.

Zu beobachten war im Lauf der letzten 12 Jahre zudem eine deutliche Verschiebung der thematischen Gewichte innerhalb der ASEM von wirtschaftlichen auf politische und sicherheitspolitische Fragen. Diese Verschiebung wurde durch die Terroranschläge des 11. September 2001 wenn nicht ausgelöst, so doch weiter vorangetrieben, und in den letzten Jahren entwickelt sich der Komplex der „menschlichen Sicherheit" insgesamt zu einem Schwerpunkt der ASEM-Agenda. Freilich ist auch in diesem großen Bereich (er umfasst u.a. die Problemfelder Terrorismus, Pandemien, Naturkatastrophen und Klimawandel) nicht erkennbar, ob ASEM tatsächlich in diesem Bereich zu substantiellen Vereinbarungen oder doch wenigstens dazu in der Lage ist, im Rahmen eines komplexen Systems der *global governance* die Rolle eines „multilateralen Dienstleisters" (*multilateral utility*, Christopher

---

[45] Zahlen nach WTO, International Trade Statistics 2007, Genf: WTO 2007, S. 18.

M. Dent[46]) zu übernehmen. Die Intensivierung und Ausdifferenzierung des Dialogs zwischen Europa und Asien ist sicherlich gelungen, und er hat neue Schichten und Gruppen einbezogen. Gelungen erscheint auch die stärkere multilaterale Einbindung der Volksrepublik China; allerdings ist auch hier anzumerken, dass die relative Schwäche des ASEM-Prozesses insgesamt wohl nur sehr geringe Bindewirkung zu entfalten vermag. Wenig erfolgreich waren dagegen die Bemühungen der ASEAN, durch ASEM das eigene wirtschaftliche und politische Gewicht aufzuwerten – eher ist das Gegenteil eingetreten: die ASEAN geriet immer deutlicher in den Schatten Chinas. Auch die Hoffnung der Europäischen Union, sich über den ASEM-Prozess als kollektiven Akteur in der Weltpolitik stärker profilieren und zugleich die Verregelung und Verrechtlichung der internationalen Beziehungen vorantreiben zu können, blieben weitestgehend unerfüllt. Im Kern bleibt ASEM auch nach 12 Jahren trotz all seiner Permutationen, der Vergrößerung der Mitgliedschaft und der Proliferation von Aktivitäten ein „loses Dialogforum" zwischen zwei sehr unterschiedlich strukturierten und organisierten Regionen.

4.2 ASEM als Beispiel des „neuen Interregionalismus"

Wie groß ist nun die Bedeutung von ASEM als neuer Form des Interregionalismus? Und worin besteht überhaupt dessen Potenzial? Ganz grundsätzlich stellen der Interregionalismus im Allgemeinen und der ASEM-Prozess im Besonderen eine politische Reaktion auf rasch wachsende Verflechtungen und damit zunehmende Komplexität im Weltmaßstab dar – kurz: auf die Globalisierung. Der Interregionalismus lässt sich als einer der Versuche des modernen Nationalstaates erklären, in tendenziell globalen Märkten und Problemzusammenhängen politische Steuerungsmöglichkeiten durch zwischenstaatliche Zusammenarbeit zu erschließen bzw. zurückzugewinnen.[47] Diese Steuerungsmöglichkeiten zielen dabei zuvorderst auf Wohlstandsmehrung durch intensivierte Handels- und Investitionsbeziehungen und ganz allgemein durch vertiefte Formen transnationaler Arbeitsteilung. Zum zweiten geht es um die kooperative Bewältigung von Interdependenzproblemen (wie Regelsetzung, Regimebildung oder Krisenprävention) und von spezifischen Interdependenzkonflikten (wie Marktzugangsbarrieren oder Dumping). Und drittens schließlich dient der ASEM-Prozess dazu, Verhandlungsmacht im Mit- und Gegeneinander der großen Industrieregionen bei der Bestimmung der Regeln der internationalen Wirtschaftsbeziehungen zu etablieren. Konkret bedeutete dies für die EU, mit Ostasien eine eigene Kooperationsstruktur aufzubauen, in der die USA nicht vertreten waren.

Es ist vor diesem Hintergrund deshalb zwar nicht völlig falsch, aber doch irreführend, den Interregionalismus als Form der Macht- und Gegenmachtbildung zu behandeln, wie dies etwa Werner Link oder Jürgen Rüland tun.[48] Zwar geht es in ASEM auch darum, Gegenmacht gegen die USA etwa in Verhandlungen um die Welthandelspolitik zu mobilisie-

---

[46] Dent, Christopher M. 2004: The Asia-Europe Meeting and Inter-Regionalism, Towards a Theory of Multilateral Utility, in: Asian Survey 44, 2, S. 213-236.
[47] Vgl. hierzu etwa Hänggi, a.a.O; Maull, Hanns W./Tanaka, Akihiko 1997: The Geopolitical Dimension, in: Council for Asia-Europe Cooperation (Hrsg.): The Rationale and Common Agenda for Asia-Europe Cooperation. Tokio; sowie Roloff, Ralf 1998: Globalisierung, Regionalisierung und Gleichgewicht, in: Masala, Carlo/Roloff, Ralf (Hrsg.): Herausforderungen der Realpolitik. Köln, S. 61-94; und Link, Werner 1998: Die Neuordnung der Weltpolitik, Gundprobleme globaler Politik an der Schwelle zum 21. Jahrhundert. München, S. 99ff.
[48] Link 1998. S. 101; Rüland 2006.

ren. Dabei besteht das Ziel jedoch aufgrund der Interessenlagen Europas wie Ostasiens vorrangig darin, bestehende weltwirtschaftliche Regelwerke zu erhalten und fortzuentwickeln, also tendenziell Machtbeziehungen durch Rechtsbeziehungen zu ersetzen. Davon sind natürlich durchaus auch die eigenen Machtpotenziale betroffen. Präziser als der Begriff „Macht- und Gegenmachtbildung" ist es demnach, von Verhandlungskoalitionen bzw. von Koalitionsoptionen zu sprechen, die auf die Durchsetzung der bestehenden Rechtsordnung und ihre Weiterentwicklung zielen. Weitergehende Strategien scheiden im Verhältnis EU-Ostasien schon deshalb aus, weil sich diese beiden schon in sich sehr heterogenen Regionen auf keine weitergehenden gemeinsamen Interessen und Zielvorstellungen verständigen könnten: Es ergäben sich wohl stets erheblich größere Gemeinsamkeiten jeder Seite mit den USA als untereinander. So begnügt sich denn auch der ASEM-Prozess folgerichtig mit der Bekräftigung, ja Beschwörung der bestehenden internationalen Handels- und Währungsordnung der WTO und des IWF.

Faktisch allerdings wurden diese subtilen Machtmöglichkeiten der Verhandlungschoreographie im ASEM-Prozess bislang kaum genutzt. Wesentlich ging es in diesem Prozess bisher vor allem um Dialog mit dem Ziel, einander besser kennen und verstehen zu lernen (weshalb in den ASEM-Prozess neben der Ökonomie auch der politische und der gesellschaftlich-kulturelle Dialog als zwei weitere tragende Säulen einbezogen wurden) und um Kooperation mit dem Ziel, die (Wirtschafts-)Beziehungen zwischen Europa und Ostasien durch flankierende staatliche Maßnahmen in Zusammenarbeit zwischen Staat, Unternehmen und nichtstaatlichen Akteuren zu intensivieren.

Diese Einbeziehung wirtschaftlicher und gesellschaftlicher Akteure in einen vielschichtigen, aber auch recht diffusen und wenig konkret zielgerichteten Dialog- und Kooperationsprozess ist ein weiteres Charakteristikum des „neuen" Interregionalismus. Bezeichnenderweise wurde der ASEM-Prozess inspiriert von einer Initiative des Weltwirtschaftsforums Davos zur Öffnung und Vertiefung der Beziehungen zwischen Europa und Asien, und er entwickelte rasch ein Asia Europe Business Forum sowie eine Asia-Europe Foundation. Der ASEM-Prozess – wie auch der neue Interregionalismus ganz allgemein – lässt sich deshalb auch als Versuch interpretieren, neue Formen des „Regierens jenseits des Nationalstaates" zu entwickeln.[49]

Grundlage des neuen Interregionalismus wie insbesondere des ASEM-Prozesses ist eine recht geringe Bedeutung des Faktors „Macht" sowie eine annähernde Symmetrie in den Beziehungen zwischen den beiden Regionen. Die Machtpotenziale der beiden Seiten gegenüber der jeweils anderen – ja selbst die Machtpotenziale einzelner Staaten gegenüber denjenigen der anderen Seite – sind zwar nicht völlig irrelevant (man denke etwa an das Verhältnis zwischen den EU-Staaten und Birma/Myanmar), aber doch sehr beschränkt: Grundsätzlich hat keine der beiden Seiten gute Chancen, die andere durch Androhung oder Anwendung von Zwang dazu zu bewegen, ihr Verhalten im gewünschten Sinne zu verändern. Hierzu trägt nicht zuletzt die Kooperation der Mitglieder beider Seiten untereinander bei. Dadurch entsteht eine annähernde Symmetrie der Beziehungen, die insbesondere für Ostasien vor dem Hintergrund der kolonialen Vergangenheit große symbolische und politische Bedeutung hat. Das Schwergewicht der Beziehungen liegt aus diesen Gründen jedoch

---

[49] Vgl. hierzu Reinicke, Wolfgang 1998: Global Public Policy – Governing without Government?, Washington D.C. 1998 und Zürn, Michael 1998: Regieren jenseits des Nationalstaates. Globalisierung und Denationalisierung als Chance, Frankfurt/M.: Suhrkamp; Hänggi, Heiner/Roloff, Ralf/Rüland, Jürgen (Hrsg.) 2006: Interregionalism and International Relations, Abingdon/New York: Routledge.

ganz eindeutig auf Überzeugung und der konsensualen Ermittlung gemeinsamer Zielsetzungen und Beschlüsse. Gerade dieser Aspekt des Interregionalismus könnte jedoch angesichts der weitreichenden Prozesse von Machtdiffusion im internationalen System, die ja keineswegs nur die Beziehungen der Staaten untereinander, sondern auch die Machtverhältnisse zwischen Staat und Gesellschaft bzw. Staat und Markt betreffen, paradigmatische Bedeutung aufweisen.

Der ASEM-Prozess hatte Vorläufer – etwa den bereits erwähnten EU-ASEAN-Dialog oder die institutionalisierte Zusammenarbeit zwischen der EU und Japan seit Anfang der siebziger Jahre, die später durch ähnliche Kooperationsvereinbarungen der EU mit Südkorea und China ergänzt wurde. Das ASEM unterscheidet sich von diesen Vorläufern jedoch nicht nur durch die Breite der Kooperation und die Zahl der Beteiligten, sondern auch durch die vergleichsweise größere Bedeutung nichtstaatlicher Akteure und den eher diffusen Charakter des Dialogs und der Zusammenarbeit im ASEM. In diesem Punkt ähnelt das ASEM jedoch der APEC und neuerdings auch dem transatlantischen Verhältnis, das sich aus alten, durch die Sicherheitspolitik bzw. die handelspolitischen Konflikte zwischen der EU und den USA bestimmten Verhaltensmustern zu emanzipieren beginnt und interregionale Qualitäten im o.a. Sinne entwickelt.[50] Auf der anderen Seite wird sowohl das transatlantische wie auch das transpazifische Beziehungsgeflecht durch das enorme Gewicht der USA und ihrer sicherheitspolitischen Garantien für Europa bzw. für etliche ostasiatische Staaten überschattet und geprägt. Konzeptionell wie ihrer Genese nach sind sowohl die transatlantische wie auch die transpazifische Kooperation „gemeinschaftsbildend" angelegt: Ihr Anspruch besteht darin, gemeinsames Handeln auf der Basis geteilter Werte, Ziele und Interessen zu entwickeln, und sie sind auch organisatorisch eher uniformer als biformer Multilateralismus, also nicht im eigentlichen Sinne interregionale Kooperationsprozesse mit zwei Polen.

Zusammenfassend lassen sich also die Aufgaben des Interregionalismus aus der Sicht des Systems der internationalen Beziehungen folgendermaßen skizzieren: Der Interregionalismus dient als politisches Vehikel der Vertiefung von Interdependenz zur beiderseitigen Wohlstandsmehrung und zugleich zur Bewältigung der damit verbundenen politischen Aufgaben und Konflikte durch flankierende Maßnahmen der Politik sowie Kooperationen zwischen staatlichen und nichtstaatlichen Akteuren. Der Beitrag des Interregionalismus zum Interdependenzmanagement liegt dabei primär in Dialog und Konsensbildung zwischen den Beteiligten mit Blick auf globale Ordnungsstrukturen. Im Rahmen globaler und anderer interregionaler Kooperationszusammenhänge und Regelwerke lässt sich der Interregionalismus auch als Mechanismus der Verhandlungsführung und der „checks and balances" nutzen.

5 ASEM: Eine Bewertung

Kann ASEM also nun als eine Erfolgsstory gelten? Bislang produzierte der Prozess vor allem Ministertreffen, Seminare, Tagungen und Projektgruppensitzungen; wo konkrete Ergebnisse des ASEM-Prozesses präsentiert wurden, sind diese – wie ASEF oder die Akti-

---

[50] Vgl. etwa Czempiel, Ernst-Otto 1999: „Europa und die transatlantische Gemeinschaft", in: ApuZ B 1-2/99, S. 12-21; Bierling, Stefan 1998: „Amerika führt –Europa folgt? Eine Partnerschaft sucht ihren Zweck", in: Die Internationale Politik 53, 2, S. 9-18.

onspläne zu Handels- und Investitionsfragen – eher bescheiden und im Wesentlichen als Wechsel auf die Zukunft zu verstehen. Ob sich die Beziehungen zwischen Europa und Ostasien ohne ASEM wesentlich anders entwickelt hätten, darf bezweifelt werden: Die Dynamik der Beziehung beruht ja vor allem auf den Aktivitäten von Unternehmen und anderen nichtstaatlichen Akteuren.

Die wirtschaftliche Zusammenarbeit zwischen den beiden Regionen wurde durch die Asienkrise seit Mitte 1997 erstmals auf ihre Belastbarkeit geprüft. Insgesamt fiel dieser Test für Europa positiv aus: Die europäischen Exporte nach Ostasien mussten zwar im Gefolge der z.T. scharfen Wirtschaftseinbrüche in Ostasien empfindliche Einbußen hinnehmen, doch blieben die europäischen Märkte für Exporte aus der Region offen. Die Bemühungen, im Rahmen von ASEM auch politisch zur Bewältigung der Krise beizutragen, waren dagegen wenig gewichtig: Sie führten zu zwei eher bescheidenen, wenngleich nützlichen Programmen – dem ASEM Trust Fund für Projekte zur Verbesserung der Finanzsysteme und zur Linderung der sozialen Folgen der Asienkrise und einem zentral verwalteten Register von europäischen Finanzexperten, die technische Hilfestellung bei der Reform der Finanzsysteme in Ostasien leisten können. Diese Projekte hatten eher symbolische als praktische Bedeutung: Sie demonstrierten den Asiaten, dass die Europäer die neu begründete Beziehung unter widrigen Umständen nicht einfach aufkündigen würden.[51]

Der ASEM-Prozess hat insgesamt also zur Vertiefung der euro-asiatischen Beziehungen beigetragen, wenngleich wohl nur in bescheidenem Maße. Und er war und bleibt pragmatisch nützlich: ASEM-Gipfeltreffen bieten gute Möglichkeiten, die Diplomatie durch die zeitgleiche Zusammenlegung von bilateralen Treffen mit ASEM-Gipfeltreffen zu rationalisieren und damit Zeit zu sparen. Man trifft sich im ASEM-Kontext und erledigt dabei auch gleich bilaterale Hausaufgaben. So schaffte es Frankreichs Staatspräsident Jacques Chirac etwa, sich am Rande des ersten ASEM in Bangkok mit allen asiatischen Kollegen auch bilateral zu treffen.

ASEM kann in diesem Zusammenhang aber zugleich auch als Möglichkeit verstanden werden, innenpolitische Legitimität zu gewinnen und Entscheidungsprozesse unter Verweis auf diplomatische Zwänge gegenüber Partnerländern voranzutreiben. Wie eingangs argumentiert, ist ASEM als ein Element der Bemühungen des Nationalstaates zu werten, politische Gestaltungsspielräume zu bewahren bzw. auszuweiten. Diese Bemühungen setzen jedoch nicht nur auf reale Erfolge, sondern auch auf politische Symbolik: Innenpolitische Legitimität lässt sich auch über symbolische Politik gewinnen, wenngleich diese Form der Legitimität natürlich fragiler ist als Legitimität über Ergebnisse. Der ASEM-Prozess befriedigt insbesondere in seinen Gipfeltreffen innenpolitische Strategien des Machterhalts und Prestigegewinns durch politischen Symbolismus. Natürlich kann auch politischer Symbolismus unter bestimmten Umständen handlungsleitend wirken, und es ist nicht auszuschließen, dass der ASEM-Prozess perspektivisch über seine politische Symbolik auch verhaltensändernd wirken kann. Aber die Gefahr, dass der Prozess zur leeren Hülse, zum Selbstzweck wird, ist nicht von der Hand zu weisen.

Hinzu kommen die Probleme kollektiver Handlungsfähigkeit, die im Rahmen von ASEM für beide Seiten erheblich sind. Zum „postmodernen" Charakter der europäischen Beziehungen zu Ostasien von ASEM etwa gehören gewisse Defizite in der Geschlossenheit des Auftretens und damit der Handlungsfähigkeit der EU in und mit Ostasien. Ganz offensichtlich ist dies im Bereich der Wirtschaftsbeziehungen: Europäische Unternehmen kon-

---

[51] Vgl. Dent 1999, S. 382.

kurrieren dort mit nichteuropäischen, aber auch mit anderen europäischen Firmen. Im Zuge der (problematischen, inzwischen aber verbreiteten) diplomatischen Unterstützung der eigenen Unternehmen gerieten darüber auch europäische Regierungen in eine ungute Konkurrenzsituation, die „ihren" Unternehmen Staatsaufträge zu sichern versuchten. Beispiele hierfür lieferte die Konkurrenz deutscher und französischer Unternehmen und Diplomaten um einen südkoreanischen Großauftrag zum Bau einer Hochgeschwindigkeitsbahnlinie von Seoul nach Pusan oder das diplomatische Werben der Europäer um den chinesischen Markt, über dem die Geschlossenheit des europäischen Auftretens gegenüber China in der UN-Menschenrechtskommission in Genf zerbrach.[52]

Aber auch über spezifische kommerzielle Interessen hinaus gibt es auf beiden Seiten erhebliche Divergenzen und Interessensunterschiede untereinander, die die Formulierung und Implementierung gemeinsamer Positionen im ASEM-Kontext erschweren. Und selbst dort, wo diese Divergenzen eher untergeordnete Bedeutung haben, fehlen auf beiden Seiten immer wieder auch die organisatorischen Voraussetzungen für die effektive Koordination der regionalen Positionen. Dieses Phänomen lässt sich in den größeren Zusammenhang einer Transnationalisierung der internationalen Politik einordnen: Die postmoderne internationale Politik bringt Regierungen immer öfter und immer enger in Entscheidungszusammenhänge mit nichtstaatlichen Akteuren (Unternehmen, NGOs), deren Ergebnisse sie oft nur noch mit Mühe zu kontrollieren vermögen. Weil ASEM kaum ernsthafte Entscheidungen zu fällen hat, fällt es leicht, derartigen transnationalen (Politik-) Netzwerken großen Raum zu geben. So blühen im ASEM-Kontext viele bunte Blumen, oft allerdings auch nur wenige Tage oder Stunden.

Dennoch sollten die Erträge und vor allem das Potenzial des ASEM-Prozesses nicht unterschätzt werden. Gegenwärtig und für die kommenden Jahre liegt die Bedeutung von ASEM vor allem eben in seinem Prozesscharakter, der – im günstigen Falle – Voraussetzungen für substanzielle Beiträge zum Erhalt und zur Vertiefung regionaler und globaler Ordnungsstrukturen schaffen könnte. Gelänge dies, so könnte die Kooperation zwischen Europa und Ostasien diesen die Fähigkeit zur Initiative etwa in der WTO oder den UN dort verschaffen, wo die USA auf eine Führungsrolle verzichten oder sich einer multilateralen Ordnung gar verweigern. Derartig koordinierte Gegenpositionen der EU und Ostasiens zu amerikanischem Unilateralismus könnten die amerikanische Politik positiv beeinflussen oder doch zumindest Vetomacht gegen einen derartigen US-Unilateralismus aufbauen. Plausibel erscheint dies insbesondere in der internationalen Handels-, Finanz- und Währungspolitik, doch lassen sich auch im UN-Kontext und anderswo derartige Szenarien durchaus vorstellen. Bislang allerdings haben Europa und Ostasien von diesem Potenzial kaum jemals ernsthaft Gebrauch gemacht – mit einer einzigen Ausnahme: Im Kontext der Spannungen auf der koreanischen Halbinsel fanden sich die ASEM-Staaten, beginnend mit ASEM III in Seoul, zu einer gemeinsamen Position der Unterstützung Südkoreas und des Offenhaltens der Verhandlungskanäle mit Nordkorea zusammen.

Dass die Beziehung zwischen Europa und Ostasien – und insbesondere der ASEM-Prozess – primär auf die Vertiefung der Wirtschaftskooperation und des gegenseitigen Verständnisses zwischen den beiden Regionen zielt, schließt aber auch jetzt schon weitergehende stabilitäts- und ordnungspolitische Ambitionen nicht aus: In der ASEM-Rhetorik nimmt die Unterstützung regionaler und globaler Ordnungsstrukturen schon heute einen

---

[52] Vgl. hierzu Maull, Hanns W. 1997: „Reconciling China with International Order", in: The Pacific Review.10, 4, S. 466-479.

breiten Raum ein. Dies gilt insbesondere für die UN und die WTO. Aber es geht dabei meist um kaum mehr als Rhetorik, selten einmal auch um substanzielle Zusammenarbeit wie etwa bei der Entscheidung der EU und Japans, die Liberalisierung der Finanzdienstleistungen auch ohne die USA voranzutreiben und durchzusetzen. Hier zeigte sich, dass euroasiatische Kooperation durchaus in der Lage wäre, Defizite in der amerikanischen Führungsrolle in multilateraler Ordnungspolitik zumindest punktuell zu kompensieren.

Derartige Initiativen blieben allerdings die Ausnahme. Dies bedeutet jedoch unter dem Strich, dass der Beitrag von ASEM zur Erhaltung und Stärkung der internationalen Wirtschaftsordnung insgesamt negativ einzuschätzen ist, weil auch Nichthandeln eine Form des politischen Agierens ist: ASEM (wie auch seine Mitglieder in ihrem Agieren in anderen institutionellen Kontexten) blieben mit ihren Beiträgen zur globalen Ordnung hinter ihrer ihrem Gewicht und ihren Möglichkeiten geschuldeten Verantwortung zurück. Auch in der internationalen Umweltpolitik scheint die Bilanz nicht besser auszufallen, wenngleich die gemeinsame Position zum Post-Kyoto-Prozess noch relativ neu ist.

Erkennbar ist aber jedenfalls, dass die in Helsinki in dieser Frage demonstrierte Einhelligkeit[53] im Kontext des Treffens der G-8 mit der G-5 (Gruppe von fünf wichtigen Schwellenländern, darunter die ASEM-Mitglieder China und Indien) während des G-8-Gipfels in Hokkaido 2008 nicht mehr relevant erschien.

Vielleicht noch am signifikantesten war der Beitrag der euro-asiatischen Kooperation zu regionaler und globaler Stabilität im Bereich der Sicherheitspolitik. Zwar wird die sicherheitspolitische Zusammenarbeit, die formal auch in den ASEM-Dialog einbezogen ist, faktisch primär in anderen Kontexten verfolgt. Immerhin leistete aber vor allem Europa in Ostasien bescheidene, aber durchaus substanzielle Stabilitätsbeiträge sowohl im Sinne der Krisenprävention wie auch des Krisenmanagements. Hier sind etwa die europäische Beteiligung an ARF[54] und KEDO[55] wie auch an den UN-Missionen in Kambodscha und Osttimor, aber auch die EU-Mission der Europäischen Sicherheits- und Verteidigungspolitik in der indonesischen Provinz Aceh sowie – im umgekehrten Sinne – die Beteiligung ostasiatischer Friedenstruppen an UNPROFOR und UNMIBH (der UN-Folgemission in Bosnien) im ehemaligen Jugoslawien zu nennen. Auch die europäische Entwicklungshilfe für Ostasien (die die amerikanischen Beiträge um ein Mehrfaches übersteigt) und insbesondere humanitäre Hilfsleistungen für Nordkorea lassen sich als Elemente des präventiven Konfliktmanagements identifizieren (wie dies die Europäische Kommission im Falle Nordkoreas auch explizit getan hat, indem sie die humanitäre Nahrungsmittelhilfe für Nordkorea als Beitrag zur Stabilität auf der koreanischen Halbinsel bezeichnete).[56] Und schließlich sei noch einmal auf die gemeinsame ASEM-Linie zu Korea eingegangen, die ab 2002 faktisch zu einer Gegenposition zur harschen Koreapolitik der Bush-Administration wurde. In diesem Falle ist nicht völlig auszuschließen, dass die gemeinsam vertretene, flexiblere Linie der ASEM-Staaten, die ja immerhin nicht nur die EU, sondern auch China, Japan und Südkorea einbezog, dazu beigetragen hat, die Position der Bush-Administration schließlich aufzuweichen und sie zu einer neuen Runde von bilateralen Verhandlungen mit Pjöngjang

---

[53] Vgl. hierzu die ASEM6 Declaration on Climate Change, Helsinki, 10.-11.Sept. 2006 einsehbar unter: http://www.asem6.fi/news_and_documents/en_GB/1157981028054 [01.09.08].
[54] Vgl. den Beitrag von Ryôma Sakaeda in diesem Band.
[55] Vgl. den Beitrag von Sebastian Harnisch und Martin Wagener in diesem Band.
[56] Vgl. Drifte, Reinhard 1998: The EU, KEDO, and Humanitarian Aid, Paper Prepared for the Conflict Prevention Network Conference in Brussels, 13.10.1998.

im Kontext der Sechs-Parteien-Gespräche zu bewegen.[57] Allerdings sind alle diese Beiträge bislang stets reaktiv und subsidiär gewesen; sie wurden erbracht im Kontext bereits etablierter Initiativen und umfassten im Vergleich zu den insgesamt aufgewendeten Ressourcen eher marginale Leistungen.[58]

Dennoch: Bei allen Einschränkungen hinsichtlich ihrer begrenzten kollektiven Handlungsfähigkeit und ihrer „postmodernen" Offenheit haben die beiden Regionen mit ASEM eine neue Qualität ihrer außenpolitischen Handlungsfähigkeit gewonnen. Insbesondere für die EU stellt die Asienpolitik durchaus eine Erfolgsstory dar. Es gelang ihr insgesamt recht gut, die verschiedenen Akteursmodi der EU-Staaten (einzelstaatlich sowie gemeinsam im Rahmen der GASP und der EG-Außenbeziehungen) zu bündeln und zusammenzuführen. Insgesamt hat Europa durch ASEM in Ostasien an Statur gewonnen, ein Gewinn, der allerdings durchaus noch fragil und gefährdet ist und durch – aus asiatischer Wahrnehmung – europäische Arroganz und europäisches Desinteresse, das etwa an der z.T. unbefriedigenden Präsenz der europäischen Staats- und Regierungschefs bei den gemeinsamen Gipfeltreffen festgemacht wurde, auch schon Rückschläge erfahren hat.

Insgesamt handelt es sich bei der Gewichtszunahme Europas in Ostasien eindeutig um ein Phänomen der „soft power": Europa tritt in Ostasien nur marginal als Stütze regionaler Stabilität in Erscheinung. Bedeutsam ist für Ostasien vielmehr eher die Attraktivität europäischer Modelle und spezifischer europäischer Problemlösungen. Dies gilt derzeit vor allem für den Bereich der Währungskooperation (wobei der Euro in Ostasien nicht nur Ansporn zu vermehrten eigenen Kooperationsbemühungen ist, sondern aus der Sicht Ostasiens auch als Element globaler struktureller Macht Europas erscheint). Zum zweiten steht das europäische Modell des modernen Sozialstaates – bei allen Fehlentwicklungen und Strukturproblemen, die seine im einzelnen ja auch sehr unterschiedlichen Ausprägungen in Europa kennzeichnen mögen – Ostasiens Wirtschafts- und Sozialphilosophien grundsätzlich näher als das amerikanische Modell. Aus der Beschäftigung mit europäischen Lösungen etwa zur Bekämpfung von Umweltproblemen oder zur Gewährleistung sozialer Sicherheit können für Ostasien Anregungen für die eigene Problembewältigung entstehen (und umgekehrt).

Ein dritter Bereich der „soft power" betrifft schließlich die fundamentalen politischen Werte der Europäischen Union: Menschenrechte, Rechtsstaat und Demokratie. Hier ist die Wirkung der europäischen Modelle durchaus ambivalent: Während das – mit Rücksicht auf wirtschaftliche Interessen oft durchaus zurückgenommene – Engagement der europäischen Seite für diese Werte bei einigen der ostasiatischen Regime als bedrohliche „Einmischung in innere Angelegenheiten" zurückgewiesen wird, beflügelt es die – oft oppositionellen – demokratischen Kräfte und hilft somit, politischen Wandel zu induzieren. In den letzten Jahren ist Europa dabei vor allem aufgrund der bemerkenswerten Wachstumserfolge Chinas und seines rasch wachsenden Einflusses in der Dritten Welt[59] allerdings zusehends in die Defensive geraten.

In Ostasien ist dagegen ein nicht ganz unproblematisches Konkurrenzverhältnis zwischen dem ASEM und der EU-ASEAN-Kooperation entstanden, das aus der Sicht der

---

[57] Vgl. hierzu den Beitrag von Sebastian Harnisch und Martin Wagener in diesem Band.
[58] Stares, Paul B./Regaud, Nicolas 1997: The European Contribution to the Security of Asia Pacific: An Initial Assessment. Paper prepared for the JIIA-IFRI conference on „Japan and France in a Changing International Security Environment", Tokyo, June 23-24 und dies. 1997: „Europe´s Role in Asia-Pacific Security", in: Survival 39,4, S. 140-155.
[59] Vgl. Cooper Ramo, Joshua 2004: The Beijing Consensus, London: Foreign Policy Centre sowie die Kritik daran bei Möller, Kay 2006: The Beijing Bluff, in: Survival 48, 2, S. 137-146.

ASEAN zu einer Ausdünnung und Relativierung des Einflusses der ASEAN in den internationalen Beziehungen beitragen könnte. Hinzu kommt, dass in den letzten Jahren in Ostasien mehrere multilaterale Formate unterschiedlichen Zuschnitts entstanden sind, die ebenfalls eher miteinander konkurrieren als sich zu ergänzen: das Format ASEAN plus China, ASEAN plus drei (China, Japan, Südkorea) sowie die ostasiatischen Gipfeltreffen, die inzwischen auch Indien, Pakistan, Australien und Neuseeland einschließen. Vor allem jedoch wird die Fähigkeit Ostasiens, kollektiv zu handeln, durch die Heterogenität der Gruppe von Staaten und durch das spezifische Souveränitäts-Konzept beschränkt, das in der Region vorherrscht. Der Inter-Regionalismus ist in diesem Zusammenhang nicht nur positiv zu bewerten: zum einen fördert er einen gewissen Inklusions-Automatismus, zum anderen und vor allem aber führt die Fähigkeit einer Region – wie in diesem Falle Ostasiens – , sich im Zusammenhang mit der ASEM in ihrem Auftreten zu koordinieren, zur Überschätzung ihrer kollektiven Handlungsfähigkeit in politisch gewichtigen Fragen. Tatsächlich kann weder für ASEAN noch für Ostasien insgesamt von einer solchen kollektiven Handlungsfähigkeit ausgegangen werden, solange das Militärregime in Burma zur ASEAN gehört oder solange die Grundlagen des bilateralen chinesische-japanischen Verhältnisses sich nicht erheblich zum Besseren gewandelt haben.

6   Ausblick

Welche Zukunftsperspektiven bestehen für den ASEM-Prozess und die Beziehungen zwischen der EU und Ostasien insgesamt? Ganz offenkundig lebt der Prozess derzeit primär von den noch ungenutzten Chancen für gemeinsame Kooperationsgewinne. Er könnte sich allerdings perspektivisch dann durchaus zu einem wichtigen Element globaler Ordnungspolitik entwickeln, wenn es in beiden Regionen gelänge, das Engagement für globale Ordnungsstrukturen zu verstärken und die USA in ihrer Rolle als wichtigstem Produzenten öffentlicher Güter im Weltmaßstab zu entlasten. Dies würde zugleich auch bessere Voraussetzungen für ein Einwirken der beiden Regionen auf die USA im Sinne globaler Ordnungspolitik schaffen. Europa und Ostasien müssten dazu – koordiniert über das ASEM – die Stärkung multilateraler Institutionen wie der UN, der WTO und des IWF vorantreiben und zugleich dafür Sorge tragen, dass sie selbst den Vorgaben und Anforderungen dieser globalen Ordnung entsprechen. Die entscheidenden Voraussetzungen hierfür könnte wohl nur China erbringen, dessen außenpolitischer Einfluss in ganz Ostasien denjenigen der ASEAN und auch Japans immer mehr in den Schatten stellt: Wenn China bereit wäre, sein politisches Gewicht in diesem Sinne einzusetzen und dazu auch die unterschwellige Konkurrenzbeziehung mit Japan zu überwinden, könnte der ASEM-Multilateralismus tatsächlich entscheidend an Effektivität gewinnen.

Der Vorzug von ASEM wäre aus dieser Sicht gerade in seinen postmodernen und spezifisch interregionalistischen Strukturen und Prozessmustern zu sehen: Gerade weil ASEM auf die Konsensfindung in einer sehr heterogenen Gruppe angewiesen ist und die Beziehung machtpolitisch wenig „aufgeladen" ist, könnte sie die Entwicklung und Verfestigung globaler Ordnungsstrukturen vorantreiben. Der wichtigste Modus der Ordnungspolitik wären dabei Überzeugung und gutes Beispiel, die wichtigsten Adressaten die beiden Regionen selbst und die USA.

Allerdings steht diesen viel versprechenden Perspektiven des ASEM-Prozesses seine Embryonalität und Fragilität gegenüber. Das ASEM wurde bislang kaum ernsthaft genutzt, und es ist unklar, wie belastbar der Prozess unter ungünstigen Voraussetzungen wäre. Das ASEM ist – derzeit jedenfalls – wenn schon keine Schönwetterbeziehung, so doch sicherlich noch kein „effizienter" Bestandteil der internationalen Ordnung. Seine innen- und regionalpolitischen Fundamente sind insbesondere in Ostasien wenig gefestigt: Vor allem China und Indonesien, die zwei volkreichsten Staaten der Region, aber auch eine Reihe anderer Staaten stehen mitten in komplexen ökonomischen und politischen Transformationsprozessen mit hohem Instabilitätspotenzial und unsicheren Zukunftsperspektiven, und Ostasien als Region wird politisch durch einige gewichtige regionale Spannungs- und Konfliktherde zerklüftet. Hierzu zählen vor allem die geteilten Nationen China/Taiwan und Nordkorea/Südkorea, aber auch die Territorialkonflikte im Chinesischen Meer und die verdeckte Machtrivalität zwischen Japan und China. Zwischen Europa und Ostasien gibt es – vor allem in Grundfragen der Ordnungspolitik – durchaus unterschiedliche Positionen, die die Beziehungen behindern könnten. Vor allem aber beruht die Funktions- und Leistungsfähigkeit von ASEM in letzter Analyse auf der außenpolitischen Orientierung der beiden Supermächte des 21. Jahrhunderts: den USA und China. Nur wenn diese beiden (der eine im ASEM, der andere außerhalb) sich bereit finden, eine genuin multilaterale, auf Zivilisierung, Institutionalisierung und Verrechtlichung zielende internationale Ordnung ins Zentrum ihrer eigenen Außenpolitik zu rücken, wird der europäisch-ostasiatische Interregionalismus sein Potenzial entfalten können.

Hanns W. Maull

Die Asia-Pacific Economic Co-operation (APEC): Institutionelle Kontinuität trotz relativer Bedeutungslosigkeit

1 Einführung

Die Asia Pacific Economic Co-operation (APEC) wurde im Jahr 1989 in Canberra (Australien) als lockeres Kooperationsforum der Handels- und Außenminister aus zwölf Pazifik-Anrainerstaaten gegründet. Vertreten waren damals die sechs Mitgliedsländer Brunei, Indonesien, Malaysia, die Philippinen, Singapur und Thailand der Association of South East Asian Nations (ASEAN) sowie die USA, Kanada, Australien, Neuseeland, Japan und Südkorea. Seither hat die APEC Prozesse der Erweiterung und der Institutionalisierung durchlaufen, die sich folgendermaßen skizzieren lassen:

Erweiterung: Im Jahr 1991 stießen die Volksrepublik China, Hongkong und Taiwan zur APEC hinzu. Beijing akzeptierte die Einbeziehung der beiden anderen „Chinas" trotz seiner Ein-China-Politik mit der Begründung, die APEC organisiere ausschließlich wirtschaftliche Zusammenarbeit, habe keine genuin außen- und sicherheitspolitische Bedeutung und präjudiziere deshalb auch nicht das Recht Chinas auf Wiedervereinigung und Alleinvertretung. Politisch erklärt sich die Zustimmung Beijings vor allem durch die relative außenpolitische Schwächung und Isolierung der Volksrepublik nach der Niederschlagung der Demokratiebewegung auf dem Platz des Himmlischen Friedens im Juni 1989.[1] Auf der 4. Ministerkonferenz im Jahr 1993 in Seattle wurden Mexiko und Papua-Neuguinea aufgenommen, 1994 Chile. Im Jahr 1998 kamen Vietnam, Peru und die Russische Förderation hinzu.

Institutionalisierung: Auf Beschluss eines Ministertreffens wurde für die APEC 1992 ein kleines Sekretariat mit Sitz in Singapur eingerichtet und eine systematische Finanzierungsgrundlage für die Arbeit der APEC geschaffen, die allerdings sehr bescheiden ist (für das Haushaltsjahr 2007 stellten die Mitgliedsstaaten insgesamt 3,86 Mio. USD zur Verfügung)[2]. Das Sekretariat koordiniert die Aktivitäten der APEC und stellt Informationen für Mitgliedsregierungen und Öffentlichkeit zur Verfügung; es wird dabei unterstützt von einer kleinen Forschungs- und Analyseeinheit. Im Rahmen dieses Ministertreffens fällte die APEC zugleich erstmals bescheidene, aber konkrete handelspolitische Liberalisierungsentscheidungen (wie die Harmonisierung und Erleichterung der Zollverfahren); zugleich wurde beschlossen, eine Gruppe bekannter Persönlichkeiten (Eminent Persons Group – EPG) mit der Ausarbeitung einer Vision für die zukünftige Gestaltung der Handelsbeziehungen in

---

[1] Zhang, Yunling 1998, China and APEC, in: Aggarwal, Vinod K./Morrison, Charles E. (Hrsg.) Asia-Pacific Crossroads, Regime Creation and the Future of APEC. New York, S. 218; Klintworth, Gary 1995: „China´s Evolving Relationship with APEC", in: International Journal, 50:3 (Summer 1995), S. 488-515.
[2] Ministry of Foreign Affairs, Japan 2006: APEC Reform 2006 Deliverables, http://www.mofa.go.jp/policy/economy/apec/2006/reform.html [24.1.2008].

Asien-Pazifik und der Ausarbeitung von Vorschlägen für die zukünftige Entwicklung der APEC zu betrauen. Im Jahr 1993 fand das erste informelle Treffen der Staats- und Regierungschefs (aus Rücksichtnahme auf die volkschinesische Ein-China-Position als Treffen der „Economic Leaders" bezeichnet) auf Blake Island an der US-amerikanischen Pazifikküste statt; der taiwanesische Staatspräsident musste diesem (wie auch den folgenden) Gipfeltreffen fernbleiben. Dort wurde die Verabschiedung einer handelspolitischen Liberalisierungsvision auf der Grundlage des Berichtes der EPG sowie die Institutionalisierung einer Reihe weiterer APEC-Aktivitäten (wie etwa regelmäßige Treffen der Finanzminister und der Wirtschaftsminister für kleine und mittelständische Betriebe), eines beratenden Wirtschaftsforums (APEC Business Forum) und eines Zentrums für Technologietransfer beschlossen. Im Jahr 1994 verständigten sich die Minister und ihre Staats- und Regierungschefs in Indonesien (APEC-Ministertreffen in Jakarta, Gipfeltreffen in Bogor) auf ein Liberalisierungsprogramm zum vollständigen Abbau der Zoll- und Handelsschranken bis zum Jahr 2010 (entwickelte Länder) bzw. 2020 (Entwicklungsländer). Dieses ambitionierte Liberalisierungsprogramm wurde dann auf den Treffen in Japan (Osaka 1995) und den Philippinen (Manila bzw. Subic Bay 1996) durch nationale und integrierte „Aktionspläne" konkretisiert. In Kanada (Vancouver 1997) wurde der Versuch unternommen, diese Liberalisierungspläne durch einen vorgezogenen Abbau von Handelsbarrieren in neun prioritären Industriesektoren[3] zu beschleunigen; dieser Versuch scheiterte aber.

Seit dem Jahr 1998 hat sich der in den ersten Jahren recht dynamische Entwicklungsprozess der APEC, der im Jahr 1994 seinen Höhepunkt mit einem im Rahmen des Gipfeltreffens in Bogor (Indonesien) umfassenden Handelsliberalisierungsvorhaben[4] erreichte, wesentlich verlangsamt; die Organisation hat insgesamt deutlich an Gewicht und Bedeutung verloren. Über die Relevanz dieses Kooperationsprozesses für die regionale Stabilität in Ostasien-Pazifik, den ein Spötter einmal als „vier Adjektive auf der Suche nach einem Substantiv" beschrieben hat, bestanden unter den Experten von Anfang an stark divergierende Einschätzungen. Die Bandbreite reichte dabei von überschwänglichen Reaktionen nicht nur aus Regierungskreisen, sondern auch seitens mancher Wissenschaftler,[5] bis hin zur Einschätzung der APEC als irrelevantes Forum.[6] Seit dem Ausbruch der „Asienkrise" im Sommer 1997, bei deren Bewältigung die APEC kaum eine Rolle spielte, haben die APEC-Kritiker in diesem Diskurs eindeutig die Oberhand gewonnen.[7] Im Eifer dieser Debatten ging allerdings gelegentlich der Blick darauf verloren, mit welchen Erwartungen die APEC eigentlich gegründet wurde und was man vernünftigerweise von ihr erwarten kann.

Im Folgenden soll versucht werden, die Ergebnisse der Arbeit der APEC seit Beginn der Asienkrise zu bewerten. Die Hauptthese der Argumentation erscheint dabei paradox:

---

[3] Zu diesen Sektoren zählten u.a. der Energiesektor, die Telekommunikation, chemische Produkte, medizinische Geräte und Ausrüstungen sowie Holzprodukte.
[4] Ziel war danach „free and open trade and investment in the Asia-Pacific by 2010 for developed economies and 2020 for developing economies."
[5] Crone, Donald 1992: „The Politics of Emerging Pacific Co-operation", in: Pacific Affairs 65,1 (Spring), S. 69-83. Ebenso: Katzenstein, Peter/Shiraishi, Takashi (Hrsg.) 1997: Network Power. Japan and Asia. Ithaca/NJ/London. Ebenso: Gallant, Nicole/Stubbs, Richard 1997/1998: „APEC's Dilemmas: Institution Building Around the Pacific Rim", in: Pacific Affairs 70,2, S. 203-218.
[6] Friedberg, Aaron L. 1993/4: „Ripe for Rivalry: Prospects for Peace in a Multipolar Asia", in: International Security 18/3 (Winter), S. 5-33.
[7] Dieter, Heribert/Higgott, Richard 1998: „Verlierer Japan – Gewinner China? Außenpolitische Konsequenzen der Asien-Krise", in: Internationale Politik 53,10, S. 45-52; Elliott, Lorraine/Ravenhill, John/Nesadurai, Helen/Bisley, Nick 2006: APEC and the Search for Relevance: 2007 and Beyond. Canberra.

Die APEC stellt sich heute dar als eine bemerkenswerte Kombination aus relativer Bedeutungslosigkeit und der Fähigkeit, institutionell zu überleben und sich sogar in Maßen weiterzuentwickeln. Dieses Paradoxon lässt sich jedoch bis zu einem gewissen Grade auflösen, wenn man sich vor Augen führt, was die APEC für die internationalen Beziehungen in Asien-Pazifik realistischerweise leisten könnte und sollte. Dazu gilt es zunächst zu untersuchen, wie und warum die APEC eigentlich ins Leben gerufen wurde. Die Analyse zeigt, dass die APEC tiefgreifenden Veränderungsprozessen in den internationalen Beziehungen während der 1970er und 1980er Jahre entsprang und die Logik dieser Veränderungen institutionell umzusetzen versuchte. Zugleich war die APEC jedoch auch Ausfluss konkreter politischer Initiativen einiger wichtiger Schlüsselpolitiker, die mit der APEC spezifische nationale, regionale und globale Zielsetzungen und Ambitionen verfolgten. Danach soll knapp nachgezeichnet werden, wie die APEC die „Asienkrise" überstand, die fast ganz Ostasien in den Strudel einer schweren Rezession hineinzog und dabei auch die institutionelle Kooperation generell in Mitleidenschaft zog. Im dritten Teil wird die Entwicklung der APEC nach dem Jahr 1998 dargestellt, in der sie eine eher bescheidene, aber durchaus nützliche Rolle in den internationalen Beziehungen des asiatisch-pazifischen Raumes spielen konnte. Abschließend versucht der Beitrag, auf dieser Grundlage einige Überlegungen zur Zukunft der APEC anzustellen.

2 Warum wurde die APEC gegründet?

Die Geschichte der APEC begann, wie Charles Morrison es treffend beschreibt, mit einem klassischen Fehlstart in den frühen 80er Jahren. Die APEC wäre bereits damals beinahe zustande gekommen – doch erwiesen sich schließlich die Vorbehalte gegenüber einer Institutionalisierung multilateraler Formen der Wirtschaftskooperation insbesondere unter den ASEAN-Staaten zunächst als unüberwindbar. Die Frage, warum sich die APEC nicht zu diesem Zeitpunkt, sondern erst ein Jahrzehnt später realisieren ließ, lässt sich auf zwei Ebenen beantworten: Zum einen lag dies an den günstigen Rahmenbedingungen (wie etwa den rasch wachsenden wirtschaftlichen Interdependenzen im asiatisch-pazifischen Raum und den sich abzeichnenden Veränderungen in Europa sowie deren Rückwirkungen auf das Pazifikbecken), zum anderen an der Rolle wichtiger Entscheidungsträger insbesondere der Regierungen in Tokyo und Canberra, die entschlossen auf eine Institutionalisierung der wirtschaftspolitischen Kooperation in Ostasien-Pazifik zusteuerten und sie schließlich auch durchsetzen konnten.

2.1 Sich verändernde Rahmenbedingungen: Die APEC als Reaktion auf strukturelle Neuerungen in den internationalen Beziehungen

„Die Menschheit kann zwar ihre eigene Geschichte machen, aber sie tut dies in Umständen, die aus der Vergangenheit kommen". Dieser Satz von Karl Marx über das Verhältnis von historischen Konstellationen im Sinne struktureller, sozio-ökonomischer und politischer Gegebenheiten und geschichtstreibenden Akteuren bei der Bestimmung des Gangs der Geschichte beschreibt treffend auch die Entstehungsgeschichte der APEC. Ihre Gründung wurde durch eine Reihe von begünstigenden Rahmenbedingungen in den internationalen

Beziehungen gefördert, die so Anfang der 80er Jahre noch nicht bestanden hatten und tief greifende Veränderungen im System der internationalen Beziehungen widerspiegelten.

2.1.1 Wachsende Interdependenz

Die Verdichtung wirtschaftlicher und sozialer Interaktionsprozesse in sich rasch vertiefenden Interdependenzstrukturen im asiatisch-pazifischen Raum ist als der wichtigste Antriebsfaktor für die Gründung der APEC anzusehen. Wirtschaftlich dokumentierten sich die zunehmenden regionalen Verflechtungen etwa darin, dass sich zwischen 1980 und 1994 das Volumen der ostasiatischen Exporte in die Region Asien-Pazifik von 80 Mrd. USD auf 1.038 Mrd. USD vervielfachte.[8] Im selben Zeitraum kletterten die japanischen Direktinvestitionen in Ostasien und Nordamerika von 20 auf 280 Mrd. USD.[9]

Diese Vertiefung wirtschaftlicher Interdependenzen im Pazifischen Becken entsprang zunächst hohen nationalen Wachstumsraten in nahezu der gesamten Region Ostasien. Diese Wachstumsraten wiederum waren zum einen bedingt durch rasch zunehmende Direktinvestitionen ausländischer Großunternehmen – insbesondere aus Japan, China, Südkorea und dem Westen –, zum anderen hatten die Wirtschaftserfolge Ostasiens verstärkte Kapitalzuflüsse in Form von Direkt- und Portfolioinvestitionen aus den Industrieregionen der Triade (Nordamerika, Europa, Japan) zur Folge. Diese Verflechtungsprozesse stellten also gleichermaßen Prozesse der Regionalisierung (insbesondere im Bereich des Handels) wie der Globalisierung (Kapitalströme, Exporte aus Ostasien nach Nordamerika und Europa) dar: Was stattfand, war eine „natürliche", d.h. informelle, von den Unternehmen bestimmte und getragene, Integration im regionalen, interregionalen und globalen Rahmen.

Die Zunahme wirtschaftlicher und sozialer (Kommunikation, Mobilität) Interdependenzen im asiatisch-pazifischen Raum bildete demnach die wichtigste Voraussetzung für die Gründung der APEC. Auf politischer Ebene führte dieser Wirtschaftsboom der 1970er und 1980er Jahre zu der wachsenden Einsicht, dass ohne eine angemessene Institutionalisierung wirtschaftspolitischer Kooperation die positiven wirtschaftlichen Errungenschaften in Zukunft kaum noch zu gewährleisten sein könnten. Schließlich bildete sich vor dem Hintergrund der Entwicklungserfolge der beiden vorangegangenen Jahrzehnte ein gesteigertes Selbstwertgefühl der ostasiatischen Staaten. Dieses Selbstwertgefühl erlaubte es insbesondere den ASEAN-Staaten, sich nun – Anfang der 1990er Jahre – auf das Experiment multilateraler Kooperation auf gleichberechtigter Basis mit den großen Wirtschaftsmächten USA und Japan einzulassen.

2.1.2 Das Ende des Kalten Krieges und die Renaissance des Multilateralismus

Als zweiter begünstigender Faktor für die Gründung der APEC wirkte das Ende des Kalten Krieges. Die Implosion des sowjetischen Imperiums und dann der Sowjetunion selbst (1989/1991) löste das mit dem Ost-West-Gegensatz verbundene Dilemma, dem sich die Befürworter multilateraler Institutionen im asiatisch-pazifischen Raum gegenübergesehen hatten: Auf der einen Seite konnte man die Sowjetunion angesichts ihres antagonistischen

---

[8] Vgl. UNCTAD 1996: Trade and Development Report. UN/New York/Geneva, S. 89.
[9] Vgl. Hilpert, Hanns Günther 1992: Wirtschaftliche Integration und Kooperation im asiatisch-pazifischen Raum. München. Ebenso: Hilpert, Hanns Günther 1998: Wirtschaftliche Integration in Ostasien in raumwirtschaftlicher Analyse. Berlin/München. Ebenso: UNCTAD 1996, S. 82.

Verhältnisses zu den USA und der Defizite ihres Wirtschaftssystems nur schwer in eine asiatisch-pazifische Kooperation einbinden (dies galt ebenso für die Volksrepublik China bis Ende der 1970er Jahre). Auf der anderen Seite jedoch hätte eine multilaterale Institution ohne sowjetische Beteiligung „containment"-Charakter angenommen und ihre Mitglieder ins US-amerikanische Lager gezogen. Eine solche Form der Kooperation wurde von den Staaten in Asien-Pazifik vor allem auf sicherheitspolitischer[10], aber auch wirtschaftlicher Ebene abgelehnt.

Erst die Innovationen in der sowjetischen Außenpolitik unter Michael Gorbatschow und seinem Außenminister Eduard Schewardnadse und schließlich das Ende der Sowjetunion halfen, das hemmende Gewicht des Ost-West-Gegensatzes für die regionale Zusammenarbeit in Ostasien zu überwinden, und eröffneten so neue Chancen für den Multilateralismus in Asien-Pazifik. Eine Neuorientierung der US-amerikanischen „containment"-Politik gegen die letzte kommunistische Großmacht, die Volksrepublik China, hätte zwar diese Kooperationschancen in Asien-Pazifik beeinträchtigen können, jedoch gab es in der Region – abgesehen von einigen politischen Stimmen in den USA – wenig Bestrebungen, China ernsthaft einzudämmen. Es herrschte vielmehr in der Region weitgehendst Einigkeit darüber, dass man China (wie übrigens auch die USA und Japan!) eher einbinden und integrieren als ausgrenzen sollte,[11] sodass das Ende des Ost-West-Gegensatzes insgesamt eine katalysierende Wirkung auf multilaterale Kooperationsprozesse in Asien-Pazifik hatte.

Der zweite, eher untergründige Zusammenhang zwischen dem Ende des Kalten Krieges und dem Wiederaufleben von Multilateralismus in Asien-Pazifik bestand darin, dass die Auflösung der Sowjetunion zu einer ideellen Aufwertung multilateraler Kooperationen führte. Dies ist vermutlich nicht zuletzt der Signalwirkung der Entwicklungen in anderen Regionen auf Ostasien zuzuschreiben: Die Neujustierung der sowjetischen bzw. der russischen Außenpolitik ermöglichte einen dramatischen Bedeutungsgewinn des Multilateralismus in Europa; damit stellte sich fast zwangsläufig die Frage, ob die europäischen Erfahrungen nicht auch für Asien-Pazifik relevant sein könnten.[12] Immerhin zeichneten sich auch in Ostasien – ähnlich wie in Europa – rasch alte und neue Konfliktpotenziale und Konfliktformationen ab: Erstens territoriale Konflikte um die Spratly- und Paracel-Inseln im südchinesischen Meer, um kleine Inseln in den Gewässern zwischen Japan und Korea (Takeshima/Tokdo-Inseln) bzw. Japan und China (Senkaku/Diaoyu-Inseln) und um Japans sog. „nördliche Territorien" zwischen Japan und Russland, zweitens alte, zwischenstaatlich organisierte Bürgerkriege (Korea/China-Taiwan) und drittens Gefahren des Staatszerfalls durch Bürgerkriege sowie religiöse und ethnische Konflikte (Kambodscha, Burma, Philippinen, Indonesien). Hinzu kamen die sich am Horizont abzeichnenden machtpolitischen Rivalitäten zwischen Japan und dem aufsteigenden China. Auch und gerade für Ostasien galt daher, dass mit dem Ende des Ost-West-Gegensatzes zwar eine dominierende Konflikt-

---

[10] Vgl. Uhe, Patrick 1996: Eine KSZE für Asien? Die Genese einer Idee und aktuelle Ausformungen sicherheitspolitischer Kooperation in einer konfliktträchtigen Region. Münster.

[11] Vgl. Funabashi, Yoichi 1995: Asia-Pacific Fusion, Japan's Role in APEC. Washington D.C; Funabashi, Yoichi/Oksenberg, Michel/Weiss, Heinrich 1994: China auf dem Wege zur Großmacht. Konsequenzen in einer interdependenten Welt. Ein Bericht an die Trilaterale Kommission. Bonn.

[12] Der australische Außenminister Gareth Evans warf diese Frage mit Blick auf die KSZE im Jahr 1989 auch ganz explizit auf, erntete dafür aber harsche Kritik. Seine Überlegungen (und die vieler anderer) in diese Richtung spielten nichtsdestotrotz eine gewichtige Rolle in der Entwicklung des sicherheitspolitischen Multilateralismus in Ostasien, vgl. Uhe 1996.

formation zerfallen, dafür aber neue Unsicherheiten und Risiken entstanden waren, die der Suche nach Stabilität und Frieden neue Herausforderungen lieferten.

Sicherheitspolitisch ausgerichtete Foren der multilateralen Kooperation wie das ASEAN Regional Forum (ARF)[13], aber auch andere, eher wirtschaftspolitisch orientierte Formen der Zusammenarbeit gewannen aus dieser Perspektive an Interesse. Zudem entstanden unter dem Eindruck sich verdichtender Interdependenzen seit Mitte der 1980er Jahre – etwa mit der Vereinheitlichung des EG-Binnenmarktes in Westeuropa und dem North American Free Trade Agreement (NAFTA) in Nordamerika – neue Formen des wirtschaftspolitischen Regionalismus. Insgesamt kam es so in dieser Phase zu einem wahren Boom institutioneller Neugründungen bzw. Neustrukturierungen vor allem im euro-atlantischen Raum, aber auch in anderen Regionen.

Diese Entwicklungen blieben in Ostasien nicht folgenlos, wie der vorliegende Band dokumentiert. Dennoch sprechen viele Beobachter auch heute noch von einer ausgeprägten Unterinstitutionalisierung des asiatisch-pazifischen Raumes. Das Pazifikbecken, aber auch und insbesondere Ostasien weisen gegenüber Europa, aber auch gegenüber Nordamerika, Defizite an internationalen Institutionen auf. Dieses Defizit lässt sich unterschiedlich erklären: Es kann zunächst verstanden werden als Ausdruck der „Rückständigkeit": Ostasien hätte aus dieser Sicht die Möglichkeiten des Multilateralismus (noch) nicht angemessen erkannt oder doch nicht genutzt. Institutionelle Innovationen versprächen aus dieser Sicht die Chance auf Realisierung möglicherweise erheblicher Stabilitätsgewinne. Eine alternative Betrachtungsweise würde dagegen diese Defizite für irrelevant halten – entweder, weil Institutionen für regionale Stabilität generell oder jedenfalls in Ostasien für weitgehend nutzlos gehalten werden, oder weil man Ostasien zutraut, andere, eigenständige und deshalb besser geeignete Alternativen zur Institutionalisierung von Kooperation entwickeln zu können.

2.1.3 Die Ökonomisierung der internationalen Beziehungen

Weitere Rahmenbedingungen, die die Gründung der APEC beförderten, waren die Ökonomisierung der internationalen Beziehungen und die wachsende Verschränkung von Außenpolitik und Innenpolitik.

Durch das Ende des Ost-West-Gegensatzes erfuhren wirtschaftliche Problemfelder in der Agenda der internationalen Politik eine deutliche Aufwertung. Sie wurden nun zum Kernbereich internationaler Konflikte und Kooperation und damit internationaler Diplomatie – eine Entwicklung, die sich schon seit längerer Zeit angedeutet hatte. Wirtschaftliche Themen waren zwar auch in den Jahrzehnten unmittelbar nach dem Zweiten Weltkrieg durchaus von Bedeutung für die Entwicklungsdynamik der internationalen Beziehungen, jedoch wurden sie in ihrer Gewichtigkeit von sicherheitspolitischen Fragen überschattet oder mit diesen verschränkt.

Diese Zu- und Unterordnung der Außenwirtschaftspolitik unter die Sicherheitspolitik und der wirtschaftspolitischen unter die sicherheitspolitische Agenda gehört heute der Vergangenheit an. So schrieben Henry Kissinger und Cyrus Vance in einem gemeinsamen Beitrag für das Magazin *Foreign Affairs* vor einigen Jahren, dass sie in ihrer Amtszeit als Außenminister wenig über wirtschaftspolitische Themen wussten und kaum von ihnen

---

[13] Vgl. hierzu den Beitrag von Ryôma Sakaeda in diesem Band.

berührt wurden – ein Luxus, den sich ihre Nachfolger nicht mehr leisten konnten.[14] Schon während der 1970er und 1980er Jahre gewannen wirtschaftliche Konflikte an Schärfe und Intensität nicht nur im Rahmen des Ost-West-Gegensatzes, sondern auch innerhalb des westlichen Bündnissystems.[15] Die ökonomischen Friktionen dieser Zeit sind einerseits als Symptome für das Ende des westlichen Nachkriegsbooms und des mit ihm verbundenen Wohlstands zu verstehen, andererseits dokumentierten sie den erfolgreichen Wiederaufbau in Europa und Japan. Der von Edward Luttwak beschriebene „rise of geo-economics"[16] der 1990er Jahre ist daher kein neues Phänomen, sondern eher die gegenwärtige Ausprägung eines langfristigen Trends. Allerdings gewann dieser Trend durch den Wegfall des Ost-West-Gegensatzes deutlich an Gewicht.

Insbesondere für die Staaten Ostasiens spielten die Rahmenbedingungen und Ordnungsstrukturen der internationalen Wirtschaftsbeziehungen eine große Rolle: Sie hatten die geltenden Regeln und institutionellen Arrangements der Weltwirtschaft für ihre Ziele gut zu nutzen verstanden, sahen sich aber nun mit Bestrebungen der USA und Europas konfrontiert, diese Spielregeln über ihren Einfluss in den bestehenden institutionellen Arrangements (wie etwa GATT, Weltbank und IWF) zu ihren Gunsten (und zu Lasten Ostasiens) zu verändern.

Die internationale Wirtschaftsordnung war also nach dem Ende des Kalten Krieges in eine Phase der Neujustierung eingetreten; die Frage war, welche Veränderungen vorgenommen werden sollten und mussten. Darüber herrschten unter den Regierungen in Asien-Pazifik – selbst zwischen den USA und ihren Verbündeten in Ostasien – stark divergierende Vorstellungen: Die einzelnen Staaten vertraten sehr verschiedene Modelle der Organisation des internationalen Wirtschaftsaustauschs, die bei genauerem Hinsehen den jeweiligen Wirtschaftsordnungen ihrer nationalen Wirtschaftssysteme entsprachen und diese gewissermaßen auf internationaler Ebene zu reproduzieren suchten.

Die dabei relevanten wirtschaftspolitischen Ordnungsmodelle lassen sich anhand der drei großen Paradigmen des Kapitalismus – des angelsächsischen (Neo-)Liberalismus, des kontinentaleuropäischen Wohlfahrtsstaats und des ostasiatischen Entwicklungsstaats – klassifizieren:

- Die Vertreter des angelsächsischen Neoliberalismus – wie er in den USA, Großbritannien, Australien und Neuseeland seit den späten 1970er bzw. frühen 1980er Jahren praktiziert wird – forderten freien Handel und ungehinderte Kapitalflüsse („free marketism").[17]
- Demgegenüber befürworten die kontinentaleuropäischen Wohlfahrtsstaaten – hier sollte man anmerken, dass es durchaus Differenzen zwischen Deutschland und den Niederlanden auf der einen Seite und den eher interventionistischen Wirtschaftsystemen Südeuropas auf der anderen Seite gibt –, dass freier Handel und freie Kapital-

---

[14] Vgl. Kissinger, Henry A./Vance, Cyrus 1988: „Bi-partisan Objectives for American Foreign Policy", in: Foreign Affairs 67:2 (Summer 1988), S. 899-921.

[15] Vgl. Spero, Joan E./Hart, Jeffrey A. (2000): The Politics of International Economic Relations, Wadsworth, Cal., S. 24f f, 71ff.

[16] Vgl. Luttwak, Edward V. 1990: „From Geopolitics to Geo-Economics", in: The National Interest, 20 (Summer 1990), S. 17-23.

[17] Gray, John 1998: False Dawn, the Delusions of Global Capitalism. London, S. 22ff.

ströme den Bedürfnissen sozialer Verträglichkeit untergeordnet werden sollten („embedded liberalism").[18]
- Die Staaten Ostasiens wiederum favorisierten eine Kombination aus Liberalismus und Protektionismus. Das Modell des ostasiatischen Entwicklungsstaates – von Japan eingeführt und von den meisten anderen ostasiatischen Nationen mit variierenden Ausprägungen übernommen – zielte darauf ab, soziale Harmonie und nationale Stärke durch ökonomische Macht zu sichern. Den nationalen Unternehmen und Investoren sollte freier Zugang zu Auslandsmärkten eröffnet werden. Gleichzeitig aber wollte man den nationalen Markt für ausländische Wirtschaftsakteure verschließen („neomercantilism").[19]

Gegen Ende der 1980er Jahre wurden diese wirtschaftspolitischen Differenzen erstmals im Kontext des internationalen Handels virulent. Sie manifestierten sich zunächst in der Eskalation wirtschaftspolitischer Spannungen zwischen den USA und Europa einerseits sowie Japan andererseits; im Gefolge gerieten auch andere ostasiatische Volkswirtschaften zunehmend ins Visier der Kritiker in den alten Industriestaaten. Mit einer langen Liste protektionistischer Schutzmaßnahmen und Forderungen nach Öffnung der ostasiatischen Märkte suchten sich die USA und Europa gegen die unliebsame Konkurrenz aus Ostasien zu schützen. An diesen Friktionen drohten die seit 1986 geführten Verhandlungen über eine Neuordnung der internationalen Handelsbeziehungen und ihre wirksame Institutionalisierung durch eine Welthandelsorganisation (WTO) (die sogenannte Uruguay-Runde des GATT) zu scheitern.

2.1.4 Der Einfluss der Innenpolitik auf außenpolitisches Verhalten

Das Ende der Sowjetmacht förderte auch eine Entwicklung, deren Ursprünge ebenfalls bis in die 1960er Jahre zurückverfolgt werden können: Die wachsende Bedeutung innenpolitischer Faktoren für die Außenpolitik. Denn damit lösten sich alte, existenzielle Gefährdungen von außen auf oder verloren stark an Bedeutung; an ihre Stelle schoben sich nunmehr innen- und wirtschaftspolitische Ziele. Dies galt naturgemäß in besonderem Maße für demokratische Staaten wie Japan und die Transitionsdemokratien Südkorea, Taiwan, die Philippinen oder Thailand, aber auch für autoritäre politische Systeme wie die Volksrepublik China, die durch Prozesse sozialer Mobilisierung im Gefolge des dramatischen Wirtschaftswachstums seit dem Jahr 1978 ebenfalls unter verstärkten Legitimierungszwang gerieten.[20] Auch in Ostasien sind die internationalen Beziehungen deshalb in hohem Maße von binnenpolitischen Themen dominiert: Außenpolitik muss in verstärktem Maß nach innen gerechtfertigt werden.

---

[18] Vgl. Thurow, Lester 1992: Head to Head. The Coming Economic Battle among Japan, Europa and America. New York.
[19] Vgl. Johnson, Chalmers 1981: MITI and the Japanese Economic Miracle. Stanford.
[20] Vgl. hierzu etwa Shirk, Susan L. 2007: China, Fragile Superpower. Oxford et al.

2.1.5 Bewertung: Wirtschaftliche Potenziale, politische Instabilität, Mangel an Institutionen

Der Zerfall des Ost-West-Gegensatzes hatte also ebenso wie die dynamische Wirtschaftsentwicklung in Ostasien paradoxe Folgen: Beides wirkte einerseits stabilisierend und befriedend auf die nationale und regionale Politik in Ostasien, schuf andererseits aber auch neue Risiken und Instabilitäten durch die wachsende Komplexität und die enorme Dynamik der Entwicklungen in Asien-Pazifik. Um die sich bietenden wirtschaftlichen und politischen Chancen auszuschöpfen und langfristig zu sichern, bedurfte es demnach einer neuen Qualität der politischen Kooperation, die nicht allein auf bilateralem Wege erreicht werden konnte. Die Konstruktion der APEC verhieß eine vielversprechende Möglichkeit, diesen Anforderungen entsprechen zu können. Erstens ließe sich mit ihrer Hilfe China – und auf lange Sicht auch Russland – konstruktiv in Asien-Pazifik integrieren und gleichzeitig die USA und Japan einbinden und dadurch auch beeinflussen. Zweitens bot sich die APEC als institutionelles Vehikel an, um das Überschwappen von Handelskonflikten aus der Triade auf die anderen Staaten Ostasiens zu verhindern oder einzugrenzen und allgemein die weitere Öffnung der internationalen Wirtschaftsbeziehungen politisch zu managen. Schließlich erhoffte man sich drittens von der APEC langfristig Impulse im Sinne einer – in grober Analogie zu Europa vorgestellten – Gemeinschaftsbildung im asiatisch-pazifischen Raum.[21]

2.2 Unterstützende Akteure und Mächte

Erste Ideen zur Gründung der APEC waren in der Zwischenkriegszeit aufgekommen und über Jahrzehnte diskutiert worden. Das Ergebnis der Diskussionen um eine asiatisch-pazifische Gemeinschaft waren zunächst mehrere inoffizielle Konferenzen. Auf diese Weise formierte sich – vor allem in den USA, in Japan, in Kanada und in Australien, aber auch in anderen Staaten von Ost- und Südostasien – eine Expertengemeinschaft („epistemic community") um die Idee einer asiatisch-pazifischen Wirtschaftskooperation zwischen den wichtigsten Staaten des Pazifikbeckens, die immer wieder in der Lage war, politische Vorstöße in dieser Richtung einzuleiten.[22] Zur wichtigsten derartigen Expertengemeinschaft wurde der Pacific Economic Cooperation Council (PECC).

Es dauerte jedoch bis Ende der 1980er Jahre, bis die veränderten Rahmenbedingungen und die politische Konstellation in Asien-Pazifik die Gründung der APEC möglich machte. Obwohl „epistemic communities" und NGOs eine wichtige Rolle für die Verbreitung der Idee einer APEC gespielt hatten, waren es letztlich doch die Bemühungen der Regierungen in Japan, Australien und einigen ASEAN-Staaten, die die Gründung der APEC ermöglichten.

---

[21] Vgl. Ostry, Sylvia: APEC and Regime Creation in the Asia-Pacific: The OECD Model?, in: Aggarwal/Morrsion (Hrsg.), S. 317-350.

[22] Vgl. Mack, Andrew/Ravenhill, John (Hrsg.) 1995: Pacific Cooperation: Building Economic and Security Dialogues in Asia-Pacific. Boulder, Col.; zu den intellektuellen und politischen Ursprüngen dieser Entwicklung in der Zwischenkriegszeit vgl. Woods, Lawrence T. 1991: „Non-governmental Organizations and Pacific Co-operation, Back to the Future?", in: The Pacific Review 4,4, S. 312-321.

2.2.1 Japan

Von allen APEC-Mitgliedern vertrat Japan sein Interesse an einer institutionalisierten Wirtschaftskooperation in der Region am nachhaltigsten, koordiniertesten und umsichtigsten. Die intellektuellen Grundlagen hierzu waren – ähnlich wie in den USA – bereits in den 1920er und 1930er Jahren gelegt worden.[23]

Nach der Niederlage im Pazifischen Krieg und dem Wiederaufstieg Japans sahen Akademiker ebenso wie Wirtschaftsvertreter und Politiker Regionalismus in Asien-Pazifik als Mittel, um das Potenzial des japanischen Wirtschaftsmodells voll auszuschöpfen und einen japanischen Führungsanspruch auf subtile Weise durchsetzen und legitimieren zu können. Entsprechend dem oft zitierten Modell einer keilförmigen Fluggans-Formation sollten die Staaten Ostasiens integriert und unter Japans weitsichtiger Führung gelenkt werden. Regionale Kooperation sollte erstens das scheinbar hervorragend funktionierende Wirtschaftssystem Japans fördern und in der Region verbreiten. Zweitens erhoffte man sich, eine stärkere Integration in die Region zu erreichen und neue Märkte für japanische Produkte bzw. neue Rohstofflieferanten und Zulieferer für die japanische Industrieproduktion zu finden. Die Verbreitung von Wohlstand in Ostasien bot zudem drittens die Möglichkeit, die geschichtlichen Belastungen des japanischen Kolonialismus und der japanischen Kriegsgräuel zu verringern. Viertens sah man in der regionalen Kooperation eine Alternative, um die erdrückende militärische, diplomatische und ökonomische Abhängigkeit Japans von den USA abzubauen und eine neue regionale Ordnung unter japanischer Führung zu entwickeln. Schließlich ergaben sich fünftens aus der Integration Japans in Ostasien bzw. Asien-Pazifik (obwohl letzteres wohl eher als ein Zugeständnis Tokyos an Washington denn als Japans wirklicher Wunsch zu verstehen ist) Handlungsspielräume und Verhandlungsstärke: Kooperation mit Ostasien erschien Japan als mögliche Defensivstrategie und „fallback"-Option vor dem Hintergrund eines drohenden Ausschlusses von den Exportmärkten in Nordamerika und Europa.[24]

Zur Umsetzung seiner Ziele brauchte Japan Partner, die bereit waren, die Idee einer ostasiatischen Kooperation zu unterstützen. Ein Alleingang Tokyos hätte im Ausland sofort Erinnerungen an den japanischen Militarismus hervorgerufen und zur Ablehnung der japanischen Pläne geführt. So suchte und fand man in Australien und der ASEAN Kooperationspartner, denen freilich eigene Interessen und Gründe dafür zuzuschreiben sind, warum sie sich für eine Kooperation in Asien-Pazifik einsetzten.[25]

2.2.2 Australien

Als eigentlicher Initiator der APEC wird immer wieder Australiens ehemaliger Premierminister Bob Hawke genannt: In einer Rede in Seoul am 21. Januar 1989 schlug er eine Konferenz für die Handels- und Wirtschaftsminister in Asien-Pazifik vor. Dies führte zur ersten APEC-Ministerkonferenz im November 1989, an der zwölf Nationen teilnahmen (unter den Teilnehmern waren auch die USA, jedoch fehlten die Volksrepublik China und Taiwan).[26]

---

[23] Koschmann, Victor J. 1997: Asianism's Ambivalent Legacy, in: Katzenstein/Shiraishi (Hrsg.), S. 83-100; Korhonen, Pekka 1998: Japan and Asia Pacific Integration. Pacific Romances 1968-1996. London/New York.
[24] Katzenstein/Shiraishi (Hrsg.) 1997; Terada, Takashi 1998: „The origins of Japan's APEC Policy: Foreign Minister Takeo Miki's Asia Pacific Policy and the current implications", in: The Pacific Review 11,3, S. 337-363.
[25] Deng, Yong 1997: „Japan in APEC: The Problematic Leadership Role", in: Asia Survey 37,4, S. 352-367.
[26] Funabashi 1995, S. 55ff.

Australien verstand die APEC vorrangig als „Machtverstärker", als Vehikel, um – über die ansonsten eher begrenzten Möglichkeiten Australiens hinaus – Einfluss auszuüben. Diese Strategie richtete sich vor allem gegen die USA und die Europäische Union, da man sich durch die Initiativen zur Gründung von regionalen Freihandelsgemeinschaften in Nordamerika (NAFTA) und Europa (Binnenmarkt-Programm) ausgegrenzt fühlte. Zudem hatte die meist uni- bzw. bilaterale Behandlung internationaler Wirtschaftsprobleme durch die USA Australien ebenso verunsichert wie die Stagnation der Uruguay-Runde in Fragen der Handelsliberalisierung, nicht zuletzt bei den für Australien besonders wichtigen Agrarexporten. Man wertete dies als ein weiteres Zeichen, dass das GATT als Kontrollinstanz gegenüber US-amerikanischen Alleingängen geschwächt sei. Hawkes Vorschlag einer APEC-Ministerkonferenz kam zu einem Zeitpunkt, da Australien aufgrund seiner wirtschaftlichen Verflechtungen mit Ostasien von den traditionellen Partnern USA und Commonwealth abrückte, aber als „weiße Nation" mit Vorurteilen in Ostasien zu kämpfen hatte. Daher sah man die APEC als dienliches Forum, um größere Akzeptanz als „ehrbares Mitglied Ostasiens" zu gewinnen.[27]

2.2.3 ASEAN

Über lange Zeit hatte die Assoziation der südostasiatischen Staaten (ASEAN) eine ablehnende Haltung gegenüber dem APEC-Modell eingenommen. Im Jahr 1989 wich man von dieser Position zunehmend ab. Unter der Führung Singapurs und Thailands avancierten die sechs ASEAN-Staaten zu Befürwortern der APEC. Bis dahin hatte die ASEAN – traditionell eher darauf bedacht, den Einfluss der Großmächte in der Region einzudämmen – sowjetisches Hegemonialstreben hinter den Initiativen Moskaus für regionale Kooperation vermutet. Der Zerfall der Sowjetunion und die Fortschritte der chinesischen Wirtschaftsreformen hatten diese Bedenken reduziert, auch wenn sie während der Beratungen in Australien vor dem ersten APEC-Ministertreffen im Jahr 1989 kurzzeitig noch einmal zutage traten.[28] Der anhaltende, steile Wirtschaftsaufstieg der ASEAN hatte zu neuem Selbstvertrauen unter den Mitgliedern geführt. So wurde die traditionelle Befürchtung der ASEAN, durch die Einbindung in einen größeren wirtschaftspolitischen Kooperationszusammenhang wie die APEC in Abhängigkeitsverhältnisse zu geraten bzw. die oft beschworene „ASEAN resilience" zu gefährden, gemindert. Zudem erforderte die exportorientierte Ausrichtung ihrer Industrien, dass die ASEAN-Staaten besondere Aufmerksamkeit darauf richteten, den Zugang zu den Märkten anderer Industrienationen zu sichern. Man suchte daher nach Wegen, um die Verhandlungsposition der ASEAN gegenüber den USA und Europa zu verbessern.

Die Idee einer APEC wurde deshalb für die ASEAN zunehmend attraktiv. Zum einen erblickte man in ihr eine Möglichkeit, eigene Handels- und Wirtschaftsinteressen effektiver zu verfolgen.[29] Zum anderen hoffte man in der ASEAN, die USA und China im Rahmen der APEC so fest einbinden zu können, dass man sie im eigenen Sinne beeinflussen konnte.[30] Da keine der Großmächte stark genug war, um sich als alleiniger Hegemon in der Region durchzusetzen, ließen sich mit der APEC möglicherweise neue Regeln für das wirt-

---

[27] Ravenhill, John 1998: Australia and APEC, in: Aggarwal/Morrison (Hrsg.), S. 143-164.
[28] Funabashi 1995, S. 6ff.
[29] Soesastro, Hadi 1998: ‚Offener Regionalismus' im asiatisch-pazifischen Raum, in: Maull, Hanns W. (Hrsg.) Regionalismus in Asien-Pazifik. Bonn, S. 7-57; Parrenas, Julius Cesar 1998: „ASEAN and Asia Pacific Co-operation", in: The Pacific Review 11,2, S. 233-248.
[30] Wanandi, Jusuf 1996: „ASEAN's China Strategy: Towards Deeper Engagement", in: Survival 38,3, S. 117-128.

schaftliche, diplomatische und sicherheitspolitische Spiel in Ostasien einführen, nach denen auch kleinere Mächte wie die ASEAN Einfluss ausüben könnten.

Diese ASEAN-Ziele wurden dann durch zwei Entscheidungen in der Tat zumindest teilweise erreicht: Einerseits wurde beschlossen, jedes zweite APEC-Gipfeltreffen und die Ministertreffen zur Organisation und Austragung an ein ASEAN-Mitglied zu übergeben, das damit zugleich auch den Vorsitz in der APEC übernahm. Zum anderen wurde der „ASEAN way", ein Katalog von Verhaltensnormen basierend auf Nichteinmischung, Konsens und Unverbindlichkeit, als Modus operandi von der ASEAN auf die APEC übertragen.

3   Die Rolle anderer Staaten

Wir haben gesehen, dass die Gründung der APEC zum einen durch ein günstiges Klima in den internationalen Beziehungen und zum anderen durch den Einsatz einzelner Akteure wie Japan, Australien und ASEAN begünstigt wurde. Dennoch wäre das Konzept einer asiatischpazifischen Kooperation in Form der APEC nicht in die Realität umgesetzt worden, wenn sich die zwei regionalen Großmächte, USA und China, dem widersetzt hätten. Beide Nationen stimmten der Gründung der APEC zu und entwickelten sich zu aktiven APEC-Förderern. Washington wählte diese Option aus freien Überlegungen. Beijing hingegen bot sich aufgrund der internationalen Isolation nach der Niederschlagung der demokratischen Protestbewegungen am Platz des Himmlischen Friedens (Juni 1989) keine wirkliche Alternative.

3.1   USA

Die USA hatten sich seit der Regierungszeit von Eisenhower und Dulles für multilaterale Kooperation in Ostasien eingesetzt. Allerdings entsprach das US-amerikanische Verständnis von Multilateralismus dem traditioneller Verteidigungsbündnisse. Im Mittelpunkt stand hierbei die Etablierung eines kollektiven Sicherheitsarrangements gegen den Kommunismus: Unter US-amerikanischer Leitung als Primus inter Pares sollte der Einfluss der Sowjetunion und Chinas sowie anderer kommunistischer Systeme in Asien (insbesondere Nordkoreas und Vietnams) eingedämmt werden. Jedoch waren die Ergebnisse dieser Strategie insgesamt wenig eindrucksvoll. Die Erfolglosigkeit der US-Bemühungen, aber auch die Sorge in Washington wegen möglicher kommunistischer Einflüsse auf multilaterale Zusammenarbeit (der sowjetische KP-Chef Leonid Breschnew hatte mehrfach ein multilaterales sicherheitspolitisches Arrangement für Ostasien nach dem Muster der Konferenz für Sicherheit und Zusammenarbeit in Europa (KSZE) vorgeschlagen und damit wohl primär das Ziel verfolgt, den dominierenden sicherheitspolitischen Einfluss der USA in Ostasien zu untergraben) führten zum hartnäckigen Widerstand der USA gegen jede andere Form regionaler Kooperation). Washington empfand die Idee der APEC deshalb als bedrohlich für das US-amerikanisch dominierte Allianzsystem in Ostasien.

Das Ende des Ost-West-Gegensatzes in den späten 1980er Jahren veränderte jedoch die Haltung der USA. Washington blieb zwar weiterhin kritisch, wollte jedoch die Gründung der APEC nicht mehr blockieren, solange die USA als Mitglied in die neue Institution einbezogen wurde. Aus diesem Grunde insistierten die USA darauf, die APEC als asiatischpazifisches und nicht als ostasiatisches Kooperationsforum ins Leben zu rufen.[31] Dies entsprach natürlich auch den Intentionen und Bestrebungen der anderen „weißen" Staaten des Pazifikbeckens – Australien, Neuseeland und Kanada.

3.2 China

Die blutige Niederschlagung der Demokratiebewegung am Tienanmen-Platz (Juni 1989) hatte dem Ansehen Chinas erheblich geschadet. Die hervorgerufene internationale Isolation erlaubte es der Volksrepublik nicht, die Gründung der APEC mit einem Veto zu belegen – eine Maßnahme, die Beijing unter anderen Umständen möglicherweise ergriffen hätte. Vielmehr begrüßte China die Einrichtung der APEC, da man durch sie internationales Ansehen und Vertrauen zurückgewinnen konnte.[32] Zudem hing Chinas Wirtschaft erheblich vom Handel mit und Direktinvestitionen aus Asien-Pazifik ab. Daher entsprach die APEC-Konzeption dem Interesse Chinas, die Kooperation mit den Industriestaaten in der Region zu vertiefen. Schließlich sah Beijing die APEC als praktisches Vehikel, um die politischen Ambitionen Chinas international voranzutreiben: Man wollte den Einfluss der USA eindämmen, größere Akzeptanz in der Region gewinnen und die Ein-China-Politik gegenüber Taiwan durchsetzen.[33]

Dennoch musste die Volksrepublik bis zum Jahr 1991 warten, um als Mitgliedsstaat – gemeinsam mit Hongkong und Taiwan (als chinesisches Taipeh) – in die APEC aufgenommen zu werden: Die außenpolitischen Belastungen durch die Niederschlagung der Demokratiebewegung am Platz des Himmlischen Friedens ließen eine Einbeziehung Chinas als Gründungsmitglied der APEC nicht zu.[34]

4 Mögliche Funktionen der APEC aus der Sicht des Jahres 1989

Die spezifische Konfiguration der internationalen Beziehungen im Jahr 1989 und die individuellen Interessen nationalstaatlicher Akteure in Asien-Pazifik- definierten für die APEC ein breit gefächertes Spektrum möglicher Funktionen und Aufgaben. Hierzu zählten:

- *Wohlstandsmehrung und Interdependenzmanagement*: Die APEC bot sich als Vehikel an, nach dem Modell der OECD zu einer immer intensiveren internationalen Arbeitsteilung durch Abbau von Handelshemmnissen und Transaktionskosten, durch die Schaffung von Schlichtungsmechanismen zur Beilegung wirtschaftspolitischer Konflikte und die Bereitstellung von Informationen und Expertise zur Wohlstandsmaximierung beizutragen.
- *Stärkung der Verhandlungsposition insbesondere der asiatischen APEC-Mitglieder* gegenüber internationalen Konkurrenten in Europa und den USA im Kontext der Welthandelsgespräche, Bildung von Gegengewicht zu den Tendenzen einer wirtschaft-

---

[31] Funabashi 1995, S. 58ff; Baker, Richard W. 1998: The United States and APEC Regime Building, in: Aggarwal/Morrison (Hrsg.), S. 165-189; Baker 1998, S. 167ff.
[32] Zhang 1998, S. 218.
[33] Wu, Linjun 1997: „The PRC and APEC: A Planned Excursion for Conciliation", in: Issues and Studies 33,11, S. 213-233.
[34] Zhang 1998; Wu 1997.

lichen Blockbildung in Europa (Binnenmarkt-Programm 1985) und Nordamerika (NAFTA).
- *Stabilisierung der politischen und militärischen Situation* in Asien-Pazifik: Das bestehende und auf Abschreckung basierende Machtgleichgewicht in der Region sollte durch zwischenstaatliche Kooperation sowie gemeinsame Normen und Prinzipien ergänzt bzw. ersetzt werden. Sicherheitspolitische Erwägungen wurden in der APEC zwar nicht augenfällig, spielten aber ohne Zweifel eine gewichtige Rolle in den nationalen Kalkülen.
- *Verdichtung der politischen Beziehungen mit dem langfristigen Ziel der Gemeinschaftsbildung* als wesentliche Voraussetzung für nachhaltige Befriedung und ein verbessertes Konfliktmanagement im wirtschaftlichen wie im sicherheitspolitischen Bereich.

5   Die APEC in der (Asien-)krise

Die Asienkrise, die in ganz Ostasien zu scharfen, aber vergleichsweise kurzen Einbrüchen des Wirtschaftswachstums in den Jahren 1997 und 1998 führte (die Krise war in den meisten Ländern Ostasiens bereits im Jahr 1999 im Wesentlichen überwunden), hatte im Kern zwei Ursachen. Die eine lag in unzureichend entwickelten und infolge enger Verflechtungen zwischen Politik und Banken („crony capitalism") problematischen Finanzsystemen in vielen Ländern Ostasiens, die sich – zu früh, wie sich zeigen sollte – für internationale Kapitalströme geöffnet hatten. Die zweite Ursache war systemischer Natur: Die Vorkehrungen zur Absicherung der internationalen Finanzmärkte gegen plötzliche Vertrauenskrisen blieben hinter den Risiken der in den 1990er Jahren geradezu explosionsartig zunehmenden Volumina privater internationaler Finanztransaktionen, die zudem überwiegend kurzfristig und nicht selten hoch spekulativ waren, weit zurück.

Der Ausbruch der Asienkrise mit der massiven Spekulationswelle gegen den Baht, die thailändische Währung, im Juli 1997, die in den folgenden Monaten die gesamte Region erschütterte und insbesondere die Volkswirtschaften Thailands, Indonesiens und Südkoreas schwer in Mitleidenschaft zog, traf die APEC schlecht vorbereitet. In ihren Bemühungen, auf die Krise zu reagieren, wirkte sie unbeholfen, ja teilweise wie gelähmt, wofür sie heftige Kritik erntete. So konstatierte ein Leitartikel der *Financial Times* nach der APEC-Gipfelkonferenz in Kuala Lumpur (1998):

> It was always too much to hope that this week's summit of the Asia-Pacific Economic Cooperation forum in Kuala Lumpur would contribute decisively to restoring global economic stability. But the 21 APEC leaders might at least have been expected to try not to rock the boat. They failed even that test by turning the meeting into a showcase for their divisions.[35]

Diese Kritik war allerdings mindestens teilweise unangemessen: Weder war die APEC als Organisationen für finanzielles Krisenmanagement gedacht gewesen, noch war sie dafür ausgestattet. Was die politischen Reaktionen auf die Krisen in der APEC allerdings zusätzlich belastete, war das Aufbrechen fundamentaler Interessens- und Meinungsdifferenzen zwischen den Mitgliedsstaaten der Organisation, die bereits von Anfang an vorhanden

---

[35] Zitiert nach: Financial Times, 19.11.1998.

gewesen waren. Auf der einen Seite standen dabei die USA und ihre westlichen Verbündeten Australien, Neuseeland und Kanada, die mehr oder weniger ausgeprägt auf eine neoliberale Wirtschaftspolitik setzten, Staatseingriffen in Wirtschaftsabläufe skeptisch gegenüberstanden und auf Liberalisierung und Marktöffnung vertrauten. Auf der anderen Seite fanden sich die ostasiatischen Staaten, die – in wiederum im Einzelnen durchaus unterschiedlichen Ausprägungen des sogenannten „developmental state"[36] – auf die staatliche Lenkung der wirtschaftlichen Entwicklung im Sinne gesamtgesellschaftlicher Zielsetzungen vertrauten. In der Krise saßen die USA dabei aufgrund ihres Einflusses auf die internationalen Finanzinstitutionen IWF und Weltbank sowie auf die privaten Finanzmärkte am längeren Hebel: Sie blockierten zunächst die Bemühungen Japans um ein regionales Krisenmanagement und nutzten danach die Krise, um über die spezifischen Vorgaben der IWF-Kreditpakete für die von der Krise am schwersten betroffenen Länder ihre neoliberale Agenda in Ostasien (also die Öffnung der bis dahin abgeschotteten nationalen Märkte und die Möglichkeit für US-amerikanische Firmen, ostasiatische Unternehmen zu übernehmen) voranzutreiben. Zur Finanzierung der Hilfsprogramme stützte sich Washington dabei vor allem auf seine Verbündeten, insbesondere auf Japan (Miyazawa-Plan).

Allerdings erwies sich diese Politik in der Folge als eher kurzsichtig. Der wichtigste Gewinner des Krisenmanagements war auf Dauer nicht die USA, sondern die Volksrepublik China, die sich selbst den Vorgaben des „Washington consensus", wie die neoliberale Politiklinie der USA bezeichnet wurde, wie auch den realwirtschaftlichen Erschütterungen, die durch die Finanzmarktkrisen ausgelöst wurden, aufgrund ihrer weitgehend staatlich kontrollierten Finanz- und Devisenmärkte entziehen und sich als Stabilitätsanker und vertrauenswürdiger Partner in der Region profilieren konnte. Das eher rücksichtslose Vorgehen Washingtons löste in der Region selbst harsche Kritik und wachsenden Widerstand aus, als dessen Wortführer sich der malaysische Staatspräsident Mahathir profilierte. Am Widerstand in der Region scheiterten daher letztlich die US-amerikanischen Bemühungen, die APEC zum Vehikel der neoliberalen Agenda Washingtons in Ostasien zu machen. Die Folge war eine Rückkehr der APEC zu ihren Anfängen.

5.1 Das Scheitern der ambitionierten Handelsliberalisierungsagenda der APEC

Nach dem Ausbruch der Asienkrise kamen zunächst die Bemühungen der APEC um eine Liberalisierung des Handels zwischen den APEC-Staaten weitgehend zum Erliegen: Schon im Jahr 1998 mussten die APEC-Handelsminister einräumen, dass die im Jahr 1994 in Bogor definierten Zielvorgaben wohl kaum noch fristgerecht zu verwirklichen seien. Der Höhepunkt der Karriere der APEC als Katalysator von Maßnahmen zur Handelsliberalisierung wurde im Rückblick wohl bereits im Jahr 1996 auf dem APEC-Gipfel in den Philippinen erreicht. Damals verständigte man sich auf die völlige Öffnung der APEC-Märkte im Bereich der Informationstechnologie; dies erleichterte es, innerhalb der WTO entsprechende Vereinbarungen durchzusetzen.[37] In Vancouver im Jahr 1997 wollte die APEC – schon im Schatten der Krise – auf diesem Erfolg aufbauen und initiierte dazu den Vorschlag einer

---

[36] Wade, Robert 2003: Governing the Market: Economic Theory and the Role of Government in East Asian Industrialisation. Princeton; Johnson, Chalmers 1982: MITI and the Japanese Miracle: The Growth of Industrial Policy, 1925-1975. Tokyo.
[37] Ravenhill 1998, S. 143-164.

Early Voluntary Sectoral Liberalisation (EVSL), wonach für neun ausgewählte Wirtschaftssektoren Zölle und andere Handelshemmnisse innerhalb der APEC abgebaut werden sollten. Dieses ehrgeizige Projekt scheiterte;[38] die APEC-Mitglieder begnügten sich damit, Teile des ESVL-Programms in die Verhandlungen im Rahmen der Welthandelsorganisation (WTO) einzubringen. Damit hatte die APEC bis auf Weiteres den Anspruch aufgegeben, als Vorreiter der internationalen Handelsliberalisierung aufzutreten.

Die APEC vermochte es vor dem schwierigeren wirtschaftlichen Hintergrund der Asienkrise aber nicht nur nicht, weitere Liberalisierungsschritte über die ehrgeizigen Ziele von Bogor hinaus durchzusetzen; diese Zielsetzungen selbst erwiesen sich zunehmend als illusionär. Allerdings war bei Licht besehen von Anfang an klar, dass es sich bei den angekündigten Liberalisierungszielen aus der Sicht der ostasiatischen APEC-Staaten nicht wirklich um verbindliche Festlegungen, sondern nur um politische Absichtserklärungen gehandelt hatte, die im Rahmen nationaler Aktionspläne je nach Möglichkeit und Opportunität autonom umgesetzt werden sollten und konnten – oder eben auch nicht. Diese Staaten hatten die APEC ohnehin niemals in erster Linie als Organisation und Verhandlungsforum für Handelsliberalisierungen verstanden.

Als Washington sich mit seinen Bemühungen, die APEC in diesem Sinne umzufunktionieren, nicht durchsetzen konnte, verlor es das Interesse an der Organisation. Fortschritte gab es nach dem Jahr 1998 innerhalb der APEC lediglich noch bei praktischen Maßnahmen zur Handelserleichterung („trade facilitation"), ein traditionell für die APEC besser geeignetes, weil politisch weniger anspruchsvolles Kooperationsgebiet, das insbesondere nichttarifäre Handelshemmnisse wie etwa unterschiedliche Normen und Standards betrifft. Aber selbst bei der wechselseitigen Anerkennung von Zulassungsverfahren für Produkte führte das APEC Business Council, das sich besonders für praktische Maßnahmen zur Handelserleichterung einsetzte, immer wieder Klage über die zähe und zögerliche nationale Umsetzung von APEC-Entscheidungen.[39] Der Schwerpunkt der handelspolitischen Aktivitäten der asiatisch-pazifischen Staaten verlagerte sich aber seit dem Jahr 1998 einerseits zurück in die WTO, andererseits in weit entscheidenderem Ausmaß auf bilaterale Freihandelsvereinbarungen. In der WTO betraf dies insbesondere die Verhandlungen zur Doha-Entwicklungsagenda, in denen seit dem Jahr 2001 versucht wird, weitere Liberalisierungsschritte im globalen Rahmen auszuhandeln. Diese Bemühungen sind bislang (Oktober 2009) allerdings erfolglos geblieben. Vor diesem Hintergrund gewannen bilaterale Freihandelsvereinbarungen immer mehr an Bedeutung; hierbei spielten ostasiatische APEC-Staaten wie Singapur, China und Südkorea Vorreiterrollen.[40] Diese Absetzbewegung von der bislang dominanten, multilateralen Orientierung der Handelspolitik versuchte Ostasien selbst durch neue regionale Vereinbarungen wie insbesondere das Freihandelsabkommen zwischen China und der ASEAN sowie das Projekt einer Freihandelszone für die ostasiatischen Staaten der ASEAN plus Three (APT, d.h. die zehn ASEAN-Mitgliedsländer – von denen bislang nur sieben auch Mitglieder der APEC sind! – sowie China, Südkorea, und Japan) auszutarieren. Wie sehr sich der Wind der Handelspolitik seit dem Jahr 1992 gedreht hat, als C. Fred Bergsten, der Direktor des Washingtoner Institute for International Economics, als

---

[38] Verantwortlich war hierfür insbesondere der Widerstand Tokyos gegen die freie Einfuhr ausländischer Fischerei- und forstwirtschaftlicher Produkte.

[39] Ravenhill, John 2007: From Poster Child to Orphan: the Rise and Demise of APEC. UNISCI Discussions Papers No.13 Jan. 2007, S. 91-100 (98).

[40] Dieter, Heribert 2006: Bilaterale Freihandelsabkommen im asiatisch-pazifischen Raum. Effekte, Motive und Konsequenzen für die Europäische Union. Berlin.

Vorsitzender einer kleinen Beratergruppe (Eminent Persons Group) erstmals die Idee einer umfassenden Liberalisierungsinitiative der APEC präsentierte, die dann die Grundlage der Bogor-Zielsetzungen bildete, zeigte sich im Jahr 2006: Es war wiederum Bergsten, der versuchte, nunmehr das Projekt einer APEC-Freihandelszone für den gesamten asiatisch-pazifischen Raum zu lancieren. Seine Idee stieß in den USA selbst wie auch in anderen APEC-Staaten und insbesondere in Ostasien auf allgemeine Skepsis.[41]

Insgesamt ist der Beitrag der APEC zur Liberalisierung und politischen Ordnung des Handels in Asien-Pazifik ambivalent. Auf der einen Seite ist positiv festzuhalten, dass die asiatisch-pazifische Region, die inzwischen etwa die Hälfte des gesamten Weltwarenhandels auf sich vereinigt, grundsätzlich an den Prinzipien des Multilateralismus und der Liberalisierung festgehalten hat, von denen sie bislang freilich auch in hohem Maße profitiert hat. Zudem wurden weitere Liberalisierungsfortschritte (wie etwa im wichtigen IT-Bereich) von der APEC angestoßen. Hinzu kommen schließlich die praktischen Schritte der Handelserleichterung. Auf der anderen Seite ist die APEC nach wie vor nicht willens und auch nicht in der Lage, als handelspolitische Organisation zu fungieren; der asiatisch-pazifische Raum bleibt daher weiterhin fundamental auf die Funktionsfähigkeit der WTO angewiesen. Diese erscheint jedoch durch die Schwierigkeiten der Doha-Runde und die Tendenz zu bilateralen Freihandelsvereinbarungen, bei denen Ostasien die Vorreiterrolle übernommen hat, zunehmend in Frage gestellt.[42]

5.2 Krisenmanagement und Reform des internationalen Finanzsystems

Die Bewältigung der Asienkrise erforderte finanzpolitische Maßnahmen in drei Richtungen: Zunächst mussten kurzfristig große Kredite für die von der Krise betroffenen Volkswirtschaften bereitgestellt werden („crisis management"). Weiterhin galt es, die Struktur des internationalen Finanzsystems so zu reformieren, dass ähnliche Krisen in Zukunft verhindert bzw. rasch eingedämmt werden konnten. Und schließlich mussten parallel dazu die betroffenen Volkswirtschaften ihre Finanzsysteme modernisieren und reformieren. In den beiden ersten Bereichen erwies sich die APEC als irrelevant; nur im dritten Bereich konnte sie bescheidene Beiträge leisten. Japan, das die Gefahren der Krise früh erkannte und zugleich bestrebt war, regionale Finanz- und Währungszusammenarbeit mit dem Fernziel einer Währungsunion nach europäischem Vorbild um den Yen als Mittelpunkt voranzubringen, bot umfangreiche Finanzhilfe zur Eindämmung der Krise an, aber sein Projekt eines asiatischen Währungsfonds scheiterte am Veto der USA.[43]

Die Entscheidungszentrale zur Bewältigung der Krise verlagerte sich damit – gemäß den Wünschen der USA – aus Ostasien nach Washington: Der IWF übernahm die Führungsrolle beim Krisenmanagement, das im Wesentlichen aus umfangreichen Kreditpaketen für die betroffenen Staaten mit einer Reihe von wirtschaftspolitischen Auflagen be-

---

[41] Morrison, Charles E./Pedrosa, Eduardo (Hrsg.) 2007: An APEC Trade Agenda? The Political Economy of a Free Trade Area of the Asia-Pacific. Singapore.
[42] Baldwin, Richard 2006: Managing the Noodle Bowl: The Fragility of East Asian Regionalism. Centre for Economic Policy Research, Working Paper Nr. 5561, März 2006, http://www.cepr.org/pubs/dps/DP5561.asp [20.3.2008]; Ravenhill, John 2003: „The New Bilateralism in the Asia-Pacific", in: Third World Quarterly 2/2003, S. 299-317.
[43] Godement, Francois 1999: The Downsizing of Asia. London; Johnstone, Christopher 1999: „Strained Alliance: US-Japan Diplomacy in the Asian Financial Crisis", in: Survival 41,2, S. 121-137.

stand. Als „second line of defense" organisierte der IWF zudem auf bilateraler Basis (Miyazawa-Plan) Kredite der internationalen Gemeinschaft und insbesondere Japans[44] für die betroffenen Staaten, die auf den Grundlagen der IWF-Konditionalitäten fußten. Mehrere Treffen der Finanzminister der APEC führten schließlich zum Manila Framework Agreement (MFA), das als asiatisch-pazifische Ergänzung der IWF-Initiativen fungieren sollte. Allerdings zeigte sich bald, dass die ostasiatischen Staaten es vorzogen, regionale Initiativen ohne die USA zu entwickeln. So kam es im Rahmen des entstehenden APT-Formates (bestehend aus den ASEAN-Staaten, China, Japan und Südkorea) zur Chiang-Mai-Initiative (2000), die im Falle einer neuen Finanzkrise in der Region dem betroffenen Land über ein Netz bilateraler Swap-Arrangements zwischen den Zentralbanken der Region rasch Überbrückungskredite zur Verfügung stellen soll, sowie zur Asian Bond Market Initiative (2002), die die Kreditaufnahme von den bis zum Jahr 1997 dominanten, primär kurzfristigen Formen auf längerfristige Kredite umlenken und dadurch vorbeugend gegen weitere Krisen wirken sollte. Hongkong hatte diese Idee innerhalb der APEC zu Sprache gebracht, die daran jedoch kein Interesse zeigte.[45] Das MFA wurde im Jahr 2004 aufgelöst.

Das Ergebnis der Asienkrise war also, wenn nicht der Untergang,[46] so doch mindestens eine schwer wiegende Beeinträchtigung der APEC und ihrer Möglichkeiten: Einer der drei im Jahr 1993 vereinbarten Pfeiler, die Handelsliberalisierung (später umbenannt in „trade and investment liberalisation"), war nunmehr eingestürzt. Seit dem Jahr 1998 beschränkte sich die Organisation deshalb im Wesentlichen auf kleine Schritte in den beiden anderen Pfeilern, nämlich auf praktische Maßnahmen zur Handelserleichterung („trade facilitation" bzw. später „business facilitation") sowie der Entwicklungszusammenarbeit (im APEC-Jargon als „economic and technical cooperation (ECOTECH)" bezeichnet). In diesen letzten Pfeiler fielen auch APEC-Programme zum Auf- und Umbau der Infrastrukturen in den Finanzsektoren der schwächeren APEC-Volkswirtschaften. Allerdings konkurrierte die APEC auch hier mit dem intra-regionalen Kooperationsformat der APT.[47]

5.3 Handelserleichterungen

„Trade facilitation" bzw. „business facilitation", wie es später genannt wurde, betraf innerhalb der APEC, wie bereits erwähnt, vor allem nichttarifäre Handelshemmnisse. Insbesondere das APEC Business Advisory Council (ABAC) machte hierzu immer wieder konkrete Vorschläge und erreichte dabei auch Fortschritte. Besondere Sichtbarkeit erlangte dabei die APEC Business Travel Card (ABTC), die APEC-Geschäftsleuten beschleunigte und erleichterte Einreiseprozeduren sichern sollte. Im Jahr 2007 hatten 17 der 21 Mitgliedsstaaten das Programm vollständig übernommen; die USA partizipierte probeweise und gestattete (wie auch Mexiko) den rund 22.000 ABTC-Trägern die Nutzung spezieller Zoll- und Ein-

---

[44] Financial Times, 17.05.1999; NZZ, 11.10.1999.
[45] Nesdadurai, Helen 2006: APEC and East Asia: The Challenge of Remaining Relevant, in: Elliott/Ravenhill/Nesadurai/Bisley, S. 17-25.
[46] Vgl. hierzu Ravenhill 2007: Ravenhill, einer der besten Kenner der APEC, spricht hier im Titel vom „Abgang" (demise) der APEC; treffender erscheint jedoch der Titel des Aufsatzes von Helen Nesadurai, die APEC „…auf der Suche nach Relevanz" sieht.
[47] Nesadurai 2006, S. 21.

wanderungsschalter zur bevorzugten Grenzabfertigung. Dennoch monierte das ABAC noch im Jahr 2007 die unvollständige und langwierige Umsetzung des Programms.[48]

5.4 Entwicklungszusammenarbeit

Unter dem Schlagwort „capacity building" startete die APEC auch eine Reihe von Hilfsmaßnahmen, welche die Länder Ostasiens bei der Bewältigung von Armut, Arbeitslosigkeit, sozialer Ungleichheit und dem Aufbau leistungsfähiger Infrastruktur unterstützen sollten. In der praktischen Umsetzung erwies sich das Konzept des „capacity building" jedoch als wenig eindrucksvoll. Die APEC musste sich hier – ebenso wie im Bereich des Krisenmanagements und der internationalen Finanzreformen – auf bilaterale Initiativen und andere Institutionen, insbesondere den IWF, die Weltbank und die Asian Development Bank, verlassen: Das „capacity building" der APEC selbst bestand aus einigen wirtschaftlichen und entwicklungspolitischen Kooperationen in Form einzelner Arbeitsgruppen und Projekte wie etwa der im Jahr 1998 in Kuala Lumpur beschlossene Action Plan in Skills Development und die Agenda for Science and Technology Cooperation into the 21st Century. Das kleine Sekretariat der APEC und die bescheidenen Finanzmittel, die die Mitgliedsstaaten für die Projekte der Entwicklungszusammenarbeit bereitstellten, waren für größere Programme und Aktivitäten schlicht unzureichend. In der Regel wurden die Projekte von einzelnen Mitgliedsstaaten initiiert und finanziert, um bestimmte „pet ideas" voranzubringen; lediglich die japanische Regierung stellte für diese Aktivitäten regelmäßig Finanzmittel bereit. Zumeist handelte es sich bei den Projekten um Seminare oder Konferenzen ohne spezifische Ergebnisse, systematische Evaluierungen wurden kaum je vorgenommen.[49]

5.5 Sicherheitspolitische Zusammenarbeit

Einer der wenigen Bereiche, in denen die APEC seit dem Jahr 1998 Neuland betrat, betrifft die Sicherheitspolitik. Die Terroranschläge des 11. September 2001 verdeutlichten die Sicherheitsrisiken, die mit der Ausweitung des Personen- und Güterverkehrs über Grenzen hinweg verbunden sein können, und die Bedrohung durch transnational operierende, islamistische Terrornetzwerke stellte für alle APEC-Regierungen eine politische Herausforderung dar, gegen die man sich leicht zusammentun konnte. Zwar waren am Rande der APEC-Gipfeltagungen bereits vor dem Jahr 2001 immer wieder auch sicherheitspolitisch relevante Fragestellungen angesprochen worden, und allein die Tatsache, dass auf diesen Treffen Staats- und Regierungschefs miteinander sprachen, die sich ihre Agenda nicht vorschreiben lassen wollten, gab diesen Treffen ein sicherheitspolitisches Potenzial – zumal dann, wenn der Sicherheitsbegriff weit definiert wurde, wie dies in Ostasien häufig zu beobachten ist. Seit dem Gipfeltreffen in Shanghai im Jahr 2001 haben die APEC-Gipfel regelmäßig Entschließungen zu sicherheitspolitischen Fragen insbesondere im Zusammenhang mit dem Terrorismus vorgelegt. Zugleich wurde auch die Abwicklung des APEC-

---

[48] APEC 2007: APEC Business Advisory Council Brief to SOM (APEC Senior Officials' Meeting) 2007 (http://www.apec.org/content/apec/business_resources/apec_business_advisory.html#Achievements), [25.1.2008].
[49] Ravenhill 2007, S. 97.

Handels erfolgreich „sekuritisiert"[50]: Die APEC beschloss die Secure-Trade-in-the-APEC-Region (STAR) Initiative und gründete eine Counter-Terrorism-Task-Force, die sich mit tatsächlichen und denkbaren terroristischen Bedrohungen von wirtschaftlichen Transaktionen zwischen APEC-Mitgliedsländern befassen und dagegen Vorkehrungen entwickeln bzw. koordinieren soll. Diese Aktivitäten betreffen eine Reihe von APEC-Arbeitsgruppen.[51]

6 Von Erfolgen und vom Scheitern, vom Nutzen und von den Grenzen der APEC

Als die APEC im Jahr 1989 ins Leben gerufen wurde, war sie zwar in mancher Hinsicht eine „verspätete" Organisation; schon lange vorher gab es gute Gründe (und intensive Bemühungen), eine derartige Organisation für den asiatisch-pazifischen Raum aufzubauen. Zugleich war ihre Entstehung aber auch zu diesem objektiv späten Zeitpunkt noch einer recht spezifischen Konstellation geschuldet: Es hätte durchaus auch diesmal nicht gelingen und insbesondere nicht zur Aufwertung der APEC durch das erste Gipfeltreffen im Jahr 1993 kommen können – wenn nicht an diesem Punkt die USA ihre Vorbehalte gegen multilaterale Zusammenarbeit in Asien-Pazifik mindestens teilweise aufgegeben, wenn die Volksrepublik China nicht durch die Ereignisse im Juni 1989 vergleichsweise geschwächt und deshalb besonders kooperationsbereit gewesen wäre und wenn die ASEAN sich nicht hinlänglich stark gefühlt hätte, um die Risiken eines solchen Formats einzugehen.

Ebenso musste eine nüchterne Bewertung der Kooperationsvoraussetzungen in dieser riesigen Meta-Region des Pazifikbeckens zu dieser Zeit zu einer recht skeptischen Einschätzung der Perspektiven für die APEC kommen. Denn die Staaten und Gesellschaften im Pazifikbecken zeichneten sich vor allem durch enorme wirtschaftliche, politische, gesellschaftliche und kulturelle Unterschiede aus. Zum asiatisch-pazifischen Raum zählten ebenso einige der reichsten Staaten der Welt (die USA, Japan, Kanada, Australien) wie etliche bettelarme (wie China, Indonesien, Vietnam oder Burma/Myanmar), kapitalistisch-demokratische Systeme und sozialistisch-autoritäre (wiewohl die Systemunterschiede zumindest im wirtschaftlichen Bereich zu dieser Zeit in China bereits aufzuweichen begonnen hatten), neoliberale und developmentalistische Wirtschaftsordnungen. Das sie einigende Band bestand in positiver Hinsicht im gemeinsamen Wunsch, die Wachstums- und Wohlfahrtsgewinne, die aus den sich rasch verdichtenden Interdependenzen in Form von Handels- und Kapitalbeziehungen über das Pazifikbecken hinweg entstanden waren, auszuweiten und dazu die Verflechtungen zwischen den nationalen Volkswirtschaften weiter voranzutreiben. Daneben gab es jedoch auch eine wichtige, ja fundamentale negative Gemeinsamkeit: Alle Staaten der Region wollten an ihrer oft gegen die ehemaligen Kolonialherren mühsam ertrotzten nationalen Unabhängigkeit, an ihrer Souveränität im überkommenen Sinne der Autonomie festhalten. Zwischenstaatliche Kooperation hatte sich diesem obersten Wert unterzuordnen; sie war deshalb nur insoweit akzeptabel, als sie die Unabhängigkeit der Kooperationspartner nicht einengte, sondern ihre Handlungsoptionen erweiterte. In

---

[50] Buzan, Barry/Waever, Ole/de Wilde, Jaap 1998: Security. A New Framework for Analysis. Boulder/London, S. 21ff.
[51] Ravenhill, John 2006: Mission Creep or Mission Impossible?, in: Acharya, Amitav/Goh, Evelyn (Hrsg.): Reassessing Security Cooperation in the Asia-Pacific, Competition, Congruence and Transformation. Cambridge, MA, S. 135-154.

diesem Sinne gab es unter fast allen wichtigen Beteiligten an der neuen Organisation eine mehr oder minder ausgeprägte Skepsis gegenüber dem Regionalismus im Allgemeinen und der Übertragung der europäischen Integrationserfahrungen auf Asien-Pazifik im Besonderen. Hinzu kamen gegenseitiges Misstrauen und Machtrivalitäten insbesondere zwischen den großen Mächten USA, China und Japan. Es sprach also in Jahr 1989 und auch noch in 1993 vieles gegen und nur wenig für die Entfaltung dynamischer Regionalisierungsprozesse im Kontext der neu geschaffenen APEC.

6.1 Erfolge und Misserfolge der APEC: Eine (vorläufige) Bilanz

Aus der gegenwärtigen Perspektive wird man die Ergebnisse der APEC im Sinne der oben genannten, gemeinsamen Zielsetzung als nützlich, aber bescheiden bewerten können. „Gescheitert" ist die APEC vor allem aus der Sicht derjenigen, die sie zum Vehikel umfassender Liberalisierung der internationalen Wirtschaftsbeziehungen im Sinne der neoliberalen Agenda machen wollten; dass dies angesichts der divergierenden wirtschaftspolitischen Philosophien und Interessen von Anfang an eine Überforderung ihrer Möglichkeiten darstellte, erscheint im Lichte der skizzierten Ausgangsbedingungen wenig überraschend.[52] Aus der Perspektive der developmentalistischen Staaten Ostasiens dagegen sind die Bemühungen der APEC im Bereich der Trade and Investment Liberalisation and Facilitation (TILF) keineswegs gescheitert, sondern trotz der Asienkrise durchaus erfolgreich vorangetrieben worden – wenn auch weniger umfassend und prinzipiell als vielmehr ganz im Sinne des developmentalistischen Selbstverständnisses selektiv und pragmatisch.[53] Dadurch konnte die geografische Ausweitung und inhaltliche Vertiefung der wirtschaftlichen Verflechtungen vorangetrieben und somit die Wohlstandsgewinne eingefahren werden, die sich im Kontext einer offenen Weltwirtschaft und der Prozesse der Globalisierung realisieren ließen. Anders ausgedrückt: Für die westlichen APEC-Mitglieder ging es in der APEC um handelspolitische Liberalisierung und die Entlastung der WTO durch ein breites regionales Freihandelsfundament im Pazifikbecken, also um Handels- und Kapitalstromliberalisierung („liberalisation"); für die ostasiatischen Staaten ging es dagegen eher um Abbau von Handelshemmnissen und spezifische Erleichterungen („facilitation") im Kontext einer offenen Weltwirtschaftsordnung. Das Risiko der ostasiatischen Strategie bestand allerdings darin, dass das Pazifikbecken damit – im Gegensatz zur westlichen Strategie – nicht zu einem tragenden Pfeiler einer offenen Welthandelsordnung wurde und damit weiterhin von der Funktions- und Leistungsfähigkeit einer WTO abhängig blieb, zu der die APEC selbst wenig beitrug.

Einen eindeutigen Misserfolg hat die APEC dagegen im Bereich der (relativ immer bedeutsamer werdenden) internationalen Kapitaltransaktionen zu verzeichnen, wenngleich je nach Perspektive aus unterschiedlichen Gründen. Aus der Sicht der westlichen Industriestaaten konnte sich die neoliberale Vision offener Finanzmärkte nicht durchsetzen. Aus der Sicht Ostasiens wurden durch die Asienkrise zum einen die Risiken einer solchen Vision deutlich, zum anderen und vor allem aber die mangelnde Bereitschaft der USA, zur effekti-

---

[52] Dieser Punkt wird besonders bei Morrison deutlich: vgl. Morrison, Charles E. 2007: An APEC Trade Agenda, in: Morrison/Pedrosa 2007, S. 1-14.
[53] Vgl. hierzu Ziltener, Patrick 2004: „Pazifische Drift. Die APEC zwischen Bi-und Multilateralismus", in: Blätter für deutsche und internationale Politik, 49,12, S. 1465-1474.

ven Einhegung bzw. zur Bewältigung dieser Risiken in Krisensituationen beizutragen. Der „Washington consensus", den es in der APEC ohnehin nie wirklich gegeben hatte, zerbrach deshalb; an seine Stelle trat in Ostasien der „Beijing consensus" einer pragmatischen, aber developmentalistisch grundierten und auf politische Kontrolle wirtschaftlicher Entwicklungsdynamik ausgerichteten Politik[54]. Aus der Perspektive Ostasiens zeigte die Asienkrise im Zeitraum 1997/ 1998 zugleich, dass die USA die dritte Säule der APEC, die entwicklungspolitische Zusammenarbeit, nicht ernsthaft zu unterstützen gewillt waren. Wiewohl die grundlegenden Orientierungen des „Beijing consensus", eine dem „strategischen Pragmatismus"[55] verpflichtete Politik der Wirtschaftslenkung im Sinne nationaler Interessen, ursprünglich in Japan entwickelt und von dort in die Region hineingetragen wurden, war es ironischerweise nun nicht mehr Japan, sondern sein wichtigster Rivale in Ostasien, die VR China, der zum Inbegriff und führenden Repräsentanten dieser Orientierung wurde. Die Erfolge des Westens seit dem Jahr 1998 beschränkten sich in der APEC auf die erfolgreiche Sekuritisierung der Wirtschaftstransaktionen im asiatisch-pazifischen Raum.

6.2 Funktionen der APEC

6.2.1 Unterstützung bi- und multilateraler Kooperationen

Welche Rolle spielt die APEC über die Verfolgung ihrer offiziellen Agenda der „drei Pfeiler" von Handels- und Kapitaltransaktionsliberalisierung, Handels- und Kapitaltransaktionserleichterung und entwicklungspolitischer und technologischer Zusammenarbeit hinaus in der Politik des pazifischen Beckens? Eine offensichtliche Stärke der APEC liegt in den jährlichen Treffen der APEC-Staats- und Regierungschefs: Am Rande der Konferenz lassen sich sehr gut bilaterale Gespräche führen und aufeinander abstimmen, die sonst sehr viel aufwendiger wären. Das erlaubt politisches Krisenmanagement auf höchster Ebene. So konnten die Präsidenten der USA und Chinas, Bill Clinton und Jiang Zemin, in bilateralen Gesprächen am Rande der APEC-Gipfeltreffen in Manila (1996) und Wellington (1999) die Spannungen, die sich nach dem Konflikt in der Taiwan-Straße (März 1996) und der Bombardierung der chinesischen Botschaft in Belgrad (Mai 1999) aufgebaut hatten, entschärfen; bi- und multilaterale Gespräche im Rahmen des APEC-Gipfels in Bangkok im Jahr 2003 gaben wichtige Impulse für das Management der US-amerikanischen Kritik an Chinas Wechselkurspolitik und für die Sechsparteiengespräche zur Entnuklearisierung der koreanischen Halbinsel.

6.2.2 Spielräume schaffen und Handlungsdruck erzeugen

Der Hinweis auf Verpflichtungen und Zwänge als Mitglied der APEC ermöglicht es den Regierungen grundsätzlich, innenpolitischen Widerstand gegen unbeliebte Reformen abzuschwächen. Dies lässt sich am Liberalisierungsprozess für den Handel in der Region am besten belegen: Indonesiens Präsident Suharto nutzte die Konferenz der Staats- und Regie-

---

[54] Vgl. Cooper Ramo, Joshua 2004: The Beijing Consensus. London (fpc.org.uk/fsblob/244.pdf), [25.1.08] sowie die Besprechung von Kay Möller: Möller, Kay 2006: „The Beijing Bluff", in: Survival 48,2, S. 137-146.
[55] Schmiegelow, Henrik und Michèle 2007: „Der Weg zur Asiatischen Gemeinschaft", in: Internationale Politik, 62,11, S. 8-16

rungschefs in Bogor, um die Unterstützung Indonesiens für ein weitreichendes Liberalisierungsprogramm zuzusagen. Die APEC-Konferenzen und Gipfeltreffen helfen, Verhandlungen zu fokussieren und Zeitdruck aufzubauen, und können damit bürokratische Prozesse beschleunigen. Freilich zeigt die nicht gerade eindrucksvolle Bilanz der APEC-Mitgliedsstaaten bei der Umsetzung gemeinsamer Beschlüsse auch die Grenzen ihrer Möglichkeiten auf: Verweigern sich nationale Regierungen oder ihre Bürokratien im Nachgang der Umsetzung oder torpedieren diese durch Verschleppung und andere bürokratische Tricks, dann ist die Organisation selbst machtlos. Hinzu kommt, dass die organisatorische Schwäche der APEC sich nicht zuletzt in massiven Defiziten der Nachverfolgung und Überprüfung der Ergebnisse von APEC-Beschlüssen und -Aktivitäten niederschlägt.

6.2.3 Die Mobilisierung von „public policy networks"

Im Umfeld der APEC agieren inzwischen zahlreiche Netzwerke von spezifisch ausgerichteten Wirtschaftsvertretern und zivilgesellschaftlichen Akteuren; zu den bekanntesten zählt das APEC Business Advisory Council und das APEC Study Center Network von Forschungszentren. Zudem führt die große Anzahl von Komitees, Subkomitees und Arbeitsgruppen der APEC zur Intensivierung der Kontakte auf der Ebene der Administrationen. Daraus können zu spezifischen Fragestellungen und Problembereichen Formen der Zusammenarbeit zwischen Wirtschaft, Politik, Verwaltung und Zivilgesellschaft entstehen, die sogenannten „public policy networks."[56] Die Bemühungen der APEC auf diesem Gebiet haben zwar insgesamt nur magere Ergebnisse hervorgebracht, aber einige Arbeitsgruppen haben doch wichtige Beiträge geleistet.[57] Obwohl enttäuschte Wirtschaftsleute in den Medien gelegentlich die Nutzlosigkeit von APEC-Treffen kritisierten,[58] suchen viele Unternehmen dennoch die Nähe zu dieser Organisation. Die Erklärung hierfür ist offensichtlich: Netzwerke und Vernetzungen zahlen sich in den internationalen Wirtschaftbeziehungen aus.

6.2.4 Krisen- und Konfliktmanagement

Die wichtigsten Aufgaben der APEC liegen ihrem Selbstverständnis nach in der wirtschaftlichen und wirtschaftspolitischen Ausgestaltung eines offenen Regionalismus im Pazifikbecken. Dies impliziert nicht zuletzt die Fähigkeit und die Bereitschaft, wirtschaftliche Konflikte zu entschärfen und zu verregeln. Hierbei geht es zum einen um die Verteilung von Kosten der Zusammenarbeit und von Gewinnen aus der transpazifischen Arbeitsteilung, zum anderen um Vermittlung und Kompromisse zwischen den prinzipiell unvereinbaren, pragmatisch jedoch teilweise überbrückbaren Grundpositionen der unterschiedlichen sozialökonomischen und wirtschaftspolitischen Ordnungspolitiken der Staaten in Asien-Pazifik.

Die APEC hat bewiesen, dass sie – bei allen Unzulänglichkeiten – ein nützliches Forum zur Bearbeitung solcher Konflikte sein kann. So kam es in den Verhandlungen um eine umfassende Liberalisierung des Handels nach harschen Differenzen zwischen den APEC-Mitgliedern zu einem *modus vivendi;* vergleichbar verliefen auch die Diskussionen um eine neue Finanzstruktur für Ostasien, wo die liberalistische Sichtweise der USA mit den interventionistischen Überlegungen Japans und Malaysias kollidierte. In beiden Fällen bildete

---

[56] Reinicke, Wolfgang H. 1997: „Global Public Policy", in: Foreign Affairs 76,6, S. 127-138.
[57] Aggarwal/Morrison (Hrsg.) 1998.
[58] Far Eastern Economic Review, 26.11.1998, S. 99.

die Neuorientierung der APEC-Mitglieder auf andere Kontexte (WTO; bilaterale Freihandelsvereinbarungen; APT) ein wichtiges Element des Kompromisses. Allerdings trug dies auch dazu bei, die Entwicklungsmöglichkeiten der APEC systematisch zu begrenzen. Dennoch blieben die beteiligten Regierungen in der APEC engagiert, und die Organisation vermochte es durchaus, bescheidene, aber dennoch relevante Beiträge im Sinne der Erleichterung und der Vertiefung der asiatisch-pazifischen Wirtschaftsverflechtungen beizutragen.

Die Vermittlung in und Beilegung von sicherheitspolitischen Konflikten im asiatisch-pazifischen Raum ist dagegen formell nicht Sache der APEC, sondern des in seiner Mitgliedschaft ähnlich ausgerichteten ASEAN Regional Forums (ARF). Dennoch kommt der APEC allein aufgrund der jährlichen Gipfeltreffen auch sicherheitspolitische Bedeutung zu. Bei diesen Treffen reagieren die APEC-Staats- und -Regierungschefs natürlich auch auf aktuelle Konflikte[59], ganz gleich, ob dies die Agenda vorsieht oder nicht. Beispiele hierfür sind die Gipfeltreffen in Subic Bay (1996) und Auckland (1999), bei denen es um Spannungen in der Taiwan-Straße und die Krise in Osttimor ging. Der Gipfel in Shanghai im Jahr 2001 stand stark unter dem Eindruck der Anschläge von 11.September in New York und Washington. Bei den Treffen in Bangkok (2003) und auch noch in Santiago (2004) spielte die SARS-Epidemie in Ostasien eine Rolle. Die Lage auf der koreanischen Halbinsel war erstmals im Jahr 2002 (Los Cabos, Mexiko) Gegenstand einer eigenen Erklärung der Staats- und Regierungschefs; das APEC-Gipfeltreffen in Hanoi (2006) wurde überschattet von den Meldungen über nordkoreanische Nukleartests.

6.2.5 Die Symbolfunktion der Gemeinschaftsbildung

Nicht zuletzt liegt die Bedeutung der APEC auch in ihrer symbolischen Funktion. Zwar hat der APEC-Kooperationsprozess bisher sicherlich mehr Absichtserklärungen als konkrete Aktionen hervorgebracht. Aber Worte sind nicht ohne Bedeutung: Sie bringen Normen zum Ausdruck, um die sich Konsens bildet und Einstellungen formen, die letztlich zu Verhaltensänderungen führen können. Die Tatsache, dass Schlagworte wie „offener Regionalismus" gebetsmühlenartig von den Vertretern der APEC wiederholt werden, ist daher nicht negativ, sondern vielmehr als Zeichen von – wenngleich beschränktem – Fortschritt zu bewerten. Gemeinschaftsbildende Prozesse („community building") sind Lernprozesse, an deren Anfang Worte und Symbole stehen. Rhetorik und Absichtserklärungen alleine genügen zwar nicht, dennoch sind sie nicht unwichtig: Sie bilden die Grundlage für die Entstehung geteilter Werte und damit einer gemeinsamen kollektiven Identität. Die Beiträge der APEC zur Lösung der Asienkrise und zum Management ostasiatischer Sicherheitsprobleme waren zwar insgesamt wenig bedeutsam. Dennoch halten die Regierungen in Asien-Pazifik an der APEC fest. Erkennbar wird darin der gemeinsame Wille und das geteilte Interesse, militärische Auseinandersetzungen zu vermeiden, politische Konflikte mit Eskalationsgefahr zu entschärfen und die bisherige Politik der Öffnung, der Verflechtung und der Globalisierung fortzusetzen, die Entwicklungserfolge und Wohlstandsgewinne für die gesamte Region gebracht hat.

---

[59] Funabashi 1995, S. 9; Satoh, Yukio 1998: Politische Koordination für Sicherheit und Stabilität im asiatisch-pazifischen Raum, in: Maull, Hanns W. (Hrsg.), S. 59-88.

7 Ausblick: Die Zukunft der APEC

Angesichts des in Asien-Pazifik konstatierten Mangels an institutionalisierten Kooperationsprozessen stellt sich allerdings die Frage: Sind die Bemühungen der APEC hinreichend, ist die APEC nützlich genug? Noch sind insbesondere die politischen Fundamente der asiatisch-pazifischen Wirtschafts- und Gesellschaftsdynamik durchaus fragil; Institutionalisierung ist deshalb sicherlich nicht der einzige, wenngleich doch ein richtiger Weg, um die Zukunftschancen für Asien-Pazifik zu verstetigen. Was könnte die APEC in diesem Zusammenhang realistischerweise tun, um dazu für die Region einen Beitrag zu leisten? Asien-Pazifik braucht eine Institution, die Informationen und Analysen bereitstellen sowie als Frühwarnsystem fungieren kann, wenn Wirtschaftsfriktionen kumulieren und so außer Kontrolle zu geraten drohen, und die andererseits als Forum für die Aushandlung von Krisenbewältigungsmaßnahmen dienen kann. Die APEC konnte diese Rolle bislang zumindest teilweise ausfüllen und verfügt unter diesem Gesichtspunkt noch über erhebliches Potenzial.[60] Dabei mag der „offene Regionalismus" im Sinne der APEC logisch nicht ohne Weiteres mit subregionalen Freihandelszonen à la NAFTA und AFTA und der von der WTO geplanten und organisierten Welthandelsordnung vereinbar erscheinen.[61] Dennoch könnten sich offener Bilateralismus und Subregionalismus auch in Zukunft als durchaus kompatibel mit Regionalisierung und Globalisierung erweisen, wenn eine effektive globale Ordnung der internationalen Handelsbeziehungen erhalten bleibt.

Die institutionelle Weiterentwicklung der APEC nach dem Vorbild der OECD wäre eine Möglichkeit, um die Bedeutung der APEC im asiatisch-pazifischen Raum zu erhalten und zu steigern.[62] Die traditionelle Stärke der OECD liegt zum einen im Austausch und in der Analyse von Informationen. Sie bietet zum anderen den nötigen Rahmen, um bürokratische Lösungen zu technischen Problemen zu finden. Die OECD versteht es, zwischen unterschiedlichen politischen Orientierungen innerhalb der Mitgliedsstaaten zu vermitteln. Des Weiteren gelingt es der OECD, „public policy networks", d.h. den Austausch zwischen Staatsbürokratien und Privatwirtschaft, zu fördern, eine weitere Funktion, die auch für die APEC von Interesse wäre.

Die umfassende Liberalisierung des Handels erscheint dagegen für die APEC auch in Zukunft nur schwer zu realisieren. Das grundsätzliche Spannungsverhältnis zwischen umfassender Handelsliberalisierung und Developmentalismus sowie das nach wie vor ausgeprägte Gefälle zwischen Volkswirtschaften sehr unterschiedlicher Entwicklungsstufen und unterschiedlicher wirtschaftspolitischer Ausrichtungen in den einzelnen Mitgliedsstaaten begrenzen die Ergebnisse der Bemühungen der APEC in diesem Bereich.[63] Dennoch kann sie im Kontext einer leistungsfähigen globalen Handelsordnung durchaus positiv wirken. Allerdings sollte sich die APEC nicht als Verhandlungsforum innerhalb der WTO verstehen, denn es erscheint angesichts der Vielfalt der Interessen in der APEC unrealistisch, dass Handelsgespräche, die in der WTO gescheitert sind, in der APEC mit Erfolg abgeschlossen

---

[60] Yamazawa, Ippei 2004: APEC´s Achievements and Tasks, in: Miranti, Riyana/Hew, Denis (Hrsg.): APEC in the 21st Century. Singapore, S. 1-20 (16f).
[61] Dieter/Higgott 1998, S. 45-52; Hilpert, Hanns Günther 2008: Multilaterale und bilaterale Freihandelsprojekte in Asien, in: Maull, Hanns W./Wagener, Martin (Hrsg.) 2008: Prekäre Macht, fragiler Wohlstand? Globalisierung und Politik in Ostasien. Baden-Baden (i.E.).
[62] Ostry 1998; Morrison 2006.
[63] Ravenhill 1999, S. 220-237; idem, 2006; Morrison 2006.

werden könnten. Die APEC braucht bis auf Weiteres die WTO, umgekehrt dagegen gilt dies nicht.

Community-building ist wohl die wichtigste Zukunftsaufgabe in Ostasien. Denn auf Dauer können Frieden, Stabilität und Wohlstand in Ostasien nur gewährleistet werden, wenn sich die Qualität der zwischenstaatlichen Beziehungen in dieser Region so verändert, dass größere militärische Konflikte undenkbar werden, dass also eine regionale Sicherheitsgemeinschaft entsteht. Die ASEAN hat sich diesem Ziel inzwischen offiziell verschrieben; sie will sich in den nächsten Jahren zu einer südostasiatischen Sicherheitsgemeinschaft fortentwickeln.[64] Auch die APEC verfolgte von Anfang an das Ziel der Gemeinschaftsbildung[65], wenngleich in dem wesentlich größeren und komplexeren Raum des pazifischen Beckens. Obwohl Gemeinschaftsbildungsprozesse in unterschiedlichen geografischen Zusammenhängen grundsätzlich durchaus im Sinne multipler kollektiver Identitäten miteinander kompatibel sein können, ist dies bei regionalen Gemeinschaften bislang erkennbar schwierig gewesen. Für die APEC dürfte es in Zukunft schwierig werden, bei den Bemühungen um Gemeinschaftsbildung im asiatisch-pazifischen Becken eine führende Rolle zu spielen; hier hat sich die Entwicklungsdynamik inzwischen auf andere Institutionen und Prozesse verschoben. Zum einen ist dies das Format der ASEAN Plus Three, also einer ostasiatischen Zusammenarbeit unter Ausschluss des Westens (aber mit Japan). Die andere Institution, die in Zukunft als Alternative bzw. als weiteres Format der Gemeinschaftsbildung an Bedeutung gewinnen könnte, sind die ostasiatischen Gipfeltreffen (East Asian Summits), an denen inzwischen neben den „westlichen" Staaten Australien und Neuseeland auch Indien, nicht aber die USA teilnehmen.

---

[64] Vgl. ASEAN Security Community Plan of Action, beschlossen von den ASEAN Staats- und Regierungschefs im Oktober 2003; einsehbar unter http://www.aseansec.org/16826.htm [13.03.2008] sowie Severino, Rodolfo C. 2004: Towards an ASEAN Security Community. Singapore.
[65] Morrison, Charles/Kojima, Akira/Maull, Hanns W. 1997 (Hrsg.): Community Building with Asia-Pacific. New York.

Dirk Nabers und Philipp Forstner

Synopse

Die Entwicklung des Multilateralismus in Ostasien in den letzten Jahrzehnten ist nicht nur als ein Phänomen von erheblicher politischer Bedeutung zu betrachten, sondern ist nicht zuletzt auch in eine voranschreitende theoretische Diskussion eingebettet. Genese, Struktur und Substanz der Institutionen des ostasiatischen Regionalismus sind dabei Gegenstand einer lebendigen wissenschaftlichen Debatte, in der sich – so konnten die einzelnen Beiträge dieses Sammelbandes zeigen – mitunter konträre Bewertungen und Einschätzungen wieder finden lassen.

Wie im einleitenden Kapitel dieses Bandes bereits angedeutet, beruhen diese unterschiedlichen Einschätzungen des ostasiatischen Multilateralismus in besonderem Maße auf den jeweiligen dahinter stehenden theoretischen Annahmen. Hierbei wurden insbesondere realistische, institutionalistische sowie konstruktivistische oder im weitesten Sinne reflexive Theorien der Internationalen Beziehungen als grundlegende Ansätze in der wissenschaftlichen Debatte identifiziert. Im Anschluss an die Einzelbetrachtung der in diesem Band behandelten Institutionen soll somit im Folgenden eine abschließende Einschätzung des Multilateralismus in der Region Ostasien aus Sicht dieser drei Theoriestränge vorgenommen werden. Die Einbindung des Themas in die theoretische Diskussion geschieht dabei vor dem Hintergrund der eingangs formulierten theoretischen Leitfragen.

Diese abschließende Betrachtung der regionalen Kooperationsforen in Ostasien dient dabei insbesondere der Prüfung der Plausibilität der jeweiligen theoretischen Perspektiven. Dadurch soll nicht zuletzt nochmals der theoretische Anspruch dieses Sammelbandes herausgestellt werden. Dies kann in einem solchen zusammenfassenden Beitrag selbstverständlich nur ansatzweise geschehen. Nichtsdestotrotz soll versucht werden, grundlegende Stärken und Schwächen der theoretischen Perspektiven bei der Erklärung und Beurteilung der Kooperation in Ostasien aufzuzeigen.

a) Realismus
Realistische Ansätze zur Erklärung internationaler Kooperationsarrangements beziehen sich in ihren Analysen auf eine Reihe grundlegender Annahmen, aus denen sich nicht zuletzt Aussagen über Form und Wirkung internationaler Institutionen ableiten lassen. Diese Grundannahmen lassen sich in zwei Argumenten zusammenfassen: Erstens, dass Wirtschaftskraft und militärische Kapazitäten eines Staates in einem komplementären Verhältnis zueinander stehen: Ein hohes Bruttoinlandsprodukt führt automatisch zu einem hohen Militärbudget. Vertreter dieser Schule argumentieren, dass die Position des Nationalstaates im internationalen System die wichtigste Determinante staatlicher Außenpolitik sei.[1] Die

---
[1] Mearsheimer, John J. 2001: The Tragedy of great power politics. New York; Waltz, Kenneth 1979: Theory of international politics. New York.

Position eines Staates wird durch seine Machtressourcen (*capabilities*) bestimmt. In diesem System müssen Staaten danach streben, ihre Fähigkeiten im Vergleich zu anderen Staaten zu erhöhen. Mittel zur Erreichung politischer Ziele sind die militärische Drohung oder gar die Anwendung militärischer Gewalt. Dazu erhöhen Staaten kontinuierlich ihre relativen Verteidigungsausgaben.

Daraus ergibt sich ein zweites Argument: Internationale Kooperation gilt in dem beschriebenen „anarchischen Selbsthilfesystem" als unwahrscheinlich. Internationale Institutionen wecken falsche Hoffnungen und sind daher nicht nur wenig nützlich, sondern auch gefährlich. Für die Zusammenarbeit zwischen potenziellen Rivalen folgt daraus, dass ein Staat seine Abhängigkeit vom Handel entgegen klassischer ökonomischer Kalküle auf ein Mindestmaß reduzieren wird, wo seine nationale Sicherheit durch einen abrupten Wegfall des Handels in Gefahr geraten könnte.[2]

Überträgt man diese Grundannahmen auf den Regionalismus in Ostasien, ergibt sich zunächst ein problematisches Bild. Der realistische Pessimismus hinsichtlich Kooperation und einer Eigenständigkeit internationaler Institutionen stellt einen klaren Widerspruch zu den in Ostasien zu beobachtbaren Entwicklungen dar. Dies betrifft in erster Linie die in den Beiträgen dieses Sammelbandes mehrfach dargestellte Zunahme des Multilateralismus in Ostasien, sowohl hinsichtlich seiner Extensität aber auch in Bezug auf die Intensität, d.h. die – wenn auch womöglich nur ansatzweise – zu beobachtende Vertiefung der Zusammenarbeit. Die seit Beginn der 1990er Jahre festzustellende neue Welle von Kooperationsarrangements lässt den praktischen Nutzen realistischer Ansätze, die bei der Erklärung dieses Phänomens große Probleme aufweisen, somit eher fragwürdig erscheinen.

Dieses Erklärungsdefizit des Realismus bei der Frage nach den Ursachen der zunehmenden Institutionalisierung der ostasiatischen Region findet seinen theoretischen Ausgangspunkt in der aus der Annahme der Anarchie des internationalen Systems folgenden Ungewissheit, die staatliches Misstrauen gegenüber den Kooperationsvereinbarungen zur Folge hat. Ohne eine übergeordnete Regelungsinstanz, die solche Arrangements verwaltet und deren Einhaltung überwacht, kann sich ein Staat seines Gegenübers niemals sicher sein. Die klassische Veranschaulichung dieser Problematik erfolgt dabei im Rahmen des Gefangenendilemmas. Somit muss konstatiert werden, dass die stetige Zunahme des Multilateralismus in Ostasien in den letzten beiden Jahrzehnten mit den klassischen Grundannahmen des Realismus nicht zu erklären ist.

Aus Sicht des Realismus lässt sich allerdings entgegnen, dass die vergleichsweise schwach ausgeprägte Autonomie ostasiatischer Institutionen und die damit verbundenen strukturellen Schwächen gegen eine herausragende Rolle dieser Strukturen in der Region spricht. Der Beitrag zum ARF von Ryôma Sakaeda konnte hierbei in besonderem Maße verdeutlichen, inwiefern der Transfer von Souveränität an dieses regionale Forum vergleichsweise wenig festzustellen ist. Dieses Indiz spricht für eine solch realistisch-skeptische Perspektive auf die tatsächlichen Auswirkungen des Regionalismus. Auch der Fall der ASEAN, eine Organisation, welche von Kritikern lediglich als Forum zur Durchsetzung der nationalen Mitgliedsinteressen gesehen wird, zeigt, dass eine eigenständige Rolle der Organisation zumindest kritisch zu bewerten ist.

Darüber hinaus sieht sich eine realistische Sichtweise des asiatischen Multilateralismus allerdings mit einem weiteren Problem konfrontiert, welches auch unter Verweis auf

---

[2] Waltz 1979: 104-107; Mearsheimer, John J. 1994/95: „The False Promise of International Institutions", in: International Security, 19,3, S. 5-49, hier: S. 21.

die fehlende Abgabe von Souveränität bestehen bleibt: Weshalb werden solche institutionellen Arrangements überhaupt gegründet? Realisten verweisen hierbei auf die wichtige Funktion von Hegemonialstaaten, die bei der Entstehung solcher Institutionen eine herausragende Rolle einnehmen können. Die hierdurch entstehenden Strukturen orientieren sich dabei zwangsläufig an den Interessen des jeweiligen Hegemons und werden auch in großem Maße von diesem getragen.

Beispiele wie das des ARF zeigen jedoch, dass die Initiative zur Gründung nicht zwangsläufig von den als Hegemonialstaaten zu betrachtenden Akteuren ausgehen muss. Vielmehr kam es in diesem Fall sogar zu einer Diskussion darüber, in welchem Maße regionale Führungsmächte wie die USA oder China überhaupt in dieses Forum miteinbezogen werden sollten. Auch Beispiele wie die ASEAN[3] oder die APEC[4] lassen sich nicht zwangsläufig auf die Handlungen einer ostasiatischen Großmacht, sondern vielmehr auf die Initiative einer Gruppe von kleineren und größeren Staaten zurückführen. Somit müssen auch hier konzeptuelle Schwierigkeiten des realistischen Paradigmas festgestellt werden.

Angesichts dieser offensichtlichen Schwachstellen realistischer Erklärungsansätze darf der eigenständige Beitrag dieses theoretischen Paradigmas bei der Frage nach dem Ursprung kooperativer Strukturen nicht überbewertet werden. Gleichzeitig kann dies allerdings noch nicht als Indiz für die Irrelevanz der Theorie für die Analyse des ostasiatischen Regionalismus gesehen werden. Mit seinem Verweis auf die Bedeutung von Konzepten wie Anarchie, Primat der Sicherheit, staatliche Souveränität und Machtpolitik stellt sowohl der der klassische wie auch der strukturelle Realismus auch in der heutigen wissenschaftlichen Debatte noch wichtige Konzepte und Analysekategorien zur Verfügung. Nach jahrzehntelanger Dominanz der realistischen Ansätze in der wissenschaftlichen wie auch in Teilen der politischen Debatte lassen sich die damit verbundenen Konzepte und Denkweisen auch bei den Handlungen der Entscheidungsträger in Ostasien wiederentdecken. So zeigt der empirische Befund von Sebastian Harnisch und Martin Wagener zu den Sechsparteiengesprächen auf der koreanischen Halbinsel, dass diese ebenso wie die KEDO das Ziel, ein nordkoreanisches Nuklearwaffenprogramm zu verhindern bzw. zu beenden, kaum erreicht haben. Auch wenn Harnisch und Wagener aus einer liberal-institutionalistischen Perspektive argumentieren, dass das Ende der KEDO wie auch die rudimentäre Institutionalisierung der Sechsparteiengespräche auf die innenpolitischen Akteurskonstellationen in den USA und Nordkorea zurückgeführt werden können, so lassen sich ihre Schlussfolgerungen doch durchaus auch mit den neorealistischen Primärkategorien der relativen Gewinne, des Strebens nach Überleben und der Anarchie belegen. Wie ihr Beitrag andeutet, nutzen Mitgliedstaaten aus realistischer Perspektive die Kooperationsgewinne in internationalen Institutionen, um Handlungsspielräume gegenüber dem Hegemon zu wahren. Institutionen bleiben daher schwach, weil ihre Organe tendenziell die Autonomie und damit die Sicherheit ihrer Mitglieder beschränken und diese deshalb zögern, Souveränität auf eine übergeordnete Instanz zu transferieren.

Verbunden mit dem bereits angesprochenen Zögern aller Akteure in der Region, nationale Kompetenzen auf Kooperationsforen zu übertragen, und somit in gewissem Maße auch eine Autonomie dieser Institutionen zu ermöglichen, stellt sich damit schließlich die Frage nach der Effektivität der bestehenden Strukturen. Die Betrachtung unterschiedlicher Krisen und Herausforderungen für den ostasiatischen Regionalismus offenbart in vielen

---

[3] Vgl. den Beitrag von Bernhard Stahl in diesem Band.
[4] Vgl. den Beitrag von Hanns W. Maull in diesem Band.

Fällen die begrenzte Rolle der damit verbundenen Regime. Als klassisches Beispiel hierfür ist die Reaktion der ASEAN auf die Asienkrise Ende der 1990er Jahre zu nennen, die aus heutiger Sicht als nicht ausreichend bewertet werden muss. Da die Gründung der ASEAN im August 1967 als Versuch der Etablierung eines Rahmenwerks für erfolgreiches Konfliktmanagement in der südostasiatischen Subregion zu sehen ist, ökonomische und wirtschaftliche Kooperation aber bis in die neunziger Jahre keine große Rolle spielten, konnte das Versagen dieser ältesten regionalen Institution in Ostasien nicht überraschen. Entwicklungsstand und außenwirtschaftliche Interessen erwiesen sich als zu heterogen. Die Koinzidenz dreier Krisen im Jahre 1997, die für sich allein das institutionelle Gefüge der ASEAN schon vor unüberwindbare Hindernisse gestellt hätte, ließen die Gemeinschaft schließlich als paralysiert erscheinen: Die Wirtschafts- und Finanzkrise fiel mit einer regionalen Umweltkrise (*haze crisis*) und einer innenpolitischen Krise in Kambodscha zusammen. Hinzu kam 1998 die eskalierende Gewalt in Ost-Timor, die schließlich in der Unabhängigkeit der Provinz von Indonesien mündete. Die auf dem Höhepunkt der Asienkrise tätigen Akteure waren mithin nicht die ASEAN und die APEC, sondern Japan und einige andere westliche Staaten. Die Ineffizienz der ASEAN ist aus realistischer Sicht nicht verwunderlich, da internationale Institutionen auf Grund ihres oftmals schwachen institutionellen Designs und der Konzentration ihrer Mitgliedsstaaten auf eigene Interessen nur sehr bedingt dazu beitragen können, solche Probleme und Krisen erfolgreich zu bewältigen. Auch hier kann der Realismus mit seinem Verweis auf die bereits erläuterten Konzepte wie Anarchie, Selbsthilfe und *Cheating* sowie die Hervorhebung der Bedeutung relativer Gewinne einen nicht zu unterschätzenden Erklärungsbeitrag leisten.

Unterstrichen wird dieses Argument durch die eher schwach ausgeprägten institutionellen Strukturen der APEC, des ARF und der ASEM. Während die APEC beispielsweise noch 1994 als die „weitreichendste Handelsübereinkunft in der Geschichte" (Fred Bergsten) bezeichnet wurde, konnte als Fazit des zehnjährigen APEC-Bestehens 1999 nicht einmal mehr mit Sicherheit festgestellt werden, ob auch nur ein Mitglied des Forums zusätzliche Liberalisierungsschritte allein aufgrund der Existenz der APEC durchgeführt habe.

Insgesamt betrachtet offenbaren sich damit bei der Frage nach den Ursachen und Auswirkungen regionaler Institutionen in Ostasien zwar die deutlichen Schwächen und Probleme des realistischen Ansatzes. Gleichzeitig konnte insbesondere bei der Analyse des Institutionalisierungsgrades sowie der damit verbundenen Probleme dieser Kooperationsarrangements allerdings auch auf Vorteile einer realistischen Betrachtungsweise eingegangen werden. Folgerichtig offenbart eine solche Argumentation eine eher pessimistische Betrachtungsweise des ostasiatischen Multilateralismus, die Institutionen nur sehr bedingt eine eigenständige Rolle zukommen lässt. Es stellt sich mithin die Frage, inwiefern der folgend zu thematisierende neoliberale Institutionalismus in der Lage ist, die aufgeführten theoretischen Schwachpunkte des Realismus aufzufangen beziehungsweise eine gänzliche neue Perspektive auf das Phänomen zu eröffnen.

b) Neoliberaler Institutionalismus
Im Rahmen des neoliberalen Institutionalismus stellen internationale Institutionen ein herausragendes Element internationaler Beziehungen dar.[5] Als internationale Institution wird

---

[5] Vgl. u. a. Keohane, Robert O. 1983: Institutional theory and the realist challenge after the Cold War, in: Baldwin, David (Hrsg.): Neorealism and Neoliberalism. The contemporary debate, New York: 269-300; Keohane, Robert O. 1984: After Hegemony. Cooperation and discord in the world political economy, Princeton: Princeton Univer-

in diesem Zusammenhang jegliche Art von Konvention, Regime oder Organisation im internationalen System verstanden. Der Institutionalismus geht bei seiner Betrachtung von einer ähnlichen Ausgangssituation wie der Realismus aus[6], gelangt aber bei der zentralen Frage nach den Kooperationsmöglichkeiten zu einer optimistischeren Einschätzung. Dies ist insbesondere in der Tatsache begründet, dass Kooperationsarrangements in Form internationaler Institutionen für Institutionalisten wichtige Gewinne und Vorteile für alle beteiligten Akteure erzeugen und dabei die pessimistisch erscheinenden realistischen Ausgangsbedingungen überwinden können. Realistische Autoren bezweifeln diese Rolle absoluter Gewinne und stellen stattdessen die Bedeutung relativer Gewinne in den Vordergrund.[7]

Eine zentrale Stärke des institutionalistischen Ansatzes der Internationalen Beziehungen ist dabei die Erklärung der Entstehung von internationalen Institutionen. Eine institutionalistische Betrachtungsweise der in Ostasien geschaffenen kooperativen Strukturen und insbesondere der verstärkten Zunahme solcher institutionalisierter Kooperationen ermöglicht eine Erklärung der Ursachen und Auswirkungen derselben. Anders als Realisten sehen neoliberale Institutionalisten dabei gemeinsame Interessen der beteiligten Mitgliedstaaten als Ausgangspunkt und gleichzeitig Voraussetzung dafür, dass Kooperationen auch jenseits hegemonialer Beeinflussung möglich ist. Das Beispiel der APEC zeigt hierbei eindrucksvoll, wie in Folge wachsender wirtschaftlicher Interdependenzen im asiatisch-pazifischen Raum die Institutionalisierung eine wichtige Voraussetzung für die Fortsetzung des in der Region bestehenden wirtschaftlichen Aufschwungs darstellte. Diese Vorstellung eines steigenden Kooperationsbedürfnisses auf Grund zunehmender wechselseitiger Abhängigkeiten entspricht dabei einer klassischen Grundannahme neoliberal-institutionalistischer Erklärungsansätze.[8] Darüber hinaus zeigt dieses Beispiel auch die in diesem Ansatz fehlende Hierarchisierung der einzelnen Politikfelder, wie sie sich im Realismus in der Form von „high politics" und „low politics" zeigt. Dies führt dazu, dass der Institutionalismus eine alleinige Konzentration der Erklärungskraft auf Sicherheitsthemen vermeidet und sich anderen Themen und Problemfeldern der Weltpolitik stärker öffnet.

Bei der Betrachtung der ASEAN+3[9] aus einer institutionalistischen Perspektive lassen sich die zentralen Grundannahmen des Ansatzes bei der Frage der Entstehung von Institutionen wieder finden. Der regimetheoretisch inspirierte Beitrag von Lisa Srikiow unterstreicht, dass das Forum der ASEAN+3 ein exzellentes Versuchsexemplar für theoriegeleitete politikwissenschaftliche Forschung über regionale Integration bietet. Srikiow sieht steigende Interdependenzbeziehungen einerseits sowie die Asienkrise Ende der 1990er Jahre andererseits als wichtige Ursache und Vorraussetzung einer verstärkten Institutionalisierung im Rahmen der APT.

Die institutionalistische Analyse kann dabei durchaus helfen, die schwache Institutionalisierung einer Region zu erklären. Die von Robert O. Keohane entwickelten Kriterien zur Messung des Institutionalisierungsgrades eines internationalen Regimes – Kommunali-

---

sity Press; Keohane, Robert O. 1988: International Institutions: two approaches, in: International Studies Quarterly 34 (4), 379-396.

[6] Hierzu zählen insbesondere die Rationalität der beteiligten Akteure, die Annahme eines anarchischen internationalen Systems sowie die Konzentration auf Staaten als handelnde Akteure.

[7] U.a. Grieco, Joseph 1988: Anarchy and the limits of cooperation. A realist critique of the newest liberal institutionalism, in: International Organization 42 (3), 485-508.

[8] Vgl. Keohane, Robert O. und Nye, Joseph S. 1977: Power and Interdependence. World politics in transition, Boston: Little, Brown and Co.

[9] Vgl. den Beitrag von Lisa Srikiow in diesem Band.

tät, Spezifizität und Autonomie[10] – zeigen, dass eine intensivere Kooperation bislang weder innerhalb von ASEM noch im ARF erreicht werden konnte. Weder finden in der Sicherheitspolitik handlungsleitende Normen bei allen Regimeteilnehmern Anerkennung (Kommunalität), noch führt die Akzeptanz gemeinsamer Prinzipien zur Etablierung spezifischer Verfahrensregeln (Spezifizität). Das ARF ist nicht einmal ansatzweise in der Lage, ohne den Konsens aller Teilnehmer regelsetzend wirksam zu werden (Autonomie). Gleichwohl tut man dem ARF, wie Hiro Katsumata richtig feststellt, mit einer so strengen institutionalistischen Analyse Unrecht. Das ARF war von Anfang an als *norm brewery* gedacht – als ein Forum des Austauschs und der langsamen Sozialisation.[11] In der Schwäche der ASEAN-Normen liegen die Potenziale des offenen Regionalismus. Durch die Anerkennung des gemeinsamen Prinzips der Notwendigkeit sicherheitspolitischen Dialogs sowie in der Etablierung bestimmter Verfahrensweisen, die eine stärkere Institutionalisierung unter Einbezug nicht-asiatischer Akteure möglich machen könnten, können Sozialisationsprozesse in Gang gesetzt und gemeinsame Normen entwickelt werden.

Gleichzeitig sollte an dieser Stelle nochmals betont werden, dass der Bedarf einer regulierenden Struktur in Folge zunehmender Interdependenzen und gemeinsamer Probleme nicht hinreichend für die Entstehung einer solchen ist. Vielmehr bedarf eine umfassende neoliberal-institutionalistische Erklärung die Betrachtung weiterer beeinflussender Faktoren, die über den rationalistischen Rahmen des Institutionalismus hinausgehen und konstruktivistische Erklärungen erfordern. Nichtsdestotrotz können die von Srikiow genannten Beispiele als Indiz für die Plausibilität eines institutionalistischen Erklärungsansatzes bei der Frage nach der Entstehung der ostasiatischen Institutionen betrachtet werden.

Problematischer erweist sich eine solche institutionalistische Interpretation des ostasiatischen Multilateralismus dann, wenn die zu Grunde liegenden staatlichen Interessen weniger deutlich ausgeprägt sind und somit die Notwendigkeit eines Kooperationsarrangements dementsprechend weniger offensichtlich ist. Wenngleich sich die jeweiligen Zielsetzungen der untersuchten Institutionen hinsichtlich ihrer Genauigkeit und Verbindlichkeit unterscheiden, so lässt sich jedoch in keinem der Fälle ein grundlegender Mangel an kooperationsfördernden Interessenlagen erkennen. Nichtsdestotrotz sind die mit der Struktur verbundenen Zielsetzungen und die jeweiligen Interessen in Beispielen wie den Asia-Europe Meetings (ASEM)[12] weniger deutlich.

Neben der Frage nach den Ursachen für eine zunehmende Institutionalisierung ist die Theorie des neoliberalen Institutionalismus darüber hinaus auch in der Lage, Aussagen über die Wirkungsweise der jeweiligen institutionellen Arrangements zu treffen. Hierzu zählen im besonderen Maße die Herstellung von Erwartungssicherheit unter den Mitgliedern sowie die Reduktion von Transaktionskosten. Die Stärke der Theorie liegt dabei allerdings darin begründet, dass nicht nur auf konkrete Kooperationsgewinne sondern insbesondere auf den Einfluss der Strukturen auf die beteiligten Akteure eingegangen werden kann. Im Gegensatz zu realistischen Erklärungsansätzen wird neben der Funktion der Gewinn fördernden Funktionen von internationalen Institutionen somit insbesondere auf die eigenständige Akteursqualität von Organisationen verwiesen. Der Ansatz konstatiert dabei, dass in Folge

---

[10] Vgl. Robert O. Keohane (Hrsg.) 1989: International Institutions and State Power. Essays in International Relations Theory, Boulder (Colorado), S. 5.
[11] Vgl. Hiro Katsumata, Establishment of the ASEAN Regional Forum: constructing a ‚talking shop' or a ‚norm brewery'?, in: The Pacific Review, Nr. 2, June 2006, S. 181-198.
[12] Vgl. den Beitrag von Hanns W. Maull in diesem Band.

der institutionalisierten Kooperation eine Veränderung der Handlungsweisen oder gar ein Wandel nationaler Interessen stattfinden kann.

An dieser Stelle zeigen sich erste Grenzen des neoliberal-institutionalistischen Ansatzes. Eine eindeutige Verhaltensänderung von Mitgliedsstaaten ist in keinem der betrachteten Fälle zweifelsfrei zu konstatieren. Vielmehr lassen sich vereinzelt Indizien dafür finden, dass alternative Ansätze eventuell besser geeignet sind, das Zusammenspiel von Akteuren und Strukturen zu interpretieren. Im Fall der APT etwa muss festgestellt werden, dass Staaten wie China dieses Forum durchaus zur Durchsetzung nationaler Interessen nutzen und somit die bereits dargestellten realistischen Theorieelemente hier verstärkt von Bedeutung sind. Demzufolge lässt sich auch an dieser Stelle erneut für die Notwendigkeit einer offenen Betrachtungsweise des ostasiatischen Regionalismus im Sinne eines Theorienpluralismus plädieren.

Die Darstellung der Entwicklung der Sechsparteiengespräche[13] weist schließlich auf einen weiteren Einflussfaktor hin, der im Sinne des eingangs postulierten Theorienpluralismus zu betrachten ist. Unter Rückgriff auf klassische Argumente der liberalen Theorie der Internationalen Beziehungen konnte hier der Einfluss innerstaatlicher Interessenkoalitionen auf die Entstehung und Entwicklung multilateraler Institutionen in Ostasien verdeutlicht werden. Dieser Ansatz bedient sich liberaler Elemente, argumentiert gleichzeitig aber mit denselben interessengeleiteten Ursachen sowie Gewinn fördernden Wirkungen von Institutionen wie die neoliberale Variante.

Die Entwicklung und insbesondere das Scheitern des KEDO-Prozesses, der als Antwort auf die Nuklearkrise Anfang der 1990er Jahre entstanden war, ist dabei als Folge sich verändernder innerstaatlicher Interessen zu sehen. Dabei wurden im Besonderen Machtverschiebungen in den USA sowie veränderte Ausgangsbedingungen in Nordkorea selbst als entscheidende Faktoren identifiziert. Ebenso lässt sich auch die daran anschließende Aufnahme der Sechsparteiengespräche aus der liberalen Perspektive betrachten. Demzufolge war mit der erweiterten Verhandlungsrunde auf beiden Seiten die Erwartung an stabilere und höhere beiderseitige Kooperationsgewinne verbunden. Innerstaatlichen Akteursgruppen kommt somit in dieser liberalen Variante des Institutionalismus eine herausragende Bedeutung zu, da diese durch die Nutzung internationaler Institutionen zur Interessendurchsetzung einen entscheidenden Einfluss auf die Effektivität sowie die Entwicklung derselben ausüben können.

Insgesamt betrachtet bietet der Institutionalismus ein nützliches Instrumentarium zur Beantwortung zweier entscheidender Fragen, die sich im Rahmen realistischer Erklärungen als Schwachpunkte des Ansatzes erwiesen hatten. Dies betrifft zum einen die Frage nach den Ursachen einer – wenn auch im Vergleich zu anderen Region noch schwach ausgebildeten – zunehmenden Institutionalisierung des ostasiatisch-pazifischen Raumes, wie sie in den einzelnen Beiträgen dieses Sammelbandes dargestellt wurde. Zum anderen erweist sich der institutionalistische Ansatz auch im Hinblick auf die Wirkungsweisen von Kooperationsarrangements als erklärungskräftig, wenngleich dies an dieser Stelle auf direkte Kooperationsgewinne beschränkt werden muss. Im Sinne des zu Beginn dieses Bandes postulierten Theorienpluralismus soll nun im Folgenden auf mögliche Beiträge der konstruktivistischen Ansätze zur Interpretation und Erklärung des Multilateralismus in Ostasien eingegangen werden.

---

[13] Vgl. den Beitrag von Sebastian Harnisch und Martin Wagener in diesem Band.

c) Konstruktivismus

Wie die einzelnen Beiträge dieses Bandes gezeigt haben, nehmen rationalistische Ansätze bei der Erklärung des ostasiatischen Multilateralismus eine herausragende Stellung ein. Gleichwohl lässt sich, wie in der Einführung argumentiert wurde, durchaus auch in der Regionalismus-Forschung seit einigen Jahren eine interpretative Wende ausmachen. Darum scheint es an dieser Stelle besonders interessant, auf konstruktivistische Beiträge zu diesem Thema einzugehen und prominente Argumentationsmuster anhand der hier untersuchten Kooperationsarrangements nachzuzeichnen.

Konstruktivistische Ansätze sehen die Entstehung internationaler Institutionen dabei als Folge konvergierender Normen und – in einer mitunter poststrukturalistischen Weiterführung – kollektiven Identitäten zwischen den beteiligten Staaten. Es wird jedoch weniger von einer einseitigen Einwirkung der Akteure, sondern vielmehr von einer wechselseitigen Beeinflussung zwischen Akteur und Struktur ausgegangen. Kooperationsarrangements haben demnach einen ebenso prägenden Einfluss auf die Normen und Werte und somit auch die Interessen und Identitäten der beteiligten Staaten.

Die Beiträge einer konstruktivistischen Perspektive der Internationalen Beziehungen für die Erklärung des ostasiatischen Multilateralismus lassen sich auch am Beispiel des oftmals zitierten „ASEAN way" verdeutlichen. Diese von den ASEAN-Staaten geteilten Verfahrensweisen und Normen, zu denen insbesondere das Gebot der Nichteinmischung, der gewaltlosen Konfliktlösung sowie die Vermeidung jeglicher Unstimmigkeiten unter den Mitgliedsstaaten zählt, sind von Beginn an ein wesentlicher, identitätsstiftender Bestandteil der Organisation. Das Fallbeispiel in dem Beitrag von Bernhard Stahl zum Konflikt mit der EU um Menschenrechte und Ost-Timor zeigt, wie stark diese Normen von der Gemeinschaft bereits internalisiert wurden. Unter direktem Verweis auf das Gebot der Nichteinmischung positionierte sich die ASEAN in diesem Beispiel gegen die Forderungen der Europäischen Union. Die Lage konnte sich erst nach der Zustimmung Indonesiens zu einer internationalen Konfliktlösung entspannen.

Die Entwicklung des ASEM wird dadurch in entscheidendem Maße beeinflusst, wie der Beitrag von Hanns Maull zum Thema zeigen konnte. Die Existenz unterschiedlicher Kooperationskulturen in Asien und Europa hat bisher dazu geführt, dass das ASEM keine bedeutende Rolle in einem Prozess der *Global Governance* spielen konnte. Während Europäer tendenziell intergouvernementale Strukturen mit klaren Entscheidungsstrukturen favorisieren, stellen viele Länder in Asien traditionell Prozesse der informellen Konsultation und Sozialisationsprozesse als Grundlage internationaler Institutionen heraus. Regelungen sind zumeist nichtbindend und Kooperationsarrangements flexibel. Die APEC steht vor einem ähnlichen Problem, da Beschlüsse hier konsensual fallen und Verpflichtungen freiwillig eingegangen werden. Wo in einem Prozess der Global Governance hier der genuine Beitrag der APEC im Vergleich zur WTO liegen soll, bleibt unklar.

Neben der Identifizierung von Normen und Identitäten quasi als „unabhängige Variablen" in einem eher *dünnen* Konstruktivismus besteht ein Anliegen eines *dichteren* Konstruktivismus in der Analyse der prozessualen Dynamik von Normen und Identitäten als „abhängige Variablen". Die Entwicklung der ASEAN+3 seit 1997 stellt hier abermals ein hervorragendes Fallbeispiel dar. Es lässt sich argumentieren, dass ASEAN+3 sich in den Jahren nach seiner Gründung nicht nur sehr schnell eine institutionalisierte Struktur gegeben hat, sondern sich darüber hinaus mit einer Reihe von Themen beschäftigt, die in der Gründungsphase des Forums keine Rolle gespielt haben. Der Prozess einer Erweiterung der

Agenda bei gleichzeitiger Zunahme der Treffen hat dabei durchaus identitätsstiftende Wirkungen gezeitigt. Der Bezug auf Ostasien als politische Einheit tritt innerhalb des neu gegründeten Forums ASEAN+3 erstmals hervor. Gleichwohl wäre es naiv, einer ostasiatischen Gemeinschaft mit einer einzigen „asiatischen Identität" das Wort zu reden. Gerade die verbindenden Merkmale des „ASEAN way", insbesondere das Prinzip der Nichteinmischung, sind als Bestärkung der staatlichen Souveränität und des nationalen Interesses zu charakterisieren, und stellen somit nur bedingt ein förderndes Element für die Herausbildung einer gemeinschaftlich geteilten Identität dar. Der Fall des ARF und die Kritik an der fehlenden Eigendynamik dieses Forums zeigt, dass gerade auf dem Politikfeld Sicherheit die Verfolgung staatlicher Eigeninteressen nach wie vor an erster Stelle steht. Doch auch in Europa konkurrieren nationale Identitäten nach wie vor mit europäischen. Deshalb wäre es genauso naiv, den seit 1997 laufenden Kooperationsprozess in der Region allein als Resultante einer funktionalen institutionellen Effizienz zu sehen, wie dies rationalistisch motivierte Studien suggerieren. Zu viel ist seither passiert; und die Überwindung der Asienkrise als unmittelbares Ziel von ASEAN+3 ist längst Geschichte. Neue Ziele haben sich entwickelt, und das Potenzial für die Verdichtung der eingeschlagenen Kooperation scheint größer als in der APEC oder der ASEAN.

Es zeigt sich, dass die Institution von verschiedenen Teilnehmern als Alternative zum ARF angesehen wird. Während dort ein traditioneller – also auf militärische und verteidigungspolitische Aspekte rekurrierender – Sicherheitsbegriff verfolgt wird, sehen Japan und China innerhalb von ASEAN+3 die Umsetzung eines neuen, weiteren Sicherheitskonzeptes gewährleistet. Nur durch die Erfassung der prozessualen Dynamik des Forums einerseits sowieder Analyse der dabei handlungsleitenden Normen und Identitäten andererseits konnten hier diese Analyseergebnisse präsentiert werden. Die künftige wissenschaftliche Analyse internationaler Institutionen wird daher nicht umhin kommen, sowohl materielle als auch ideelle Faktoren zu berücksichtigen. Interessen und Identitäten lassen sich nicht trennen. Der Selbstbezug im Diskurs und die Abgrenzung nach außen sind demnach ebenso wichtig für die Erklärung nachhaltiger Kooperation wie das gemeinsame Interesse, ein durch staatliche Interdependenzen entstandenes Problem zu lösen.

Es lassen sich also einer kollektiven Identität zuträgliche Entwicklungen identifizieren. Im Beitrag zur APEC wird nicht zuletzt auf die nicht zu unterschätzende Symbolfunktion der kooperativen Strukturen in der Region eingegangen. Die Bedeutung gemeinsamer Symbole sowie die immerwährende Betonung von Schlagworten kann, so Maull, als „Grundlage für die Entstehung geteilter Werte und damit einer gemeinsamen kollektiven Identität" betrachtet werden. Dieses Merkmal ist dabei nicht auf die Institution der APEC zu beschränken, sondern lässt sich auch im Rahmen der anderen in diesem Sammelband dargestellten Kooperationsarrangements wieder finden. Am eindrucksvollsten ist dies am Beispiel der ASEAN darzustellen, die mit der in der Charta verankerten Hymne, Flagge und anderer Symbolik der Europäischen Union auf der symbolischen Ebene in nichts nachzustehen scheint.

Wie bereits mehrfach erwähnt, konnten im Rahmen dieser abschließenden Betrachtung lediglich Indizien für die Plausibilität der gängigen theoretischen Erklärungsansätze gesammelt und dargestellt werden. Dies betrifft auch die Frage nach dem Nutzen des eingangspostulierten Theorienpluralismus. Nichtsdestotrotz sollen zum Ende dieser Schlussbetrachtung einige wesentliche Argumente und Schlussfolgerungen nochmals zusammengefasst werden.

Es hat sich gezeigt, dass jede der drei hier betrachteten Theorieströmungen einen eigenständigen Beitrag zur Erklärung des ostasiatischen Regionalismus leisten kann. Da diese Beiträge oftmals auf der Grundlage unterschiedlicher Fragestellungen entstehen ermöglicht dies eine Betrachtung des Themas aus unterschiedlichen Perspektiven. Während der Realismus seine Stärken insbesondere bei der Frage der Schwäche der regionalen Institutionen entfalten kann, besteht der entscheidende Beitrag neoliberal-institutionalistischer Ansätze in der Erklärung von Ursprung und Gestalt solcher Strukturen. Im Konstruktivismus wiederum konnten sich insbesondere bei der Frage nach einer ostasiatischen Identität Anzeichen für einen Beitrag zu einer umfassenden Betrachtung des Regionalismus wieder finden.

Weitere Forschung zum ostasiatischen Regionalismus muss zeigen, inwiefern eine solch paradigmenübergreifende Perspektive auf das Phänomen tatsächlich zu neuen und tiefergehenden Erkenntnissen beitragen kann. Dieser Sammelband mit seiner Vorstellung der wichtigsten Kooperationsstrukturen in Ostasien soll in diesem Zusammenhang als Grundlage und Ausgangspunkt einer weiterführenden Diskussion verstanden werden.

Autorenverzeichnis

Forstner, Philipp, M.A., Sozialwissenschaftler im Bereich Schulentwicklung bei der Stadt Stuttgart

Harnisch, Sebastian, Prof. Dr., Professor für Internationale Beziehungen und Außenpolitik an der Ruprecht-Karls-Universität Heidelberg

Maull, Hanns W., Prof. Dr., Professur für Internationale Beziehungen und Außenpolitik an der Universität Trier

Nabers, Dirk, PD. Dr., Leiter des Forschungsschwerpunktes 4 „Macht, Normen und Governance in den Internationalen Beziehungen" am GIGA Hamburg.

Srikiow, Lisa, M.A. Volontärin an der Deutschen Journalistenschule in München

Stahl, Bernhard, PD. Dr., Senior Lecturer im Masterprogramm European Studies an der Universität Düsseldorf, Bereich Sozialwissenschaften

Wagener, Martin, Jun.-Prof. Dr., Juniorprofessor für Politikwissenschaft/Internationale Beziehungen an der Universität Trier

Neu im Programm Politikwissenschaft

Uwe Andersen / Wichard Woyke (Hrsg.)
Handwörterbuch des politischen Systems der Bundesrepublik Deutschland
6. Aufl. 2009. XXIV, 873 S. Geb. EUR 49,90
ISBN 978-3-531-15727-6

Dieses Buch bietet die Grundlagen zu allen wichtigen Aspekten des politischen Systems der Bundesrepublik Deutschland und eignet sich sowohl für politikwissenschaftliche Einführungskurse als auch zum Nachschlagen. Das Standardwerk wurde für die 6. Auflage komplett überarbeitet und erweitert.

Viktoria Kaina / Andrea Römmele (Hrsg.)
Politische Soziologie
Ein Studienbuch
2009. 507 S. Br. EUR 29,90
ISBN 978-3-531-15049-9

Mehr als 25 Jahre nach Erscheinen des letzten Überblicksbandes zur Politischen Soziologie fasst das als Sammelband angelegte Studienbuch den aktuellen Forschungsstand der Politischen Soziologie im Schnittbereich von Politikwissenschaft und Soziologie zusammen. Ausgewiesene Forscherinnen und Forscher geben einen Einblick in die theoretisch-konzeptionellen Grundlagen und Fortentwicklungen der zentralen Subdisziplinen der Politischen Soziologie, zum Beispiel der Werte- und Einstellungsforschung, der Wahl- und Parteiensoziologie, der Parlamentarismus- sowie politischen Partizipations- und Kommunikationsforschung. Der profunde Überblick über grundlegende Begriffe, Konzepte und Analyseinstrumentarien wird nicht nur um empirische Befunde ergänzt. Der Band bietet zudem eine Übersicht über die Analyse- und Forschungsdesigns der Politischen Soziologie, ihre zentralen Forschungsmethoden und verwendbaren Datengrundlagen. Unter besonderer Berücksichtigung neu konzipierter und noch entstehender BA- und MA-Studiengänge ist der Band ein unverzichtbares Studienbuch in einem wichtigen Bereich der Politikwissenschaft.

Roland Sturm
Politik in Großbritannien
2009. 252 S. Mit 46 Tab. Br. EUR 19,90
ISBN 978-3-531-14016-2

Das britische Regierungssystem gehört zu den „Klassikern" der vergleichenden Regierungslehre. Das „Westminster Modell" des Regierens hat sich in den letzten Jahrzehnten jedoch weitgehend verändert. Wie und auf welchen Feldern, kann hier erstmals in einem Gesamtkontext der Reformen des politischen Systems nachgelesen werden. Stichworte: Devolution, Wahlsystemreformen, House of Lords-Reform, Civil Service-Reform, Freedom of Information Act und Human Rights Act. Diese Darstellung legt Grundlagen für das Verständnis des britischen Regierungssystems.

Erhältlich im Buchhandel oder beim Verlag.
Änderungen vorbehalten. Stand: Juli 2009.

www.vs-verlag.de

VS VERLAG FÜR SOZIALWISSENSCHAFTEN

Abraham-Lincoln-Straße 46
65189 Wiesbaden
Tel. 0611.7878 - 722
Fax 0611.7878 - 400

Neu im Programm Politikwissenschaft

Hermann Adam
Bausteine der Wirtschaft
Eine Einführung
15. Aufl. 2009. 433 S. Mit 85 Abb. u. 31 Tab.
Br. EUR 24,90
ISBN 978-3-531-15763-4

Dieses Lehrbuch ist ein seit vielen Jahren bewährtes Standardwerk. Alle volkswirtschaftlichen Grundbegriffe und Zusammenhänge, die man kennen muss, um die aktuellen politischen, wirtschaftlichen und gesellschaftlichen Probleme in Deutschland unter den weltwirtschaftlichen Bedingungen der Globalisierung zu verstehen, werden mit einfachen Worten erklärt. Inhalt und Darstellungsweise sind auf Studierende der Politik- und Sozialwissenschaften und der Volkswirtschaftslehre in den Anfangssemestern zugeschnitten. Darüber hinaus ist das Buch für Sozial- und Gemeinschaftskundelehrer sowie für Teilnehmer an politischen Bildungsveranstaltungen eine wertvolle Hilfe.

Sonja Blum / Klaus Schubert
Politikfeldanalyse
2009. 191 S. (Elemente der Politik) Br.
EUR 14,90
ISBN 978-3-531-16389-5

Politikfeldanalyse fragt danach, was politische Akteure tun, warum sie es tun und was sie damit bewirken. Ihr Ziel ist, systematisches Wissen über Politik für die Politik bereitzustellen. Entsprechend der Zielsetzung der Reihe „Elemente der Politik" gibt dieser Band einen einführenden Überblick über
– das Verhältnis zwischen Politikwissenschaft und Politikfeldanalyse
– die wichtigsten theoretischen und methodischen Zugänge
– zentrale Begriffe (z. B. Akteure, Institutionen, Steuerungsinstrumente)
– den sog. „Policy-Cycle" sowie
– Ursachen und Erklärungen für politische Veränderungen

Thomas Meyer
Soziale Demokratie
Eine Einführung
2009. 308 S. Mit 11 Tab. Br. EUR 24,90
ISBN 978-3-531-16814-2

In vielen Demokratien wurden in den letzten Jahren zahlreiche soziale Errungenschaften in Frage gestellt oder schrittweise abgebaut. Dieser Band führt in die theoretischen, ökonomischen und praktischen Grundlagen der Sozialen Demokratie ein und bietet somit eine wichtige Alternative zu neoliberalen Politikentwürfen.

Erhältlich im Buchhandel oder beim Verlag.
Änderungen vorbehalten. Stand: Juli 2009.

www.vs-verlag.de

VS VERLAG FÜR SOZIALWISSENSCHAFTEN

Abraham-Lincoln-Straße 46
65189 Wiesbaden
Tel. 0611.7878 - 722
Fax 0611.7878 - 400